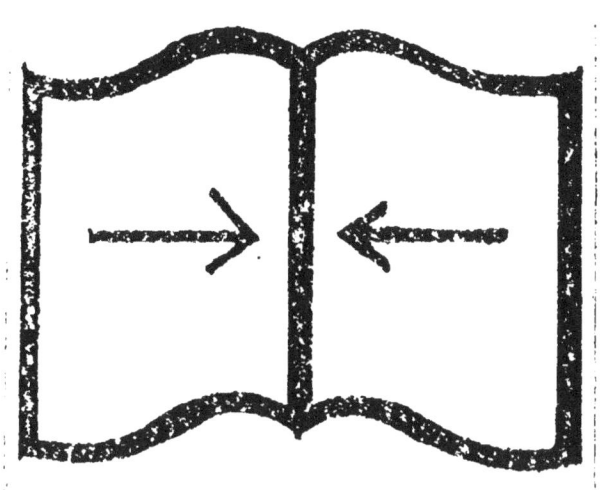

RELIURE SERREE
Absence de marges
intérieures

VALABLE POUR TOUT OU PARTIE
DU DOCUMENT REPRODUIT

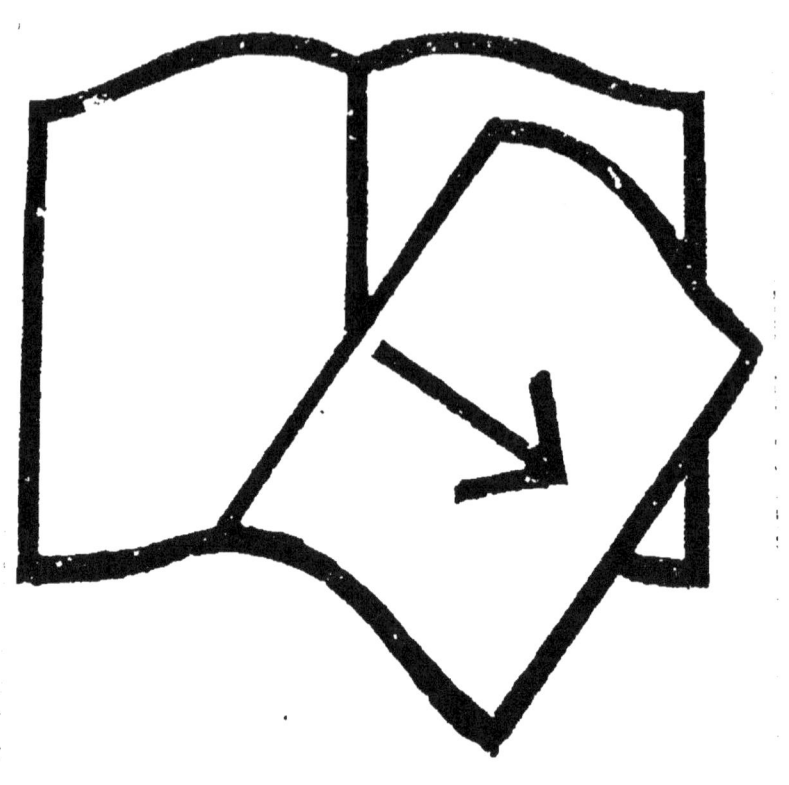

Couvertures supérieure et inférieure manquantes

CORRESPONDANCE

DE

THÉODORE JOUFFROY

CORRESPONDANCE

DE

THÉODORE JOUFFROY

PUBLIÉE AVEC UNE

ÉTUDE SUR JOUFFROY

PAR

ADOLPHE LAIR

PARIS
LIBRAIRIE ACADÉMIQUE DIDIER
PERRIN ET Cⁱᵉ, LIBRAIRES-ÉDITEURS
35, QUAI DES GRANDS-AUGUSTINS, 35
1901
Tous droits réservés

LA JEUNESSE ET LA MORT

DE

THÉODORE JOUFFROY

Je dois à de chères amitiés l'honneur inattendu d'avoir entre les mains une partie importante de la correspondance de Jouffroy. Ce sont les lettres qu'après son retour à l'École normale, comme maître répétiteur, il a écrites à ses anciens camarades qui enseignaient alors en province, et surtout à ses deux amis de cœur, M. Dubois, de la Loire-Inférieure, et M. Damiron. Ces lettres sont au nombre de soixante environ, et quelques-unes sont des volumes. Commencée avec Damiron, au lendemain même de la séparation (30 août 1816), la correspondance se poursuit activement jusqu'en décembre 1820, date à laquelle Damiron vient d'être rappelé à Paris, et où les deux amis se trouvent de nouveau réunis. Avec Dubois, elle débute un peu plus tard (9 janvier 1819) ; elle le suit à Limoges, à Besançon, à Rennes, et se prolonge, même après son retour à Paris, jusqu'en 1827. Une douzaine de lettres ont été, pendant la même période, adressées à des amis divers ; et, au tout, il faut en ajouter une dizaine, écrites d'Italie, du mois de décembre 1835 au mois d'avril 1836, pendant cet hiver où, déjà profondément atteint par la maladie, Jouffroy était allé demander au climat de Pise et de Rome le rétablissement de sa santé.

Parmi les philosophes français de notre siècle, Jouffroy est l'un des premiers par le talent, le premier peut-être par le caractère. Nul n'a porté dans l'observation psychologique un regard plus pénétrant, et n'a sondé avec une plus douloureuse inquiétude le problème de la destinée humaine. Nul n'a eu pour la vérité plus de respect, ne l'a cherchée avec une passion plus ardente et n'a mis dans cette recherche plus de sincérité et de souffrance. Ce n'est pas seulement un esprit supérieur ; c'es' une grande âme.

Rien de ce qui touche à un tel homme ne saurait être négligé. Nous nous croyons donc autorisé à emprunter à ces lettres quelques traits qui en feront connaître l'auteur sous un jour nouveau. Écrites, pour la plupart, au courant de la plume, dans l'abandon d'une conversation qui se confie et se livre sans réserve, elles n'ont rien de fardé, ni de convenu ; elles sont la libre expression et le jet spontané des pensées, des sentiments, des impressions, des rêves qui remuent, troublent et remplissent une âme de vingt ans. La sève de la jeunesse y déborde. Les préoccupations d'avancement et d'avenir s'y mêlent aux plaisanteries sur les sujets graves et aux caricatures sur les hommes ; puis, tout à coup, la pensée s'élève et vole, comme ravie par je ne sais quel démon poétique ou philosophique ; un retour mélancolique sur la destinée, une rapide échappée sur la nature vous emportent aux dernières profondeurs de l'âme humaine, ou aux sommets les plus élevés de la poésie, *templa serena*. Et, dans l'un et l'autre cas, la note est intime, émue, pénétrante. Elle sort des entrailles et va aux entrailles.

Pour achever de peindre Jouffroy, je puiserai à une autre source non moins précieuse. Dans la retraite prématurée que les événements lui avaient faite, M. Dubois de la Loire-Inférieure avait longtemps projeté de consacrer un livre à la mémoire de celui qu'il aimait à appeler

« le meilleur de ses amis [1] », et de le faire mieux connaître en révélant certains côtés intimes de son âme et de sa vie. Il avait lu, relu, annoté la correspondance dont nous venons de parler, et consigné une partie de ses souvenirs et de ses impressions dans des pages manuscrites où le relief de la pensée n'est égalé que par le charme de la forme. La famille de M. Dubois a bien voulu (et je ne saurais trop l'en remercier) me communiquer ces notes et m'autoriser à m'en servir. Elles ont, en ce qui concerne Jouffroy, un intérêt incomparable, puisqu'elles reflètent les sentiments de l'un des témoins les plus autorisés de sa vie, de celui qui (il le déclare lui-même) « a plus que personne vécu dans son intimité »; d'un ami sans doute, mais d'un ami dont personne n'a jamais contesté la clairvoyance et la sincérité; car, et ici je fais appel à tous ceux qui ont eu l'honneur de connaître M. Dubois, je ne crois pas qu'homme au monde ait uni à un esprit plus sagace un plus grand mépris de tout ce qui est dissimulation ou cautèle, complaisance ou calcul.

Jouffroy, c'est une première observation que j'emprunte à M. Dubois, n'aimait pas écrire. « On remarque partout chez lui, disent les notes de son ami, les élans en sens divers, la fatigue, ce soin laborieux qui se reprend et se corrige sans cesse : voilà ce qui explique comment, satisfait la plupart du temps de penser, de sentir, de rêver, il n'a laissé après lui d'autres œuvres que celles que lui ont arrachées la nécessité et le devoir [2]. » Deux choses toutefois triomphaient de sa répugnance : le besoin de fixer par l'écriture certains états d'âme; celui « d'épancher ses longues rêveries et de peindre la nature qui l'entourait [3] ». Quand une chose

---

1. Lettre de février 1822.
2. *Souvenirs inédits* de M. Dubois.
3. *Ibid.*

le frappait vivement, il s'attachait à rendre aussi fidèlement que possible l'impression qu'il avait ressentie ; il s'efforçait, par une série de retouches, d'amener la peinture à toute la perfection qu'il était capable de lui donner ; et si l'occasion s'en présentait, il l'insérait successivement dans plusieurs lettres écrites à des amis divers. Nous trouvons quelques-unes des plus belles pages des lettres écrites à M. Damiron reproduites mot pour mot dans celles adressées à M. Dubois. Souvent, il faisait un brouillon pour ses lettres les plus importantes. Nous en avons plusieurs qui sont, comme ses autres manuscrits, surchargées de ratures. « Il avait, c'est encore M. Dubois qui parle, de la peine à se mettre en train [1]. » Mais une fois parti, il a une verve étonnante et ne s'arrête plus ; sa main court, sans un arrêt, à bride abattue, ébauchant avec une fécondité intarissable des systèmes, des rêves, des satires, et parfois, comme il le dit lui-même, « de petits chefs-d'œuvre de folie [2] ».

M. de Montalembert disait, dans la préface du livre qu'il a consacré à Lacordaire : « J'ai enchâssé quelques perles dans une pauvre et modeste monture, propre tout au plus à en mettre le pur éclat à la portée du regard. » Je n'ai pas d'autre prétention dans cette étude. Je m'effacerai derrière Jouffroy, pour le laisser surtout parler lui-même.

I

Ce fut en août 1816 que la promotion à laquelle appartenaient Jouffroy et Damiron sortit de l'École normale. Jouffroy n'en franchit pas le seuil sans une certaine tristesse : « Dieu garde de mal l'École, dis-je en

---

1. *Ibid.*
2. A Damiron, 3 juin 1819.

enfilant la rue des Postes, on y a eu de bons moments et de bien mauvais; l'amitié adoucissait les uns et doublait le prix des autres. J'ai bien peur que nous tous qui y avons passé trois ans ne regrettions les jours que nous y avons vécu[1]. » Il partit pour les Pontets, son village natal[2], où il passa les vacances et l'automne.

Quelques semaines plus tard, Damiron était nommé professeur de seconde au collège de Falaise; et, au mois de novembre, Jouffroy, à son tour, était rappelé comme maître, dans cette Ecole, où la veille encore, il n'était qu'élève.

Du groupe des « philosophes » au milieu desquels il venait de passer trois années, il était le seul qui restât à Paris. Ce groupe était assez nombreux, et nous devons à M. Dubois de connaître ceux qui le composaient.

Outre Jouffroy et Damiron, « les seuls philosophes sérieux », il comprenait : « Trognon, Perreau, Mancy, Vernadé, Fourteau, Guichemerre, Navières, Maréchal, Varney, Bloquel, Vernhagen, etc. C'était une foule de bons enfants, de rieurs, de rêveurs, de joueurs déterminés, par moments, de conteurs. Quand la petite société se fut dispersée, et que les correspondances, d'abord fiévreuses d'activité entre ces jeunes cœurs qui avaient vécu d'intimité, s'ouvrirent, Jouffroy, resté à Paris et à l'Ecole, était comme le centre où tout venait aboutir; et il recevait des paquets de tout le monde, répondant quand il pouvait, à chacun, selon le quart d'heure et les idées qui lui passaient par la tête. C'était comme une distraction qu'il se donnait, une détente des durs travaux qui pesaient sur lui[3]. »

Ce sont ces lettres que nous possédons, au moins pour la plupart et que nous offrons aujourd'hui au public.

---

1. A Damiron, 30 août 1816.
2. Petit village du département du Doubs, près de Pontarlier.
3. *Souvenirs inédits* de M. Dubois.

Quand on n'a pas connu personnellement Jouffroy (et bien peu l'ont pu connaître de ceux qui vivent aujourd'hui), on éprouve, en les parcourant, un vif sentiment de surprise, tant l'homme qui s'y révèle est, au premier aspect, différent de celui que ses livres nous avaient fait apparaître, et que nous nous étions plu à imaginer. Au lieu, il serait peut-être plus juste de dire à côté du penseur mélancolique qui, de bonne heure, a connu le tourment de la vérité, qui porte au flanc la cruelle blessure du doute, on est tout étonné de trouver un jeune homme gai, boute-en-train, moqueur, promenant sur tous les sujets, même les plus graves, la belle humeur de ses vingt ans, aimant la plaisanterie pour elle-même, excellant à railler ses camarades, à leur jouer de bons tours et de vraies farces, à leur raconter, le plus sérieusement du monde, de fantastiques histoires. Et pourtant, c'était bien là, dans la jeunesse au moins, l'un des traits saillants du caractère de Jouffroy. Ses lettres suffiraient à le montrer. J'en trouve une autre preuve dans les souvenirs de son ami.

« Dans le caractère de Jouffroy, dit M. Dubois, il y avait, sous sa gravité sévère et mélancolique, un entrain singulier de gaieté narquoise et *gausseuse*, comme on disait dans notre vieille langue. C'était un trait du *Comtois*, dont on retrouvait quelque veine aussi dans Cuvier, et dans un de nos amis de Besançon, l'érudit Weiss, qui était bien le conteur le plus jovial et le plus amusant que j'aie connu. A l'Ecole, dans le groupe des philosophes, ou plutôt de la troisième année, Jouffroy régnait par la plaisanterie. Il tirait de loin ses histoires, les narrait avec un sérieux qui agissait sur les crédules, les servant, d'ailleurs, toujours au souhait de leur tournure d'esprit et d'imagination, et les saisissant juste au moment où ils pouvaient le mieux donner dans le piège[1]. »

« Suis-je malin, ne le suis-je pas ? » demande-t-il à

---

1. *Souvenirs inédits* de M. Dubois.

Damiron, dans une de ses lettres[1]. Malin, il l'était jusqu'aux moelles, et sa malice naturelle avait eu vite fait d'emprunter à l'esprit parisien cette agilité qui se joue avec grâce au milieu de tout, qui perçoit avec la rapidité de l'éclair le fort et le faible des choses et des hommes, et frappe, comme une flèche, au point sensible. C'est ainsi qu'il excelle dans le portrait, et surtout dans la caricature. Un trait lui suffit à peindre un caractère. — Tel de ses amis « bâillerait dans le paradis ». — Tel autre est « une gazette vivante ». « Les jours où je le vois, dit-il, je me dispense de lire les journaux; il en sait plus qu'eux, et, comme il n'est pas soumis à la censure, il dit tout : c'est merveilleux[2]. » — Un troisième « est l'homme le plus heureux qu'il connaisse : il se baigne dans une mer d'espérances que sa complaisance pour lui-même alimente et rafraîchit sans cesse, et, au bout du compte, c'est le meilleur garçon du monde[3] ». On n'a pas plus d'esprit; et le trait est toujours léger, il effleure sans blesser ni déchirer jamais.

Quand on y regarde de plus près, on ne tarde pas à se convaincre que cette humeur plaisante, où il entre du terroir et de la jeunesse, qui est naturelle chez Jouffroy et fait partie de son tempérament moral, n'est pourtant qu'à la surface de l'âme et n'en occupe pas le fond. Ainsi s'expliquent les contrastes dont ces lettres sont pleines. Tantôt elles sont d'un tout jeune homme, tantôt on les dirait d'un vieillard qui a traversé la vie et d'un philosophe désabusé. C'est que Jouffroy est avant tout un tempérament d'artiste, je dirais un tempérament de femme si, à côté de ses tendresses et de ses langueurs, il n'y avait place aussi, dans son âme, pour les fermes résolutions et les énergies viriles. Mais il y a vraiment en lui deux

---

1. A Damiron, 15 mars 1819.
2. A Damiron, 24 janvier 1818.
3. Au même, 21 novembre 1818.

hommes : un caractère ferme, une volonté forte qui tient à rester pure et chaste au milieu des passions ardentes de la jeunesse, qui adhère fermement à la loi morale, sans trop savoir le fondement sur lequel elle repose; à Dieu, sans voir clairement le chemin qui mène à lui; et à côté, l'homme ondoyant et divers de Montaigne se retrouve, vraie nature de poète, que la vue d'une robe blanche, un rayon de lune ou de soleil, un frémissement de la brise, un oiseau qui chante, un nuage qui passe, soulèvent ou abattent, font rire, chanter et pleurer tour à tour.

Cet homme d'une méthode si exacte, d'une logique si rigoureuse dans ses livres, a horreur de la régularité dans sa vie. La fantaisie le domine. Nulle part il ne s'est mieux peint, sous ce rapport, que dans une lettre écrite le 18 juillet 1820, à un de ses amis d'école, M. Boucley :

« Vous autres, gens méthodiques, qui vivez de règles et de scrupules, vous n'oseriez vous faire libres quinze jours pour saisir un de ces rayons de bonheur qui luisent si rarement sur nos pauvres destinées : attachés à votre banc, vous ramez avec une ferveur que l'ennui ne saurait affaiblir et que le besoin de liberté et de changement ne vient jamais troubler... Pour moi, j'ai un plaisir infini à rompre tout à coup la direction de ma destinée, et à me faire subitement une autre vie... L'usage de mon libre vouloir est pour moi ce qu'il y a de plus doux et de plus noble; rien ne m'élève tant, rien ne me ravit plus délicieusement. C'est comme un dédain de la vie et de ses chaînes, et de ses vils intérêts et de ses ridicules ambitions. Je le sens aux nobles pensées, aux généreux sentiments qui s'élèvent alors en moi. Mon intelligence s'élance plus haut, mon imagination enfante de plus beaux rêves; mon cœur s'enflamme des plus ravissantes amours; je me possède mieux; j'appartiens moins aux choses et je jouis de me sentir à moi, pleinement à moi, uniquement à moi; à moi, c'est-à-dire au beau, au vrai, au bien dont j'émane et que je réfléchis avec d'autant plus de pureté et de plénitude que je suis plus dégagé des entraves du corps et que, par la force de la liberté, j'ai méprisé de plus haut les bassesses de la terre.

« Dans les vingt-six années que j'ai vécu, ma mémoire ne distingue rien que deux ou trois époques d'enthousiasme où je me suis senti et compris. Le reste se perd dans la boue et n'a point laissé de traces. Dans ces intervalles de lumière, je me vois à une hauteur qui m'étonne. Je ne suis plus le même : amour de la vérité, vue de la vérité, conception profonde du beau, dévouement à la vertu, facilité et largeur d'intelligence, désintéressement absolu, mépris de tout ce qui est trivial, commun, égoïste, tels sont les traits qui composent le moi d'alors. Mais le moi ordinaire, le moi de tous les jours, le moi qui m'ennuie et qui me pèse ; ce moi-là est un animal lourd, passionné, faible, peureux, lent à concevoir, paresseux à admirer, tremblant devant les hommes, les obstacles, la maladie et la mort ; intéressé, calculant comme un marchand dans sa boutique ; mangeant, digérant, dormant ; ennuyé de lui-même, des autres et de la terre, se sauvant à peine des lâches inclinations de son corps et plutôt encore par honte que par vertu. Je ne finirais pas si je voulais dire tout ce qu'il a de mauvais et de sot. Contradiction bizarre, mais naturelle ! Je la comprends, sans cesser de l'admirer. Je la comprends si bien que je sais quelles causes créent tout à coup un homme nouveau dans l'homme ancien, et font tomber ensuite le nouvel homme dans sa primitive bassesse. Ouvrez-moi une nouvelle voie, de nouvelles perspectives, de nouveaux motifs d'action : je m'élance, je m'élève, je grandis, je suis moi. Pourquoi ? Parce que mon intelligence fortement occupée, mon imagination vivement ébranlée, ravissent mon âme à la domination du corps. Mais bientôt le nouveau se laisse connaître ; il devient commun, trivial ; dès qu'il s'est laissé pénétrer, il ennuie, et l'âme retombe aux mains de la matière. La volonté n'a plus de motifs nobles. Elle s'endort et ne va plus. Je perds ainsi la possession de moi-même et je redeviens le mauvais moi [1]. »

On le voit, Jouffroy n'avait pas échappé aux atteintes de ce mal qu'on a appelé justement « la maladie du siècle [2] », de cette mélancolie qui, à l'époque dont nous

---

1. Lettre à Damiron, du 31 janvier 1817.
2. *Une Maladie morale, le Mal du Siècle*, par Paul Charpentier, substitut au tribunal de la Seine. — Paris, Didier, 1860.

parlons, a alangui et énervé tant d'âmes. Cette impatience de la règle et des obligations de la vie commune, cette disposition où la simple connaissance d'un objet ou sa possession suffit à en épuiser la jouissance, cette promptitude de l'âme à la satiété, n'est-ce pas une partie au moins du mal dont ont souffert René, Obermann, Byron et tant d'autres? Toutefois, si l'âme de Jouffroy en fut touchée, comme du vent qui soufflait alors sur une génération tout entière, elle n'y succomba pas. Elle était, pour cela, trop saine et trop virile.

Il le dit lui-même : « En pratique, je prends goût à la vie. » Et c'est bien en effet la vie qui domine dans ses lettres. A côté des ombres qu'y projettent déjà les difficultés de carrière et les tourments de la pensée, on y sent, d'un bout à l'autre, une belle humeur, un souffle de santé morale, une sève printanière qui s'épanouit en tous sens, en verve gauloise, en élans de cœur, en essor poétique et philosophique. Loin d'avoir rien de blasé, l'âme de Jouffroy y reste constamment jeune, j'allais dire vierge. Oui, malgré certaines plaisanteries qui sont de cet âge, il y a, dans cette correspondance, comme un souffle virginal, tant on y sent de candeur, de droiture et de simplicité.

La délicatesse de son amitié est exquise. Il craint, un jour, d'avoir, par une fausse démarche, nui à Damiron près de M. Cousin. Il n'a plus de repos qu'il ne s'en soit confessé à son ami et n'ait réparé de son mieux le mal qu'il craint d'avoir fait.

Il souffre quand les lettres de Damiron se font attendre; lorsqu'elles arrivent, il est heureux comme un enfant. « Ah! mon ami, quelle lettre! quelle bonne lettre! Que vous êtes aimable, charmant, bon ami! Non, quand je remplirais cent pages du plaisir qu'elle m'a donné, je ne pourrais tout dire. C'était comme le plaisir que j'éprouve en revoyant mon village du haut de la montagne, venant de Paris, ou bien comme celui que je ressens en mettant le pied sur le seuil de la maison paternelle[1]. »

L'un de ses plus grands bonheurs est de montrer à ses amis le pays qu'il adore. « Quand viendrez-vous avec moi au pied des Alpes? écrit-il à Damiron, le 4 mars 1817. Vous, mon pays et moi, voilà trois choses unies depuis longtemps dans mon imagination, et qui composent à elles seules la plus belle de mes espérances[2]. » Dubois se rend aux Pontets en 1820; les deux amis visitent ensemble le Jura, la plus grande partie de la Suisse, unis par le même enthousiasme et par de communes aspirations, et, dans ce voyage qui leur laisse d'ineffaçables souvenirs, leur affection, déjà aussi solide que vive, devient vraiment forte comme la mort, suivant le mot de l'Ecriture.

Nulle part, la profondeur de ce sentiment ne se montre mieux que dans les lettres échangées entre Jouffroy et Dubois au cours de l'hiver de 1822. Jouffroy est aux Pontets, dans une sorte de disgrâce, ne sachant quel avenir lui est réservé dans l'Université; il est forcé de faire de l'agriculture, parce qu'il ne trouve pas de fermier pour ses terres. Dubois vient d'être destitué des fonctions qu'il occupait à Besançon; il s'est réfugié dans son pays natal, à Rennes; il a perdu son père, un frère, une femme charmante et aimée. Pour des causes différentes, les deux amis sont profondément tristes; — on dirait qu'ils s'oublient, — il y a six mois qu'ils ne se sont écrit. C'est Dubois qui, le premier, rompt le silence; rien de plus touchant, de plus sincèrement ému que la lettre où il reproche « à celui qu'il croit pouvoir appeler encore le meilleur de ses amis » son apparente indifférence et lui annonce en même temps que, dans sa détresse, il songe à se remarier et à prendre

---

1. Lettre à Damiron, du 31 janvier 1817.
2. A Damiron, 4 mars 1817.

un commerce à Rennes. Jouffroy lui répond sans tarder, et avec quelle ardeur passionnée il gourmande son ami et cherche à lui démontrer qu'il n'est fait ni pour la province, ni pour une boutique, ni pour une femme vulgaire; qu'il est appelé à de plus hautes destinées, à la vie de l'esprit, à la gloire!

« Cher ami! votre cœur a besoin du mien, comme le mien a besoin du vôtre. Comme vous, les circonstances m'ont rejeté dans mon pays, au milieu d'une vie tout étrangère à mes habitudes et à mes projets, et peut-être à mes vœux! Oh! qu'une année apporte de changements à notre situation! Qu'une année peut créer de regrets et flétrir d'illusions! Au sein de nos montagnes couvertes de neige, je m'écrie comme vous: Où sont les souvenirs de Suisse, les promenades de Saint-Cloud et les soirées de Paris? Où sont les amis qui furent? Où sont ceux qui vivent encore? Non, mon cher Dubois, rien ne remplace un ami, un véritable ami comme vous étiez et comme j'étais pour vous! »

Puis il ajoute:

« Mon ami, n'oubliez pas les sublimes jouissances du patriotisme, de la philosophie, des lettres et de l'amitié. N'oubliez pas la vanité de cette vie quand elle n'est pas consumée à agrandir son âme, à élever celle des autres, à réchauffer dans le commerce d'hommes dignes de vous les hautes pensées et les nobles sentiments... Nous dépassons, par nos conceptions, la beauté de tout ce qui est. Rien ne nous convient ici-bas qu'un développement large, libre et vigoureux de nos facultés intellectuelles et morales[1]. »

C'est à de hautes destinées que Jouffroy appelle ses amis et se sent appelé lui-même. Et pourtant, cet homme, à l'âme si haute, au cœur si vaillant, n'est qu'un timide dans le monde et devant les femmes.

1. A Dubois, 7 février 1822.

Que je me trouve dans une société où il y ait des femmes (et Dieu merci ! ce cas ne se reproduit pas souvent) je suis la timidité même, et je présente l'image la plus naïve et la plus ridicule d'un sot ; en effet, que faire et que dire ? Séduit par la circonstance, je ferais bien le galant, et, en vérité, le rôle n'est pas difficile à jouer ; mais, effrayé de ne me trouver pas de sang-froid, je tremble des jugements du lendemain. Le plaisir que j'éprouve, loin de m'entraîner, m'arrête, loin de m'animer, me glace ou plutôt, il m'entraîne et m'arrête, me glace et m'anime à la fois. Il y a combat, et c'est ce combat même qui fait naître l'embarras, et de cet embarras naît, à son tour, l'indécision dans tous mes mouvements, dans toutes mes paroles ; et cette indécision tombant sous l'observation des gens qui m'entourent, je sens qu'ils me jugent un sot. Et ce sentiment redouble l'embarras, l'indécision, la sottise apparente ; en dernière analyse, je fais une fort triste figure[1]. »

Au reste, dans cette correspondance où Jouffroy livre son cœur avec tant d'abandon, on ne trouve pas même une allusion à un amour vulgaire, à une aventure quelconque, à la moindre folie de jeunesse. On sent qu'au milieu de toutes les ardeurs de l'âge, il a la volonté de rester pur. L'imagination est ardente, la nature passionnée, l'âme est chaste.

Que je devienne amoureux, écrit-il à Damiron, c'est ce dont je ne puis douter. Je le suis, je l'ai été, je le serai. De qui ? De personne ; d'une chimère qu'on appelle amour. J'aime l'amour tout en le méprisant. C'est à la fois, à mes yeux, la plus vile et la plus séduisante des choses. Au mois de mai, quand je lis un roman ou quand je rêve en digérant, mon âme s'élance hors de moi, et toute robe flottante me fait palpiter. Ma raison elle-même a perdu ses yeux, et la pauvre aveugle suit, en battant des mains, le char de triomphe de sa rivale[2]. »

Il était trop poète, il avait le cœur trop sensible pour n'aimer jamais qu'une chimère. Dans une autre lettre à

1. Lettre à Damiron du 17 février 1819.
2. A Damiron, 27 février 1819.

Damiron, il parle, en plaisantant, de trois ou quatre passions aussi vives qu'éphémères, qui n'ont pas duré plus de quelques heures. Mais il a laissé, dans des notes inédites, le récit inachevé de ce qui paraît avoir été son premier amour; car, il le dit lui-même: « Ce fut là que mon cœur fut touché, pour la première fois, d'une véritable passion. » C'était pendant une des vacances qu'il passait aux Pontets. Il avait vingt-quatre ans, ce qui nous reporte à l'année 1820. C'était le 19 du mois de juillet. Cette date est demeurée à jamais gravée dans son cœur. Malgré sa sauvagerie, il s'était laissé entraîner par un ami à un grand bal donné par le sous-préfet de Pontarlier. Et là, il avait été présenté à une Parisienne, femme du grand monde, belle, distinguée, d'esprit cultivé, de manières élégantes, venue en villégiature dans les environs pour y respirer l'air des montagnes. « Dans un petit cercle formé dans un coin, il s'était dit, pendant quelques heures, beaucoup de folies d'assez bon goût. » Des sympathies s'étaient éveillées et, bien qu'il aimât peu le bal, Jouffroy n'était sorti qu'à trois heures du matin. Sous prétexte de je ne sais quel service à lui rendre, Mme de N. (c'est ainsi que Jouffroy la désigne) l'avait invité à déjeuner pour le lendemain. Jouffroy s'y rend à pied, bien que quatre lieues séparent les Pontets de sa demeure. Mme de N. lui prend le bras pour le conduire à table. On déjeune en tête à tête; on cause. Jouffroy est de plus en plus sous le charme; sa gaucherie disparaît; il se laisse aller. « J'eus de l'esprit pendant une heure, dit-il, ce qui ne m'est arrivé que quatre ou cinq fois dans ma vie. » De son côté, Mme de N. subit la séduction de ce jeune homme qui unit aux dons les plus éminents de l'esprit celui d'une beauté rare, bien qu'un peu féminine, et qui est alors dans tout l'épanouissement et dans tout l'éclat de la jeunesse. Au sortir de table, elle l'entraîne au dehors, dans une promenade à deux, par des sentiers ombragés et frais qui serpentent au bord d'un lac et au milieu des bois. Dans de pareilles conditions, quel cœur de vingt-quatre ans ne parlerait pas ? Pendant quelques heures, Jouffroy ressent, près de cette femme, toute l'ivresse de l'amour.

« Seul, dit-il, j'aurais été heureux dans ce site si beau. Qu'on juge si je l'étais, avec cette femme charmante, appuyée sur mon bras. Sentir ainsi réalisé, et d'une manière si imprévue et si subite, ce rêve de mes promenades solitaires ; avoir là, au sein de mes montagnes sauvages, la femme élégante du grand monde ; soutenir, parmi les roches et les herbes, ses pas accoutumés aux moelleux tapis des salons ; entendre sa voix gracieuse se mêler au murmure du feuillage et des eaux ; respirer le parfum de sa robe flottante avec celui des champs et des bois ; s'élever avec elle d'un vol facile à tout ce que la pensée réfléchie a de plus haut et l'imagination cultivée de plus poétique ; dans ce pays de pâtres et de laboureurs et par-delà cette harmonie des intelligences, d'autant plus douce qu'il y avait plus longtemps que je n'en avais joui, en pressentir, en espérer une autre cent fois plus enivrante, une autre si longtemps attendue, si inutilement cherchée jusque-là et pour laquelle j'avais réservé tout ce que j'avais de puissance et d'amour dans l'âme ! C'était là un bonheur si grand, un concours de sensations si délicieux et si imprévu, que je pleure encore au souvenir de cette journée sans égale, et que je remercie le ciel de m'avoir donné sur la terre de pareilles heures[1]. »

Dans leur course solitaire, les deux promeneurs étaient arrivés jusqu'à un tertre ombragé de sapins, qui dominait la vallée et où Mme de N. avait coutume de se reposer. Ils s'y étaient assis. Tout à coup, au milieu de cette ivresse, retentit au loin la cloche de l'*Angelus*. Aussitôt Jouffroy sent se réveiller toute la poésie chrétienne de son âme, et une religieuse émotion l'élève vers le ciel.

« La journée était chaude, dit-il ; c'était l'heure de midi, et la nature entière semblait endormie. Les oiseaux avaient

[1]. Fragments inédits.

cessè de chanter, les insectes de bruire ; pas un souffle n'agitait l'air, pas une feuille ne remuait dans le sombre dôme qui couvrait nos têtes. Involontairement, nous nous tûmes aussi, et nous mîmes à écouter ce silence solennel qui marque le milieu du jour dans les mois brûlants de l'été. Bientôt des sons lointains vinrent l'interpréter plutôt que le troubler. Les cloches de tous les villages répandus autour du lac élevèrent la voix, et disant ce que la nature ne pouvait dire, envoyèrent au Créateur l'hommage de la création[1]. »

Ne semble-t-il pas entendre le chantre de l'*Isolement*?

> Cependant, s'élançant de la flèche gothique,
> Un son religieux se répand dans les airs :
> Le voyageur s'arrête, et la cloche rustique
> Aux derniers bruits du jour mêle de saints concerts[2].

Là se termine le manuscrit. Rien n'autorise à croire que ce roman à peine ébauché ait tourné à l'aventure vulgaire. L'émotion religieuse qui s'y mêle suffirait à écarter cette hypothèse. Je trouve sur une autre feuille volante, égarée parmi ses lettres, quelques lignes qui montrent que chez Jouffroy la volonté était aussi forte que le cœur était sensible. Je ne sais trop quelle importance il convient d'attribuer à ce fragment sans date, sans commencement ; mais, pour moi, je suis tenté d'y voir une de ces confessions que, à l'imitation de saint Augustin, Jouffroy aimait à se faire à lui-même ; et s'il faut y ajouter foi, lui aussi avait connu les surprises du cœur, les violences et les orages de la passion. Elle est trop expressive dans sa forme déclamatoire, qu'on dirait empruntée à Rousseau, pour que je ne croie pas devoir la transcrire ici.

« C'en était fait, je ne pouvais plus respirer l'air qu'elle respirait ; je ne pouvais plus vivre sous le même ciel, ni par-

---

1. Fragments inédits.
2. Lamartine. *Premières méditations poétiques. L'isolement.*

tager sa demeure; il fallait fuir ou trahir mes serments. Je n'hésitai pas; je me levai au milieu de la nuit, je quittai ma couche inondée de larmes et je passai le seuil fatal. Je sentais en moi toutes les passions soulevées frémir de cette résolution; elles me déchiraient le cœur, elles faisaient trembler tous mes membres, elles couvraient mon corps d'une froide sueur et arrachaient des torrents de pleurs à mes yeux : mais, leur puissante révolte n'amollissait point l'énergie de ma volonté et je sentais, avec un douloureux contentement, ma raison triompher de leurs efforts. Je m'élançai à travers les ténèbres, plein d'une joie affreuse. Chaque pas était un tourment et une victoire ; je me détestais et m'applaudissais en même temps; vainement, mon lâche amour cherchait à obscurcir à mes yeux la réalité de la vertu et me criait que je sacrifiais tout à une chimère; une conviction inébranlable repoussait le doute et précipitait ma fuite. »

A quel incident de sa vie cette page fait-elle allusion? Quelle est cette autre nuit dont elle nous décrit, avec emphase, mais avec une intensité de souvenir poignante, les luttes et les déchirements ? Nul, sans doute, ne le saura jamais. Mais tout le caractère de Jouffroy est là. Ces lignes, où tout, jusqu'à l'abus des antithèses, rappelle saint Augustin, sont la peinture fidèle de son âme et de sa vie, assaillies, tourmentées par la passion, mais, en dernière analyse, dominées et réglées par la volonté.

II

Jouffroy a vingt ans à peine quand débute cette correspondance. Il est seul à Paris; d'abord à l'École normale, plus tard dans une petite chambre de la rue de l'Odéon. Il est « dans la fièvre ardente de ce premier mouvement de pensée du siècle, touchant à tous les hommes célèbres du parti libéral ; il est en même temps avec l'élite de la jeunesse. « Il lit tout, écoute tout¹ ». Il n'est étranger à aucune des ambitions, à aucun des rêves de cette génération qui, au lendemain de la Révolution et de la tourmente apaisée, croyait renouveler et transformer le monde. Lui-même le dit : « Sa vie le pousse à tout entreprendre et à tout faire². »

Mais il étouffe à Paris. « Paris, écrit-il dans une de ses premières lettres, Paris n'est pas une patrie. J'y étouffe. Ce grand pays n'est point assez large pour moi : point de vaste horizon; point d'arbres; point de nature, et je regrette mes montagnes³. » — « Quoi! s'écrie-t-il quelques mois après, je serais condamné à vivre dans cette ville de fumée et de boue, spectateur d'une corruption hideuse dans son élégance et d'un despotisme affreux dans son hypocrisie⁴. »

Et encore :

« Je brûle de revoir mon village ; voilà deux ans que j'en suis exilé! oh! que je serais mieux disposé à faire de bonnes lettres alors que maintenant! Les arbres, les plaines, les rochers, les sources d'eau vive, sont agréables, ailleurs que dans les églogues, quoi qu'on ait dit; la nature repose et dispose l'esprit; elle anime l'imagination, l'enrichit et la pare : elle échauffe le cœur et redouble l'amitié. Que dirai-je enfin à sa gloire? Elle élargit les idées et inspire les généreux sentiments; pour moi, ici, dans ce Paris, en présence de ces tuiles, de ce pavé, de ces boues, de ces voitures, je suis incapable de sentir vivement et d'échauffer une lettre. L'École valait mieux; le silence, la solitude, la monotonie des spectacles qu'on y voyait, avaient le mérite d'attrister, et la tristesse est tendre; mais cette mobilité d'objets secs et vides distrait, fatigue, sans rien dire à l'âme⁵. »

C'est que, comme Rousseau, comme Lamartine, Jouf-

---

1. *Souvenirs inédits* de M. Dubois.
2. A Damiron, 24 novembre 1818.
3. Lettre à M. Béchet, 21 octobre 1820.
4. A Damiron ou à Perreau, 20 décembre 1820.
5. A Damiron, 12 avril 1818.

froy est un enfant de la montagne. Comme eux, il en a, dès ses premières années, admiré la majesté, respiré le parfum, foulé les neiges; il a entendu les sapins soupirer sous la brise et mugir dans la tempête; il a été réveillé, pendant les sombres nuits d'hiver, par le bruit lointain des avalanches; aux matins du printemps, par les clochettes des troupeaux qui montent vers les sommets[1]; et ces premières et vives impressions de l'enfance ont laissé en lui une ineffaçable empreinte. L'âpre senteur des monts et des bois a pour toujours pénétré l'âme de ce fils de paysan, élevé par l'instruction et le travail jusqu'aux cimes de la pensée et de la science humaines. Le souffle des Alpes y a passé avant celui du siècle et y a déposé, tout au fond, je ne sais quelle réserve de santé morale, d'air pur et de sereine lumière, qui lui restera comme une de ses meilleures forces contre les orages de la pensée et les épreuves de la vie; où, dans les heures sombres et mauvaises de la tentation et du doute, de la mélancolie et presque du désespoir, il se réfugiera, comme dans un asile inviolable et sacré, pour y chercher le rafraîchissement et la paix.

« Que de fois, dans ma jeunesse, écrit-il, j'ai cherché, dans ces retraites sauvages, comme un asile à mes pensées! Etendu sur l'herbe, je me croyais séparé du monde. J'écoutais le silence d'alentour, et le murmure des bois qui venait parfois l'interrompre[2]. »

La vie libre et saine de la montagne l'a pénétré tout entier. Aux Pontets, il en jouit avec ivresse, il en rêve à Paris. Ce sont les grands horizons de son pays qui ont donné à son imagination la force, l'éclat, le large et puissant essor. A tout instant, l'impression qu'il en a gardée perce, comme un rayon de lumière, dans ses

---

1. Ces deux images sont empruntées aux lettres mêmes de Jouffroy.
1. Fragments inédits.

œuvres les plus graves. Quand, dans son étude sur *le Bien et le Mal*[1], il écrit : « Qu'importe à l'abeille le juste et l'injuste, la paix ou la guerre? Que sa reine vive, que les fleurs soient abondantes et le ciel serein, il lui suffit. » C'est l'enfant des vallons du Jura qui parle. Quand, dans son fameux discours sur le problème de la destinée humaine, il s'écrie : « Le pâtre, au sommet de la montagne, est aussi en face de la nature ; il rêve comme nous à cette infinie création dont il n'est qu'un fragment, et, de son propre droit, il a l'audace de poser au Créateur cette haute et mélancolique question : « Pourquoi m'as-tu fait?[2] » Ce sont encore des images empruntées à la terre natale, à la vie de son cher pays.

Dès qu'il le pouvait, il s'envolait vers lui. Dans des notes écrites sur des feuilles volantes, qui m'ont été remises en même temps que ses lettres, il a tracé de la vie qu'il y menait, pendant ses mois de vacances, une peinture pleine de fraîcheur et de poésie. Il avait, c'est lui-même qui nous le dit, vingt-quatre ans quand il écrivait ces pages. Elles sont, par conséquent, de 1820.

« J'avais vingt-quatre ans ; je remplissais à Paris des fonctions plus graves que mon âge, qui m'y retenaient pendant huit mois de l'année, enfoncé dans des études qui ne souffrent guère de distraction. Je ne sentais que plus vivement le bonheur du repos et de la campagne. Quand le mois de juin arrivait, je revoyais mes montagnes, et me retrouvais l'esprit libre et le corps à l'aise, au milieu des champs et des bois. Je mettais soigneusement à profit ces heureux moments ; et, depuis le jour où je quittais la grande route et la diligence pour m'enfoncer dans la contrée solitaire où se trouve mon village, jusqu'à celui où j'embrassais ma mère pour reprendre le chemin de Paris, je donnais à mes jambes toute l'occupation qu'elles pouvaient supporter, à mon imagination toute la liberté qu'il lui plaisait de prendre. Je pas-

---

1. *Mélanges philosophiques* (1838), p. 362.
2. *Mélanges philosophiques*, 2ᵉ édition, p. 411.

sais là quatre mois à courir et à rêver, à m'enivrer d'air, de loisirs et de songes, ne fuyant pas les hommes, mais plus heureux seul; allant aux environs visiter mes amis, mais surtout pour le plaisir d'y aller; travaillant aux champs quand venaient les foins et les moissons; errant sur les montagnes, le reste du temps, quelquefois avec un livre, plus souvent avec un fusil; assez heureux de mon bonheur pour ne chercher de distraction ni dans l'un, ni dans l'autre; plein de vie, d'âme, de santé, de reconnaissance pour cette nature, au sein de laquelle il me semblait que je puisais tout cela, et aimant tout d'elle, jusqu'à la fatigue qu'elle me causait, jusqu'à la pluie dont elle m'inondait quelquefois dans mes courses solitaires. Quand, à midi, du haut de quelque cime escarpée, environné de solitude et de silence, des déserts à mes pieds et le vaste ciel sur ma tête, seul au monde avec mes pensées, je voyais se dérouler à l'occident, par-delà les bois qui m'entouraient, les grandes plaines de la France, peuplées de villages qui semblaient dormir au soleil; et, à l'orient, la chaîne majestueuse des Alpes couverte de neige, avec les lacs vaporeux, les villes étincelantes et les campagnes de la Suisse; quand je voyais tout cela briller à mes pieds, sous les rayons ardents du midi, je me sentais si pénétré de la grandeur et de la beauté de la nature, que je versais des larmes de bonheur et d'amour, et que j'aurais voulu m'élancer et me perdre dans ce monde ravissant qui flottait à mes yeux. Je concevais alors les croyances de l'Orient, et je n'avais point d'effort à faire pour voir dans la nature le réservoir commun de la vie, l'océan où s'élèvent et où retombent ces vapeurs légères qu'on appelle des âmes et qui ne se détachent qu'un moment au-dessus du sein azuré de leur mère [1]. »

On ne saurait donc être surpris que, dans ses lettres, la poésie relègue la philosophie elle-même au second plan. Elle y déborde à chaque page. C'est que, en effet, la faculté maîtresse de Jouffroy c'est l'imagination; c'est là vraiment, chez lui, le don de nature. La raison ne vient qu'après, et n'est, si j'ose dire, qu'un produit de l'effort et de la volonté. Il est devenu philosophe, il était

1. Fragments inédits.

né poète. S'il a du premier l'analyse pénétrante, le noble souci de la vérité, il a du second la passion de l'idéal, la fantaisie rêveuse, le vol hardi vers les sommets, et, par-dessus tout, cette sensibilité frémissante qu'une ombre qui passe, un rayon qui brille, un regard de femme, suffisent à assombrir, à illuminer ou à ravir [1].

Les lettres que nous étudions sont écrites à cette époque de rénovation littéraire et morale des premières années de la Restauration, et il est facile de reconnaître dans plusieurs une inspiration tout à fait semblable à celle des *Méditations*. La plupart même leur sont antérieures par la date et nous apportent un curieux témoignage des idées et des sentiments qui remplissaient alors les jeunes âmes d'élite. On sent que Rousseau et Bernardin de Saint-Pierre ont passé par là ; mais le Rousseau des bons jours, l'amant et le peintre émus de la nature, celui dont le cœur sensible a ouvert, au plus profond de l'âme humaine, une de ces sources vives qui rejaillissent dans la postérité.

La première lettre adressée à Damiron est du 30 août 1816. Les deux amis viennent de quitter l'École. Ils sont l'un et l'autre en vacances, Damiron, chez son père, à Bicêtre ; Jouffroy, dans sa famille, aux Pontets, petit village du Doubs, voisin de Pontarlier ; et Jouffroy commence par raconter à son ami les incidents de son voyage et les beautés du pays natal. Ce n'était pas petite affaire, à cette époque, que le voyage de Paris aux Pontets ; il demandait cinq grandes journées ; et pourtant M. Jouffroy père était venu chercher son fils. Partis de Paris, le lundi, à sept heures du matin, MM. Jouffroy arrivaient, le soir, à Montereau. Là, ils étaient forcés de prendre « des carrioles, détestables voitures qui pourraient servir de remède à tous les paralytiques du monde,

---

1. Lettres à Damiron, des 23 mars 1817 et 7 avril 1819.

tant elles sont propres à remettre les humeurs en circulation ! ». Ils étaient, le lendemain, à huit heures du matin, à Auxerre, couchaient à Rouvray et parvenaient, le mercredi soir seulement, à Dijon. Le jeudi, ils allaient en voiture jusqu'à Dôle, et là prenaient le parti de faire le reste de la route à pied. Ils couchent à Arbois et, le vendredi, à midi, Jouffroy peut, enfin, revoir ses chères montagnes.

« A midi, j'aperçus les chaînes du Jura, en débouchant d'une vaste forêt de sapins; j'allai derrière un buisson, sous un honnête prétexte, pour jouir en paix cinq minutes. Le soir, à quatre heures environ, nous dominâmes la vallée, et, à cinq heures et demie, nous touchâmes le seuil paternel. On ne nous y attendait que dans huit ou quinze jours. Quelle surprise! Ma mère, mes deux sœurs, mon oncle, étaient là. On avait fané tout le jour. On oublia ses fatigues et nous celles du voyage. Dieu, comme nous soupâmes! Quelle vie complète, entière, pleine! Et comme je dormis dans un de ces grands lits où deux couples pourraient se loger à l'aise [2]. »

Il est en vacances, il se repose; il fait des visites, il en reçoit, le curé, le maître d'école, le médecin, le maire. Il vit de la vie rurale, avec sa famille, et prend part lui-même aux travaux des champs.

« J'ai fané, mieux que personne, et je vous dirai que nos foins sont abondants, et que nous les récoltons par le plus beau temps du monde. La campagne, toute en collines et en vallons, et qui n'est encore dépouillée qu'en partie d'herbe et de fleurs, offre un aspect charmant. Elle est couverte, çà et là, de faneuses aux corsets rouges et aux robes blanches. Nos faneuses sont un peu brûlées par le soleil; mais elles sont assez jolies, fort joyeuses, et se piquent de se mettre très proprement pour aller aux champs. Je leur fais des contes; elles rient avant que j'aie parlé, car elles ne sont point fort difficiles en fait d'esprit, et les pointes parisiennes seraient

1. A. Damiron, 30 août 1816.
2 *Ibidem*.

peut-être même au-dessus de leur intelligence. Je me fais un point d'honneur de leur dire toujours la vérité. Les gausses sont pour les hommes. J'en ai déjà distribué par-ci par-là quelques bonnes, en sorte que vous pouvez compter que je ne vous en dis point, ayant beau jeu pour les placer ailleurs [1]. »

Nous retrouvons ici le Jouffroy jeune, galant, espiègle, que les souvenirs de M. Dubois nous ont déjà fait connaître, mais que, on en conviendra, la lecture de ses ouvrages ne permettait guère de soupçonner.

Dans cette libre vie des vacances, il s'efforce d'oublier la philosophie, mais elle le ressaisit malgré lui.

« Je fais fort peu d'idées dans ce pays, qui est plutôt poétique que métaphysique... Cependant, j'ai rêvé, ce matin, à la durée, en veillant une taupe qui ravage, dans le jardin, les carottes de maman. Appuyé sur mon hoyau, tout prêt à frapper, dès que l'animal pousserait, je considérais un beau ciel que le soleil n'éclairait point encore, et l'éternité m'est revenue en tête. J'ai constaté les faits que ce brave et bon Cousin nous a si bien énumérés; puis, ma taupe ne paraissant pas, je suis venu déjeuner [2]. »

L'automne se passe aux Pontets. Mais, bientôt, Jouffroy est appelé aux fonctions de maître répétiteur à l'Ecole normale, et il lui faut rentrer à Paris. A l'Ecole, il ne retrouve plus ni Dubois, ni Damiron, ni aucun de ses autres amis. La première lettre qu'au retour il écrit à Damiron serait à citer tout entière, tant elle est empreinte de cette mélancolie qui est le fond de sa nature.

« J'ai quitté mon pays, ces personnes, cette maison, ce village que j'adore et dont le souvenir me fait pleurer, maintenant que je n'ai plus d'amis ici pour m'en adoucir le regret! Ah! Damiron, vous ne concevez pas la force des liens qui m'attachent à ma patrie! Vous avez quitté votre province

---

1. A. Damiron, 30 août 1816.
2. Même lettre.

trop jeune, et Paris n'est pas une patrie. C'est un sentiment dont on ne saurait rendre compte, car je sens qu'il existerait encore en moi, mes parents fussent-ils morts et mon village brûlé. J'ai tout quitté! Je suis revenu, je suis rentré... Quelle rentrée! C'était le soir, on était encore à l'étude. Il était sept heures. J'ai monté dans la chambre qu'on m'avait assignée; j'ai allumé la chandelle et je me suis assis. De ma vie je n'ai eu le cœur si serré! Il a fallu pleurer et pleurer longtemps, quelque effort que je fisse pour me convaincre moi-même de ma folie. Voyant que cela ne finissait pas, je descendis à la cour, et je gagnai les allées. Mais où allais-je, pour échapper aux souvenirs? C'était là que je m'étais si souvent promené avec vous, avec mes amis. C'était là que, cinq mois auparavant, nous parlions de thèses et de vacances, de théories de mariage et de systèmes de bonheur. Quel million de pensées me passa dans un moment par la tête, toutes plus tristes les unes que les autres! Je n'y pouvais plus tenir. Je remontai, j'errai dans les corridors solitaires; je me plaisais à regarder les portes des chambres que mes amis, que moi-même, avaient habitées. J'en ouvris quelques-unes : c'étaient d'autres livres, d'autres habits, un autre arrangement. Tout cela m'allait au fond de l'âme. Je remontai dans ma chambre nouvelle qui est celle d'Ansart, aussi pénétré que j'en étais sorti. Tout changé dans cette Ecole! me disais-je, et moi seul, immobile au milieu de ce déplacement et, condamné par ma propre volonté à en être le spectateur malheureux, et j'étais désespéré! La cloche du souper me tira de là : je mis le nez à la fenêtre pour voir les élèves traverser la cour; j'entendis des cris, des sons de voix inconnues, d'autres que je croyais connaître; c'était pour moi une alternative rapide de sentiments de peine et de joie. Enfin, j'entendis la voix éclatante de Guichemerre; et vous ne pouvez concevoir, mon cher ami, quel subit changement ce son d'une voix connue produisit en moi. Je sentis le courage renaître comme par magie. Je descendis, j'allai à l'étude, on finit de souper; je les vis tous revenir; je retrouvai Varney, Plagniol, Miet, Guichemerre, et tant d'autres, jadis négligés et maintenant devenus d'heureuses ressources et de précieuses consolations. Je ne croyais pas aimer tant de monde et il n'y a pas jusqu'à M. Lemarchand, qui me parût un ange du ciel. Expliquez maintenant le cœur humain! Je me couchai presque joyeux. Le lendemain, la raison était revenue; je ne me trouvai ni si triste qu'avant le souper de la veille, ni si gai qu'à mon coucher. J'appréciai chaque chose à sa valeur. Je conçus que jamais je ne retrouverais des amis comme vous, et je compris que, malgré cela, on pouvait encore vivre dans cette maison, en étouffant les souvenirs à force de travail [1]. »

Certes, cette lettre n'est pas pathétique comme le récit célèbre de la nuit de décembre, inséré au mémoire sur l'organisation des sciences philosophiques. Ce n'est pas le problème de la destinée et l'avenir éternel de l'âme qui s'agite ; et le regret de la patrie et des amis, si poignant qu'il soit, ne se compare pas à la douleur de la foi perdue. Et pourtant, ces deux pages nous semblent pouvoir être rapprochées pour l'accent et l'émotion : on retrouve, dans l'une et dans l'autre, cette habitude de l'analyse, grâce à laquelle Jouffroy descend de couche en couche jusqu'au fond de ses pensées ou de ses sentiments, et nulle part peut-être il ne se révèle mieux avec ce mélange de tendresse mélancolique et de folle gaieté, de paresse rêveuse et de travail acharné, de sensibilité maladive et de raison virile, qui faisait de lui comme une antinomie vivante. Aux cris qui s'échappent de ce cœur déchiré, on sent combien il aimait son pays et sa famille ; combien aussi était sincère, profonde, l'amitié qui l'unissait à ses anciens camarades d'école et spécialement à celui qui, après la séparation, allait devenir le plus fidèle de ses correspondants, en restant le plus intime confident de toutes ses pensées.

Huit jours après (29 janvier), il réclame des nouvelles. L'ennui le gagne, et il a besoin que les lettres de ses amis viennent le distraire et le consoler.

« Le fond de toutes celles que je vous écris, dit-il, est que je vous aime ; prenez-le de cette façon, même quand je ne vous le dirais pas, et soyez sûr que vous ne vous tromperez jamais. »

1. A. Damiron, 22 janvier 1817.

Mais il a beau faire, rien ne parvient à combler, dans son âme, le vide de la famille et de la patrie absentes, et il semble que le retour du printemps l'y fasse sentir davantage. Le 4 mars, il écrit à M. Damiron une lettre toute d'abandon et de poésie. Il envie la solitude de son ami, qui lui permet de rêver et de penser à l'aise, de vivre de la vie de l'âme et de suivre le mouvement de ses idées : lui ne le peut, dans le tourbillon de Paris ; il voudrait être dans son pays ; c'est le pays de la vie intérieure :

« Le silence de la nature et des hommes y élève l'âme et l'invite à la méditation ; des sites, tantôt riants, tantôt sublimes, mais d'une beauté toujours originale, y nourrissent l'imagination, qui a besoin d'être souvent excitée. Qui vous dira la fraîcheur de nos fontaines, les parfums de nos plantes, la modeste rougeur de nos fraises à demi cachées sous l'herbe ? Qui vous dira les murmures et les balancements de nos sapins, la funèbre obscurité de leurs ombres et les vêtements de brouillard qu'ils prennent au matin ? Qui vous dira la hauteur de nos rochers et leurs bizarres figures, la profondeur et la paix de nos vallons ; et, quand l'hiver secoue les neiges de son manteau sur nous ; quand d'épaisses brumes rampent lentement le long des montagnes et des forêts ; que la bise rapide s'élance tout à coup du nord au midi ; le voile épais des bouillards est déchiré et des lambeaux épars fuient dans les airs ; d'immenses tourbillons de neige soulevés de terre s'agitent et tournent sur eux-mêmes, se mêlent, se confondent et remplissent l'air d'une vague poussière ; alors les cheminées disparaissent, de nouvelles montagnes s'élèvent, l'aigle et le corbeau fuient au plus haut des airs en poussant de lugubres cris, les loups sans asile hurlent de froid et de faim, tandis que les familles s'assemblent au bruit des toits ébranlés et prient Dieu pour les voyageurs ! O mon pays, pays que je regrette, quand vous reverrai-je ? Quand me sera-t-il donné de ne plus vous quitter ? Hélas ! ce bonheur n'est point réservé à mes jeunes ans, et peut-être l'heure de la vieillesse aura sonné pour moi quand j'en pourrai jouir. N'importe ! J'aimerai à y couler mes derniers jours ; il me sera doux d'y mourir, et je bénirai le Dieu qui m'aura fait ces loisirs tardifs [1]. »

1. A Damiron, 4 mars 1817.

Tout ici, jusqu'à la forme un peu déclamatoire, procède de Rousseau et annonce Lamartine. Ne croirait-on pas déjà lire, en prose, une page des *Premières méditations*, que cette lettre précède de trois années? Nous n'en avons pas retrouvé le brouillon; mais ce morceau, nous en sommes convaincu, n'a pas été écrit au courant de la plume; il était de ceux que Jouffroy se plaisait à travailler, à rendre aussi parfaits que possible, et qu'il transcrivait ensuite à ses amis.

Quelques jours après, il est aux Champs-Élysées :

« Je me promenais là par le plus beau soleil du monde. C'était une belle matinée de printemps, et, pour bien dire, la première que nous ayons eue cette année. Néanmoins les violettes commençaient déjà à s'épanouir; leur odeur suave m'attira vers un de ces beaux jardins qui bordent le côté droit de cette promenade; je m'avançai vers les grilles de fer et, passant mon nez à travers les barreaux, je humais les parfums qui s'échappaient de plusieurs touffes de violettes groupées autour d'un arbre. J'étais donc là fort content de cette bonne rencontre, de cette bonne odeur, de ces belles fleurs, de ce beau soleil, quand, par hasard, je jetai les yeux sur la belle maison à laquelle ce beau jardin appartenait. Alors j'aperçus un beau salon de plain-pied, entouré de glaces et de lambris dorés; la fenêtre était ouverte et le soleil l'emplissait de ses rayons. Mais il y avait là, dans ce beau salon, quelque chose de plus beau que lui, que la maison, le jardin, les violettes et les arbres tout ensemble, c'était une charmante Anglaise, aux blonds cheveux et aux yeux bleus, qui était assise dans un fauteuil, le visage tourné vers la fenêtre. Sur ses genoux elle tenait un jeune enfant, qui semblait à peine avoir vu deux moissons, beau comme un ange du ciel, frais comme une pêche que la main vient de cueillir. Jugez si je regardais une fois que j'eus fait cette découverte. J'oubliai les violettes et toute mon âme fut à la belle lady. Il me semblait voir une de ces héroïnes du pays de Galles qui sont si parfaites dans les romans anglais; elle en avait toute la mine. Elle était justement vêtue d'une robe blanche, très simple. Rien ne couvrait ses longs cheveux, négligemment attachés sur sa tête; son visage brillait d'une ravissante beauté; sur son sein elle pressait son enfant et ses yeux ne se détachaient pas d'une vue si chère. Le petit ange s'efforçait d'atteindre son cou, de ses jolis bras arrondis; il semblait la regarder avec tendresse, et ses cheveux blonds roulés en boucles et doucement soulevés par le zéphyr voltigeaient sur ses épaules. On eût dit des êtres surnaturels, et ce groupe, digne de l'Albane, eût représenté, d'une manière admirable, l'innocence dans les bras de la beauté[1]. »

Le 25 mai suivant, la mélancolie l'accable. Il est seul, dans sa chambre de l'École; triste, il tourne les yeux du côté de sa fenêtre.

« J'ai vu les arbres de notre cour, battus par le vent d'ouest, courber leurs rameaux fragiles. Des nuages noirs traversaient rapidement le ciel de l'occident à l'orient et laissaient échapper, en passant, de larges gouttes de pluie qui venaient s'aplatir sur les vitres. Ce triste aspect de la nature m'a rappelé les tempêtes de mon pays, quand les hauts sapins s'entrechoquent de leurs cimes et que le vent du nord emporte au loin leurs fortes branches, comme l'herbe des montagnes ou la mousse des rochers. J'ai vu des orages sublimes dans mon enfance, et je me rappelle encore avec quel frémissement je les contemplais du seuil de la porte. Mais alors les orages venaient dans la saison des orages : les printemps étaient purs, les étés féconds et les automnes riches en moissons. Aujourd'hui, tout est changé; et, depuis dix ans, le laboureur perd sa peine et ne recueille plus. Ah ! si les temps passés revenaient; si les saisons mieux réglées, ramenaient l'abondance au sein de nos montagnes, c'est là que j'aimerais à aller retrouver des illusions, c'est là que je voudrais faire des rêves de bonheur dignes des vôtres. Comme vous je les ferais à l'ombre des sapins, étendu sur l'herbe fraîche. Mais ici, mon cher, comment voulez-vous que je trouve des chimères aussi belles que les vôtres ? Ces murs, ces toits, ces cheminées, ne disent rien à l'imagination. L'idéal du beau sommeille en moi, car nulle beauté terrestre n'y ramène mon esprit. Loin de pouvoir pousser jusqu'au baptême le rêve de bonheur, je ne puis en trouver le commencement. Rêvez donc tout seul; rêvez, mon ami, mais écrivez-moi vos rêves. C'est une consolation, à qui n'en peut faire, de lire les vôtres[2]. »

1. A Damiron, 23 mars 1817.
2. A Damiron, 25 mai 1817.

C'est ainsi que le moindre accident, la plus petite chose, réveille en lui l'image de la terre natale, lui ouvre une échappée sur ses chères montagnes. Il a écrit, dans une autre de ses lettres : « Paris n'est pas une patrie. » Son cœur n'en eut jamais d'autre que les collines et les vallons du Jura.

Nulle part, peut-être, ce don qu'a chez lui l'imagination d'idéaliser et transfigurer toutes choses ne s'est affirmé avec plus de maîtrise et d'éclat que dans le récit qu'il nous donne d'une soirée passée sur le boulevard, dans les premiers jours d'avril 1819. Il est sous l'influence du printemps, et cette influence transforme tout à ses yeux.

« J'étais, à neuf heures, sur le boulevard des Italiens. La soirée était délicieuse, et les promeneurs nombreux. Cependant la nuit et le printemps contenaient toutes les langues. Cette multitude se taisait, et l'on aurait pu la prendre pour le peuple silencieux des ombres. Tout à coup, une femme, un homme, deux enfants et un chien s'arrêtent. Leurs vêtements étaient étrangers; leur physionomie expressive et leur teint hâlé annonçaient des Espagnols; leurs souliers étaient couverts de poussière; ils avaient l'air fatigué; on voyait que c'étaient des voyageurs et des malheureux. La femme tenait une espèce de mandoline. Les yeux levés au ciel, elle se mit à préluder. Son mari la soutenait; les deux jolis enfants étaient de chaque côté, et le pauvre chien assis devant eux. Bientôt l'étrangère chanta d'une voix triste et douce. Les paroles étaient dans une langue inconnue mais harmonieuse; l'air était étrange, mais d'une admirable mélodie. Elle chantait seule chaque couplet; l'homme et les enfants répétaient en chœur le refrain. Toute la foule s'était arrêtée pour les entendre; tous les yeux exprimaient la surprise et la compassion. La beauté touchante de la musicienne, le groupe que formaient autour d'elle l'homme, les enfants et le chien; le lieu, l'heure, le ciel, la saison; l'idée d'un pays éloigné, d'un voyage pénible, de quelque grande infortune, tout donnait à cette musique une puissance magique et à cette scène un charme et une poésie indéfinissables; aussi, quand le concert fut achevé et que toute la famille errante, immobile et les yeux baissés, sembla laisser au chien fidèle la honte de recevoir la charité. Dieu sait si tous les assistants remplirent de bon cœur la boîte qu'il portait à sa gueule. Une voix s'éleva pour demander que la romance fût chantée une seconde fois. Quel tact dans les Français! Tout le monde sentit le peu de délicatesse et l'égoïsme de cette demande. Tout le monde comprit que les pauvres gens étaient fatigués; qu'ils n'avaient peut-être chanté que pour avoir de quoi souper; qu'exiger une répétition de l'air, c'était leur rappeler leur dépendance et les droits de celui qui paye. Tous ces raisonnements se firent spontanément; il n'y eut qu'un cri de mépris, d'indignation. On rappela le chien, on l'accabla de caresses et de présents. L'étrangère avait compris ce mouvement généreux; ses yeux se levèrent en remerciant; la rougeur lui avait monté au visage. Quelle âme sous cette figure! Je me serais jeté à ses pieds pour l'adorer[1]. »

Deux mois après, c'est aux Tuileries, qu'à défaut du vallon paternel, il va promener sa rêverie. Mais déjà la saison a changé et l'état de son âme avec elle.

« Je reviens des Tuileries; j'y vais chercher, tous les matins, la fraîcheur et le silence. Mais, hélas! le printemps n'y est plus. Il y était naguère, aimable, échauffant, ravissant, inspirateur. Le charme a disparu peu à peu, et la nature est retombée dans son insignifiance ordinaire. Que de rêves séduisants mon imagination a faits sous ces beaux ombrages, qu'elle ne peut plus y retrouver, parce que le soleil a fait un pas de plus vers notre pôle boréal. L'influence du printemps ne dure qu'un moment, mais on vit plus dans ce peu de jours que dans les onze autres mois de l'année. C'est la saison de la poésie et de l'enthousiasme; l'âme est tout expansive; elle ne s'appartient plus; elle se répand et se perd dans le monde qui l'enveloppe, et bien au delà; elle ne juge plus, elle aime; aussi tout lui paraît beau, ce qui est et ce qui n'est pas. Ravie des réalités et des chimères qu'elle embellit ou qu'elle invente, elle s'y attache avec passion; elle s'épuise à les posséder; vains efforts; l'union est impossible. L'homme est réduit à les adorer et à chanter dans ce monde le bonheur qui n'y est point. Et cependant cette adoration nous rap-

---

1. Lettre à P., sans doute Perreau, 7 avril 1819.

proche du Dieu inconnu; ces chants qui sont pleins de lui nous le livrent pour ainsi dire. L'adoration est délicieuse; l'hymne est d'une harmonie enivrante; quand l'une finit, quand l'autre expire, l'âme, en retombant sur la terre, s'aperçoit qu'elle l'avait quittée et que déjà un pas avait été fait vers le ciel. Triste et rampante, elle s'ennuie dans la fange. Ses yeux se lèvent avec douleur vers ces espaces brillants où tout à l'heure elle planait. Elle n'a plus le courage de supporter sa condition; elle s'efforce pour s'élever de nouveau, mais elle a perdu sa puissance; le printemps n'est plus[1]. »

On le voit, il y avait dans l'âme de Jouffroy une véritable lyre; nous allons l'entendre vibrer d'accents plus émus et plus religieux encore.

Nous avons vu que, en 1820, Dubois, qui enseignait alors à Besançon, était allé voir Jouffroy aux Pontets. Ils avaient ensemble visité Genève et Lausanne, Yverdun, Neuchâtel et son lac. Deux ans après, au printemps de 1822, Jouffroy parcourt de nouveau ces lieux et, le 30 mai, il adresse à l'ami qui, une première fois, les a vus avec lui, cette belle lettre qu'on nous pardonnera de transcrire presque en entier, tant le peintre de la nature et le poète nous semblent s'y révéler avec éclat, tant l'âme religieuse de Jouffroy s'y montre dans tout son essor vers Dieu, dans toute la ferveur de l'enthousiasme et de l'adoration :

« Je viens de faire un voyage à Morges, avec ma mère, et j'arrive d'une jolie partie à Yverdun, plus récente encore que mon voyage. Nous étions six cavaliers, et nous avions six demoiselles, le tout sur trois chars-à-bancs. Nous avons débuté par Valorbe, où nous avons été coucher. Le lendemain, nous avons grimpé sur la dent de Vaullion, cette montagne blanche que l'on aperçoit depuis le sentier terminant au nord-est le lac et la vallée de Joux. Le point de vue est presque aussi vaste et beaucoup plus original que celui de la Dôle. De là à Orbe et à Yverdun, d'où nous sommes revenus hier dîner chez Falconnet et coucher ici.

[1]. A Damiron, 4 juin 1819.

« Nous aimons tant Yverdun que je veux vous donner quelques détails qui augmenteront peut-être votre désir d'y revenir. J'ai vu cette ville sous un nouvel aspect. Vous vous souvenez que nous l'avions définie : la ligne droite ou l'uniformité. La légère brume qui remplissait l'atmosphère quand nous le visitâmes donnait à la perspective une monotonie que j'y retrouvai dans mon second voyage, parce que la même cause reproduisait le même effet. Cette fois, le rideau était levé; l'air avait une pureté et une transparence admirables. La physionomie du pays était changée et, pour ainsi dire, rajeunie. Le lac allongé se voyait jusqu'au fond, et ses rives et les villes nombreuses qui les couvrent se détachaient parfaitement de la surface de l'eau et se laissaient distinguer comme Meilleraie de Clarens. Cette première bordure était enfermée dans une autre pleine de douceur et de majesté; à gauche, le pompeux Jura; au fond, les rochers blancs de Neufchâtel; à droite, les montagnes couvertes de bois du canton de Berne; au-delà du lac, Morat, et le canton de Fribourg en deçà, formaient un demi-cercle d'une imposante beauté. C'est autre chose que le bassin du Léman; moins de grandiose, mais une grandeur plus harmonieuse et peut-être plus ravissante. Que n'étiez-vous là? Que n'y étiez-vous surtout lorsque, au coucher du soleil, nous nous mîmes dans une barque pour aller visiter Grandson, si gracieusement groupé au revers du Jura, et, pour ainsi dire, suspendu sur le lac. La journée avait été brûlante. Un orage se formait du côté de Fribourg, un autre vers le fond, au-dessus de Neufchâtel. La nuit était venue, et, tandis que la lune reposait sur nos têtes et blanchissait d'une pâle lumière les vagues du lac, les éclairs sillonnaient les nuages obscurs devant nous et à notre droite. Deux tonnerres également lointains grondaient alternativement et semblaient psalmodier un hymne à la gloire du Créateur. Les rives sur lesquelles éclataient ces deux orages étaient perdues dans une sombre nuit. Les deux autres, éclairées par la lune, laissaient voir Yverdun et ses beaux peupliers, Grandson et son pâle château qui ressemble à un fantôme, et une foule de villages épars sur la route de Neufchâtel. L'horizon, par dessus, était encore rouge des feux mourants du crépuscule, et les sommets arrondis du Jura se dessinaient admirablement. Nous avions trois rameurs qui faisaient voler la barque sur la face du lac. Nous avançâmes d'abord en babillant. Nos compagnes, en robes blanches et en chapeaux de paille larges, tremblaient à chaque mouvement et riaient de leurs frayeurs. Mais bientôt la nature l'emporta, et le sublime spectacle qui nous entourait suspendit tout autre sentiment. Frivoles jeunes filles, elles ne savaient pourquoi elles se taisaient et d'où venaient ces soupirs involontaires. L'infinité de Dieu les tenait sous sa puissance et parlait à leur cœur. Au clair de la lune, on voyait le sentiment religieux de l'inconnu et du sublime faire vivre, pour la première fois peut-être, et leurs yeux et leurs figures d'une vie exaltée et supérieure. Oh! qu'elles étaient belles alors et comme, involontairement, on les serrait contre son cœur. Mais c'était une beauté qui ne leur appartenait pas, descendue d'en haut sur leurs fronts, éclair de vie dans la mort de leur existence. Dans une heure, ces traits, rendus sublimes un moment, devaient retomber dans la triviale expression de pensées communes et de sentiments étroits, et je sentais là, dans l'excès même de mon admiration et de mon bonheur, la périssable valeur de tout ce que l'on peut admirer et aimer en ce monde.

« Nous arrivâmes au pied du château de Grandson, mais nous ne descendîmes pas à terre. Les deux orages s'avançaient lentement et menaçaient de nous couvrir; il nous fallait une heure pour regagner Yverdun, et nous retournâmes la barque. Le silence continuait et n'était interrompu que par quelques mots et le bruit des rames. Lonchamp, courbé sur le devant de la barque, fumait sa pipe en regardant le ciel. Je ne sais pourquoi je me rappelai alors avoir lu qu'à bord des vaisseaux portugais qui doublèrent pour la première fois le cap de Bonne-Espérance, on célébra la messe au milieu de la nuit, en vue de la mer des Indes, inconnue jusque-là. Par une alliance d'idées subite et inspirée par tout ce qui m'environnait, le chant du *Sanctus, Sanctus*, se trouva dans mon cœur et sur mes lèvres. Je l'entonnai à demi voix; mon voisin m'accompagna sur le même ton; peu à peu les sons s'élevèrent, tout le monde s'en mêla, et les rives protestantes du lac d'Yverdun retentirent du sublime *Hosannah in excelsis* lentement et solennellement exécuté par dix voix réunies. L'étonnement silencieux de nos rameurs pour qui et ces chants et cette langue étaient inconnus, nous excita. Le *Gloria in excelsis*, le *Lauda Sion*, le *Laudate Dominum, omnes gentes*, se succédèrent. La gravité de ces chants catholiques, au milieu de cette grande scène, l'idée qu'on les entendait du rivage, et que la religion protestante n'avait rien qui pût ainsi s'allier poétiquement à ce qu'il y a de poétique dans la nature et les sentiments de l'âme; ce mélange harmonieux de voix d'hommes et de femmes; cette langue latine si sonore, si pompeuse, inconnue à la population d'alentour, tout m'émut au plus haut point. Sans doute, il y avait une harmonie bien vraie entre ces chants, ce spectacle et ce pays, et peut-être arrive-t-il souvent que ces inspirations subites qui devinent ce que la réflexion n'aurait jamais inventé, sont ainsi le résultat nécessaire d'une position, d'un sentiment, d'une disposition d'esprit qui est en harmonie avec elles et qui les fait naître sans que nous nous en doutions[1]. »

Si je ne m'abuse, ces pages ne le cèdent pas aux plus belles pages de Rousseau et de Lamartine. Il est impossible, tant certaines analogies sont frappantes, de ne pas les rapprocher du *Lac*. L'inspiration n'en est pas exactement la même, bien que le sentiment de la brièveté de la vie et de la fragilité de l'amour humain y traversent aussi l'âme de Jouffroy; elle est encore plus haute. Chez Lamartine, l'inspiration est purement païenne. Ce qui lui arrache ces accents émus et sublimes, qu'on ne peut comparer qu'aux derniers vers des *Deux-Pigeons* de La Fontaine, c'est le sentiment du néant de la vie, de la fuite irréparable de l'amour, exalté par le charme des lieux, de l'heure et l'exquise beauté de tout ce qui l'entoure. Chez Jouffroy, l'inspiration est franchement religieuse et chrétienne. C'est la grandeur et la beauté de Dieu que les spectacles de la nature lui révèlent, c'est la prière qui monte sur ses lèvres, c'est l'enthousiasme du roi David qui soulève sa poitrine, l'entraîne et, avec lui, ses compagnons, dans un chœur d'amour et d'adoration. L'ode de Lamartine est le cri poignant d'une blessure humaine. La lettre de Jouffroy est un hymne; et pour exprimer les sentiments profonds qui débordent de son âme, le jeune philosophe, qui venait de traverser, à l'École normale, cette crise du doute et cette nuit douloureuse dont il nous a laissé une

---

1. A M. Dubois, 30 mai 1822.

si pathétique peinture, qui allait bientôt écrire l'article fameux : *Comment les dogmes finissent*, ne trouve rien de mieux que d'emprunter les formules de la liturgie catholique ; c'est par le chant du *Sanctus* et de l'*Hosannah* que, de la frêle barque qui le porte, il salue, aux rayons de la lune et au bruit de la tempête, la grandeur du Dieu qu'il adore. On voit ici (la preuve s'en retrouve à chaque instant dans ses œuvres) combien profondément l'éducation chrétienne avait pénétré Jouffroy et quelle vive et durable empreinte elle avait laissée dans son âme.

Et sa muse chanta jusqu'à la fin. L'homme qui, jeune et au milieu des brumes de Paris, disait, en 1818 : « Je ne pourrai véritablement écrire que quand j'aurais revu mes sapins[1] », retrouve, dans sa maturité, tout son essor poétique sous les rayons du soleil d'Italie. « J'ai fait des moissons de violettes le long des chemins, écrit-il de Pise, le 15 février 1836. J'ai passé des heures à écouter dans les bois le gazouillement des rossignols et le sifflement des merles, et à me demander s'il fallait autre chose au monde pour être heureux, que de vivre, écouter, voir et sentir[2]. » La poésie était vivace en lui ; elle persistait jusque sous les glaces de l'âge, jusque dans la maladie et presque à la veille de la mort. Il quitte Pise pour aller à Rome ; le récit de son voyage, la description de Trasimène, de Cortone, de Pérouse, de Foligno sont vraiment du Rousseau et du meilleur. Et là encore, il est permis de remarquer que Jouffroy n'a jamais rien si bien compris et senti que les œuvres catholiques. Assise le ravit ; il voudrait y faire une retraite de quinze jours. Son émotion est plus vive encore à Spolète et à la montagne des Ermites. Rien de charmant, de frais, de sincère comme la description qu'il en

---

[1]. Lettre à Damiron, du 17 juin 1818.
[2]. Lettre à Dubois, du 15 février 1836.

donne. La paix qu'on y respire lui va à l'âme et la pénètre. Il s'y arrêterait volontiers, et dirait comme Pierre dans l'Évangile : « Seigneur, nous sommes bien ici, faisons-y trois tentes. » — « Cette solitude est ravissante, écrit-il ; elle donne l'envie de laisser le monde et de se consacrer à Dieu [3]. »

III

Il était impossible qu'à la date où ces lettres sont écrites, à cette période de fièvre de la Restauration, la politique ne trouvât pas sa place dans les libres épanchements de jeunes hommes, tels que Dubois, Damiron et Jouffroy ; il ne se pouvait pas davantage qu'un esprit sincère et puissant comme Jouffroy ne cherchât pas à rattacher ses opinions à des principes et, en politique comme ailleurs, à asseoir ses convictions sur des vérités philosophiques. La chose vaut la peine d'y insister : là encore, nous retrouvons, avec cette apparence de scepticisme et cette pointe d'ironie envers lui-même qu'il porte en toutes choses, la profondeur d'analyse et la hauteur d'âme de Jouffroy.

On devine aisément que, par la nature de son esprit comme par toutes les tendances de son caractère indépendant et fier, il devait être porté vers le parti doctrinaire.

C'est dans la lettre du 24 janvier 1818 qu'il parle pour la première fois politique avec quelque détail.

« Il y a quatre partis dans la Chambre : 1° les ministériels purs ; — 2° les *ultra* ; — 3° les libéraux ; — 4° un parti qui s'est formé au sein des ministériels et qui prend la liberté de n'être pas toujours de l'avis du ministère, comme MM. Bourdeau, Courvoisier et autres. Ce quatrième parti a à

---

3. Lettre à Dubois, du 3 mai 1836.

sa tête, dans la Chambre des députés, MM. Jordan, Royer-Collard, Beugnot, et, dans la Chambre des pairs, M. de Lally et autres. C'est ce parti qui a voté pour le projet de loi de la presse, en proposant l'amendement du jury, et qui vote pour la loi du recrutement, en proposant l'amendement du vote annuel. Ce parti, plus indépendant que le parti ministériel, tend au libéralisme, qui est le vœu et l'opinion de la nation[1]. »

Jouffroy nous fait ainsi assister à la naissance du parti doctrinaire et, dès le début, ses préférences se dessinent.

« Les *ultra* battent la campagne : leur position est fausse et leurs contradictions font pitié... Ces gens-là font grand tort à MM. Corbières et Benoit, surtout à M. de Villèle, homme prodigieusement adroit et habile, qui manœuvre, dans sa fausse position, avec un admirable talent ; du reste, l'opinion s'est retirée des *ultra*. On se rit d'eux partout. Cela les irrite, et leur colère et leur dépit ne servent qu'à les rendre plus ridicules. Au contraire, l'opinion seconde et anime les libéraux et donne de la force et de la faveur à tout ce qu'ils disent. Ceux-là sont placés dans la position vraiment nationale, et bien que quelques hommes parmi eux ne soient pas irréprochables, on oublie ce qu'ils sont pour ne penser qu'à ce qu'ils disent. Ce qu'ils disent, les doctrines qu'ils soutiennent sont si évidentes, si claires, si conformes à la justice et à la raison, que le plus mince orateur, en les proclamant, fait toujours plus d'effet que le plus habile des *ultra* et des ministériels[2]. » Et quelques lignes plus loin : « Le *Mercure*, le *Journal du Commerce*, les *Lettres Normandes*, une foule innombrable de brochures et de feuilles périodiques défendent le libéralisme. Mais son meilleur défenseur est M. de Constant, qui vaut à lui seul une armée, parce qu'il est toujours prêt, qu'il écrit bien et qu'il est plus fort sur les matières politiques que ceux qu'il attaque. »

Au reste, Jouffroy admire le talent déployé par les orateurs.

1. Lettre à Damiron, du 24 janvier 1818.
2. *Ibid.*

« A aucune époque, dit-il, on n'a vu une Chambre des députés égale à la nôtre. Aucune assemblée délibérante (sauf peut-être la première Constituante) n'a offert des discussions aussi profondes, aussi vastes, aussi complètes, que les deux dernières discussions sur la presse et le recrutement. Nous devons, mon ami, être fiers de notre patrie ; elle a, du premier saut, conquis la gloire de la tribune sur toutes les nations de l'Europe [1]. »

Ses maîtres en politique, ce sont MM. Royer-Collard, Camille Jordan, Benjamin Constant. Mais, en vrai philosophe, il éprouve le besoin d'analyser leurs doctrines, de les soumettre à la critique, de s'assurer si elles reposent ou non sur des principes solides. « J'ai été tour à tour bonapartiste, royaliste *ultra*, ministériel, libéral, sans savoir pourquoi ; mais aussi sans me passionner pour aucun de ces partis, car je me passionne difficilement en faisant de la philosophie. Cette année, je me suis mis à réfléchir sur mon girouettisme, j'ai vu que je girouetterais éternellement si je n'examinais la question. Je l'ai donc examinée, comme j'aurais fait s'il se fût agi de la perception externe. J'ai trouvé une solution, elle me paraît vraie. Je l'adopte [2]. »

Quelle est cette solution que Jouffroy croit avoir trouvée ? Il l'expose en détail à son ami, dans la lettre du 8 août 1818. Bien que nulle part il ne soit signalé comme tel, on ne sera pas étonné de trouver en lui le vrai théoricien du parti, et même aucun autre ne me paraît avoir donné aux principes politiques et aux doctrines libérales des assises plus profondes et plus solides.

Un nommé Darmaing avait été condamné pour avoir publié une espèce de journal, dans lequel il signalait tous les actes arbitraires. Jouffroy s'indigne de cette condamnation. M. Cousin avait assisté au procès de

---

1. *Ibid.*
2. Lettre à Damiron, du 8 août 1818.

Darmaing. On le lui reprochait vivement. Mais Cousin est libéral, reprend Jouffroy; les fonctionnaires épouvantent les provinces de ce mot. Qu'est-ce donc que le libéralisme? C'est ici qu'intervient la théorie.

Le problème, essentiel pour l'homme, est celui de sa destinée. Le christianisme avait donné de ce problème une solution claire, et cette solution avait été comprise et acceptée. Mais, à la faveur de l'ignorance, on a ajouté au christianisme une foule de dogmes absurdes; quand l'absurdité de ces dogmes a apparu à l'esprit humain, il a conclu à l'absurdité du christianisme lui-même et à la fausseté de la solution qu'il avait donnée; « et, comme le christianisme était la seule règle qu'eût le monde, avec lui tomba toute règle. » — « De ce que cette règle avait été reconnue fausse, on conclut qu'il n'y en avait pas du tout; qu'il n'y avait rien qu'on dût faire, rien qu'on ne dût pas faire; le monde se retrouva dans le même état où il s'était trouvé à la chute du paganisme... De là, d'une part, « le désespoir dans certaines âmes, l'agitation et l'inquiétude dans le peuple; de l'autre, l'arbitraire posé en principe et réalisé dans la pratique, entraînant à sa suite les plus affreux désordres ».

Mais, se hâte d'ajouter Jouffroy, « enfin, nous commençons à sortir de cet état; à reconnaître qu'il y a du devoir et que nous avons une destinée. L'ennui, le désespoir, la langueur s'évanouissent; une nouvelle activité anime l'esprit humain; il s'élance vers ce devoir et cette destinée dont il ne doute plus; il la cherche avec ardeur ». Qu'avons-nous à faire? La chercher, la montrer, la faire accepter...

« Cette destinée, cette règle ne sera adoptée que si elle est comprise; elle ne sera comprise, que si elle est conforme à la raison; elle ne sera conforme à la raison, que si elle est sa loi même, sa loi éternelle, loi qu'elle conçoit dès qu'elle est éclairée; loi qui se compose des principes immuables de la justice.

« Voilà ce que veulent ces hommes qui proclament sans cesse les droits et les devoirs de l'homme, qui en appellent sans cesse aux principes de la justice, qui veulent que ces principes passent dans les lois, et que l'arbitraire soit banni des constitutions politiques[1]. »

C'est ainsi, par sa méthode habituelle et rigoureuse de la déduction philosophique, que Jouffroy arrive à définir et à justifier la politique doctrinaire et libérale. Et il ajoute :

« Voilà pourquoi ces hommes ont l'opinion, car ils lui offrent ce qu'elle désire : une règle et une règle qu'elle comprend[2]. »

Seul à ma connaissance, malgré tout le talent des doctrinaires, Jouffroy est descendu jusqu'à ces profondeurs et a clairement discerné et signalé dans le devoir la seule assise vraiment solide sur laquelle puisse reposer la liberté.

Mais continuons l'exposé de ses idées :

« Voilà pourquoi, ajoute-t-il, les libéraux triompheront, car ils ont pour eux la force des choses, qui veut actuellement qu'une règle soit manifestée, qu'une solution soit donnée au problème de la destinée humaine ; qui veut, de plus, que cette règle soit rationnelle ; qui veut, par conséquent, que cette règle ne soit autre chose que la justice et toutes ses conséquences et ses conditions : telles que la liberté individuelle, la liberté de penser, de parler, la distribution égale de la justice, la participation des peuples à la confection des lois, la tolérance religieuse, l'égalité de tous devant la loi. Or ces gens qui veulent cela, qui ont pour eux l'opinion et qui triompheront, sont ceux que j'appelle *libéraux*[3]. »

Sans doute, ils ont des adversaires, et quels sont-ils ? Jouffroy les comprend dans six catégories différentes :

---

1. Lettre à Damiron, du 8 août 1818.
2. *Ibid.*
3. *Ibid.*

ceux qui croient encore aux anciens dogmes religieux et politiques; — ceux qui, sans y croire, y trouvaient et y trouveraient encore leur compte; — ceux qui se trouvent bien de l'arbitraire; — ceux qui pensent qu'on ne peut gouverner un peuple par la seule force des lois justes; — les ambitieux et la troupe de ceux qui, par instinct, se rangent toujours du côté du plus fort; — enfin ceux qui, n'ayant aucune opinion, s'effrayent de toute nouveauté!

« Ces catégories faites, y a-t-il pour un homme sans passions et sans préjugés, y a-t-il à hésiter ? Il ne faut pas n'être d'aucun parti, car il faut être Français et homme; et, si l'on veut choisir, quelles enseignes préférer à celles du libéralisme? Il faut s'y ranger, parce que là est le bon sens, la raison et le devoir; il faut s'y ranger, indépendamment des hommes qui peuvent s'y trouver; indépendamment des dangers auxquels on peut s'exposer en s'y plaçant.

« Etre là, c'est déclarer qu'on veut des lois justes et qu'on ne souffrira aucun arbitraire; être là, c'est manifester qu'on aspire, avec le siècle tout entier, à un nouvel ordre de choses fondé sur les lumières de la raison. »

Nous retrouvons ici le disciple de la philosophie du xviii⁰ siècle, de cette école généreuse mais chimérique qui a tout espéré de l'excellence de notre nature et attendu tout progrès du libre jeu des institutions humaines. Mais, comme nous l'avons dit, si Jouffroy a le sentiment profond des droits de l'homme, il a un sentiment non moins profond de ses devoirs. Il n'hésite pas;

« Pour nous autres, égrugeurs de philosophie, nous devons nous attacher à montrer à nos élèves qu'il y a un devoir, un devoir immuable, absolu, règle invariable de la conduite, but de la vie, qui doit uniquement gouverner l'homme et le gouverner, non seulement comme homme, mais comme citoyen, mais comme gouvernant ou gouverné; en fondant ainsi les lois politiques sur les lois de la morale, et celles-ci sur des vérités rationnelles manifestées clairement comme obligatoires à l'esprit de tous les hommes, on donne une règle certaine à la conduite de l'homme et du citoyen ; on arrache au hasard, à l'arbitraire ou à la foi, la vie humaine, et on lui trace clairement sa véritable destinée [1]. »

Ainsi, en vrai philosophe, Jouffroy place les devoirs de l'homme avant ses droits ; c'est sur le devoir qu'avec sa profondeur ordinaire il cherche à asseoir tout l'édifice de ses doctrines politiques. Là est son originalité et son honneur. S'il se rattache à la philosophie du xviiie siècle, en ce sens qu'il attend tout progrès du libre développement de la raison, il ne croit pas, comme les théoriciens de la Révolution, à la bonté naturelle de l'homme, et il sent, avant tout, le besoin de le ramener à la règle du juste, au respect de la loi morale, au devoir.

Il rêve d'une législation idéale :

« Je cherche un petit système politique ; je m'établis législateur. Je prends pour matière un village, et j'avise, dans ma sagesse, à lui donner, non pas les meilleures lois qu'il puisse supporter, mais les meilleures lois possibles ; en quoi je diffère notablement de Solon. Mais il donnait des lois à un peuple réel, moi je régente un peuple imaginaire. Quand j'aurai trouvé une législation idéale, je la comparerai aux lois qui régissent mon pauvre pays, cette triste France. Et j'aurai la consolation d'énumérer et de compter toutes les absurdités sous lesquelles elle pâtit. J'en ferai le tableau synoptique ; je le ferai encadrer, je pendrai le tout dans un coin de ma chambre et ce sera un monument de ma haine implacable pour toutes les tyrannies et pour tous les tyrans qui ont exploité, exploitent et exploiteront les peuples [2]. »

Jouffroy se range ainsi nettement parmi les opposants au gouvernement de la Restauration. Il était difficile que, avec la naturelle fierté de son caractère et la loyale indépendance de ses opinions, il n'inquiétât pas ses supérieurs hiérarchiques et n'encourût pas la censure d'une

1. A. Damiron, 8 décembre 1819.
2. Lettre à Damiron, du 27 février 1819.

autorité qui, d'ailleurs, il faut bien le reconnaître, n'était pas toujours exempte d'un esprit d'inquisition et de tracasserie. Les trois amis, Jouffroy, Dubois, Damiron, devaient l'éprouver tour à tour.

« Tout n'allait pas de soi et librement, à l'Ecole, nous dit Dubois. L'esprit janséniste de M. Gueneau était inquiet, ombrageux ; les audaces de Cousin le déconcertaient ; il suivait à la piste tous ces élans dans un monde fermé à son étroite pensée ; il enregistrait un mot, le creusait, y voyait des abîmes; allait, quoique avec discrétion et réserve, inquiéter M. Rendu, et celui-ci allait jusqu'à M. Royer, qui, alors, avait des tempêtes majestueuses, faisait venir Jouffroy, un jour, par exemple, et se vantait ensuite de l'avoir fait pleurer comme un enfant de noble cœur, à la vue de quelque périlleuse conséquence d'une de ses leçons sur l'intention et la moralité de l'agent dans les actes de la vie [1]. »

C'est sans doute à cet incident que Jouffroy fait allusion dans sa lettre du 17 novembre 1819.

« Il faudrait que je fusse bien amoureux pour me marier maintenant, car jamais mon sort à venir ne se trouva plus douteux et plus incertain. L'Université n'est plus une carrière pour moi : ou elle changera entièrement d'ici à l'expiration de mes dix années de service, ou elle ne changera pas et restera tyrannique, arbitraire, inquisitoriale, absurde, telle qu'elle est à présent. Dans ce dernier cas, assurément, je la quitterai. Dans le premier, je verrai. Voilà la question, et cette question est celle de mon avenir. Jusqu'à ce qu'elle soit décidée, je philosopherai pour moi et non pour mes élèves, auxquels je ne veux pas mentir, en leur professant des opinions que je ne crois pas, mais auxquels non plus je ne veux pas professer toutes les miennes, fort peu curieux d'être destitué à Paris et envoyé au fond de la Gascogne ou de la Normandie, apprendre à des bambins de sept ans comment fait *Rosa* au génitif.

« Que si vous me demandez le fondement de mes craintes, je vous dirai que, l'année dernière, les chefs de l'Université firent saisir des rédactions de mes leçons, en tirèrent des

---

1. *Souvenirs inédits* de M. Dubois.

phrases détachées qu'ils recousirent ensuite l'une à l'autre, et, sur ce beau et solide fondement, m'accusèrent d'impiété et d'anarchie, moi qui crois en Dieu plus qu'eux, puisque je sais pourquoi j'y crois, et qui aime l'ordre cent fois plus, puisque j'accuse de désordre et d'anarchie l'Université dont ils sont les chefs. Or je suis impie, parce que je dis qu'il n'y a pas de devoirs spéciaux envers Dieu, et, encore, parce que je soutiens qu'à l'époque où le christianisme parut, les hommes avaient besoin d'une nouvelle religion, et que ce besoin favorisa son établissement, ce que saint Paul et tous les Pères de l'Eglise ont soutenu avant moi, et ce qu'on ne peut nier sans accorder que l'ancienne religion était bonne et l'établissement de la nouvelle inutile. — Je suis anarchiste parce que je prétends que nul n'est tenu d'obéir à une loi qui lui commande ce que sa conscience regarde comme un crime, principe éternellement vrai et qu'on ne peut nier sans accorder, par exemple, qu'un préteur romain était tenu de faire brûler vifs des millions de chrétiens dès que la loi l'avait ordonné, et, par exemple encore, que si Louis XVI avait été fugitif dans ses Etats au moment où la loi qui le commandait à mort fut rendue, tout Français eût été tenu de le tuer ou de le livrer en découvrant son asile. Et, parce que j'étais impie et anarchiste à ce point, on me menaça d'une destitution, en ajoutant que le crime de Bavoux était une peccadille auprès du mien. Quand une administration a le pouvoir de nommer sans concours et de destituer sans jugement, elle est essentiellement mauvaise. Dieu vous garde, mon cher, et vous donne la prudence nécessaire à ceux qui vivent sous la griffe des puissants[1]. »

Je n'aurais pas transcrit cette longue lettre si on n'y trouvait une nouvelle preuve de la hauteur d'âme de Jouffroy et de la fermeté de ces doctrines. C'est aux *ultra* de la Restauration qu'il se voyait contraint de rappeler ce grand principe que nul n'est tenu d'obéir à une loi qui lui commande de faire ce que sa conscience réprouve. C'est à nos modernes jacobins qu'il convient de le rappeler aujourd'hui et de redire, avec l'autorité de Jouffroy, que la souveraineté du nombre ne saurait être la source du droit, et que les lois qui émanent de

1. A Damiron, 17 novembre 1819.

la volonté populaire, fussent-elles régulièrement votées par la majorité, ne sauraient obliger la conscience qu'autant qu'elles ne violent pas les lois éternelles et immuables de la justice et de la raison.

IV

Cette correspondance n'est pas, à proprement parler, philosophique. Et pourtant, la philosophie y occupe une large place et en fait, pour ainsi dire, le fond. Comment en eût-il pu être autrement dans l'abandon de cette causerie intime entre deux amis voués aux mêmes études, préoccupés des mêmes problèmes, se parlant sans voile et, pour ainsi dire, cœur à cœur?

Au moment où elle commence, Jouffroy était dans la fièvre des occupations professionnelles et des conceptions philosophiques. Des travaux de toute sorte l'accablaient : « 1817 et 1818 furent les deux années-mères de la Restauration, dit Dubois. A quelle rude discipline Jouffroy fut mis pendant ces années! Il était clos dans ce séminaire ardent, ses amitiés les plus chères absentes, avec cet orgueilleux sans repos de Cousin ; lui-même en fièvre et la tête pesante chaque jour d'un nouveau projet[1]. »

Il était bien jeune encore, vingt ans à peine. A cette date, il est, et tant que dure cette correspondance, il restera le disciple fidèle, l'admirateur passionné de M. Cousin. Quand on a lu les œuvres de Jouffroy, et qu'on y a appris à connaître l'indépendance de son esprit et l'originalité de sa pensée, on aurait peine à croire à quel point il subissait alors l'ascendant du maître, si l'on n'en trouvait la preuve à chaque page de ses lettres. Elles sont pleines de sentiments d'admi-

1. *Souvenirs inédits* de M. Dubois.

ration et de reconnaissance; d'admiration pour le talent, de reconnaissance pour les services rendus. Et il ne défend pas moins le caractère de l'homme. Cousin ne dit rien que de beau, ne fait rien que de bien. « Il est si digne d'être aimé[1]! » Plus tard, Jouffroy fera des réserves. Dans une phrase bien connue du *Mémoire sur l'organisation des sciences philosophiques*, il osera juger M. Cousin et parler de son *inexpérience* au début de son enseignement. A l'époque dont nous parlons, il est entièrement sous le charme : « Pour moi, je l'aime vivement, écrit-il à Damiron, encore plus par estime et par amitié que par reconnaissance[2]. »

Il suit ses leçons. C'est à M. Cousin qu'il va demander la solution des difficultés qui l'arrêtent; c'est avec lui qu'il se promène, près de lui qu'il va puiser des inspirations et réchauffer son zèle philosophique. L'autorité de M. Cousin est incontestée. C'est le maître.

« Je suis le cours de Cousin, écrit-il, presque au lendemain de son retour à Paris; il est bien beau, cette année; je vais, toutes les semaines, chez lui, et ses conversations que je rédige brièvement, me donnent une foule d'aperçus féconds[3] »; et il propose à Damiron de lui envoyer tous les quinze jours un résumé de ces conversations et un résumé du cours.

Damiron veut ouvrir à Falaise un cours libre de philosophie; Jouffroy l'y encourage.

« Vous m'écrirez, lui dit-il, quand vous serez embarrassé, vous me proposerez vos doutes, et j'irai chez Cousin puiser la solution que je vous donnerai. Tout cela ira merveilleusement[4]. »

Dès cette époque, M. Cousin se préoccupait de recruter des disciples, de fonder une école et d'orga-

---

1. Lettre à Damiron, du 24 janvier 1817.
2. A Damiron, 25 mai 1817.
3. A Damiron, 14 février 1817.
4. A Damiron, 1 mars 1817.

niser son gouvernement philosophique. Jouffroy se fait, près de ses camarades, l'écho de ces préoccupations. Il demande à Damiron, de la part de M. Cousin, quel emploi il fait de son temps, où en est son esprit en philosophie[1]. « Cousin, écrit-il, voudrait voir s'établir, entre les élèves de l'École normale qui s'occupent de philosophie, une correspondance utile dont il sera le centre, et dans laquelle il jettera toutes les lumières qu'il pourra tirer ou de lui ou des métaphysiciens de Paris[2]. » — « Mais il ne peut souffrir qu'on pense à des questions d'ambition ou d'intérêt; il lui faut un dévouement pur, des hommes conduits par le seul désir d'avancer et de propager la science; point d'ambition, sinon l'ambition philosophique[3]. »

La philosophie renaît, et c'est à M. Cousin qu'on le doit. Grâce à lui, elle fait à l'École de rapides progrès. M. Cousin a élaboré un vaste plan, qui doit être imprimé; il l'a adressé à M. Schelling, en Allemagne; à M. Stewart, en Écosse; l'a répandu en France et dans toutes les villes philosophiques de l'Europe :

« On saura enfin que la France renaît à la haute philosophie et que c'est dans l'École qu'elle renaît. Ne croyez pas que ce soit un projet en l'air. Cousin est encouragé par de hauts personnages. M. de Serre, président de la Chambre, qui connaît bien la philosophie de Kant, est venu à notre premier examen, il viendra au second, et peut-être, aurons-nous l'honneur de voir le ministre de l'Intérieur. La dernière fois, nous avions M. Maine de Biran, M. Guizot, M. Cuvier, M. Ampère, M. Royer et, comme je vous l'ai dit, M. de Serre et beaucoup d'autres. La prochaine assemblée sera plus nombreuse et plus brillante encore. On y verra des Anglais et des Allemands. Nous comptons sur M. Schlegel et autres[1]. »

1. A Damiron, 5 décembre 1817.
2. A Damiron, 14 février 1817.
3. A Damiron, 5 décembre 1817.
4. Lettres à Damiron, des 26 et 27 avril 1817.

Heureux temps que celui où des hommes d'une aussi haute valeur, et les premiers personnages de l'Etat prenaient un pareil intérêt et donnaient par leur présence un pareil encouragement aux hautes études !

Les lettres de Jouffroy contiennent une foule de détails charmants et d'anecdotes piquantes sur les rapports du disciple avec le maître. On y voit une fois de plus combien l'esprit de prosélytisme était naturel à M. Cousin et quelle action puissante il exerçait sur ses élèves :

« Vous me demandez des encouragements, écrit Jouffroy à Damiron. Vous vous adressez mal, car j'ai moi-même fort peu de verve et je tomberais si M. Cousin ne me ranimait et ne me réchauffait de la chaleur de son zèle philosophique. Cet homme-là a une ferveur qui se communique, et une seule de ses conversations vous donne des forces inconnues et une vigueur toute nouvelle. Chaque mercredi, je vais le trouver après dîner. Il est dans sa chambre, et c'est là que nous causons quand il pleut. Quand il fait beau temps, nous allons au Luxembourg ; alors, il prend la parole, et ne cesse de parler jusqu'à cinq heures et demie. Vers cette heure, il commence à me mener dans les rues, car il sait qu'il est bientôt temps d'aller dîner, et, quelquefois, il est attendu dans une maison pour six heures ; mais le voilà qui s'oublie ; nous nous égarons dans les rues ; nous tournons sur nous-mêmes, sans nous en apercevoir ; nous repassons vingt fois dans les mêmes endroits ; nous ne sommes plus de ce monde, et les passants étonnés s'arrêtent pour regarder nos gestes et saisir quelques-unes de ces paroles que nous prononçons avec tant de véhémence. Enfin, la lune qui éclaire les rues, la solitude qui commence à régner, peut-être la fatigue de marcher et la lassitude de parler font revenir mon philosophe à lui-même, et vers les sept heures, sept heures et demie, nous nous disons bonsoir. Que me dit-il, pendant si longtemps ? *De bien belles choses*, mon ami ; et, l'instruction que j'en retire est un avantage que ma situation a sur la vôtre. Mais aussi c'est le seul [2]. »

---

2. A Damiron, 5 mars 1817. Et ailleurs : « M. Cousin vient quelquefois chez mon restaurateur ; après dîner, nous errons dans les rues, criant à perdre haleine une discussion philosophique qui effraye les passants. » (A Damiron, 18 avril 1818.)

On retrouve bien là l'homme qui, rencontrant un jour sur la place de la Sorbonne, un autre de ses disciples non moins illustre que Jouffroy [1], lui proposait de venir dîner à Saint-Cloud, partait avec lui, allait jusqu'à l'extrémité du village, faisait volte-face, le ramenait à Paris et se séparait de lui à neuf heures du soir, au point même où il l'avait rencontré sans que, dans l'ardeur de leur discussion philosophique, ni l'un ni l'autre se fût aperçu qu'il avait oublié de dîner.

Une anecdote que Jouffroy raconte à son ami montre à quel point étroite était alors son intimité avec Cousin et aussi que cette intimité était très connue.

« Un beau matin, un ordre me vient d'aller chez M. Royer. Je vais, j'entre. La première personne que je rencontre, c'est Cousin qui arrivait d'Allemagne, du jour même. Nous ne nous attendions, ni l'un ni l'autre, à nous rencontrer là. « Allons, embrassez-vous, dit M. Royer. » Nous le fîmes. Et M. Royer reprit : « Vous, monsieur Jouffroy, vous ne saviez pas que M. Cousin fût revenu ; mais vous non plus, monsieur Cousin, vous ne saviez pas que M. Jouffroy fût nommé professeur suppléant de M. Cardhaillac, au lycée Bourbon et à l'École. » C'était annoncer gracieusement la nouvelle. Je remerciai M. Royer. Cousin trouva cela très bien [2]. »

Jouffroy se regarde, d'ailleurs, comme le disciple préféré, j'allais dire comme le seul vrai disciple. « Moi seul, en effet, j'ai suivi Cousin, depuis ses premiers essais jusqu'au point actuel où ses idées sont arrivées. Je les ai vues naître et se développer : je les ai, pour ainsi dire, faites avec lui. C'est ce qui fait que j'ai l'avantage de les entendre [3]. »

On ne saurait, après cela, s'étonner qu'en toute circonstance il prenne chaleureusement la défense de

---

1. M. Vacherot.
2. Lettre à Damiron, 5 décembre 1817.
3. A Damiron, 8 août 1818.

M. Cousin, défense de sa doctrine, de ses actes, de sa personne.

Damiron a semblé croire au mauvais vouloir de M. Cousin à son égard ; et Jouffroy de lui répondre aussitôt : « Je pense que vous vous êtes exagéré les préventions de Cousin. Il n'a pas de jugement arrêté sur vous, que je sache. Il vous aime, j'en suis sûr. Lui reprocherez-vous, à lui qui cultive la philosophie avec de si nobles et si pures intentions, à lui qui veut répandre des doctrines élevées pour le bien de son pays, lui reprocherez-vous de vouloir bien connaître ceux qui sollicitent l'honneur d'y contribuer ? Lui reprocherez-vous de chercher à s'assurer s'ils le sollicitent par intérêt ou par amour de la vérité ? Lui reprocherez-vous d'hésiter à porter un jugement et d'interroger leurs lettres pour démêler leurs intentions[1] ? » Quelques lignes plus loin, il parle de « l'aversion de M. Cousin pour toute vue intéressée », et il ajoute : « Comment pourrais-je souffrir que vous cessassiez d'estimer Cousin, si digne d'estime ? »

La défense est chaleureuse, sans réserve. Elle le sera encore davantage quand, après la révocation de M. Dubois, l'attitude de M. Cousin prendra, aux yeux de quelques-uns, un certain caractère d'équivoque.

Suivant les expressions mêmes de Jouffroy, « il avait semblé commander à Dubois l'éloignement ». Jouffroy s'en étonne plus encore qu'il ne s'en indigne, et il écrit à son ami : « Ce que vous me dites de Cousin me fait beaucoup de peine. Si les événements ne viennent pas le ressusciter, je crains qu'il ne succombe. Où est donc son énergie ? Son courage serait-il de nature à ne pas convenir dans les temps d'oppression ? Faut-il que je change les idées que je m'étais faites de lui ? Tombe-t-il donc au niveau du vulgaire lui qui le surpassait de si

---

[1]. A Damiron, 24 janvier 1818.

haut? Ami, je ne me fais pas, je ne me ferai jamais à le considérer comme un homme ordinaire. Il peut avoir son côté faible, mais il est éminent par d'autres... » Et, après avoir essayé d'analyser sa conduite et de l'expliquer par une sorte de maladie morale, il demande que, malgré tout, on ne le repousse pas, qu'on ne lui refuse pas l'estime, et il ajoute : « Il mérite de nous cet effort d'amitié. Car, que ne lui devons-nous pas? Il nous a élevés à penser ; il nous a appris à goûter ce qui est noble, grand, vertueux ; il nous a tirés des chemins vulgaires où nous aurions traîné sans lui; il a fait de nous des âmes, et nous n'aurions été que des esprits[1]. »

Quand un maître inspire à un homme tel que Jouffroy de pareils accents, il est impossible de ne pas concevoir de lui une haute idée. On saisit là, sur le vif, la puissance de séduction et d'action qu'avait M. Cousin sur les jeunes hommes. Mais il y a plus. Pour faire de ses disciples des âmes, suivant la belle expression de Jouffroy, il faut être soi-même une âme. Peu d'hommes ont été, de nos jours, plus discutés que M. Cousin; il a été aussi vivement attaqué par les uns qu'ardemment défendu par les autres. Il semble qu'un témoignage comme celui de Jouffroy soit décisif dans ce procès. Aucun, dans tous les cas, ne lui est plus favorable et ne lui fait plus d'honneur. Quelles qu'aient pu être les faiblesses de M. Cousin, les sentiments qu'il a su inspirer au plus éminent de ses disciples ne permettent pas de douter non seulement de l'éclat de son esprit, qui, comme l'a dit Sainte-Beuve, avait des airs de génie, mais encore de la hauteur de son âme, de l'autorité de son enseignement, de l'action féconde et bienfaisante qu'il a exercée autour de lui[2].

1. A Dubois, 10 septembre 1822.
2. Dans la belle préface de son livre intitulé : *Souvenirs de vingt ans d'enseignement*, M. Damiron a porté sur M. Cousin un témoignage de tous points conforme à celui de Jouffroy. M. Dubois dit à

Après tout ce que nous venons de dire, on ne s'étonnera pas que, quand, à son tour, M. Cousin est frappé par une mesure hypocrite, l'indignation de Jouffroy éclate.

« Il est vrai, mon cher ami, que Cousin ne fait plus son cours à la Faculté. Pourquoi? Les journaux ont dit d'abord qu'il avait été suspendu. Ensuite, *le Moniteur* a publié que c'était pour sa santé et la continuation de son *Proclus* que le conseil lui avait permis de ne pas le faire *provisoirement*; et l'affiche de la Faculté annonce que l'ouverture de ce cours sera annoncée *ultérieurement*. Ainsi l'article du *Journal officiel* nous montre le conseil comme une autorité paternelle qui cède aux désirs de Cousin, et l'affiche, sans rien dire de faux, favorise, par une expression vague et perfide, l'interprétation du *Moniteur!* Et tout cela est combiné pour donner à la persécution l'allure de la justice, et même de la bonté. On destitue l'homme que l'on craint, et on ne veut pas courir les risques de cet acte... Il est si bien destitué qu'il ne touche plus un sou de sa place; et, cependant, l'autorité dit et imprime que c'est lui qui a demandé à ne pas continuer, à cause de sa poitrine et de son *Proclus;* qu'ainsi on lui a accordé un congé; qu'ainsi il touche toujours son traitement et est au mieux avec le conseil; d'où il suit que Cousin est un lâche qui s'est arrangé avec le pouvoir, qui consent à ne pas parler et à recevoir le prix de son silence qui se retire quand la circonstance devient périlleuse et dément ainsi tout ce qu'il a professé. D'où il suit que les philosophes sont des déclamateurs et des histrions, que la philosophie est de la poudre à jeter aux yeux... Voilà la perfidie, l'hypocrisie de l'autorité dans cette affaire[1]. »

son tour : « Qui donnait chaque jour secousse à l'esprit de Jouffroy? Qui, par l'exemple d'une méthode même inexpérimentée, même défectueuse, provoquait ses méditations et la recherche d'une autre méthode, si méthode il y a? N'était-ce pas le jeune maître? Ah! on peut bien refuser à M. Cousin l'honneur d'avoir tiré de son admirable esprit un système de philosophie original et complet; mais qu'il ait donné l'élan aux études philosophiques, qu'il ait été chef de réforme, c'est ce qu'on ne peut nier sans nier l'évidence et par une puérilité souverainement ridicule. Ce n'est pas Jouffroy qui eût jamais rougi de reconnaître que, sans M. Cousin, il n'aurait jamais fait de philosophie. » (*Souvenirs inédits.*)

1. A Damiron, 3 décembre 1820.

Et, sept ans après, le 21 juin 1827, Jouffroy écrira encore à Dubois : « Cousin a été délicieux, comme à l'ordinaire. »

On le voit, le charme a duré.

V

Quand il s'agit de Jouffroy, il y a une question à laquelle on ne peut, bon gré mal gré, échapper. Où en était-il en philosophie et en religion? L'éclat de son talent et de son enseignement, les révélations qu'il lui a plu de nous faire sur l'état de son âme, le retentissement des incidents qui se sont produits sur sa tombe, tout nous ramène à l'étude de sa pensée et de sa croyance. C'est là la question suprême.

Disons-le immédiatement, rien de plus délicat que d'y répondre.

La correspondance que nous étudions commence à la fin du mois d'août 1816. Jouffroy était-il alors à la veille ou au lendemain de cette nuit terrible dont il a, dans une page fameuse, décrit les tortures morales avec une émotion si sincère, avec un accent si dramatique et si douloureux? Dubois, dans ses notes manuscrites, semble croire que cette nuit est celle dont Jouffroy parle à Damiron dans sa lettre du 22 juin 1817 et y voit « le fond de la page des Nouveaux fragments ». — « Je trouve, dit-il, dans cette lettre, un exemple de ces crises fréquentes chez Jouffroy. La description qu'il fait d'une suite de réflexions qui le saisissent, un certain jour orageux et triste de juin, a plus d'un trait de la grande et terrible nuit décrite aux *Nouveaux Mélanges*; et si, par hasard, c'était la même scène, reproduite à l'heure même et à vingt ans de distance, on pourrait voir ce que l'imagination remise en jeu par la mémoire, et la mémoire elle-même se fouillant sous l'empire d'une réflexion profonde, ajoutent de force et même de vérité aux impressions. C'est là le secret immortel de l'art ; il est plus vivant que la réalité même[1]. » Mais cette hypothèse tombe devant le texte des *Nouveaux Mélanges*, où Jouffroy parle d'une nuit de décembre[2]. Dans un autre passage de ses notes, Dubois en fixe la date « vers mars 1816 ». Pour nous, tout indique que cette crise décisive est antérieure à l'époque à laquelle ces lettres commencent ; et puisque Jouffroy lui-même nous apprend qu'elle eut lieu pendant une soirée de décembre, il nous paraît évident que c'est au mois de décembre 1815 qu'il faut la placer.

Au matin de cette nuit où, pour la première fois, il avait vu clair dans son âme, Jouffroy disait qu'il n'y avait plus rien en lui qui fût debout. A l'heure dont nous parlons, il semble que rien ne s'y soit relevé ; à la place de l'autel renversé, aucun autel nouveau ne se dresse encore. Si même on lisait cette correspondance sans être averti du caractère de celui qui l'a écrite, on serait tenté de croire qu'on n'a devant soi qu'un sceptique désolé. Mais, ici encore, c'est à M. Dubois qu'il faut demander l'interprétation vraie. « Il y avait, dit-il, dans Jouffroy, un fond de fantaisie inépuisable, qui le portait à se moquer de tout, des autres, de sa science et de lui-même. » — « C'est avec cette pensée toujours présente qu'il faut lire cette correspondance, pour en saisir le véritable sens. Autrement, on se ferait de l'homme l'idée la plus fausse et la plus injuste : il y a un fond de raillerie de la réalité, du monde et de soi, qui domine dans cette profonde et belle intelligence, et laisse échapper souvent ces secrets soupirs de sa nature, à la fois mélancolique, tendre et moqueuse[3]. »

---

1. *Souvenirs inédits* de M. Dubois.
2. *Nouveaux Mélanges*, p. 114.
3. *Souvenirs inédits* de M. Dubois.

C'est donc « avec cette pensée toujours présente », guidé par les notes de l'ami qui, plus que personne, a vécu dans l'intimité de Jouffroy et connu le fond de son âme, que nous essayerons de rechercher au milieu des contradictions, des boutades, des fantaisies de toute sorte dont ces lettres sont pleines, ce qu'il pensait alors sur les questions fondamentales de la philosophie et de la religion.

Jouffroy l'a dit ailleurs :

« J'étais incrédule, mais je détestais l'incrédulité ; ce fut là ce qui décida de la direction de ma vie. Ne pouvant supporter l'incertitude sur l'énigme de la destinée humaine, n'ayant plus la lumière de la foi pour la résoudre, il ne me restait que les lumières de la raison pour y pourvoir. Je résolus donc de consacrer tout le temps qui serait nécessaire et ma vie, s'il le fallait, à cette recherche ; c'est par ce chemin que je me trouvai amené à la philosophie, qui me sembla ne pouvoir être que cette recherche même [1]. »

C'est par nécessité, « sans inclination prononcée pour ce genre d'études », sans enthousiasme au moins apparent, qu'il se met à la poursuite de « cette belle inconnue qui s'appelle la vérité [2] ».

Comment espère-t-il la trouver ? Il ne croit pas aux livres. Il fait un cours au collège Bourbon et il n'a, de toute l'année, ouvert un livre de philosophie. C'est en lui-même, dans l'observation psychologique qu'il cherche l'âme, Dieu, la loi du devoir, la solution du problème de la destinée.

« Je vais vous dire une chose qui est tout à fait dans vos idées et qui, de plus, est d'une grande vérité. C'est qu'on ne sait de philosophie que ce qu'on en fait par soi-même ; c'est que tous les livres de philosophie ne vous donnent que de fausses lumières ; c'est qu'il en est de même de tous les

---

1. *Nouveaux Mélanges*, p. 118.
2. Lettre à Damiron, du 19 novembre 1816.

programmes du monde. Aussi n'ai-je pas ouvert un livre de toute l'année, excepté les premiers jours ; j'ai marché tout seul, ayant sous les yeux mon esprit, objet d'observation, et faisant une leçon à mesure que je faisais une découverte [1]. »

Ce n'est rien de moins que l'édifice entier de la philosophie qu'il s'agit de reconstruire par la méthode de l'observation psychologique. L'entreprise est vaste et hardie ; l'effort est sincère autant que l'esprit est puissant. C'est, avec toute l'ardeur de sa jeunesse, de toute son âme, que Jouffroy cherche cette vérité qui, seule, à ses yeux, fait le prix de la vie. Il semble qu'elle se dérobe aux recherches les plus passionnées, aux efforts les plus ardents qu'il fait pour l'atteindre ; et ni au point de vue proprement métaphysique, ni même au point de vue moral, Jouffroy ne paraît trouver grande lumière ni grande force dans cette philosophie à laquelle, après avoir perdu la foi, il se rattache comme le naufragé à la branche.

« Vous la cultivez avec ardeur, écrit-il à son ami, cette belle philosophie, et moi avec indifférence. Quand elle se dérobait à demi à mes regards curieux, j'adorais sa beauté possible. Douce illusion de mes premières études ! J'ai pénétré dans le bois sacré. La divinité si sublime, dans l'ombre à travers le feuillage, n'a plus été, pour moi, qu'une grosse, laide et informe statue, à peine dégrossie sous le ciseau de Platon, de Descartes et de Kant. Encore, si ce bloc ridicule pouvait, sous vos mains, dépouiller ses formes grossières ; si une Vénus pouvait sortir de cette pierre inanimée ! J'ai mis la main à l'œuvre : artiste inhabile, j'ai tout gâté. Vous ferez peut-être mieux. Je vous attends à la prochaine exposition [2]. »

Et ailleurs :

« Je trouve que c'est une belle chose que la philosophie, quand elle spécule tranquillement, loin des dangers, des

1. A Damiron, 8 août 1818.
2. A Damiron, 5 janvier 1819.

séductions, à l'abri des impétueuses attaques de la passion, et des perfides tentations du monde ; elle décide, avec une merveilleuse facilité, comment il faut agir dans toutes les circonstances ; et elle se confie, avec une admirable bonhomie, sur ses propres forces. L'avenir est, pour elle, la chose la plus simple ; les dangers possibles, bagatelles ; les combats futurs, des espérances et des certitudes de triomphe ; elle ne doute de rien ; elle vit du hasard ; elle brave tout ce que contient le futur ; elle est présomptueuse et pleine de vanité ; je ne saurais mieux la comparer qu'à un fat ou à un Gascon ou à une jolie femme, ou à un homme ivre, toutes gens qui sont charmés du présent, imperturbables dans la bonne opinion qu'ils ont d'eux-mêmes et sûrs de l'avenir[1]. »

Il est difficile d'avoir plus d'esprit, de se moquer de la philosophie, avec une ironie plus fine et plus charmante et, en même temps d'en mettre à nu, avec une clairvoyance plus impitoyable, les côtés faibles et l'insuffisance. Sans doute, ce ne sont là que des boutades, et il est aisé d'y reconnaître cette haute fantaisie dont parle Dubois. Et, pourtant, ne trahissent-elles pas un état d'âme ? Il fait son examen de conscience et sent toute sa faiblesse ; le sentiment de l'infirmité humaine l'accable ; et, parfois, il semble regretter de ne pouvoir plus, comme autrefois, puiser aux sources de la grâce.

« Je me voyais obliger de renoncer au bonheur, écrit-il le 22 juin 1817. Restaient quelques vertus à pratiquer et quelque bien à faire pour remplir de quelque chose le vide immense de ma vie. Mais je me sentais si lâche avec moi-même, si mou au bien, le dirai-je ? si faiblement porté à aider et à secourir les autres, que je désespérais encore non pas d'être honnête homme, ce qui ne suppose que l'absence du mal, mais d'être un homme bon et vertueux positivement. J'en venais à la religion. Je me disais : Où en es-tu ? Tu crus jadis. Jadis tu aimas Dieu vivement. Maintenant, toute religion positive t'échappe peu à peu. Les doutes t'assiègent de toute part. Heureusement, tu ne renieras jamais la religion naturelle ; mais que sert de croire à Dieu et à une autre vie,

---

1. A Damiron, 18 avril 1818.

si tu te sens froid pour ce Dieu ; si tu ne fais rien pour cette autre vie ? Je rêvais tout cela, un soir, au clair de la lune, assis dans ma chambre. Mon imperfection morale et religieuse m'accablait. Surtout, la pensée de la mort de mes parents m'arrachait des larmes. Ces mauvais jours, ces noirs accès me reviennent, comme la fièvre, trois ou quatre fois par an[2]. »

N'est-ce pas là, je le demande, le cri d'une âme en détresse, qui pleure sa foi perdue, et se sent impuissante à combler le vide qu'elle lui a laissé ?

Essayons de serrer la question de plus près et de voir quelles solutions donnait Jouffroy aux grands problèmes que toute philosophie comporte.

Et d'abord, Dieu. Damiron lui a demandé comment on démontre Dieu.

« Vous vous adressez bien, mon cher Damiron, lui répond-il, pour savoir comment on démontre Dieu ; comment on peut, avec trois principes, arriver jusqu'à lui, et autres bagatelles semblables.

Si j'en sais pas un mot, je veux être étranglé !

« Je vous dirai que je n'arrive à Dieu que par la morale, c'est-à-dire indirectement ; que je ne sais pas comment y arriver métaphysiquement, c'est-à-dire directement. Par conséquent, je n'ai à votre service aucune démonstration de l'existence de Dieu, si ce n'est la démonstration morale : il y a une harmonie nécessaire entre la vertu et le bonheur... Cette harmonie est impossible dans l'état présent ; nécessité d'un autre état où l'harmonie soit réalisée ; nécessité d'une puissance supérieure qui rétablisse l'harmonie ; nécessité que cette cause soit intelligente et juste. »

Et il ajoute :

« Cette preuve est extrêmement faible ; elle conclut beaucoup plus qu'on n'est en droit de conclure ; on part de prin-

1. A Damiron, 22 juin 1817.

cipes qui peuvent être ébranlés, etc., etc. Mais, moi, je m'en contente en attendant.

« Cependant, j'estime qu'il doit y avoir une démonstration forte de l'existence de Dieu, car tous les hommes y croient, et toute croyance universelle suppose des principes nécessaires et absolus qui la fondent, que le vulgaire ne démêle pas, mais que le philosophe peut découvrir. Quelle est cette démonstration ? Quels sont ces principes ? Je l'ignore. Seulement, je sais bien que ces principes ne sont pas les trois principes de Cousin, car il est impossible d'en tirer rigoureusement Dieu. »

Puis, voulant indiquer à son ami ses idées sur la manière dont il suppose qu'on arrive à Dieu, « il lâche » (ce sont ses propres expressions) les hardiesses suivantes :

« 1° Je ne sais pas ce que c'est qu'une substance, — ni vous non plus. Vous croyez que nous croyons qu'il y en a. Je ne le crois pas. Et voici, selon moi, ce qui se passe en nous à la vue d'une réalité quelconque. En la voyant, nous disons : « Cela est. » *Cela*, — c'est-à-dire ce que nous apercevons, — *est*, — c'est-à-dire l'existence que nous n'apercevons pas, mais que nous savons se rencontrer dans ce que nous apercevons. En un mot, toutes les réalités possibles nous offrent deux éléments : l'un visible et aperceptible qui, étant divers dans les diverses réalités, les distingue les unes des autres; l'autre invariable, non susceptible de plus ou de moins, le même dans toutes les réalités, par lequel elles ne se distinguent pas, mais se confondent, savoir l'existence.

« 2° Il n'y a pas 2, 3, 4 $\times$ 1 000 ni 100 000 existences; — il n'y en a qu'une : je n'en puis admettre ni concevoir qu'une. Il y a donc unité d'existence, une existence, l'existence qui revêt une infinité de formes, qui les contient, qui les fait être, qui les anime. L'existence d'une pierre n'est pas autre que la mienne. La pierre et moi sommes deux formes finies, variables, passagères, contingentes, relatives de l'existence absolue, infinie, immuable, éternelle, nécessaire.

« 3° L'existence est une; je n'en conçois pas deux; elle est partout, car l'espace est; éternelle, car la durée est; absolue, car elle est unique; immuable, car on n'y connaît ni plus ni moins; créatrice de tout, car rien n'est que par elle aucune force n'est force, que parce qu'elle existe; ou, en d'autres termes, toute force n'est qu'une forme de l'existence, laquelle se manifeste à la fois sous des formes inertes et sous des formes actives; source de toute justice, de toute vérité, de toute beauté; car la beauté, la vérité, la justice, absolues ou imparfaites, sont; en d'autres termes, l'unité, l'espace infini, la durée éternelle, l'absolu, l'immuable, la force créatrice, la justice, la vérité, la beauté, ne sont que des faces différentes de l'existence, que des formes, des manifestations différentes de l'existence. J'appelle Dieu l'existence, et ses attributs sont le reste.

« 4º Après cela, quel principe me conduit à tout cela ? Je n'en sais rien, et je ne vois pas même la nécessité qu'aucun principe m'y conduise. Je m'observe : je me vois concevant très facilement, je dis plus, inévitablement, l'existence dans tout objet et dans tout fait. Je me vois, quand je réfléchis sur ce que c'est que l'existence, conduit inévitablement à la concevoir comme absolue, infinie, éternelle, source de tout, etc. Si toutes ces conceptions sont nécessaires, est-ce parce qu'elles dérivent de principes nécessaires? Ne seraient-ce pas plutôt les principes nécessaires qui sont tirés après coup de ces conceptions simples et immédiates, qui ne seraient eux-mêmes que des formules grammaticales et logiques de ces conceptions? Pour moi, je ne fonde pas la conception de l'existence, du temps, de l'espace, de l'absolu, de l'unité, de la causalité, etc., sur des principes, mais bien les principes sur les conceptions. »

Et Jouffroy ajoute avec cette éternelle fantaisie qui le porte à se moquer de tout, et, comme le remarque Dubois, de sa science et de lui-même :

« Si je voulais m'amuser à systématiser toutes les idées que je viens de jeter pêle-mêle, je ne serais guère embarrassé d'en tirer une théorie aussi probable et aussi satisfaisante que tant d'autres. Mais à quoi bon gâter par des formes ces pauvres petites idées? A quoi bon s'essouffler à les faire paraître évidemment douteuses; il vaut mieux les laisser dans le vague; on conserve au moins l'espérance qu'elles peuvent être démontrées vraies[1]. »

Cette lettre contient l'esquisse d'une théodicée. Au premier abord, elle sent singulièrement le panthéisme.

---

1. A Damiron. 19 janvier 1819.

Jouffroy, pourtant, a prévu l'objection et s'en défend : « Je vous prie de remarquer deux choses, ajoute-t-il ; 1° que mon *existence* est tout autre chose que la *substance*; 2° que mon système n'est point du tout celui de Spinosa ; qu'il en est immensément différent[1]. »

Je laisse aux philosophes de profession le soin de décider si cette simple protestation peut suffire à disculper Jouffroy du reproche de spinosisme et de panthéisme, et si l'existence une et nécessaire, dont tous les êtres ne sont que des formes, diffère, autant qu'il le croyait, de la substance dont ils ne sont que des modes. Je suis, quant à moi, porté à croire que si Jouffroy a pu être, à de certains moments, fasciné par cette idée de l'unité de l'être, qui est l'éternelle tentation de l'esprit humain, il n'a jamais été véritablement panthéiste d'intention, ni même de doctrine, et n'a jamais sérieusement confondu et identifié Dieu et le monde. Je ne sais si, dans ces hardiesses, comme il les appelait lui-même, improvisées d'un ton moitié sérieux, moitié badin, dans l'abandon d'une correspondance intime, il ne faut pas voir tout simplement une forme nouvelle et un peu excessive peut-être du premier argument où Descartes montre comment l'esprit humain s'élève, Platon avait dit s'élance (ὁρμᾷ) de la connaissance du contingent et du relatif à la conception du nécessaire et de l'absolu. Au surplus, Jouffroy engage Damiron à choisir dans son enseignement « entre une manière faible d'aller à Dieu, et une autre manière faible, la plus triviale et la plus commune ; elle passe par l'autorité des honnêtes gens qui l'ont admise dans le vieux temps, et personne ne vous accuse d'athéisme[2] ». C'est sur cette phrase moitié sérieuse, moitié plaisante que se termine entre les deux amis l'échange d'idées sur les preuves de l'existence de

---

1. *Ibid.*
2. A Damiron, 27 février 1819.

Dieu. On peut, je le crois, en conclure sans témérité qu'à l'heure où il écrivait ces lignes, Jouffroy était loin de voir clair et d'avoir trouvé une solution qui le satisfit à ce grand problème de la métaphysique; et il semble que l'état de son âme soit assez exactement traduit dans cette phrase d'une lettre écrite quelques mois plus tard : « Je ne vois que la lune, le soleil et les étoiles qui proclament quelque ordre en ce bas monde; mais nous ne les voyons que de loin [1]. »

Je ne crois pas que nulle part, dans ces lettres, la question de l'existence de l'âme soit agitée. Sur ce point, d'ailleurs, aucun doute n'est possible. Jouffroy n'a jamais été matérialiste. Si l'on s'en rapportait aux apparences, on pourrait être tenté de le croire fataliste. « J'ai un certain goût pour la fatalité, écrit-il à Damiron, le 20 janvier 1820, et un certain penchant à lui abandonner ma destinée [2] »; et, quelques mois après : « Comme le paladin de l'Arioste, je laisse aller mon cheval et m'abandonne aux fées amies ou ennemies que ces affaires-là regardent [3]. »

Mais, ce ne sont là que ses boutades habituelles. Au fond, il croit à la spiritualité de l'âme et à sa liberté. Il ne sait, à la vérité, comment concilier la liberté morale avec le principe de causalité. Il n'y croit pas moins fermement comme à un fait qui tombe sous l'observation.

« Il faut, dit-il, sacrifier le principe de causalité qui périt tout entier dans une seule exception, ou bien la liberté humaine. A cette question, je ne vois rien à répondre. L'argument me paraît être difficile à rétorquer par un autre argument. Je ne vois que les faits qui puissent nous tirer d'affaire. Je pose ces deux faits : 1° je suis libre; 2° je crois que le principe de causalité est universel et nécessaire. Ces deux faits se contredisent, mais ils sont, et il faut les

---

1. A Damiron, 18 juin 1819.
2. A Damiron, 20 janvier 1820.
3. A M. Béchet, 31 octobre 1830.

admettre, bien qu'ils se contredisent, car il est possible que nous ne voyions pas comment ils s'accordent, tandis qu'il est impossible que des faits, qui sont, ne soient pas[1]. »

Et, de même qu'il croit à la spiritualité et à la liberté de l'âme, il croit à son avenir immortel : « Je suis à peu près sûr de mon immortalité », écrit-il à Damiron. Toutes ses lettres impliquent cette foi. Quand Damiron a perdu son père, Jouffroy lui écrit : « La vie du devoir est auguste et l'autre vie ne lui manquera pas[2]. » Quand Damiron voit mourir un frère qu'il aimait tendrement, il n'hésite pas à lui dire pour le consoler : « Vous avez des croyances, des espérances[3]. » On ne fait appel à ces espérances pour les autres que lorsqu'on les partage soi-même.

Mais, nous l'avons déjà dit, dans ces causeries intimes, dans ce libre épanchement de deux âmes, la philosophie ne prend que bien rarement la forme systématique. Elle s'exhale en soupirs, en regrets, en aspirations, en espérances, en rêves : et c'est là que l'âme de Jouffroy se montre vraiment tout entière, avec ses alternatives d'abattement et d'enthousiasme, mais avec sa grandeur native, son haut et puissant essor vers l'infini. Ainsi en est-il de cette admirable lettre sur la mort de Fribault, l'un de ses camarades, où l'on sent passer comme un souffle platonicien et un souvenir du *Phédon* :

« Il était dans l'ordre que votre frère mourût, écrit-il à Dubois[4], mais celui-là nous apprend avec quel calme on doit supporter l'ordre ; et, comme vous le dites, sa dernière lettre est une belle leçon. — Tel était Fribault[5], dans les

---

1. A Damiron, 24 janvier 1818.
2. Au même, 22 août 1822.
3. A. Damiron, 23 août 1829.
4. M. Dubois venait de perdre son frère.
5. Fribault était un des meilleurs élèves en philosophie de M. Cousin, et remplissait, à l'Ecole normale, des fonctions analogues à celles de Jouffroy.

derniers jours que je passai avec lui. Nous nous promenions, du matin au soir, dans les rues de Paris. Nous déjeûnions et nous dînions ensemble. Nous ne nous quittions pas : nous sentions que nous ne devions pas nous revoir. Son mal l'oppressait, et nous parlions de la mort, de cette vie et de l'autre, avec calme et suite. L'alternative qui épouvante le vulgaire lui était indifférente. Nous philosophions sur ces terribles matières comme s'il eût été bien portant, et ces graves conversations semblaient lui adoucir l'attente de la mort et me consoler d'avance de sa perte. Je le reconduisis à la diligence. Notre séparation fut tranquille et sérieuse. En nous serrant fortement la main, nous nous comprîmes. Le rendez-vous était dans l'autre vie, et la mort ne nous a pas manqué[1]. »

C'est dans cette lettre, ou plutôt dans une série de lettres des 14, 16 et 18 août 1820, que son âme se montre à nu et qu'on en touche véritablement le fond. Ces lettres sont écrites dans un moment de grande tristesse. Autour de lui, tous ses amis meurent ou souffrent. Celui auquel elles sont adressées vient lui-même de perdre son frère, sa femme. Sa santé est ébranlée. On voit quelle est, de part et d'autre, la disposition des deux âmes, et alors l'inévitable problème de la destinée se pose encore une fois devant Jouffroy. Il rappelle à Dubois les jours passés en Suisse, « ces jours tristes qui les ont unis intimement ; et cette union tacite et intime, la mort ni la vie n'y peuvent rien ; et, soit que l'une ou l'autre nous sépare ou nous rapproche, nous nous aimerons dans cette vie et nous nous aimerons au delà. Vous l'avez dit à votre manière, je le redis à la mienne. »

Puis il expose et développe sa théorie de la philosophie morale :

« C'est dans la sensibilité qu'est la source du mal ici-bas. C'est par là que Dieu nous a constitués dans un état d'épreuve. En donnant à notre volonté l'empire absolu des actions, il

---

1. A. Dubois, 14 août 1820.

nous a laissés maîtres du bien et du mal moral ; en lui ôtant tout pouvoir sur la sensibilité, il s'est réservé la dispensation absolue du bonheur et du malheur ; en montant cette sensibilité pour souffrir et non pour jouir, et en nous plaçant dans un monde arrangé pour l'attaquer et la blesser sans cesse, il a opéré la dispensation et nous a déclaré qu'il voulait que nous fussions malheureux. En nous douant d'une raison capable de s'élever au-delà de ce monde et en manifestant à cette raison l'immortalité de l'âme, la nécessité de mériter le bonheur pour en jouir et la manière de le mériter, il a justifié et expliqué ses décrets ; il nous a forcés à le reconnaître bon et juste, bien qu'il nous fît souffrir, et a placé devant nos yeux en nous montrant l'avenir, une consolation et un encouragement pour cette vie, avec une espérance certaine pour l'autre ou plutôt pour les autres. Voilà toute la position humaine.

« Qu'on est fort en s'y plaçant ! Et comme le courage revient quand on s'y remet ! Alors quelle vanité que le mal ! Quelle vanité que les arrangements pour l'éviter ! Quelle folie que la poursuite du bonheur ! Quelle joie que la mort ! Quelle confiance en ce qui la suit ! Quelle curiosité, quelle impatience à se précipiter dans ce pays nouveau et fortuné ! Mais l'effroi physique de la mort et le devoir de subir l'épreuve sont là pour réprimer le suicide et prévenir le dépeuplement de la terre ; sans quoi les âmes amoureuses du trépas jetteraient leurs enveloppes et déserteraient ce misérable monde.

« C'est au sein de ces pensées consolantes que je me réfugie et que se réfugiait votre frère et que vous savez vous réfugier vous-même ; et tout cela n'empêche pas de s'attrister et de pleurer[1]. »

A l'exquise sensibilité de l'âme, Jouffroy savait allier ainsi la fermeté de la raison, et j'ajoute immédiatement l'énergie de la volonté. Peu d'hommes se sont fait du devoir une idée plus haute, lui ont plus courageusement immolé leurs goûts, leurs passions, leur santé même. « Il faut en prendre son parti, dira-t-il sous cette forme plaisante qui lui est familière, reconnaître que le bonheur n'est pas de ce monde, l'attendre dans l'autre et courir

[1]. A. Dubois, lettres des 14, 16 et 18 août 1820.

après la vertu, qui est bien réellement une habitante de la terre, quoiqu'elle habite sur un rocher si haut et si escarpé qu'il est difficile de l'atteindre [1]. » Cette vertu, il y aspire de toutes ses forces. Il a toutes les passions de la jeunesse, mais il les bride d'une main ferme, il ose les regarder en face et leur dire : « Non ». — « Le premier précepte, dit-il, n'est pas : « Fuis la tentation, mais « accomplis le devoir [2]. » C'est une âme vaillante et virile. Si elle a ses mélancolies (et quelle âme de cette génération n'a pas eu les siennes ?), l'idée du devoir, du devoir actif, la domine. Il proclame *Werther* « un livre plat et sot qui ne lui inspire que du dégoût [3]. » Il se fait de l'enseignement une haute idée. Il y travaille avec « la volonté désintéressée de faire le plus de bien possible à ses semblables et à sa patrie [4], de professer une solide morale et d'élever les esprits de ses élèves à de hautes idées en tout [5]. » Et il s'y dévoue jusqu'au sacrifice, jusqu'à épuisement de ses forces ! « J'ai placé mon but hors du bonheur [6]. Je me reconnais fils d'Adam, je me résigne en songeant au devoir, résolu de ne m'arrêter que lorsque je succomberai de fatigue [7]. »

C'est que les crises du doute et les orages de la pensée n'ont jamais éteint, chez Jouffroy, la flamme de l'idéal. Comme d'autres tournent volontiers leurs regards vers la terre, c'est par un mouvement naturel qu'il les porte vers les sommets. Ce n'est pas seulement sur les flots du lac de Neufchâtel et devant les grands spectacles de la nature que le *Sursum corda* retentit dans son âme ; il en jaillit à toute heure en face du plus humble devoir comme du fond de la méditation solitaire.

1. A. Damiron, 5 décembre 1817.
2. A. Damiron, *Ibid.*
3. A. Damiron, 5 décembre 1817.
4. Au même, 22 juin 1817.
5. Au même, 20 juillet 1817.
6. Au même, 12 avril 1818.
7. Au même, 17 juin 1818.

« Dans le plus bas et le plus obscur de tous les mondes, dit-il, nous ne sommes pas tout à fait privés de la divine lumière. Quelques étincelles arrivent jusqu'ici. Chaque homme en a une dans sa tête ; les uns l'éteignent; les autres la laissent telle qu'elle est; un petit nombre souffle dessus et l'augmente ; elle devient flamme vive et resplendissante dans les nobles esprits des Jésus et des Platon, des Homère et des Virgile, des Raphaël et des Michel-Ange. Etincelle sacrée! heureux qui te conserve et te nourrit et marche à ta lumière dans les ténèbres de cette vie ! C'est ton image que Zoroastre adorait, que les Vestales gardaient à Rome, que Moïse plaça dans le Saint des saints et que le christianisme allume sur les autels!... »

Jouffroy était de ceux qui soufflent sur l'étincelle et l'avivent. Tout en cessant de croire aux vérités révélées, son âme était demeurée profondément religieuse, et comme la prêtresse antique, elle gardait et entretenait pieusement le feu sacré.

VI

Si nous franchissons quelques années, nous trouvons Jouffroy enseignant dans sa petite chambre de la rue du Four-Saint-Honoré. Ici, la note change, et l'on sent combien M. Dubois a raison de dire que le scepticisme des lettres de Jouffroy est surtout de boutade et d'apparence.

Dès qu'il parle sérieusement, dès qu'il enseigne, Jouffroy n'a plus rien du sceptique. Pour répondre à la Critique de la raison pure, il affirme solennellement sa croyance à la véracité de nos facultés : « Philosophes raisonnables, dit-il, les nécessités de la raison sont des nécessités pour nous; pleins de foi et de confiance en elle, nous ne soupçonnons pas sa véracité [1]. » Il est, à ses débuts du moins, plein de confiance dans la science.

1. Cours de moral de 1823. Rédaction de M. Delorme, p. 96 du manuscrit. Je dois à M. Ch. Waddington, membre de l'Institut, la

« La philosophie doit s'asseoir enfin sur de solides fondements, dit-il à ses jeunes auditeurs; pour lui rendre justice, il ne faut plus l'accuser et la proscrire comme un entassement obscur de mensonges et d'erreurs. La philosophie, c'est la science de l'homme, et la science de l'homme mérite autant son nom que la science de tout objet qui soit dans la nature. Egale est sa possibilité, égale sa certitude. L'homme qui voit au dehors de lui voit tout aussi bien au dedans et donne aux vues du dedans la même confiance qu'aux vues du dehors. Pareil est son instrument, son procédé. L'intelligence observe; les faits se découvrent par l'observation, et la connaissance résulte des faits [1]. »

Le cours de psychologie (1822) comprend quarante-deux leçons; quarante et une de la main de M. de Raynal, et une de la main de M. Vitet; le cours de morale (1823) en comprend quarante-cinq, toutes rédigées par M. Delorme. C'est de la science pure et de la plus austère, bien que, l'imagination y projette de temps en temps des lueurs qui viennent illuminer le fond sombre. Rien de sceptique dans cet enseignement de deux années. La pensée y est plutôt hardie et dogmatique, pleine d'assurance; on y sent la constante préoccupation du maître pour donner, à la doctrine qu'il expose, la rigueur des démonstrations scientifiques.

La doctrine psychologique qui y est exposée ne me paraît pas, d'ailleurs, différer sensiblement de celle que Jouffroy a développée lui-même dans plusieurs de ses œuvres, et qu'il a professée toute sa vie. Contre les sensualistes, il rétablit énergiquement les titres et les droits de la raison; contre les matérialistes, la distinction de l'âme et du corps et l'immatérialité de l'âme; contre les fatalistes, la liberté de la volonté. Qu'il y ait sur certains

---

connaissance des manuscrits du cours de Jouffroy, déposés à la bibliothèque de la Faculté des Lettres. Je le prie d'agréer ici l'expression de ma vive reconnaissance.

1. Cours de morale (1823). Rédaction de M. Delorme. Troisième leçon.

points quelques réserves à faire, je le veux. C'est ainsi que, dans la théorie de l'origine des idées nécessaires, Jouffroy semble incliner à la réminiscence de Platon. En général, l'observation est aussi juste que fine. M. Ollé-Laprune le dit avec raison dans l'étude qu'il vient de lui consacrer : « Jouffroy est un psychologue. »

Dans ses leçons de morale, il pose dès le début, comme objet propre de la science qu'il étudie, cette question de la destinée humaine qui l'a si vivement préoccupé pendant toute sa vie. Les idées qu'il y développe sont, à peu près, celles qu'il exposera, quelques années plus tard, dans son Cours de droit naturel. Tout être est créé pour une fin, et le bien de cet être, c'est l'accomplissement de la fin pour laquelle il est fait. Mais comment déterminer cette fin ? Elle s'induit de la nature de chaque être. Telle est la nature, telle est la fin. Pour savoir quelle est la destinée de l'homme, il faut donc commencer par rechercher quelle est sa nature. L'intelligence et l'activité sont le fond de l'homme. Sa fin, c'est donc d'agir et de connaître. L'homme est un dieu déchu. Jouffroy le dit en propres termes.

Dans l'état primitif, rien ne limitait sa puissance de connaître et d'agir; mais son incarnation dans un corps a limité son intelligence et son action. Sa fin doit donc être de recouvrer l'intelligence sans mesure et l'activité sans borne. Celui-là aura le mieux rempli sa destinée qui sera parvenu au développement le plus complet de la force intellectuelle et puissante ; qui aura su être le plus énergiquement libre.

Pourtant, « de la liberté non plus, il ne faut pas faire « la fin de l'état actuel ; ce serait prendre le moyen « pour la fin [1] ». La liberté de l'homme doit avoir une loi. Quelle est cette loi ? La raison. « La raison, c'est la

---

1. P. 163 du manuscrit.

« loi de la liberté. Entre la loi du devoir et la liberté,
« c'est une éternelle harmonie[1]. »

La raison conçoit le devoir, et elle le conçoit comme obligatoire. Jouffroy le dit avec une laconique énergie : « Le bien conçu oblige. » Et qu'est-ce que le devoir dans sa plus haute définition? « C'est le respect de « l'ordre. » L'ordre, le bien, c'est l'harmonie de toutes les forces, de toutes les destinées ; l'état actuel est la mise en opposition de toutes les destinées et de toutes les forces ; c'est donc un état d'épreuve. De même que la raison conçoit le bien comme obligatoire, elle attache invinciblement à son accomplissement l'idée de mérite, l'idée de démérite à sa violation. L'harmonie du bien et du bonheur, du mal et du malheur est pour elle une nécessité logique, une loi. Celui qui fait le bien a droit au bonheur ; celui qui fait le mal doit être puni[2]. De là, la nécessité pour l'homme d'une destinée ultérieure, où la justice soit réalisée. Car, dit énergiquement Jouffroy, « l'homme a des droits sur la justice de Dieu ».

Jouffroy est ainsi amené, pour trouver la sanction des vérités morales, à esquisser une ontologie ; et il reprend les idées qu'il a déjà exposées à Damiron, dans sa lettre du 19 janvier 1819. Si, par quelques détails, il semble encore incliner vers un certain panthéisme, le Dieu qu'il conçoit véritablement, c'est le Dieu qui punit et qui récompense, celui qui fait justice à l'âme immortelle. Il a cessé d'être chrétien ; il n'a pas cessé d'être religieux. Il mesure toute la profondeur des ruines qu'a faites la philosophie du XVIIIe siècle. Il sent la nécessité de restaurer la foi, de rendre aux hommes les croyances qu'ils ont perdues. : « Il faut dit-il, ressusciter les croyances religieuses[3]. » Comme tant d'hommes de

---

1. *Ibid.*, p. 120.
2. *Ibid.*, p. 246.
3. *Ibid.*, p. 283.

sa génération, il croit que la philosophie peut y suffire, et son ambition, c'est de travailler à ce grand œuvre.

Pour cela, il a confiance dans la raison humaine ; il a foi à l'induction, cette faculté qui nous élève du fini à l'infini, de l'imparfait au parfait, du relatif à l'absolu ; et, pour décrire, après tant d'autres, ce procédé de la raison, sa vive imagination lui suggère d'originales images : « Nous vivons ici-bas, dit-il, comme dans une « île, qui s'est détachée du continent et laisse encore « deviner, par les traces de sa rupture, la terre dont elle « dépendait[1]. »

VII

Je n'ai pas entrepris d'écrire une étude complète sur Jouffroy et sur son œuvre, et je devrais peut-être m'arrêter ici. Pourtant ces quelques pages consacrées à sa jeunesse me paraissent appeler une conclusion.

La confiance de Jouffroy dans la science n'a-t-elle pas été trompée ?

A l'époque où commence la correspondance que nous étudions, il venait d'avoir vingt ans ; il en avait vingt-quatre à peine au moment où elle se termine. Il était au lendemain de la crise où sa foi chrétienne avait fléchi, dans la première fièvre de la libre recherche. Si, à cette date, il n'a pas résolu les redoutables problèmes qu'il se pose, s'il n'a pu trouver encore, dans une doctrine arrêtée, la lumière et le repos, qui pourrait s'en étonner ?

Mais il a vécu encore vingt années[2]. Pendant ces ces vingt années, grande part, à coup sûr, d'une vie humaine, il n'a cessé de poursuivre *la belle inconnue*, dont il avait entrepris, dès sa jeunesse, la difficile conquête. Il a mis à sa recherche tout l'effort d'un puissant esprit,

---

1. *Ibid.*, p. 286.
2. Il est mort le 4 février 1842.

tout l'élan d'un noble cœur. Quand il est mort, était-il parvenu à l'atteindre et à la posséder?

On sait quel bruit s'éleva autour de sa tombe si prématurément ouverte. « Les ressentiments qu'avait soulevés le célèbre article : *Comment les dogmes finissent*, dit Dubois, s'étaient étonnés, indignés que l'Église n'eût pas refusé ses pompes et son deuil à celui qu'on accusait d'avoir sonné le glas de ses croyances. De là, mille interprétations contradictoires. Les uns gourmandaient la tolérance du pasteur vénéré qui avait, plusieurs fois, visité et entretenu le malade sur son lit de souffrance; les autres murmuraient et colportaient l'affirmation d'une conversion et d'une abjuration sans laquelle les portes de l'Église ne se seraient point ouvertes. » Et, « quand vint la publication des fragments, on revint à la charge, mais en changeant de batteries. Il n'y eut pas assez de larmes sur cette âme pieuse pervertie par l'éclectisme et s'éteignant dans les angoisses du doute. La page immortelle qui peignait le trouble d'une conscience et d'un esprit de vingt ans, dans la ruine tout à coup nettement discernée de ses croyances, page écrite au moins dix ans avant le dernier jour, fut retournée et commentée, de manière à paraître comme un testament et le dernier râle d'un sceptique désolé, cruel et indigne abus de mots et de dates artistement confondus [1]. »

Je ne voudrais pas réveiller des polémiques sur lesquelles plus d'un demi-siècle a passé. Mais, à vrai dire, les commentaires dont parle Dubois n'ont jamais cessé. La figure de Jouffroy est si grande et si touchante, sa mémoire demeure entourée d'une telle auréole de gloire pure et de sympathie émue, qu'aujourd'hui encore, à tout instant, sa vie et sa mort sont prises en exemple, et suivant le point de vue auquel on se place, on essaye d'en faire sortir, soit un argument pour la libre pensée, soit

---

1. *Souvenirs inédits* de M. Dubois.

un enseignement favorable à la religion. Tout récemment encore, un grand journal catholique, après avoir cité une fois de plus la célèbre page des *Nouveaux Mélanges*, ajoutait ces lignes :

« Et Jouffroy, ce noble cœur, cette intelligence d'élite affamée de vérité, mais la cherchant à travers le vide et l'obscurité, avec le seul secours d'une raison impuissante à la découvrir, la chercha toute sa vie, sans la rencontrer, pour mourir à quarante-six ans, sceptique et désolé, après avoir exposé ses déceptions et ses tourments, pour montrer, par son exemple, dit son biographe, Pierre Leroux, la douloureuse situation de l'esprit humain dépouillé à jamais de foi aux dogmes religieux du passé et n'ayant, pour y suppléer, que la radicale impuissance (ce sont les propres termes de Jouffroy) d'une philosophie qui s'ignore elle-même, puisqu'elle ignore son véritable objet [1]. »

Quelle est l'exacte vérité ?
Où en était Jouffroy quand il est mort ?
Les documents que nous avons entre les mains, nous permettront peut-être de répondre à cette question avec un peu plus de précision qu'on ne l'a fait jusqu'à présent. Ici encore, ce sera surtout des *Souvenirs inédits* auxquels nous avons déjà tant emprunté que nous viendra la lumière.

« De tout ce qu'on a écrit sur la tombe de Jouffroy, dit Dubois, il n'y avait rien de vrai. Depuis la crise accomplie vers le mois de mars 1816 (*sic*), le philosophe avait continué ses libres recherches, ramené, de jour en jour d'une manière plus ferme, toute sa science à la notion de Dieu, de l'âme, de la destinée humaine, ici-bas et dans l'autre vie, précisée de jour en jour avec plus de netteté et de fermeté ; l'harmonie s'était rétablie entre la science et la foi qui avait bercé son enfance. Si le mystère et le miracle l'arrêtaient encore à la porte du sanctuaire, la douce mémoire de son éducation pieuse faisait reluire à ses yeux les rayons de sa conscience

---

[1]. *Gazette de France* du 4 février 1897.

naïve à côté des clartés de la science, et tout se confondait dans le même culte. Idolâtrie ou blasphème ! vont s'écrier bien des hommes qui ne voient pas plus clair, mais qui s'étourdissent du bruit de leurs professions de foi à tout venant ; sincère et respectable sollicitude d'autres âmes vraiment troublées d'appréhensions saintes !... Quand il écrivait ce mémoire sur *l'Organisation des sciences philosophiques*, c'était le commencement du grand travail d'élucidation et de démonstration des questions suprêmes. C'était le début d'une série de mémoires projetés, et dont le fond et le dessin étaient arrêtés dans son esprit. Moins de cinq mois avant sa mort, je l'entends encore m'exposer tout son plan en revenant de la Chambre par une froide et pluvieuse soirée; enveloppé de son large manteau et moi du mien, nous suivions la rue Saint-Dominique-Saint-Germain, et la rue Taranne; arrivés à cette dernière rue, involontairement, il ralentissait le pas, parlait avec entraînement, et une vivacité toute vibrante dans son calme et sa gravité mélancolique, comme toujours, dans nos épanchements devenus rares dans les deux ou trois dernières années, mais toujours aussi sincères, aussi entiers, quand nous nous retrouvions seuls, cœur à cœur, et jamais il n'eut de voiles avec moi. Aussi, puis-je attester, et je l'ai répété et répéterai sous toutes les formes et à toute occasion : non, Jouffroy n'est pas mort sceptique, non, il n'est pas mort troublé et désespéré ! Non, quand même sa science à laquelle il croyait profondément, par laquelle il croyait avoir retrouvé et réédifié tout ce que le premier accès de philosophie avait détruit en lui, quand sa science lui eût fait défaut, et qu'il eût douté des démonstrations qu'il en tirait, il aurait toujours eu, pour se reposer, les solutions chrétiennes, non chrétiennement et catholiquement acceptées, mais dégagées de tous leurs entours dogmatiques et historiques; et c'est là encore une philosophie, c'était sa philosophie ; c'était celle-là qu'il espérait établir, c'était l'identité de la science et de la religion qu'il poursuivait; et, en attendant, c'était la religion encore qui lui prêtait sa tente de repos et de sécurité, en présence de l'avenir indémontré peut-être, mais certain, vers lequel la mort lui ouvrait la voie avant la pleine lumière. Ainsi, il n'était pas si loin, que le prétend M. Leroux, de cette vieille Église, abri de son enfance, qui venait, indulgente et attristée, murmurer ses prières autour de sa tombe[1]. »

1. *Souvenirs inédits* de M. Dubois.

En face d'un pareil témoignage, nous croyons qu'il faut définitivement écarter du lit de mort de Jouffroy ces images de doute et de désespoir dont je ne sais quelle légende s'est plu jusqu'ici à l'entourer. On ne saurait trop regretter que la mort n'ait pas permis à Jouffroy d'élever ce monument philosophique dont les lignes principales et le dessin étaient dès lors arrêtés dans son esprit. Quelle rigueur et quelle précision la démonstration de la doctrine spiritualiste n'eût-elle pas reçue de son génie?

Quand nous n'aurions pas le témoignage de Dubois, les écrits mêmes de Jouffroy, son *Rapport sur le concours relatif aux Ecoles normales primaires* [1], où il n'hésite pas à proclamer que « sans la religion, il n'y a pas d'éducation morale possible [2] »; le discours prononcé à la distribution des prix du collège Charlemagne [3], si chrétien d'accent et de sentiment; ses effusions religieuses aux Tuileries, à Neufchâtel, à Assise, suffiraient à nous révéler combien sa philosophie était voisine du christianisme. Il n'est pas permis d'en douter, il croyait fermement à l'âme, à son immortalité, au Dieu vivant, père et juge des hommes, qui punit et qui récompense, en un mot, à toutes ces vérités d'ordre rationnel, qui, sans doute, ne sont pas tout le christianisme, mais qui en sont même au point de vue rigoureusement théologique, la base naturelle et le fondement nécessaire. Comme son ami Damiron, parlant de l'éducation religieuse que lui avait donnée sa grand'mère, lui aussi il eût pu dire dans son testament philosophique: « Aujourd'hui que j'ai un peu plus appris et recueilli de toute main, je trouve que c'est encore à elle que je dois le meilleur et le plus persistant de ma croyance [4]. »

---

1. Rapport fait au nom de la section de morale de l'Académie des sciences morales et politiques (13 juin 1840).
2. *Nouveaux Mélanges*, p. 295.
3. Août 1840.
4. Damiron, *Souvenirs de vingt ans d'enseignement*.

Deux réflexions me paraissent s'imposer à l'esprit au terme de cette trop longue étude. Jouffroy, a été certainement, parmi les philosophes de notre temps, l'une des intelligences les plus pénétrantes et des âmes les plus hautes. Il n'en est aucun que le problème de la destinée humaine ait autant préoccupé et comme obsédé, et qui se soit, avec une égale passion, attaché à le résoudre. Il y a mis vingt-cinq années de travail acharné, de recherche inquiète et douloureuse. Et, de tant de labeur, de tant de sincérité et d'effort, aucune lumière vraiment nouvelle ne paraît être descendue dans cette âme affamée de vérité. Si l'expérience des idées, le travail de la pensée n'ont fait que maintenir ou rétablir dans son esprit les trois ou quatre grandes vérités qui sont au fond de toute religion digne de ce nom, et qui sont la base naturelle du christianisme, comment ces milliers d'âmes, courbées sur la glèbe ou sur l'outil, absorbées du matin au soir par les dures exigences de la lutte pour la vie, pourraient-elles trouver la vérité par elles-mêmes, et résoudre par leur seule raison les problèmes formidables que soulève la destinée humaine? Je ne connais pas, pour ma part, d'exemple qui témoigne plus haut de la nécessité de la religion, et qui fasse mieux sentir tout le bienfait du catéchisme.

L'une des paroles tombées de la bouche de Jouffroy dans le dernier entretien qu'il eut avec l'abbé Martin de Noirlieu fut la suivante : « Monsieur le Curé, tous ces systèmes ne mènent à rien ; mieux vaut mille fois un bon acte de foi chrétienne. » L'état de son âme avait-il donc tant changé depuis sa jeunesse? En tout cas, ces paroles dont on ne saurait révoquer en doute la parfaite exactitude, quand on sait ce qu'était le vénérable prêtre qui les rapporte, prouvent deux choses : la tendre vénération qu'avait conservée Jouffroy pour la foi de son enfance et le regret que cette foi perdue lui avait laissé. Si, en prenant dans son âme la place de la croyance détruite, la philosophie y avait ramené assez de paix pour qu'il soit faux et injuste de parler de fin sceptique et désespérée, il est vrai pourtant de dire qu'en succédant à la foi religieuse, la foi philosophique ne l'avait qu'incomplètement remplacée et n'avait pas chassé la mélancolique tristesse qui avait plus ou moins pesé sur sa vie entière. Elle ne lui avait pas donné cette pleine lumière à laquelle il aspirait avec tant d'ardeur. Mais, pour tout esprit impartial, il est vrai de dire aussi qu'à mesure qu'il s'avançait vers la mort, Jouffroy se rapprochait davantage de son ancienne croyance. Ce spiritualisme élevé et pur méritait, à coup sûr, le secours de la prière chrétienne à celui qui l'avait toujours si hautement professé; et le prêtre dont la charité éclairée ne refusa pas au philosophe les suprêmes bénédictions de la religion ne faisait que se montrer fidèle à la grande tradition de l'Eglise comme au divin esprit du Christ. A défaut de la profession formelle du symbole, nul n'a eu, plus que Jouffroy, ce que, d'un mot emprunté à un illustre apologiste [1], j'appellerai « le christianisme naturel » de l'âme.

Adolphe LAIR.

1. Tertullien.

CORRESPONDANCE
DE
THÉODORE JOUFFROY

M. Joann.-Philibert Damiron[1], chez M. son père à Bicêtre, près Paris

Pontets, 30 août 1816.

Mon ami, j'exprimerais difficilement le quart de la joie que m'a causée votre aimable lettre. Je vous réponds *tout chaud*, passez-moi l'expression ; je parle la langue de mon pays.

Et d'abord je ne sais par où commencer ; d'une part, j'ai mille bonnes observations à faire sur votre lettre, de l'autre, j'ai bien des histoires à vous conter. Par-dessus cela les nombreuses *positions*[2] que j'ai faites m'ont presque rendu étranger l'usage de la plume. Faut se laisser aller ; arrive que pourra.

Quand je vous eus quitté, je me sentis rudement attristé sans trop savoir pourquoi. Dieu garde de mal l'École, dis-je en enfilant la rue des Postes ; on y a eu de bons moments et de bien mauvais ; l'amitié adoucissait les uns et doublait le prix des autres ; j'ai bien peur que nous tous qui y avons passé trois ans ne regrettions les jours que nous y avons vécu. Point de plaisirs sans amis ; on *posera* davantage, peut-être, mais *le nombre*

---

1. M. Damiron, professeur de philosophie à la Faculté des Lettres de Paris ; membre de l'Académie des Sciences morales et politiques ; mort à Paris en 1862.
2. Mot emprunté à l'argot de l'École.

n'est rien, *la qualité* est tout. Ainsi philosophant et prononçant entre mes dents des sentences à la Corneille, je m'en allai aux Tuileries. Le roi était à la fenêtre; du roi je passai à sa goutte; de la goutte à l'idée de la voir se loger dans d'autres jambes que les siennes; et naturellement les jambes de Houste [1] se présentèrent à mon imagination. Si j'étais Dieu, dis-je, je sais bien dans quel animal je ferais passer le démon qui tourmente le bon monarque de France; je laisserais tranquilles les porcs à quatre pattes, et le triste Houste ne bougerait de sa chaise que pour s'en aller à la voirie. Cinq heures sonnèrent et je me rendis dans la maison où je devais *vivre* ce soir-là. Mon père y arriva. J'étais avec des Comtois, mais très royalistes, ce qui est rare.

Nous quittâmes le logis à onze heures et nous allâmes au Pas de la Mule. Albrand [2] vint m'y trouver que je me mettais au lit. Ce bon ami, poussé par une délicatesse extrême, avait attendu sur le boulevard jusqu'à ce que je fusse rentré pour me rendre vingt francs que je lui avais prêtés jadis. Il aurait bien pu me les donner le lendemain, mais il craignait que je ne le soupçonnasse d'être un Lévy, ce qui était à cent lieues de ma pensée. Les adieux de cet ami qui va passer les mers ne me remirent point du tout en gaieté. Nous partîmes le lendemain à sept heures; à cinq du soir nous étions à Montereau, c'est-à-dire à vingt lieues de Paris. Nous fîmes route, ce jour-là, avec une assez jolie demoiselle à laquelle je n'étais point d'humeur de dire des galanteries. Nous prîmes des carrioles à Montereau, détestables voitures qui pourraient servir de remède à tous les paralytiques du monde, tant elles sont propres à remettre les humeurs en circulation.

A huit heures du matin nous étions à Auxerre; nous couchâmes à Rouvray et nous arrivâmes le mercredi soir à Dijon sans autre incident. Le lendemain, jeudi,

---

1. L'un des maîtres d'étude ou surveillants de l'Ecole Normale.
2. Elève de la promotion de 1813, orientaliste, mort à Madagascar.

nous allâmes en voiture jusqu'à Dôle, puis nous prîmes le parti de nous en venir à pied, de là jusque chez nous. Nous vînmes coucher à Arbois, où nous bûmes quelques verres d'excellent vin : le lendemain, à midi, j'aperçus les chaînes du Jura en débouchant d'une vaste forêt de sapins. J'allai derrière un buisson, sous un honnête prétexte, pour jouir en paix cinq minutes. Le soir, à quatre heures environ, nous dominâmes la vallée, et à cinq heures et demie nous touchâmes le seuil paternel.

On ne nous attendait que dans huit ou quinze jours. Quelle surprise ! Quelle joie ! Ma mère, mes deux sœurs, mon oncle, étaient là. On avait fané tout le jour ; on oublia les fatigues et nous celles du voyage. Dieu ! comme nous soupâmes ! Quelle *vie* complète, entière, pleine ! et comme je dormis dans un de ces larges lits où deux couples pourraient se loger à l'aise !

Le soir je vous avais oubliés, mes amis ; vous eûtes le lendemain ma première pensée. Je me consolai de mon bonheur en pensant que depuis trois jours vous étiez libres. Je ne bougeai de la maison le samedi : je recevais ; le curé vint, puis le maître d'école, puis le maire, dont je vous ai déjà parlé, puis grand nombre de gens du village. De grand matin, le jeune médecin de Mouthe était arrivé aux Pontets, et était venu déjeuner avec nous.

Le dimanche j'allai fêter la saint Louis à Mouthe. On tira des boîtes. Cinq gendarmes, garnison de la place, vinrent en ordre se ranger dans le chœur. Je fus d'un grand dîner chez mon oncle. La vie fut parfaite.

Depuis ce temps, je suis allé de côtés et d'autres ; j'ai fané mieux que personne et je vous dirai que nos foins sont abondants et que nous les récoltons par le plus beau temps du monde. La campagne, toute en collines et en vallons et qui n'est encore dépouillée qu'en partie d'herbes et de fleurs, offre un aspect charmant : elle est couverte, çà et là, de faneuses aux corsets rouges et aux robes blanches. Nos faneuses sont un peu brûlées de soleil ; mais elles sont assez jolies, fort joyeuses, et se piquent de se mettre très proprement pour aller aux champs. Je leur fais des contes : elles rient avant que j'aie parlé, car elles ne sont point fort difficiles en fait d'esprit, et les pointes parisiennes seraient peut-être même au-dessus de leur intelligence. Je me fais un point d'honneur de leur dire toujours la vérité. Les gausses sont pour les hommes; j'en ai déjà distribué par ci par là quelques bonnes, en sorte que vous pouvez compter que je ne vous en dis point, ayant beau jeu pour les placer ailleurs.

Je fais fort peu d'idées dans ce pays qui est plus poétique que métaphysique. Cependant, j'ai rêvé ce matin à la durée en veillant une taupe qui ravage dans le jardin les carottes de maman. Appuyé sur mon hoyau, tout prêt à frapper dès que l'animal pousserait, je considérais un beau ciel que le soleil n'éclairait point encore, et l'éternité m'est revenue en tête. J'ai constaté les faits que ce brave et bon Cousin nous a si bien énumérés. Puis, ma taupe ne paraissant pas, je suis venu déjeuner. Voilà quelques exquisses de la vie que je mène. Mes frères arriveront lundi. J'espère qu'ils auront été moins malheureux que Bequet et M. Burnouf. Vous m'avez laissé dans l'ignorance du prix d'honneur; sachez, mon ami, que je ne vois pas plus de journaux ici que de diables et que je suis dans une profonde ignorance de ce qui se passe à Paris. Ne me renvoyez donc jamais aux journaux.

Adieu, mon cher et bon ami, écrivez-moi très souvent, je ne serai pas en reste. J'attaquerai Perreau[1] prochainement, puis Mancy[2], puis Vernadé[3]. Embrassez-les mille fois pour moi en attendant.

J'attends ici Pouillet[4] prochainement. Je vous embrasse comme je vous aime.

TH. JOUFFROY.

1. Elève fort distingué de l'Ecole et l'un des meilleurs amis de Jouffroy, devenu professeur de rhétorique au Lycée Saint-Louis.
2. Jarry de Mancy, élève de la promotion de 1813, professeur d'histoire à l'Ecole des Beaux-Arts, auteur de plusieurs ouvrages historiques.
3. Elève de la promotion de 1813, docteur ès-lettres, professeur au lycée Saint-Louis.
4. Elève de la promotion de 1811, professeur de physique à la Sorbonne, membre de l'Institut, mort en 1868.

M. Damiron (Joann-Philibert)
chez M. son père, à Bicêtre, près Paris

Pontets, le 4 octobre 1816.

Votre grosse lettre, mon cher Damiron, ne m'a paru ni trop grosse, ni trop longue; comme vous le dites fort bien, nous n'en sommes plus à la politesse; ainsi vous pouvez m'en croire sur parole. Dieu vous donne le temps et la volonté de m'en écrire souvent du même volume. Je ferai mon possible pour ne point demeurer en reste, malgré ma grande paresse, qui aime mieux *poser* qu'écrire. A vrai dire, cependant, une lettre à vous la dérange infiniment moins qu'une lettre à tout autre. J'entrepris, il y a quelques semaines, de répondre à Dumas [1], qui, de retour des rives du Rhin (d'où, par parenthèse, il a rapporté une nouvelle dose de germanisme), m'a envoyé un volume de grosses et larges farces; après lui avoir fait compliment sur la prodigieuse facilité qu'il a reçue du ciel pour inventer et *confectionner* une telle gausse (compliment que je délayai en une page et demie), je voulus remplir l'autre moitié du papier d'un récit de quelque conte à sa manière. Je pensais que mon imagination me fournirait bien une douzaine d'idées grotesques que j'enfilerais mal et méchamment et qui le contenteraient; mais voyez le malheur: la coquine broncha; j'avais annoncé la farce, et la farce est encore à trouver. La lettre en est restée là; et j'ai tant *vécu* et *posé* ou *posé* et *vécu* depuis ce moment que je n'ai pu sortir de cet abîme *du vivre* pour l'achever.

De grâce, mon cher, si vous avez quelque Welche dans votre voisinage, priez-le de me prêter une farce à l'allemande, que vous m'enverriez par le premier courrier pour remplir le reste de cette maudite épître. Je ne

---

[1]. Émile Dumas, élève de la promotion de 1813, professeur à Hambourg.

sais comment en finir avec notre Dumas; il veut, prétend et entend que notre correspondance se pousse de part et d'autre avec une nouvelle vigueur; mais tout ce que j'ai de germain dans la tête est épuisé; il a tout reçu; où faire de nouvelles provisions? je lui conterais bien les fameuses histoires de Mancy si souvent et si longuement répétées, et le célèbre embrasement des paillasses et la mésaventure du proviseur poussé par une table contre un mur, et les prouesses de Marescaut; mais ces farces toutes rhennaises et toutes septentrionales qu'elles soient ne le sont point encore assez. Piller le *Diable boiteux* de Lesage, ce serait donner trop d'esprit à mon correspondant. L'almanach de Berne ne parle que de loups courageusement tués, ou de maisons écrasées par des avalanches, c'est trop tragique. Rabelais aurait bien son mérite; mais je ne l'ai point; ni Scarron (qu'en dites-vous? Scarron serait assez convenable, quoique ses farces n'aient pas précisément le poids désirable). Au nom de Dieu, mon cher, envoyez-moi quelques folies un peu présentables (vous demeurez à Bicêtre), ou bien dans vos nombreuses positions, abandonnez pour un moment la fidélité antérieure, et faites-moi une méthode de conduite à l'égard de mon grand ami; je suivrai vos conseils, soit qu'ils me prescrivent une manière de continuer la correspondance sans mettre en si grands frais mon imaginative, soit qu'ils m'ordonnent de la terminer tout à coup par un silence raisonné et continu; si vous prenez le premier parti, je publierai quelque jour le recueil des lettres de Dumas que je ferai vendre à la foire de Leipzig.

Vous présumez un peu trop légèrement et j'ose le dire, d'une manière trop peu pphique (conservez cette abréviation, elle est de race normale) que je ne m'occupe point de notre grande théorie du mariage. Je vous assure, mon très cher collaborateur, que 'ai manié le sujet, et même qu'il s'est fécondé entre mes mains.

Et moi aussi j'ai une canne et moi aussi je *pose ambulament*.

Admirable conformité et *pour ainsi dire* (mot de Villemain) sympathie de nos deux génies ! de la même manière et probablement dans le même temps que vous j'ai trouvé cette méthode de *position*. Que dis-je ? Je l'ai perfectionnée depuis que votre lettre m'a appris que vous l'aviez aussi découverte, afin qu'en partageant la gloire de l'invention, j'aie à moi seul celle du perfectionnement. Mais je vous dirai cela dans un autre article. J'aime l'ordre même dans une lettre, et les *procédés pphiques*. Si je m'en écarte souvent, ce n'est jamais volontairement. Je reviens donc où j'en étais, c'est-à-dire à la grande théorie qui nous a occupés et qui nous occupera encore pendant de nombreuses positions.

Je ne puis vous donner ici que l'extrait et, *pour ainsi parler*, l'essence de mes réflexions. J'ai d'abord posé la question fondamentale : faut-il ou ne faut-il pas se marier ? Je la dis fondamentale, et je soutiens que c'est par elle qu'il faut commencer, et encore que toute autre question ou dissertation antérieure sur les deux fidélités est oiseuse et comme non avenue ; vous en pénétrerez facilement la raison. Si l'on décidait par hasard qu'il ne faut pas se marier, que signifieraient les deux fidélités ? Il n'y aurait ni antériorité, ni postériorité ; elles seraient réduites par le fait en une seule fidélité, complète, durable et continue, qui enfermerait dans son vaste sein la vie entière ; la question se trouverait réduite à celle-ci : est-on moralement obligé à cette longue fidélité ou ne l'est-on pas ? Si on y est obligé, est-il sûr qu'il y ait possibilité physique de remplir cette obligagation ? Question qui se subdiviserait en une infinité d'autres, et d'où sortirait incidemment celle-ci ; est-il dans la nature de l'homme et dans la règle éternelle du Créateur que les deux puissances qui le dominent, à savoir la puissance morale et la puissance physique se combattent ? Question admirable selon moi qui, résolue négativement, heurterait toute la doctrine chrétienne et stoïque, et affirmativement mènerait à des questions subséquentes sur la destination de l'homme et autres sujets qui, à elles seules, rempliraient un gros volume.

— Si on n'est pas obligé à la *fidélité* continue, jusqu'à quel point peut-on s'y soustraire? d'après quelles règles se conduire dans cette incontinence systématique et raisonnée? etc., etc., etc. Voyez un peu où nous mènerait la question : faut-il se marier? résolue négativement. Vous me direz : oui, mais cette question peut-elle être résolue négativement? N'est-il pas évident qu'il faut se marier? N'est-ce point là clairement la destination de l'homme qui, une fois manquée, détruirait la société en la bouleversant, si on admet la non-fidélité continue, et en la dépeuplant, si on ne l'admet pas?

Doucement, mon cher, tout cela *n'est pas clair;* et *c'est selon.* Je distingue ici : autre chose est de poser la question de cette sorte : *faut-il se marier?* ou de cette autre sorte : *faut-il procréer?* J'accorde que la destination de l'homme est de *procréer*, nul doute.

Mais diable, c'est tout autrement douteux qu'il faille *se marier* et je dis que le mariage a de terribles inconvénients, soit qu'on se considère dans la doctrine du *bonheur*, ou dans la doctrine plus relevée de la *faculté morale*. Dans la doctrine du bonheur, attendu qu'il y a cinq sixièmes de probabilité que votre compagne aura quelques défauts graves, soit moraux, soit physiques que vous n'apercevrez qu'après le serment et qui vous feront enrager le reste de votre vie ; (car admettre le mariage, c'est rejeter le divorce : il y a contradiction entre ces deux choses; bien plus, c'est rejeter la séparation de corps qui n'est qu'une subtilité et qui reproduit le divorce sous d'autres mots); attendu encore qu'il est difficile de se débarrasser assez des préjugés pour supporter facilement l'infidélité et pour aimer et traiter comme siens les enfants d'un autre ; attendu encore, etc., (je passe une foule de raisons que vous devinerez) ; dans la doctrine de la faculté morale, attendu que dans cette doctrine toute violation de serment est crime, que le mariage est un serment, que se marier c'est exposer sa femme à commettre un crime qui n'existerait pas, si jamais on ne se mariait et si le mariage n'existait pas lui-même ; or il est sûr que la moitié, peut-être davantage, des mariages qui se font (et je ne suis pas exagérateur) donnent lieu à commettre ce crime; il s'agirait donc de savoir si, moralement parlant, il ne serait pas préférable qu'on ne se mariât pas? Je sais que dans l'état actuel de la société et dans l'immense corruption du siècle, ne pas se marier entraînerait de très grands inconvénients, et des crimes plus nombreux encore et plus graves que ceux occasionnés par *le se marier!* Mais alors, au moins, chacun y serait pour le sien, et l'homme vertueux pourrait conserver sa vertu intacte et ne point devenir l'occasion d'un crime pour une autre personne. Au lieu que dans le système du *se marier*, cet homme sera malgré lui et avec la meilleure intention du monde, la cause du péché de sa femme, par cela seul qu'il lui aura fait faire un serment sans lequel son crime n'aurait pu avoir lieu. On me dira et vous me le répéterez : si nous étions dans l'état naturel, on pourrait se passer du mariage; mais il faut un frein dans notre civilisation à la corruption. Eh! mon cher, qu'est-ce que ce frein qui n'empêche aucun crime et qui en fait commettre? Je soutiens que le mariage aurait de moins graves inconvénients dans l'état naturel que dans l'état social. L'homme errant dans les bois verrait beaucoup moins souvent la vertu de sa femme exposée aux attaques des autres hommes; occasions de pécher plus rares; et quand il l'y verrait exposée, aucun lien de patrie, d'intérêt, de convenance ne l'empêcherait de mettre sa compagne et sa fortune sur le dos d'un coursier et de mettre entre le tentateur et la vertu tentée deux cents lieues de distance; plus de facilité à éviter le péché. Qu'on ne veuille donc plus conserver le mariage, sous le vain prétexte que c'est un lien nécessaire dans l'état de civilisation et qu'on pourrait supprimer dans l'état naturel. Moralement parlant, il est la source d'un grand nombre de crimes et il les produit plus abondamment dans l'état social qu'il ne les produirait dans l'état naturel. Si l'on convient de cela, quand même il aurait quelque utilité, il ne faut point transiger, il faut le condamner; il le faudrait encore, produisît-il plus de bien que de mal;

car il vaut mieux sacrifier beaucoup de bien que de l'acheter au prix d'un mal, même petit, qui en est l'accompagnement nécessaire.

Quelle antigame, mon cher, je vous fais là! Dites-moi *sont-ce* des sophismes? ou *sont-ce* de bons raisonnements? Pesez et repesez; jugez mais méthodiquement, mais philosophiquement, sacrifiez à cet examen une, deux, trois positions, il faut sortir de cette question; car, encore une fois, elle est fondamentale, et notre premier chapitre après l'avertissement, la préface et le discours préliminaire et l'introduction devra être intitulé de cette sorte: Chapitre premier où l'on examine la question s'il faut ou s'il ne faut pas se marier; en d'autres termes, balance équitable entre la *game* et l'*antigame*. Si nous décidons qu'il faut se marier, comme il est très possible et même très probable malgré mes raisons, car il y en a aussi de très fortes dans la thèse contraire à celle que j'ai défendue, si, dis-je, nous décidons que le mariage est dans l'ordre, je ne prévois pas de grandes difficultés relativement à la fidélité antérieure et, *a fortiori*, à la postérieure. Cependant *faudra voir*. Vous avez déjà approfondi la question, et le peu que vous m'en dites est pour moi *comme* le sommaire de diverses réflexions fort utiles, que je détaillerai un jour et que nous comparerons aux vôtres, mais tout cela *postérieurement*.

Venons en maintenant au perfectionnement que j'ai fait à notre commune invention et d'abord convenons d'une chose; c'est que nous reconnaîtrons mutuellement que chacun de nous a la gloire de l'invention primitive et que nous n'irons point étourdir le monde *vivant* et disputer à cet égard, comme firent jadis Leibnitz et Newton dans le monde mathématique à propos du calcul différentiel: ce point convenu, voici l'amplification que j'ai faite, et qui contribue puissamment à la commodité et à la stabilité de la *position*. Je suis appuyé postérieurement sur ma canne, bon. Eh! bien, mon cher, prenez votre mouchoir et insérez-le entre la pomme de la canne et la partie *posante* de votre corps et vous goûterez bien mieux à mon avis le plaisir de la *position*. Je suis allé plus loin encore. J'ai trouvé une canne dont la pomme entre à vis; j'ôte la pomme et j'ai dans ma poche une petite planchette grosse comme un livre et peu embarrassante, trouée à vis et que j'introduis en place de la pomme. Je recouvre le tout de mon mouchoir et je puis, de cette sorte, poser une demi-heure, même une heure, sans fatigue et sans peine appréciable.

Je saute plusieurs articles de votre lettre qui n'ont pas besoin de réponse. Je reconnais avec vous que l'on doit dire *rude* et non *rudement*. J'approuve l'usage de la parenthèse et vous l'avez pu remarquer. J'admire la procession de Bicêtre et je conviens de sa grande analogie avec une cérémonie de province; d'où je conclus que vous avez bien fait d'y faire bonne contenance. Je ne disconviens pas que Bautain ignore complètement *le vivre*; au contraire, je donne rude les mains à ce que vous en dites et me propose sincèrement de ne point l'imiter; enfin, faute de place et vu l'ampleur de ma lettre, je me tais sur tout ce que votre épître renferme de digne de mémoire pour vous toucher deux ou trois mots de choses étrangères à tout cela...

Je vous dirai que j'ai reçu une lettre de Mancy, une de Trognon[1], une de Mareschal, je vais leur répondre. J'ai tant de réponses que je ne sais quand j'attaquerai Vernadé que vous embrasserez pour moi. — Mille choses à Cousin quand vous le verrez. Je lui écrirai bientôt. Je pars demain pour Besançon d'où j'irai voir Pouillet qui n'a pu venir ici attendu que sa mère se porte mal et lui point bien.

Encore une observation : c'est que vous sautez un si grand nombre de mots dans vos lettres que vous mettez ma pénétration à de fortes épreuves. V. G. Vous me dites page 7 de votre dernière, celui qui a eu le prix d'honneur est un nommé... du Collège Bourbon. Vous sentez quelle perspicacité il me faudrait pour suppléer à

---

1. Élève de la promotion de 1813, professeur d'histoire devenu secrétaire des Commandements du prince de Joinville, auteur d'une *Histoire de France* estimée.

ce que cette phrase a d'incomplet. L'oubête[1] de la Nièvre ne me récrit point, je n'ai pu déchiffrer son adresse ; peut-être l'ai-je mal mise et n'a-t-il point reçu ma lettre. Heureusement l'oubête de Soissons me la donne lisiblement dans sa lettre. — Adieu, mon très bon ami, je vous embrasse comme je vous aime.

Th. Jouffroy.

M. Damiron, à Bicêtre, pour M. son fils, à Falaise

Pontets, le 19 novembre 1816.

On ne peut, mon cher Damiron, vous aimer plus tendrement et vous écrire plus rarement que je fais ; je ne chercherai ni à vous rendre raison de ma paresse (car j'aurais peine à m'en rendre compte moi-même), ni à la justifier (car la paresse se pardonne et ne se justifie pas). Il faudra vous contenter de ce qu'on vous donne, écrire beaucoup quoiqu'on vous écrive peu, prendre la commission d'obliger et moi celle d'être reconnaissant, faire des avances et moi des dettes ; enfin si je voulais continuer cette phrase à la Voiture, je vous dirais que dans ce commerce de l'amitié il vous faut prêter beaucoup et moi payer de petits intérêts sans jamais rendre le principal. Mais quittons ce style de bureau que vous ne comprenez peut-être point, grâce au saint éloignement que vous avez toujours témoigné pour les banquiers et les esprits pointus, et revenons à nos moutons. J'ai là trois lettres de vous, l'une petite et l'autre énorme, la troisième médiocre. Il faudrait, pour sauver mon honneur sans trop déranger mon indolence, concentrer dans la même épitre les trois réponses. Mais, tenez, je ne veux pas compter avec vous ;

1. *L'oubête*, encore un mot emprunté à l'argot de l'Ecole, composé par la fantaisie des écoliers de la négation grecque ού et du français *bête*, et voulant dire, par conséquent, *le pas bête*. Ces mots *l'oubête*, *l'oubêtise*, ou même, sans apostrophe *Loubête*, *Loubêtise* reviennent fréquemment sous la plume de Jouffroy.

l'exactitude n'est bonne qu'avec ceux qu'on traite de *Monsieur*; elle est hors de saison avec un homme qu'on appelle de cœur, mon très cher Damiron. Je répondrai par ci par là, j'attaquerai souvent, je bavarderai, je suivrai mes idées ou les vôtres, vous serez content ou vous ne le serez pas, vous passerez tout en somme et voilà les affaires arrangées.

Peste! quel exorde; passez-le moi: j'entre en matière.

Je vous dirai d'abord bien franchement et bien impartialement que votre place est au-dessous de votre mérite, comme elle était au-dessous de vos espérances. Oui, mon ami, vous n'étiez fait ni pour un collège communal, ni pour Falaise, ni pour une seconde, ou du moins vous n'étiez pas fait pour ces trois choses réunies. Qu'on vous eût donné une seconde dans un collège royal passe, une philosophie dans une petite ville passe encore. Mais avoir une seconde et l'avoir à Falaise, je vous réponds, mon cher ami, que j'en pleurais presque de dépit quand je lus votre petite lettre d'annonce. C'est un oubli ou une mauvaise volonté impardonnable à Cousin. Il devait faire de vous un professeur de philosophie; c'était là votre partie, vous étiez fait pour elle de préférence. Nous n'étions que quatre; c'était lui qui vous avait fait entrer dans ce petit nombre d'élus. Pourquoi n'avez-vous pas été *appelé*, si vous étiez *élu*? c'est manquer à soi-même encore plus qu'à l'Evangile. Mais j'aime encore à croire qu'il a fait son possible; et qu'il a trouvé d'insurmontables obstacles dans quelques vieilles gens à préjugés de la Commission. Ce qui me le persuade, c'est qu'il a combattu et combat encore pour moi, qui me trouve dans le même cas. Mais pourquoi Bautain a-t-il passé et pour ainsi dire coulé si facilement? Il a plus de science que nous, c'est un fait incontestable, mais les objections roulaient bien moins sur la science que sur l'âge. On voulait de la gravité bien plus que du mérite; de la barbe et de la représentation plutôt que des connaissances solides. Or, à ce compte, notre barbe et notre âge pouvaient faire équilibre à sa barbe et à son âge. Pourquoi donc a-t-il été nommé du premier bond à Strasbourg et vous qui ne demandiez qu'à philosopher dans un petit trou, avez-vous été rejeté et moi qui n'ai pas plus d'ambition vais-je l'être si je ne le suis déjà? Je n'ai point d'envie ni vous non plus, pas le moins du monde; mais je tiens à mes goûts, à mes inclinations comme vous. Je voudrais *vivre* et rien que *vivre* et me donnât-on une rhétorique dans le plus beau lycée de France, je *vivrais* beaucoup moins qu'avec une philosophie dans une ville de mille âmes; voilà ma profession de foi. Je vous donne ma parole que votre mécompte m'a fait beaucoup de peine, et que celui qui me menace m'en fera fort peu, attendu que les vrais vivants et les vrais posants, gens assez indifférents pour leur propre compte, ne sont rien moins que cela pour celui de leurs frères.

Vous voyez par tout ce qui précède où j'en suis. Cousin tout en disant qu'il me fallait une philosophie et rien que cela m'a fait proposer d'autres places fort lucratives, un directoriat, par exemple, à Colmar; foin de tout cela; j'ai refusé; il faut qu'on me dise *non* bien nettement pour la philosophie, tant qu'on ne me l'aura pas dit, j'attends et je pose; quand on me l'aura dit, je poserai et j'attendrai jusqu'à ce que je reçoive une nomination quelconque de la sainte Commission.

Lors, je partirai et j'irai montrer quelque part le latin et le grec que je ne sais pas; mais:

« Sæpè, premente deo, fert deus alter opem. »

Je ferai comme vous, je trouverai dans l'esprit de vie et de position une ressource contre les décrets de la sainte Commission, et comme tout va pour le mieux (doctrine qui, par parenthèse, est la mienne, comme elle est la vôtre), ce sera, pour moi, une occasion merveilleuse pour me latiniser et me gréciser, choses qui ne sont point du tout à dédaigner; puis quand je saurai mon rudiment et Burnouf, voire en les étudiant, je ferai des expériences, je les décrirai et je constaterai, etc., le tout à votre imitation. Car je suis décidément votre copie: mêmes mollets, même taille, même encolure même placement, même philosophie, etc., etc., etc., et cent pages de *mêmes*. Ainsi soit-il

J'ai bien fait de dire cet *amen*, c'en est assez là-dessus; Ouf! Je suis las de parler de ces balivernes universitaires. Le vivre en souffre, reprenons nos anciens errements, revenons à notre chère et très chère théorie, pauvre théorie abandonnée, trahie, oubliée... Non, non, toujours charmante, toujours chérie, mise de côté et point du tout oubliée; on revient à elle avec le plaisir qu'on a de retrouver une veille connaissance, ou si vous voulez, une première maîtresse. Mettez-vous là, docteur, et argumentons. Savez-vous bien, mon très cher collaborateur, que je pourrais encore vous chicaner sur la première question de votre théorie, et que si je voulais m'amuser je trouverais encore bien quelques douzaines de raisons à l'appui de la thèse que j'ai défendue, mais comme vous avez la malice de les baptiser du nom de subtilités, bonnes tout au plus pour faire pester nos chers co-promeneurs et co-bivouaqueurs Perreau et Mancy; il faut m'en tenir à ce que j'ai dit et passer condamnation là-dessus. Passons donc; car j'ai l'âme bonne et l'esprit très médiocrement obstiné; mais savez-vous pourtant que c'est avec des paradoxes et des subtilités qu'on fait des livres; qu'il en faut avoir une certaine provision pour avoir toujours quelques petites réfutations à faire; que le secret de l'art est de s'opposer de spécieux sophismes, de se créer des contradictions pour faire naître des combats, des apostrophes, des points d'interrogation; car de ces combats, apostrophes et points naît l'intérêt. Ceci vous soit dit en passant, M. le Malin, afin que vous sachiez que ma lettre de malices enferme le germe d'un très beau chapitre qu'on intitulerait *objections* et qui en ferait naître un plus beau qu'on appellerait *réfutations* du précédent. Savez-vous qu'on a tiré grand parti de l'état naturel, sinon pour la raison au moins pour l'éloquence et qu'après tout il est beau de mêler les faits imaginaires aux faits réels, d'opposer ce qui a pu être à ce qui est, de s'enfoncer parfois dans les ténèbres de la philosophie ultérieure tout en constatant à la clarté d'un jour pur les faits de la philosophie première. Tout cela ne prouve pas que la cause que j'ai défendue fût bonne (vous avez parfaitement deviné ma *malice*); mais cela pourrait conduire à croire qu'il était bon de la défendre.

La manière dont vous établissez qu'il faut se marier est excellente; bonne division, mon cher, parfaite division. Je suis jaloux de cette division-là, aussi bien que de quelques expressions énergiques que vous avez semées par ci par là, et qui sont réellement belles. Vous avez ébauché ensuite une game et une antigame. Je dis ébauché; car qui pourrait se flatter d'enfermer dans les étroites limites d'une lettre cette grande et longue œuvre? Ce n'est donc qu'une ébauche, mais une ébauche qui promet beaucoup! Une observation seulement. Je ne vous trouve point cette impartialité et ce ton de juge que doit avoir le philosophe qui examine. Vous ressemblez un peu trop à un avocat qui plaide pour un parti. Il faut plaider pour les deux partis, mon cher, puis après compter, peser et décider. La part de l'antigame est trop petite; dans votre ébauche vous êtes gamiste décidé. Or, mon cher gamiste, je suis de votre parti, mais je crois que dans l'intérêt même de ce parti, il faut plaider avec force et exactitude la cause de l'antigame, afin de la battre sans réplique quand nous la battrons; savez-vous même que ma conscience philosophique se fait un scrupule d'avoir pour ainsi dire un parti pris d'avance. J'aimerais mieux ne prendre parti qu'après l'examen; car ni vous ni moi n'avons assez approfondi la matière pour être déjà décidés. De ce que la plupart se marient, nous croyons que la game prévaudra, et voilà précisément comment se forment ces préjugés qui s'opposent à la découverte de la vérité. Dépouillons-nous donc, mon cher philosophe, de tout esprit de parti. Ayons tout au plus un penchant, mais point de résolution prise; que notre cœur ne dérange point l'impartialité de notre jugement; que l'éducation et la publique coutume n'imposent point à notre esprit. Ayons d'autant plus de défiance que nous ne sommes et ne pouvons être désintéressés dans le procès ; avec ces précautions, nous pourrons arriver à cette belle inconnue qu'on appelle vérité. Ainsi soit-il.

Mon sermon fini, passons aux petites choses qui ont coutume d'occuper la dernière page.

Savez-vous que j'ai écrit dernièrement à Perreau une énorme lettre où je lui prêche en huit pages une doctrine que vous traiterez peut être encore de subtilité. Je m'efforce de lui prouver qu'il n'y a rien de bon ni de beau réellement ; que le beau et le bon sont des créations de notre imagination ; et que, par conséquent, nous devons chercher notre bonheur dans nos illusions. En un mot c'est la fameuse maxime de Rousseau : rien n'est beau que ce qui n'est pas ; cela va le jeter dans un profond étonnement.

J'écrirai prochainement à Trognon de me faire part de sa liste de députés, fruit de tant de labeur. — Vous avez promené les sœurs de Vernadé. Trop heureux en vérité !... elles sont aimables, belle qualité ! pareille chose vous arrivera chez moi, charmant prophète ! — Point de thèse au mois de novembre, c'est tout simple ; nous étions sûrs du fait au mois d'août.

Vous avez écrit à Fourteau [1], excellente pensée que j'imiterai s'il plaît à ma paresse ; Lévy [2] bat encore le pavé de Paris, c'est un cuistre ! néanmoins je serais charmé de savoir s'il n'est pas allé à l'Ile Bourbon. Vous m'en récrirez. — M. Mousqueton vous a embrassé, je n'en suis pas jaloux. — Vos adieux à l'école n'ont pas été pénibles ; je le crois ma foi bien ; surtout ceux à Houste de hideuse mémoire. — Passons à votre troisième lettre. — Celle-ci m'a attendri ; votre entrevue avec mon père, votre séparation du vôtre m'ont rappelé votre cœur, comme vos autres lettres me rappellent votre esprit. — Votre description de Falaise m'a fait peine pour vous, la vie que vous y menez beaucoup de peine ; vous êtes réellement un bon philosophe pratique et vous vous

---

1. Elève de la promotion de 1814, devenu inspecteur d'académie.
2. Elève de la promotion de 1813, section des sciences ; — maître de conférences à l'Ecole Normale.

accommodez admirablement à tout. J'ai connu Dubois [1], pas assez pour en juger avec connaissance de cause, mais on juge souvent quoique ce ne soit pas avec connaissance de cause; on se trompe les trois quarts du temps, c'est pourquoi ces jugements ne tirent pas à conséquence et c'est pourquoi je vous dirai celui que j'ai porté de Dubois. Je lui trouve de l'esprit, mais de l'esprit de détail, assez d'imagination, mais pas assez de liaisons entre ses idées... que ce jugement ne lui nuise point dans votre esprit : il peut être tout à fait l'opposé de ma description. C'est un pur jugement d'instinct et mon instinct ne vaut pas celui de Pouillet.

Je vous embrasse comme je vous aime. Ne me récrivez pas ici, car je pourrais recevoir des nouvelles demain et partir après demain. Attendez de mes nouvelles.

Th. Jouffroy.

M. Damiron, professeur au collège de Falaise

Paris, le 22 janvier 1817.

Comment, mon cher ami, je ne vous ai pas encore souhaité la bonne année! c'est bien mal à moi ou plutôt c'est bien mal aux circonstances de m'en avoir empêché. J'ai quitté mon pays, ces personnes, cette maison, ce village que j'adore et dont le souvenir me fait pleurer, maintenant que je n'ai plus d'amis ici pour m'en adoucir le regret. Ah! Damiron, vous ne concevez pas la force des liens qui m'attachent à ma patrie ; vous avez quitté votre province trop jeune et Paris n'est pas une patrie ! C'est un sentiment dont on ne saurait se rendre compte, car je sens qu'il existerait encore en moi, mes parents fussent-ils morts, et mon village brûlé. J'ai tout quitté. Je suis revenu, je suis rentré; quelle rentrée, c'était le soir, on était encore à l'étude, il était sept heures, j'ai

---

[1]. M. Dubois de la Loire-Inférieure fondateur du *Globe*; puis député et directeur de l'École Normale.

monté dans la chambre qu'on m'avait assignée; j'ai allumé la chandelle et je me suis assis. De ma vie je n'ai eu le cœur si serré; il a fallu pleurer et pleurer longtemps, quelque effort que je fisse pour raisonner et me convaincre moi-même de ma folie! Voyant que cela ne finissait pas, je descendis à la cour et je gagnai les allées; mais où allais-je pour échapper aux souvenirs? C'était là que je m'étais si souvent promené avec vous, avec mes amis; c'était là que, cinq mois auparavant, nous parlions de thèses et de vacances, de théories de mariage et de systèmes de bonheur: quel million de pensées me passa dans un moment par la tête, toutes plus tristes l'une que l'autre! Je n'y pouvais tenir, je remontai, j'errai dans les corridors solitaires; je me plaisais à regarder les portes des chambres que mes amis, que moi-même avaient habitées. J'en ouvris quelques-unes, c'étaient d'autres livres, d'autres habits, un autre arrangement: tout cela m'allait au fond de l'âme. Je remontai dans ma chambre nouvelle, qui est celle d'Ansart[1], aussi pénétré que j'en étais sorti. Tout changé dans cette École! me disais-je, et moi seul, immobile au milieu de ce déplacement, et condamné par ma propre volonté à en être le spectateur malheureux! et j'étais désespéré! j'aurais voulu être au lendemain pour prendre des mesures qui me tirassent de ce lieu si cher et si funeste à la fois. Cousin nous disait un jour que, dans certaine maladie qu'il avait éprouvée, il avait pris l'idée de ce que c'était que le délire. Je puis dire que je connus ce soir là ce que c'est que le désespoir. La cloche du souper me tira de là. Je mis le nez à la fenêtre, pour voir les élèves traverser la cour. J'entendis des cris, des sons de voix inconnues, d'autres que je croyais connaître; c'était pour moi une alternative rapide de sentiments de peine et de joie. Enfin j'entendis la voix éclatante de Guichemerre[2] et vous ne pouvez concevoir, mon cher ami, quel

---

1. Élève de la promotion de 1813, devenu inspecteur de l'Académie de Caen.
2. Élève de la promotion de 1814; agrégé, docteur ès-lettres; devenu recteur.

subit changement, ce son d'une voix connue, produisit en moi. Je sentis renaître en moi le courage comme par magie. Je descendis, j'allai à l'étude; on finit de souper; je les vis tous revenir. Je retrouvai Varney [1], Plagniol [2], Miet [3], Guichemerre et tant d'autres jadis négligés et maintenant devenus d'heureuses ressources et de précieuses consolations; je ne croyais pas aimer tant de monde, et il n'y eut pas jusqu'à M. Lemarchand [4] qui ne me semblât un ange du ciel. Expliquez maintenant le cœur humain !

Je me couchai presque joyeux : le lendemain, ma raison était revenue. Je ne me trouvai ni si triste qu'avant le souper de la veille, ni si gai qu'à mon coucher. J'appréciai chaque chose à sa valeur. Je conçus que jamais je ne retrouverais des amis comme vous, et je compris que, malgré cela, on pouvait encore vivre dans cette maison en étouffant les souvenirs à force de travail.

Je vous ai donné tous ces détails sans craindre de vous ennuyer, car je sais que vous m'entendrez et que vous trouverez plaisir à trouver, dans l'expérience de votre ami, tous les sentiments que vous auriez pu éprouver, placé dans la même situation.

Faut-il vous dire où j'en suis maintenant moralement ? J'en suis à n'être ni heureux ni malheureux. Je me trouve dans cet équilibre de bien et de mal, situation ordinaire de la vie : malheureux de me lever matin, heureux de travailler quand je suis levé; ennuyé de Houste et compagnie, des longues messes et des plats sermons, des petites vexations du chef, du portier, des pions et du règlement; charmé des hautes leçons de Cousin, des

---

1. Docteur ès-lettres; professeur de philosophie au lycée de Moulins.
2. Plagniol de Massony, promotion de 1815, sciences; inspecteur de l'Académie à Nîmes; mort en 1872.
3 Promotion de 1815, sciences; professeur au lycée Bonaparte et examinateur de la Marine.
4. Sans doute alors surveillant à l'Ecole; devenu professeur de lycée, mort en 1855.

douces amitiés de Pouillet, du bonheur de vivre avec mes livres et d'en avoir de toutes sortes; triste d'être ici sans amis et joyeux de pouvoir continuer ma métaphysique. Tout se compense comme vous le dites et comme je le crois. Malheureusement j'étais accoutumé à une compensation moins exacte, c'est vous qui m'avez rendu difficile sur le bonheur. L'année dernière, la balance penchait par vous, du bon côté; cette année elle est trop en équilibre et je m'habitue difficilement à ce zéro, produit nul de deux quantités qui se détruisent. Vos lettres me donneront du positif; écrivez-moi donc; je vous rends la parole que je vous ai par trois fois ôtée; parlez, Damiron, parlez longuement; je suis avide de vous entendre; plus avide que jamais; car il y a un siècle que vous ne m'avez rien dit, et je suis seul ici. Loin de toute voix intelligible à mon cœur, je ressemble à Robinson qui fut ému de joie quand, après un grand nombre d'années, il entendit pour la première fois une voix humaine.

Il faut avant de finir vous donner quelques nouvelles. Perrot[1] est encore ici; il n'est point placé : il attend chez son oncle de la rue de Sorbonne n° 5. Dans huit jours sa thèse sera faite, car il la commencera demain. Quelles heures j'ai passées avec lui !

J'ai écrit à Fourteau[2] avec Perrot. J'attends une réponse. — Guissolenq attend aussi, et avec impatience, un quartier en province avec six cents francs d'appointements. — Bouchitté[3] s'ennuie ici provisoirement, être ennuyeux lui-même ! Bloquel et Weraëghe[4], immuables comme les murs de la maison, sont identifiés avec elle, en sorte que l'œil ne reconnaîtrait plus la maison s'ils venaient à la quitter. — Varney compile; Guichemerre lit; Lemarchand versifie. — Les insipides visages des Le

---

1. *Sic*, la véritable orthographe est Perreau.
2. Fourteau, élève de la promotion de 1814, devenu inspecteur d'Académie.
3. Élève de la promotion de 1813. Docteur en théologie. Recteur de l'Académie de Seine-et-Oise; mort en 1861
4. Promotion de 1813, devenu professeur au lycée de Douai.

Terrier[1], des Delcasseaux[2], etc., figurent et ennuyent. Le compagnon de Varney lit les racines grecques. Burnouf va être professeur au Collège de France en remplacement de M. Guéroult décédé. — Villemain porte la croix d'honneur. — Cousin fait bien et attire peu de monde; il dit que sa conférence de cette année est *bête*; il dit que jamais il ne retrouvera une année comme la nôtre; il dit que Bautain fait et est admirablement; qu'il y a à Strasbourg dix hommes plus forts en métaphysique que point il y en ait à Paris; il dit qu'il sait de la Commission que Damiron fait très bien à Falaise, que le collège reprend vigueur; que ledit Damiron a demandé à faire un petit cours de métaphysique, qu'on le lui a accordé; que c'est admirable; il dit que notre année donnera dans dix ans quatre à cinq colonnes à l'Université.

M. Cardhaillac[3] est malade. Je ferai peut-être un petit cours en qualité de répétiteur. La première année est très forte; ce sont des visages humains, et des gens décemment habillés. Rinn[4] y est, Therry aussi et quatre à cinq des premiers prix. Il nous est venu une bande de Rhémois, des gens d'Agen et de tout pays. Fayel a fait une épigramme, à propos d'un devoir sur la statue d'Henri IV. La royale Commission l'a mis à la porte. L'orage s'amasse contre l'Université, et l'on n'ose encore cette année proposer la loi. — Plagniol vous dit mille choses, Guichemerre aussi. — Moi, je vous aime, c'est ma vocation, mais ce n'est plus une nouvelle.

Th. J.

1. Promotion de 1815. Principal du collège de Niort.
2. Ou Delcasso; promotion de 1815. Recteur de l'Académie de Strasbourg, mort en 1887.
3. Professeur à la Faculté.
4. Depuis, recteur à Strasbourg.

À DAMIRON

M. Damiron, professeur au collège de Falaise

Paris, 29 janvier 1817.

Comment! vous ne m'écrivez pas, mon ami! Savez-vous que je brûle, que j'enrage, que je n'y tiens plus, si je ne reçois pas de lettres de vous. Voilà un siècle que je vous ai envoyé la mienne. Je m'ennuie passablement, et vous, mon consolateur, mon espérance, vous ne dites mot. Je vous aime et je vous aimerais davantage si vous m'écriviez; je vous accable de lettres et je vous en accablerais moins, si j'en voyais des vôtres. La poste ne va-t-elle plus? Allons prenez la plume et dites-moi beaucoup de choses. Contez, causez à votre aise; je suis là pour entendre, et j'entendrai avec plaisir; n'est-ce pas bien mal à vous de ne m'avoir point dit encore vos succès dans votre cours de métaphysique? Je vous crierai: courage, et vous en irez mieux. Mais écrivez-moi.

Aussi bien le devez-vous: que voulez-vous que je dise, moi, si je n'ai pas là une lettre de vous qui me donne matière? Je n'ai rien à vous dire de moi, il faut que je parle de vous: et qu'en dirai-je, si vous ne m'en dites rien?

Je vous gronde et je fais bien, selon moi, je fais peut-être mal, selon vous; car vous me direz: à peine sait-on que vous êtes arrivé à Paris et l'on ne pouvait vous y croire avant que vous n'y fussiez. Il est possible que vous ayez raison jusqu'ici; mais dans huit jours, vous aurez tort; et je parle et je me fâche pour l'avenir aussi bien que pour le présent. Je gourmande d'avance votre paresse afin que vous n'en ayez point. Je jette les hauts cris pour rien, afin que vous ne me mettiez pas dans le cas de les jeter pour quelque chose.

Voilà bientôt toute une lettre d'exhortation, mais qu'importe sous quelle forme présenter l'amitié. Le fond de toutes celles que je vous écris est que je vous aime, prenez-le de cette façon quand même je ne vous le dirais pas, et soyez sûr que vous ne vous tromperez jamais. Me voilà encore à l'école ; je ne suis rien et je ne sais si je deviendrai quelque chose. A la garde de Dieu. Je demanderai peut-être cette place de Juilly, mais c'est selon. J'hésite, je temporise, je vois, j'attends. Je ne suis pas de ces gens qui sont pressés d'arriver ; je suis lent d'humeur, traînard en affaires, plutôt par paresse que par prudence ; ne m'imitez pas ; c'est un défaut, on ne fait pas son chemin avec cela. Mais qu'est-ce que faire son chemin ? Je n'en sais rien, et c'est pourquoi je ne me presse pas après une merveille inconnue. Mais connue ou non, je sais bien qu'il faut la poursuivre ; aussi je me reconnais coupable.

Du reste, je suis fou d'ennui, vous devez vous en apercevoir. Je tâche de m'étourdir et d'échapper à la vie. Je suis au total un bien petit philosophe. Vous valez mieux que moi ; aussi me pardonnerez-vous en sage ce billet bavard que je vous écris en sot. Une lettre de vous me remettra ; c'est bien mal à propos que je voudrais qu'elle fût déjà arrivée. Car à peine s'est-il écoulé l'intervalle nécessaire ; mais je la désire trop pour ne pas m'impatienter un peu et quand on s'impatiente, on déraisonne. C'est une part de lettre que je vous vole ; car ceci n'en est pas une. Adieu, je vous aime et vous embrasse.

Th. J.

M. Damiron, professeur au collège de Falaise

Paris, 31 janvier 1817.

Ah ! mon ami, quelle lettre, quelle bonne lettre ! Que vous êtes aimable, charmant, bon ami ! Non, quand je remplirais cent pages du plaisir qu'elle m'a donné, je ne pourrais tout dire. Aussi, il y avait tant de jours que je n'en avais reçu de vous. C'était comme la première entrevue après une longue séparation. J'allais au cours de Cousin quand le portier me l'a remise; je n'ai pu la lire qu'au retour; mais en allant, en revenant, je la pesais dans ma main et je me disais : combien de temps me faudra-t-il bien pour la lire? un quart d'heure? Oh! bien plus, au moins, au moins une demi-heure, car j'irai lentement, je me retiendrai pour prolonger ; puis, je cherchais à évaluer la quantité de plaisir qu'elle me donnerait, et comme on n'évalue qu'en comparant, je cherchais un terme de comparaison. C'était, comme le plaisir que j'éprouve en revoyant mon village du haut de la montagne, venant de Paris ; ou bien, comme celui que je ressens en mettant le pied sur le seuil de la maison paternelle. Je trouvais que c'était bien là, à peu près, la quantité, mais c'était un plaisir différent, d'une autre qualité ; et pour comparer mieux, je n'ai rien trouvé que le plaisir que j'avais goûté en recevant vos autres lettres, puis, comme je n'en avais reçu aucune encore de ce volume, j'en concluais rigoureusement que le plaisir serait encore bien plus grand, sinon en intensité, du moins en durée. Et j'avais bien du plaisir, tout en évaluant celui que j'aurais. Mais que le raisonnement avec sa rigueur étroite est une pitoyable chose en bonheur! J'ai tout oublié en vous lisant, et si j'avais pu penser à tous mes termes de comparaison, ils se seraient anéantis devant le plaisir présent. Je n'étais pas auprès d'un bon feu, je n'étais pas dans un bon fauteuil, et votre amitié et toute votre lettre m'en étaient plus chères ; ce n'était pas un surcroît de plaisir, c'était une consolation d'abord (car je me trouvais alors malheureux de cœur), puis après, un bonheur positif : moi qui dans ma théorie du bonheur pensais que son espérance valait mieux que lui ! Voilà un fait qui me déroute et c'est vous qui en êtes cause; faut-il que j'aie un reproche à vous faire au milieu de tous les remerciements que je vous dois ? Mais, savez-vous (oui, vous le savez), que dans l'impatience où j'étais de recevoir une lettre de vous, je vous ai écrit, il y a deux jours, un billet, *ab irato !* En vérité, j'étais fou : vous me le pardonnerez. Comment, ne pas penser que ce retard me vaudrait cinq ou six pages de plus ? *Boprobios* va venir ; j'ai pris la plume pour me soulager un peu du plaisir que je vous dois en vous le racontant, car je veux un peu vous ménager; et cette lettre ne se finira et ne s'enverra que plus tard; Mais, puisque j'en suis à me soulager, il faut que je me soulage d'autre chose que de plaisir. Un passage de votre lettre m'a désolé; pourquoi avez-vous montré à Dubois cet imprudent article qui m'était échappé? Je dis imprudent, je devrais dire coupable; car s'il était téméraire de juger ainsi un homme sans le connaître et sur une simple imagination, il était mal et très mal de faire part de ce jugement chimérique à quelqu'un, et il était plus mal encore d'en faire part à une personne qui pouvait prendre de là des préventions contre lui, et repousser son amitié. Alors, mon cher Damiron, je me suis mille fois reproché ce passage de ma lettre, et la vôtre en m'annonçant l'affliction qu'il a causée à Dubois, me désole. Dites-lui mon repentir, et obtenez mon pardon; dites-lui surtout, comme le disait ma lettre, que je n'avais pas la moindre raison de le juger ainsi; il sait assez si je l'ai jamais suffisamment fréquenté pour le connaître, et ce qui rend ma faute plus grande doit servir à la lui rendre moins sensible. Quant à vous, Damiron, pardonnez-moi si je n'approuve pas que vous lui ayez fait part de ce passage. Vous deviez éviter de l'affliger et avoir assez pitié de mon imprudence pour ne pas m'en punir. Du reste, je sais qu'il est certains moments d'épanchement, où l'on ne peut rien cacher à son ami, et sans doute, c'est dans un de ces moments que le secret vous est échappé.

6 février 1817.

Mon bon ami, je vous ai laissé bien longtemps; je reviens à vous avec un nouveau plaisir; j'ai mille choses à vous dire, et je n'ai point comme vous la ressource de *poser* pour rassembler et ordonner mes idées; d'ailleurs, le temps commence à me devenir précieux, je veux dire que les rédactions me laissent peu de moments pour mes amis; et ce lambeau que je commence ne sera pas le dernier de ma lettre : parlons aujourd'hui de vos affaires. J'ai vu Cousin, nous avons causé de vous environ une heure et demie, et je vous jure qu'il ne se souvient pas le moins du monde du *fameux rapport* : il a été enchanté d'avoir de vos nouvelles et charmé d'apprendre que vous conserviez, avec tant de soin, l'amour sacré de la philosophie. Quand je lui ai dit vos deux cent cinquante pages, il a répété plusieurs fois, *c'est bien, très bien !* et puis, sur votre projet, voici sa réponse : on ne peut, sous aucun prétexte, créer à Falaise une chaire de philosophie ; c'est contre les institutions universitaires et l'on ne veut point les violer. Mais Damiron peut être autorisé à faire, accidentellement, un petit cours de logique et de morale ; *bien entendu* qu'il ne cessera point pour cela ses fonctions de professeur de seconde, et qu'il n'exigera aucune augmentation de rétribution. A ces conditions, sa demande sera considérée comme une offre généreuse dont l'Université lui saura un gré infini, elle verra avec plaisir un jeune homme, un élève de l'Ecole Normale demander à s'imposer de nouveaux travaux pour propager les utiles principes d'une saine logique et d'une noble morale. Cette preuve de zèle et cette marque de dévouement ne sera point perdue pour lui : elle sera un titre à l'estime et à l'avancement, et tous ceux qui s'intéressent au progrès des saines doctrines lui en devront de la reconnaissance. (Pardonnez-moi ce style grave. Je suis dans ce moment, non pas un protecteur mais un ambassadeur, et je suis forcé de garder le *decorum*). — Si maintenant Damiron se décide à faire cette démarche, il faudra que M. le principal du collège adresse à la Commission la demande d'une autorisation qui permette à Damiron de faire, *accidentellement*, un cours de philosophie aux conditions marquées plus haut. Et pour que Cousin puisse appuyer cette pétition, Damiron lui écrira quelques jours avant qu'on l'envoye, afin que Cousin voye à l'avance les membres de la Commission et les prévienne favorablement.

Voilà tout, mon cher ami, et je quitte mon rôle, maintenant, voulez-vous mon avis là dessus ? Le voici. Je pense que vous ne devez pas hésiter un moment à faire cette démarche; c'est, comme je l'ai dit quand j'étais ambassadeur, une noble et généreuse action que vous ferez là; c'est sous ce point de vue que je vous la conseille, et je vous la conseillerais encore comme propre à vous avancer si vous teniez davantage à cela; il est sûr que si vous demandiez l'année prochaine, ou plus tard, une chaire de philosophie, ce petit cours que vous auriez fait et bien fait, serait une puissante recommandation en votre faveur. D'ailleurs, mon ami, il vous excitera à penser et à approfondir ces matières qui nous sont chères, et je brûle d'être professeur pour me livrer sans réserve à ce bel et utile exercice. Si vous vous décidez, Cousin vous conseille de faire deux leçons par semaine; de donner quelques idées générales sur la métaphysique, de vous arrêter quelque peu sur la logique et d'arriver à la morale, partie sur laquelle vous avez travaillé, et qu'il est surtout important de prêcher et de répandre. Il vous offre tous ses conseils et tous ses secours; il veut que vous lui écriviez aussi bien que tous ses élèves répandus dans les provinces (ainsi mandez-le à Douy [1], il m'a recommandé de vous le dire); qu'on lui envoye de gros paquets tant qu'on voudra, pourvu qu'on ne lui parle que de philosophie, il s'engage à répondre, non point avec exactitude et à terme, mais enfin, tôt ou tard, il répondra et éclaircira les difficultés qu'on lui proposera; il ne désire rien tant que de voir s'établir entre les élèves de l'École Normale qui s'occupent de philosophie, une correspondance utile dont il sera le centre et dans laquelle il jettera toutes les lumières qu'il pourra tirer ou de lui ou des métaphysiciens de Paris.

Autre chose qu'il m'a chargé de vous dire et que vous pouvez communiquer à M. Douy; c'est qu'il désire connaître les abus et les injustices qui pourraient avoir lieu dans les collèges à l'égard des professeurs ou autrement, afin de les dénoncer à la Commission et de faire faire

---

[1] Élève de la promotion de 1814; professeur libre à Paris.

justice. Si vous connaissez quelque chose de cette espèce dans votre académie, faites lui en part, mais que les réclamations soient justes! (Je crois qu'il est à propos que vous gardiez le secret sur ceci, quoique Cousin ne veuille pas qu'on se cache de faire une action juste.)

14 février 1817.

Bon Dieu! Cette lettre ne finira pas. Quels yeux vous allez avoir en voyant ces dates si éloignées les unes des autres! Arrangez-vous cependant; ça ne peut aller autrement; on fait des rédactions du matin au soir; on pense à vous et très souvent, mais autre chose est de penser, autre chose d'écrire. Quelle lettre je vous envoye! des remerciements, des actes de contrition, des commissions; il est très possible que tout cela vous ennuye fort! Encore un article de ce genre!... Mais ne vous effrayez pas, il s'agit des rédactions que vous me demandez. Or, on ne peut guère vous envoyer cela avant l'examen; cet examen se fera après Pâques; voyez si cela vous arrange : alors il y en aura un certain paquet, dites comment on vous le fera passer. Si vous aviez encore votre frère le copiste, ce frère qui était chez un notaire; si ce frère voulait les copier, vous les auriez plus tôt; parlez et il sera fait selon votre volonté. Voudriez-vous qu'en attendant je vous envoyasse, en façon de lettres, un résumé concis de tout ce qui a été dit jusqu'ici; je tâcherais de vous faire cela de mon mieux et vous m'entendriez parfaitement, au moyen du cours de l'année dernière — parlez encore, je suis tout à vous; vous n'en doutez pas. — Le cours de cette année est bien beau; le plan est plus vaste que celui de l'année précédente; vous ne sauriez croire combien ce changement de point de vue a élargi et éclairé toutes mes idées; aussi est-ce un bonheur pour moi que cette étude. Je vais toutes les semaines chez Cousin et ses conversations que je rédige brièvement au retour me donnent une foule d'aperçus féconds; il est vrai que ce sont là à peu près tous mes plaisirs. Si j'y ajoute quelques heures passées

avec Pouillet de loin en loin, quelques visites de Perrea[u]
qui sont trop rares, j'aurai dit toute ma félicité. Vou[s]
direz : c'est beaucoup ; vous aurez raison, et je le sens[,]
mais moi qui aime le poser et le vivre, moi qui trouve l[e]
bonheur dans les rêves creux de mon imagination, rêve[s]
qui supposent un peu *le vivre*; je vous avoue qu'u[n]
bonheur de raison ne me suffit pas tout à fait ; il ne fau[-]
drait que peu de choses avec ce que j'ai pour me conten[-]
ter. Un peu de dormir, un peu de liberté, voire un pe[u]
de feu pour me chauffer ; je dirais bien un ami comm[e]
vous, mais ce serait trop exiger, et je ne suis pas exi[-]
geant avec la fortune ; je lui demande peu, elle m'ac[-]
corde encore moins, mais je ne la maudis pas et j[e]
trouve du plaisir (plaisir de vanité) à me moque[r]
d'elle. — Je tiens pourtant avec vous que *tout est pou[r]
le mieux ;* mais je distingue et, par exemple, dans mo[n]
cas présent, je dirai : cette année que je passe à l'école[,]
il serait mieux pour *le vivre* de la passer dans un[e]
chambre chaude, et libre ; d'un autre côté, il est mieu[x]
de la passer ici pour mon instruction ; ainsi absolumen[t]
parlant tout n'est pas cette année pour le mieux, ma[is]
relativement, toute compensation faite, oui. — Dites[-]
moi un peu quelles idées vous avez faites sur la morale[,]
car vous, qui n'êtes pas verbeux, devez avoir mi[s]
quelques douzaines de pensées dans deux cent cinquant[e]
pages in-folio ; envoyez-moi un peu une façon de résum[é]
des principales. Je pourrais vous rendre la pareille, e[t]
vous envoyer quelques extraits de mes conversation[s]
avec Cousin, sans compter les extraits de son cours[.]
— Tenez, je voudrais que vous fussiez au courant de c[e]
cours et je vous enverrais comme ça, tous les quinz[e]
jours, une petite analyse de ses leçons à mesure qu'il le[s]
ferait. Cette théorie du bonheur, cette théorie du mariage[,]
il faudra nécessairement les renvoyer à une autre année[,]
car je suis mal ici, pour bien voir en ces matières. Je n[e]
suis pas dans mes montagnes ! Je ne suis pas à cheva[l]
sur le feu du foyer paternel ! C'est là que je pouvai[s]
rêver ; ici je pioche, et sur un thème donné. — Vou[s]
faites des hymnes, Dieu, vous bénira ; ici on fait de[s]

mandements contre les éditeurs de Voltaire et de Rousseau; les grands vicaires, à propos des œufs du carême, ont lancé de terribles pages contre ces damnés de libraires qui s'avisent de condenser, en un petit nombre de volumes, les impiétés et les abominations de ces deux écrivains, qui ont conduit Louis XVI à l'échafaud ; ainsi les yeux du peuple pourront atteindre à ces ouvrages que leur masse confuse rendait moins dangereux auparavant. Les grands vicaires ont raison sous un point de vue, mais ils ne devaient rien dire, ce me semble. Leur mandement, affiché à tous les coins de Paris, avisera bien des gens de lire ce qu'il défend. On nous a lu cette pièce à la messe aujourd'hui. Votre lit, et vos promenades me font venir l'eau à la bouche. Votre jour de l'an est pitoyable. — J'ai reçu une lettre de Mancy. Trognon est triste, il craint pour la place de son père ; Mancy est triste aussi comme de coutume, il ne me parle pas de ce *soupçon* dont vous me parlez ; ils sont assez mal appréciés l'un et l'autre ; je les plains ; ces chagrins-là sont lourds ; et j'ai honte de moi quand je compare mon état au leur. Fourteau m'a aussi écrit ainsi qu'à Perreau. Je ne sais si ce bon père vous parle le même langage qu'à nous ; mais en vérité, il nous a paru un peu mystique dans ses lettres; son excellent cœur donne à l'amitié une tendresse qui la fait ressembler à de l'amour. Ce ton-là nous fait peine, pourquoi, parce que nous l'aimons beaucoup. Il paraît extrêmement livré à la religion. C'est bien, mais nous voudrions encore une religion plus raisonnable et moins passionnée dans notre ami ; il spiritualise tout un peu trop, il tend à l'amour pur de Mme Guyon : tout cela me fait peine, je le voudrais plus homme. Je ne suis pas en correspondance avec Vernadé[1]. J'ai peut-être bien fait de ne pas l'entreprendre. Ah! mon cher, n'allez pas à Agen, ne vous éloignez pas tant de nous ; mais sais-je si vous vous éloignerez de nous? Savons-nous où la Sainte-Mère

---

[1]. Élève de la promotion de 1813. Docteur ès-lettres, professeur au lycée Louis-le-Grand.

nous enverra? Le budget est effrayant. Je suis triste pou[r] moi, pour nous tous, pour mon pays, pour la Franc[e] entière; qui nous paiera l'année prochaine? Où prendra[-] t-on pour assouvir l'étranger? rage! J'étoufferais si je l[e] pouvais tous ces loups qui nous mangent. — Dites mill[e] choses à Douy quand vous le verrez. — Que vous dirai-j[e] de l'école? Rien ou peu de chose, je fais une répéti[-] tion le dimanche à notre troisième année philosophique[.] Fribault[1] fera bien. Varney travaille beaucoup plus su[r] les mots que sur les choses, habitude de séminaire. Gui[-] chemerre entend peu. Bloquel est nul, Michel médiocr[e] jusqu'ici, voilà tout. Bouchitté qui a la tête du monde l[e] moins philosophique nous a quittés; les autres ne suiven[t] pas. Bien des gens se souviennent de vous, Plagniol[,] Matras ou Lune, Guichemerre etc. — Je fais des pro[-] sélytes au romantisme; j'en voudrais faire davantage[,] mais peu d'âmes le sentent; nous avons des piocheurs[,] des étourdis, des sots, mais peu de gens dont vous e[t] moi pourrons faire des amis. — Je me suis disputé c[e] matin avec Plagniol sur Rousseau, il ne l'a pas lu et i[l] soutient qu'il professe une morale abominable. Je n'a[i] pas pu lui faire entendre qu'on ne peut en conscienc[e] juger un homme sans l'avoir lu, il est entêté sur cer[-] taines choses; du reste romantique sans trop savoir c[e] que c'est que le romantisme. Rien de nouveau en litté[-] rature. Pauvre siècle que le nôtre sur ce point; il y [a] quelques raisonneurs, quelques gens d'esprit, quelque[s] gens même de bon sens, point d'hommes de génie hormis Chateaubriand, si vous voulez. Le théâtr[e] meurt. La politique envahit tout.

« Le raisonner tristement s'accrédite. » Qui rendra[,] la France son antique suprématie dans les lettres? J'a[i] bien peur que nous soyons arrivés réellement à la vieil[-] lesse en tout. Nous nous éteignons comme puissanc[e] politique et comme puissance littéraire. Nous avons e[u] une plus longue enfance qu'Athènes, nous serons arri[-]

---

1. Élève de la promotion de 1814; très distingué, docteur è[s] lettres; mort en 1818, professeur au lycée de Rouen.

vés plus tôt qu'elle à la décadence et nous mourrons aussitôt; peut-être serons-nous les Jérémie de cette Jérusalem.

En attendant, je vous embrasse et vous exhorte à ne pas répondre aussi tard que je l'ai fait.

Th. J.

M. Damiron, professeur, Falaise

Paris, 27 février 1817.

En vérité, mon cher Damiron, ce n'est point par esprit d'imitation que je vous envoie ce billet, mais il ne me serait pas possible de vous écrire une lettre (de votre façon) avant huit jours, attendu des rédactions, des affaires matérielles, voire des spirituelles (car voici le temps où on fait sa paix avec Dieu, et les pacificateurs abondent cette année). D'un autre côté, il faut bien vous dire les choses que vous ne pourriez si longtemps attendre. Je n'ai pu voir Cousin qu'aujourd'hui et je ne lui ai dit qu'un mot, lequel mot a suffi; vous saurez donc qu'on dit oui à votre question et que Monsieur votre Principal peut faire sa demande avec la certitude que votre cours vaudra, pour ceux qui l'auront suivi, un cours de Caen ou de toute autre ville de votre belle et savante Normandie.

Autre chose, votre frère s'est décidé à copier; et Dieu merci il a déjà trois leçons vastes et pleines dans sa poche. Ce Cousin qui corrige les rédactions ne se hâte guère, en sorte qu'elles dorment longtemps chez lui et que nous sommes singulièrement en retard. Voilà pourquoi vous ne vous étonnerez pas si votre frère n'a encore que trois leçons. — Quand il les aura copiées, il y en aura d'autres.

Allez donc, philosophe, et philosophez en paix; que la métaphysique cultivée par vos mains généreuses, pousse de fortes racines dans la terre de Normandie, qu'elle s'élève, qu'elle croisse rapidement sous l'arrosoir de votre éloquence et que l'abri de ses pacifiques rameaux préserve au moins quelque coin de pays de la grêle de la chicane et du vent des procureurs! Mais n'oublie pas d'écrire à l'avance à Cousin, quand vous vous voudrez faire votre demande.

Je vous embrasse et remercie votre Dubois de m'avoir absous de mon crime envers le Dubois de mon imagination.

Th. Jouffroy.

M. Damiron, professeur de seconde, à Falaise

Paris, le 4 mars 1817.

Il y a, mon cher ami, bien des choses à vous dire; mais une si grande quantité que je ne sais par où commencer... n'allez pas croire à ce début que je vais vous conter des choses étonnantes ou nouvelles; ce n'est pas cela; mais je veux dire seulement qu'une multitude infinie de petites idées, de petites nouvelles, de petits détails, de petits je ne sais quoi, sont là maintenant dans ma tête, qui brûlent de courir au bout de ma plume et de s'épandre sur le papier pour aller se présenter à mon ami et au confident de mes pensées; assurément tout le monde ne passera pas; mais les plus pressés auront audience, et les autres seront renvoyés à huitaine ou à quinzaine, selon le vent qui courra jusqu'à cette époque.

D'abord voici les remerciements qui arrivent et je les renverrais volontiers — à quoi servez-vous, messieurs? à rien du tout; je m'aperçois que vous venez toutes les fois me manger une page fort mal à propos; cet homme à qui j'écris sait tout le plaisir que ses lettres me font et comme entre amis de notre espèce, le récit de ces plaisirs-là doit être sous-entendu, vous allez me donner près de lui la réputation d'un homme à cérémonies, ainsi filez: à d'autres. — Voici une idée qui s'est réveillée à l'occasion d'une de vos idées — ah! Madame... mais un petit moment. Villemain dans une de ses dernières séances, ayant enfilé une métaphore qu'il était tout embarrassé de soutenir, s'écria tout à coup : ah! je ne sortirai pas de cette maudite métaphore... et il continua en langage non figuré. Je vais en faire autant avec votre permission, car après tout ma métaphore me jouerait un mauvais tour.

J'en étais donc à une idée, laquelle idée m'avait été suscitée par une des vôtres. Vous me dites qu'outre le plaisir que nous avons à nous écrire, ces lettres sont encore utiles en ce que nous nous exerçons à rendre tout ce qui se passe dans l'esprit. — J'ai remarqué moi, à ce propos, que vos lettres étaient bien plus fertiles que les miennes, en ces sortes de descriptions des pensées et de l'état de l'âme, et voici pourquoi : votre vie est beaucoup plus intérieure que la mienne, et cela parce que vous êtes bien plus souvent seul que moi. Sans cesse environné d'une foule de gens qui remuent, qui chuchotent, qui babillent, avec lesquels il faut vivre du matin au soir, qu'on ne peut éviter un moment, et qu'on entend encore alors qu'on ne les voit plus, je ne puis rêver un seul petit moment, je suis sans cesse sous l'empire de l'extérieur et il m'est impossible comme le bon Kant à Kœnigsberg ou comme moi aux Pontets, ou comme vous à Falaise, de passer quelque demi-douzaine d'heures à la merci de mes pensées et des illusions de l'imagination. Oh! que je vous envie ces bons moments, et quelle multitude de faits vous devez moissonner! Un jour, il me prit une fantaisie, au bout d'un quart d'heure passé comme cela, de remonter par la mémoire de ma dernière idée à la première. Je retrouvai presque tout, j'écrivis tout d'une manière abrégée et j'eus, en quatre pages, la plus bizarre association d'idées que j'aie vue de ma vie sur le papier. Essayez cette rétrogradation quand vous vous surprendrez à rêver. — Je disais donc que vos lettres sentent le solitaire d'une lieue à la ronde; elles ont je ne sais quoi d'individuel et d'original qui prouve quelques bons moments de vie intérieure; j'en avais ainsi chez moi, c'est le pays de cette vie-là, pas un chat ne vous dérange. Il n'y a ni visite à faire, ni visite à recevoir parce qu'il n'y a point de société, pas de spectacle que celui de la nature, pas de réunion que celle de la grand-messe, pas d'intérêt social que celui de la pluie ou du beau temps pour les fruits de la terre, pas de belles femmes pour vous troubler le cœur, pas de jeunes gens pour proposer d'insipides parties, pas de politique, pas de philosophes, pas de poètes qui vous saisissent au collet pour vous faire avaler de vive force leurs vers ou leurs opinions, pas de jalousie, pas d'envie, pas d'émulation d'aucune espèce, rien en un mot qui puisse vous distraire de vous-même, et vous jeter dans l'extérieur. Le silence de la nature et des hommes y élève l'âme et l'invite à la méditation; des sites sublimes, mais d'une beauté toujours originale, y nourrissent l'imagination qui a besoin d'être souvent excitée. Qui vous dira la fraîcheur de nos fontaines, les parfums de nos plantes, la modeste rougeur de nos fraises à demi cachées sous l'herbe? qui vous dira les murmures et les balancements de nos sapins, la funèbre obscurité de leurs ombres, et les vêtements de brouillards qu'ils prennent au matin; qui vous dira la hauteur de nos rochers et leurs bizarres figures, la profondeur et la paix de nos vallons, et quand l'hiver a secoué les neiges de son manteau sur nous, quand d'épaisses brumes rampent le long des montagnes et des forêts, que la bise rapide s'élance tout à coup du nord au midi, le voile épais des brouillards est déchiré et ses lambeaux épars fuient dans les airs; d'immenses tourbillons de neige soulevés de la terre s'agitent en tournant sur eux-mêmes, se mêlent, se confondent et remplissent l'air d'une vague poussière; alors les chemins disparaissent, de nouvelles montagnes s'élèvent, l'aigle et le corbeau fuient au plus haut des airs en poussant de lugubres cris, les loups sans asile hurlent de froid et de faim, tandis que les familles s'assemblent au bruit des toits ébranlés, et prient Dieu pour les voyageurs. O mon pays, pays que je regrette, quand vous reverrai-je? quand me sera-t-il donné de ne plus vous quitter? hélas! ce bonheur n'est point réservé à mes jeunes ans, et peut-être l'heure de la vieillesse aura sonné pour moi, quand j'en pourrai jouir. N'importe! j'aimerai à y couler mes derniers jours, il me sera doux d'y mourir, et je bénirai le Dieu qui m'aura fait ces loisirs tardifs...

Comment de mon pays passer à autre chose sans descendre et déchoir? je le puis cependant, car c'est à vous que je passe, et un bon ami est un autre de mes bonheurs; bonheur comme le premier, dont il ne m'est pas donné de jouir. Quand viendrez-vous avec moi au pied des Alpes, quelques jours au moins? je serai parfaitement content, je serai avec vous, et cette réunion existera dans mon pays; n'allez pas vous dédire; vous, mon pays et moi, voilà trois choses unies depuis longtemps dans mon imagination, et qui composent à elles seules la plus belle de mes espérances.

Mercredi, 5 mars.

La nuit a détruit le charme sous l'empire duquel je vous écrivais hier : voilà que ma pensée a changé de cours, tant mieux pour vous; vous aurez au moins la variété. Que vous dirai-je aujourd'hui ou plutôt que ne vous dirai-je pas? vous voilà je pense décidé à faire votre petit cours; et nous attendons la demande de M. Hervieu. Cousin a dit qu'il arrangerait cela avec M. Gueneau[1], et il le fera comme il le dit. Vous m'écrirez quand vous serez embarrassé; vous m'enverrez vos doutes, et j'irai chez Cousin puiser la solution que je vous donnerai. Tout cela ira merveilleusement, et au bout de cinq à six mois, tout cela finira; un nouvel ordre de choses commencera, vous viendrez et morbleu! nous vivrons. Heureux qui peut encore saisir ainsi quelques bons moments au passage! Leur attente et leur souvenir console la tristesse du reste de la vie.

Vous me demandez des encouragements, vous vous adressez mal, car j'ai moi-même fort peu de verve, et je

1. Gueneau de Mussy.

tomberais si Cousin ne me ranimait et ne me réchauffai[t] de la chaleur de son zèle philosophique. Cet homme-l[à] a une ferveur qui se communique, et une seule de se[s] conversations vous donne des forces inconnues et un[e] vigueur toute nouvelle. Chaque mercredi, je vais l[e] trouver après dîner, il est dans sa chambre, et c'est l[à] que nous causons quand il pleut; quand il fait bea[u] temps, nous allons au Luxembourg; alors il prend l[a] parole et ne cesse de parler jusqu'à cinq heures et demie[;] vers cette heure il commence à me mener dans les rues[,] car il sait qu'il est bientôt temps d'aller dîner, et quelque[-]fois il est attendu dans une maison pour six heures[;] mais le voilà qui s'oublie, nous nous égarons dans le[s] rues, nous tournons sur nous-mêmes sans nous en aper[-]cevoir, nous repassons vingt fois dans les même[s] endroits, nous ne sommes plus de ce monde, et les pas[-]sants étonnés s'arrêtent pour regarder nos gestes et sai[-]sir quelques-unes de ces paroles que nous prononçon[s] avec tant de véhémence. Enfin la lune qui éclaire le[s] rues, la solitude qui commence d'y régner, peut-être la fatigue de marcher ou la lassitude de parler, fon[t] revenir mon philosophe à lui-même, et vers les sept heures, sept heures et demie, nous nous disons bonsoir. Que me dit-il pendant si longtemps? de bien belles choses, mon ami, et l'instruction que j'en retire est un[e] avantage que ma situation a sur la vôtre, mais aussi c'est le seul; mais je vous conterai tout cela au mois d'août.

C'est aussi à cette époque que vous atteindrez une chaire de philosophie, car maintenant je ne doute plus que vous ne réussissiez. Ecrivez, écrivez, mon ami, écri[-]vez à M. Gueneau, répondez-lui à quelle partie vous vous destinez; dites-lui bien clairement vos désirs et vos inclinations; s'il est un puissant secours en ces sortes d'affaires c'est le sien; — celui de Cousin ne vous man[-]quera pas, mais écrivez-lui aussi, écrivez-lui de la méta[-]physique, dites-lui vos doutes, demandez des éclaircis[-]sements, envoyez de gros paquets; peignez-lui votre ennui de professer une monotone classe de latin, et com[-] ment dans vos loisirs vous revenez sans cesse à la philosophie votre unique penchant, vers laquelle lui-même vous a dirigé et qu'il vous a fallu abandonner malgré vous. Voilà ce qu'il lui faut, il sera charmé, et je vous assure que votre amour philosophique redoublera l'estime qu'il me manifesta souvent pour vos talents et votre caractère. Quant à la place d'Agen, vous essayerez de ne pas aller si loin; si vous ne pouvez, vous irez où on vous enverra, comme moi; c'est un inconvénient auquel il faut se résoudre. Eh! que nous importerait où aller, si nos villes étaient proches l'une de l'autre, si nous étions par exemple à quinze lieues l'un de l'autre, un bon cheval nous réunirait souvent. Vous serez donc professeur de philosophie; c'est décidé, moi je le serai, je l'espère; nous serons donc doublement confrères; et mon amitié s'en réjouit. — Nous discuterons cela plus amplement et bien plus à notre aise, chez Edon[1]. — J'avais mis mes rédactions en paquet chez le portier, votre frère devait venir les prendre, elles étaient sur un livre que Baron devait faire prendre et que Weraeghe avait là mis. Le commissionnaire de Baron arrive et prend le paquet avec le livre; il est résulté de là que votre frère n'a rien trouvé quand il est venu et que mes rédactions sont encore chez Baron, qui, selon sa louable coutume de profiter de tout sans se gêner, a décacheté le paquet, a lu, a trouvé cela de son goût, a distribué les cahiers à ses gamins et a pris de cette manière copie du tout. Le pis de tout c'est qu'il néglige de me les renvoyer, comme il néglige tout. Et votre frère attend.

Je passe aux variétés, comme vous dites. — Vous saurez que les Langrois[2] m'envoyent abondamment; toujours tristes et toujours ennuyés,... comme vous, mais un peu plus cependant. Trognon a fait un discours académique que je recevrai par le prochain courrier : *Des moyens de rétablir les mœurs et la littérature en France.* Je ne sais quelle académie a proposé cela. — Vous devriez

---

1. Restaurateur du temps
2. Trognon et***

aussi m'envoyer votre *Eloge de Ximénès*; de même je vous enverrai mes œuvres quand j'en ferai. Trognon traduit présentement un roman italien; j'ai exhorté le petit Loubête à suivre de si nobles exemples et à forger quelque chose; mais il répond en me demandant des graines de Tripet jaune, fleuriste ruiné. Perreau me néglige, il vient rarement, il est vrai qu'il est fort occupé; mais peu de chose l'afflige beaucoup, — sa thèse devait se faire — il y a travaillé deux jours : déjà le travail devait s'achever et finir avec la semaine, mais bast! on n'y a plus pensé, on s'est rebuté et voilà mon homme au même *quia*. — Nous savions où était M. Douy, ce qui me confond c'est qu'il n'ait que cent francs; auriez-vous oublié un zéro, c'est infaillible. Eclaircissez ce point, car il est physiquement impossible de vivre avec cent francs à moins de prendre à la lettre la vie d'hermite que vous me dites qu'il mène. Combien sa patience et sa résignation me touchent! voilà notre destinée : c'est de prendre patience et de vivre au jour le jour au milieu des fatigues de l'enseignement. C'est ce que M. Royer a dit à la Chambre quand on s'opposait à donner de l'argent à l'Université, et j'ai frémi de colère quand j'ai vu des élèves de l'Ecole prendre le parti de la minorité et se moquer de M. Royer!

Maintenant je réponds à vos questions; d'abord je renvoye à un prochain numéro les détails sur les élèves et l'Ecole.

Quant au vivre, on mange maigre *rude* et très maigre; cela allonge quelques figures, moi je soutiens que cela vaut mieux que le gras. — Je ne suis pas libre de *sortir*, mais je sors toutes les semaines pour aller chez Cousin et si j'ai quelque chose à faire, vous concevez que je puis le faire; de plus, je remarque que l'on ne me refuse jamais, quand je demande pour affaires : en général, on me témoigne quelques égards, on ne vient pas voir si ma chandelle est éteinte le soir; on ne me dit rien, quoique je ne porte pas de boutons à mon habit; on visite les livres, on ne visite pas les miens. L'autre jour, une montre se trouva disparue, on fouilla dans toutes les malles et dans toutes les chambres ; on ne me fouilla pas ; je dis un mot à M. Mousqueton[1] pour sortir, il court chez le portier sans perdre de temps pour le prévenir que je sortirai ; ainsi me voilà dispensé de mettre mon imagination en frais pour le circonvenir : je laisse cela aux autres qui réussissent quelquefois, mais la circonvention devient plus difficile, car M. Mousqueton devient malin. Constant l'a tellement circonvenu qu'il en est dominé et que le pauvre homme n'est plus que l'instrument de Houste. Houste règne ici, les autres pions tremblent devant lui, il les dénonce, il les observe et nous respirons un peu ; car sa méchanceté, occupée sur un point important, néglige un peu les autres. Les élèves de première année le détestent ; ils l'ont mis en défaut deux ou trois fois, assez fortement pour éclairer l'opinion des autorités supérieures ; mais il a si bien fait qu'il s'est maintenu et qu'il est en faveur plus que jamais. — Voilà où en est le gouvernement de ce petit royaume. C'est le favori du premier ministre qui règne.

Je suis dans la chambre d'Ansart, à côté de la bibliothèque : je pensais vous l'avoir dit ; je ne suis point bibliothécaire. La porte qui communique de la chambre à la bibliothèque est condamnée ; ma chambre ferme à la clef, ce qui est assez commode.

Je suis la physique, je vais aussi aux conférences Romobiennes et Naudétiques, mais sans les suivre ; je suis assistant, rôle mortellement ennuyeux, mais beaucoup moins que celui de suivant. — Quant aux autres détails (et ils sont nombreux), je les renvoie à une autre fois : vous les aurez si l'anglais et les rédactions le permettent. *Pié* est pion au Lycée Henri IV. Desmichels[2] a donné une brochure politique, et voilà tout.

Je vous embrasse et j'attends,

Th. JOUFFROY.

---

1. Surveillant de l'École.
2. Élève de la promotion de 1812 ; devenu recteur ; mort en 1866.

M. Damiron, Professeur au collège de Falaise

Paris, le 23 mars 1817.

Bon Dieu! mon cher que vous êtes provincial avec votre M. de Montlivault! voilà bien l'admiration et l'étonnement des gens de petites villes! un préfet arrive, ils sont aux anges; jamais ils n'ont vu un si grand événement; ils sont aux fenêtres pour le voir passer; ils considèrent des pieds à la tête cet homme merveilleux qui est préfet; ils dévorent ses moindres paroles; ils s'extasient sur sa tournure, sur sa taille, sur la noblesse de ses manières; ils le chargent de qualités qu'il n'a pas, tant son titre et son habit brodé ont de puissance; ils ne parlent que de lui, tant qu'ils le possèdent, ils en parlent longtemps encore après qu'ils l'ont perdu, ils n'en reviennent pas, ils en écrivent à leurs amis afin de leur faire partager l'étonnement et la joie qu'ils éprouvent : bon Dieu! mon cher que vous voilà provincialisé! En vérité, je n'en reviens pas, je ne vous reconnais plus... mais vous, me reconnaissez-vous encore? trouvez-vous que cela m'aille bien de trancher du parisien, c'est-à-dire du fat? Non, ce n'est pas là mon rôle, autant que j'en puis juger; je grimace sous cet habit, et je le quitte, et je redeviens moi, pourvu toutefois qu'auparavant vous me pardonniez les mauvaises plaisanteries que mon personnage m'a fait faire. On ferait je crois une bonne scène de comédie d'un fat parisien qui raillerait la bonhomie et la niaiserie d'un habitant de Falaise; car le moqueur serait un peu plus ridicule que le moqué, spectacle qui ne manque jamais de mettre les hommes en bonne humeur (remarquez, s'il vous plaît, que je ne vous donne pas plus le rôle du niais de Falaise que je ne prends pour moi celui du fat de Paris; observation qu'il était bon de faire, entre parenthèse, afin d'éviter tout quiproquo); passons outre.

Je suis très content de la manière dont vous avez interprété l'individualité et l'originalité que je trouve dans vos lettres, et vos deux espèces de libertés me semblent très bonnes et très habilement observées ; j'en sens le besoin comme vous le sentiez ; je brûle d'en jouir, mais la destinée ne veut pas, elle voudra peut-être un jour ; alors j'aurai bien des satisfactions que je n'ai point maintenant, mais sans doute aussi, j'en ai maintenant que je n'aurai plus alors. Tout se compense, vous avez raison de le dire ; tout va pour le mieux, sinon absolument au moins relativement. Tenons ferme à ce système : il console, il fortifie, il caresse nos espérances et adoucit nos réalités. C'est en général une assez triste chose que la réalité. L'imaginaire vaut mieux que le réel ; quand, par hasard, il est beau, l'imaginaire entre encore pour beaucoup. Comme l'imagination est habile à revêtir tout des couleurs les plus séduisantes ! comme tout est beau quand elle s'en mêle ! mais pour qu'elle s'en mêle, il ne faut pas que les objets soient trop près de nous ; elle fuit à mesure qu'ils se rapprochent, elle vient quand ils s'éloignent. Quelle femme vue de loin n'est pas charmante ? quelle femme vue de près est sans défaut ? L'autre jour, j'étais aux Champs-Elysées : je me promenais là par le plus beau soleil du monde ; c'était une belle matinée de printemps et pour bien dire la première que nous ayons eue cette année : néanmoins, les violettes commençaient déjà à s'épanouir ; leur odeur suave m'attira vers un de ces beaux jardins qui bordent le côté droit de cette promenade. Je m'avançai vers les grilles de fer, et, passant mon nez à travers les barreaux, je humais les parfums qui s'échappaient de plusieurs touffes de violettes groupées au pied d'un arbre. J'étais donc là fort content de cette bonne rencontre, de cette bonne odeur, de ces belles fleurs, de ce beau soleil, quand, par hasard, je jetai les yeux vers la belle maison à laquelle ce beau jardin appartenait. Alors j'aperçus un beau salon de plain-pied entouré de glaces et de lambris dorés ; la fenêtre était ouverte et le soleil l'emplissait de ses rayons ; mais, il y avait dans ce beau salon quelque chose de plus beau que lui, que la maison, le jardin, les violettes et les arbres tout ensemble : c'était une charmante Anglaise aux blonds cheveux, et aux yeux bleus, qui était assise dans un fauteuil, le visage tourné vers la fenêtre; sur ses genoux elle tenait un jeune enfant, qui semblait à peine avoir vu deux moissons, beau comme un ange du ciel, frais comme une pêche que la main vient de cueillir ; jugez si je regardai une fois que j'eus fait cette découverte. J'oubliai les violettes, et toute mon âme fut à la belle lady; il me semblait voir une de ces héroïnes du pays de Galles qui sont si parfaites dans les romans anglais ; elle en avait toute la mine, elle était justement vêtue d'une robe blanche très simple, rien ne couvrait ses longs cheveux négligemment attachés sur sa tête, son visage brillait d'une ravissante beauté, sur son sein elle pressait son enfant et ses grands yeux ne se détournaient pas d'une vue si chère. Le petit ange s'efforçait d'atteindre son cou de ses jolis bras arrondis; il semblait la regarder avec tendresse, et ses cheveux blonds roulés en boucles et doucement soulevés par le zéphyr voltigeaient sur ses épaules. On eut dit des êtres surnaturels et ce groupe digne de l'Albane eut représenté, d'une manière admirable, l'innocence dans les bras de la beauté.

Je vous jure que je n'ai de ma vie joui d'un plus charmant spectacle, et je crois que je serais devenu amoureux de cette belle inconnue, si, par bonheur, elle ne se fut levée, je ne sais pourquoi, et si elle n'eut passé dans une autre chambre. Vainement avait-elle disparu, je ne bougeais pas et je regardais encore; je n'étais plus à la question, je n'étais plus à moi (il faut si peu de chose pour brouiller les idées d'un pauvre reclus de l'école). Je pensais qu'elle allait revenir, j'attendais ; elle ne revint point, et l'idée que je devais me rendre à heure fixe chez Cousin m'arracha de là. Une fois en marche, je commençai à me retrouver ; une fois retrouvé, je philosophai ; philosophant je calculai, et je calculai quoi? pour combien l'imagination était entrée dans ce moment de fièvre amoureuse. Je mis en ligne de compte d'abord mon âge, mon peu d'habitude de voir des femmes, les romans que j'avais lus, ensuite la distance à laquelle j'avais vu mon Anglaise, les branches d'arbre qui me la cachaient à demi, ses vêtements aussi élégants de forme que de couleur, le soleil qui l'illuminait, etc., toutes choses qui prêtaient singulièrement à l'imagination. J'en conclus, après beaucoup de réflexions, que le réel de tout cela était peut-être fort peu de chose, même pour la beauté physique. Et, quant à la beauté morale, je trouvai que celle de mon Anglaise m'était parfaitement inconnue, et que peut-être cette femme, adorable aux yeux de l'imagination, faisait damner son mari, que peut-être enfin une heure de conversation avec elle suffirait pour me la rendre aussi laide qu'elle m'avait paru belle.

Je me rappelai à ce propos une sorte d'illusion dont j'ai souvent été la dupe, aussi bien que vous peut-être. Ne vous est-il jamais arrivé, soit en voyageant, soit en vous promenant, d'apercevoir de loin, au bout d'un chemin, ou bien au-dessus d'une colline, quelque cotillon ou quelque mouchoir d'une couleur éclatante; là-dessus, de vous imaginer que la personne qui le porte, était quelque beauté élégamment ou richement vêtue; puis de doubler le pas pour la rencontrer plus tôt, puis de voir, à mesure que vous en approchiez, disparaître l'un après l'autre, tous les charmes dont vous l'aviez généreusement douée, puis enfin, de découvrir au moment où vous arriviez à elle, une grosse paysanne joufflue et crasseuse, dans cette personne d'une si grande espérance. Ces surprises me sont arrivées cent fois, surtout dans mon pays, où les filles aiment les jupons rouges et les mouchoirs rouges, ce qui leur donne grande apparence de loin. A vrai dire, notre imagination est une grande menteuse; si nous obtenions seulement le demi-quart des biens qu'elle nous promet, nous serions trop riches. Mais, où a-t-elle pêché toutes ces idées de beauté, de perfection, de bonheur, dont elle nous berce? ce n'est pas l'expérience qui les lui a fournies; car, pour mon compte, je puis bien assurer que je n'ai jamais rien vu de tout ce qu'elle me figure. Notre ami Locke s'est lourdement trompé quand il a prétendu que rien n'était dans l'imagination qui n'eut été préalablement dans les sens : il a beau dire que l'imagination ne fait que combiner les idées sensibles, je n'en crois pas un mot; j'ai dans la tête une figure de femme d'une beauté parfaite, et je suis sûr d'un côté, que je n'ai jamais vu cette figure-là, et de l'autre, que je n'ai pas pris pour la trouver un nez là, un menton ici, une oreille d'une part, une bouche de l'autre, comme fit Praxitèle. Ma figure est bien autrement belle que toutes les figures qu'on pourrait fabriquer de cette façon, et la *Vénus* de Médicis n'est rien auprès d'elle. Il faut, comme dit Platon, que nous ayons vu dans un autre monde ces types éternels du beau, et qu'il nous en soit resté quelque chose de mieux que cette vie qui n'est pas en harmonie avec elles ; ce qui prouverait que nous revivrons dans un monde meilleur... Ah! ma foi, je ne croyais guère, quand j'ai commencé ma lettre, en venir à l'immortalité de l'âme, mais m'y voilà bien réellement. Hâtons-nous d'en sortir ; aussi bien voilà le souper qui sonne : bonsoir, mon ami, si vous teniez ceci ce soir, vous dormiriez bien cette nuit.

Jeudi, 10 avril 1817.

Je ne m'attendais pas à rester si longtemps sans terminer cette lettre, et je vous entends d'ici désavouer le nom de *fidèle* que vous m'avez donné dans votre dernière. Que voulez-vous ? Le diable s'en est mêlé ; les examens sont venus, il a fallu copier les rédactions pour s'y préparer, la semaine sainte est venue, on était à l'église du matin au soir; de plus, j'ai eu coup sur coup trois leçons de Cousin à rédiger ; pendant ce temps-là, *pendebant opera interrupta;* votre lettre commencée restait imparfaite dans un coin de mon pupitre: je la regardais quelquefois d'un œil attendri, et je soupirais après le moment où j'oserais l'achever. J'avais d'abord remis cela après notre examen de philosophie, mais voilà qu'aujourd'hui, il m'a pris un beau courage; j'ai planté là mes rédactions qui m'ennuyent et je vous achève ; néanmoins, je couperai court, avec votre permission, car c'est lundi qu'on nous secoue, et je ne sais rien. Faisons les variétés : une autre fois je ferai mieux, parce que je pourrai davantage.

Variétés. — 1° Je suis extrêmement fâché que votre principal ait reculé ; je ne doute pas qu'il n'ait eu peur de la philosophie d'un élève de l'École : c'est certainement un malheur pour vous, mais on sait au moins votre bonne volonté ; vos lettres à M. Gueneau jointes à tout cela vous aplaniront le chemin à une chaire de philosophie et l'année prochaine, nos lettres seront de philosophe à philosophe, supposé que je le sois moi-même ; mais écrivez à Cousin, il me l'a encore dit l'autre jour : vous n'avez pas besoin de douter : rendez-lui compte de vos travaux ; ne sera-ce pas toujours parler de philosophie ?

2° Je suis rassuré sur le compte de M. Douy, je tremblais pour lui en lisant les cent francs que vous lui donniez par an.

3° Perreau n'est point encore à la question, mais il brûle d'y être, il est extrêmement fâché contre lui-même ; il va prendre bientôt un parti violent, c'est-à-dire qu'un beau matin, il va expédier sa correspondance ; on se plaint de lui de Nancy à Langres et de Falaise aux rives de la Garonne. Sa thèse allait être finie quand j'arrivai à Paris ; elle est encore maintenant sur le point de l'être, il s'y mettra incessamment.

4° L'oubête n° 2 m'a mandé, il y a longtemps, de lui acheter des graines de fleurs ; je lui en ai envoyé pour la somme de cinq francs, il bêche, il jardine à Langres, le voilà fleuriste décidé : faites-lui en vos compliments.

5° Trognon m'a envoyé ses deux thèses manuscrites et le discours académique dont je vous ai parlé ; j'ai lu le tout, il écrit bien, mais uniformément.

6° Vernadé m'a attaqué d'une manière décisive, par une lettre horriblement pleine et serrée qu'il m'a adressée, il y a un mois, je n'ai pas encore répondu ; mais je répondrai, il vit peu philosophiquement et pense moins qu'il ne s'amuse ; des chevaux et des salons et le voilà bien. Il m'écrit qu'Alexandre [1] s'humanise, c'est un des miracles de cette année si féconde en choses extraordinaires. La terre tremble partout, les villages engloutissent, les avalanches font périr une prodigieuse quantité de Suisses ; de vieux châteaux s'écroulent tout à coup sans qu'on sache pourquoi, des volcans se forment et Alexandre s'humanise ! *Eh ! quel temps fut jamais si fertile en miracles ?*

7° Fourteau ne m'a point écrit depuis longtemps. Maréchal médite et combine le dénouement de ses aventures, nous en attendons un grand éclat, puis un mariage et la toile tombera au milieu de nos applaudissements.

8° Albrand a écrit à Guichemerre, de Plymouth ; il l'invite à partir pour Bourbon où la fuite de Lévy laisse une place vide. Guichemerre n'ira pas. Lévy a filé depuis Plymouth tout effrayé de la tempête de la mer, et du vaisseau fragile qui le séparait de la mort ; il est à Londres, d'où il écrit que, si on lui trouve une place à Paris, il pourra bien venir l'occuper : provisoirement il demande de l'argent, et à qui, à Rodrigue, à qui il en avait escamoté avant de partir : homme admirable !

9° Burnouf fait demain son discours d'ouverture au Collège de France. Le voilà lancé ; il ira loin car il est rond comme une boule.

10° Hourdou [2] concourt pour l'éloge de Rollin à l'institut. Cayx [3], ancien élève de l'école, est son rival. Trognon, je pense, va se mettre sur les rangs ; c'est un secret qu'il m'a confié, n'en dites rien.

11° Il pourrait se faire que je demandasse à être placé ces vacances de Pâques ; cela n'est point encore décidé, n'en dites rien encore, car c'est un projet pur et simple.

12° Dumas est parti aujourd'hui pour Francfort avec M. Bettmann, l'un des banquiers qui ont prêté à la

---

[1]. Élève de la promotion de 1814, devenu inspecteur général et membre de l'Institut ; mort en 1870.

[2]. Élève de la promotion de 1811, homme de lettres ; a publié notamment une *Histoire de l'Inquisition d'Espagne* ; mort en 1868.

[3]. Vice-recteur de l'Académie de Paris ; mort en 1858.

France; il va être commis chez cet honnête homme. Hier, il vint me voir, et il me fit des promesses dont je tremble encore, il ne s'agit de rien moins que d'une correspondance *poussée avec vigueur* entre nous deux. Je ne suis pas en peine de lui dans ce marché, mais je suis fort en peine de moi.

Adieu mon ami.
Je vous aime et je vous embrasse,

Th. Jouffroy.

M. Damiron, professeur au collège de Falaise.

Paris, le 26 avril 1817.

Avant de me coucher, car il est neuf heures et demie, il faut que je vous remercie de votre bonne lettre que j'ai reçue à midi. Comme vous m'avez rappelé de doux souvenirs! ces jours de l'année dernière, ces promenades, ces thèses, ces espérances de liberté, ces frayeurs joyeuses de n'avoir pas fini assez tôt les œuvres doctorales, ces loubêtises de tous les numéros et de toutes les qualités, ces craques si doucement coulées, si loubêtement acceptées, si plaisamment trahies par vos rires si mal contenus! Oh! quel monde, mon cher, que le monde de ces idées et de ces circonstances-là! Où sommes-nous à présent? Ne croirait-on et ne vous semble-t-il pas être à deux mille ans de cette époque? Variabilité des choses humaines! Aujourd'hui ici, demain là, gais le matin, désespérés le soir, se couchant sur une idée et se réveillant sur une autre, instables comme ce qui nous environne et nous persuadant à peine que nous sommes identiques à nous-mêmes deux moments de suite; quelle vie que la nôtre, quel chaos, quelle vanité, quelle misère, quelle folie, quelle loubêtise, mais bon! voilà un moi qui me ramène à mon sujet dont j'étais fort loin, et à propos de l'attribut parlons du sujet. — Vous ne croiriez pas, mon fidèle, que ce volage Clameciçois[1], ne m'est pas venu voir depuis un mois tout entier. Oh! encore une fois, instabilité des choses humaines! plaignez-vous de n'avoir pas de lettre, quand je n'ai pas de visites, moi, à vingt-cinq pas de la rue de Sorbonne, moi, pauvre reclus, moi, délaissé, au sein même et à la source de l'ennui, plaignez-vous, je vous le conseille. L'absence, l'éloignement amènent l'oubli, ou du moins amortissent la vivacité des sentiments; mais moi qui suis présent, c'est par trop fort! quelle horrible semonce je vais lui faire, ou plutôt de quels flots de plaisanteries je vais l'inonder; je le coule à fond la première fois que je le vois, je le persécute, je l'accable; il faudra qu'il se mette en colère..... savez-vous où il en est? Il en est pour le moment à faire de l'histoire; il a enfanté le projet de lire tous les historiens à commencer par Hérodote et à finir par M. Tauton Desodoärts, l'illustre narrateur de notre révolution; peut-être êtes-vous en peine de l'accomplissement de la résolution? Tranquillisez-vous, il n'en démordra pas, il y met une ardeur inouïe, il poursuivra avec une constance infatigable, il achèvera, c'est décidé. — Pendant que le numéro un fait de l'histoire, le numéro deux fait des fleurs, et tous deux perdent la mémoire; le rocher de Langres est muet comme l'antre de la Sorbonne; les lettres et les visites sont ajournées..... il en est de même dans l'Agenois, de même à Nancy, de même à Vendôme. En revanche, Strasbourg s'est levé et a pris la parole; c'est un nouveau personnage sur la scène, c'est un débutant; il s'annonce bien, il a de l'esprit, il est la colonne de la philosophie sur les bords du Rhin, et tout nous promet de sa part une correspondance suivie et pleine de beautés métaphysiques; d'autre part, le Germain ostro-visigoth, Dumas, va nous lancer de Francfort des paquets farcis de farces et lourds de plaisanteries; pas la moindre aventure n'adviendra sur le Mein, qu'il ne l'envoye ici honnêtement et largement amplifiée. Ainsi, les uns

---

1. Perreau, originaire de Clamecy.

s'en vont, les autres reviennent; pour nous deux, nous sommes là, immuables et fidèles, dualité indécomposable, système binaire, unité concrète, collection simple, etc. Je vais dormir, bonsoir.

Le 27, 9 h. 1/2 du soir.

Il faut encore vous donner un petit bonsoir. Je ne vous écris pas le jour, parce que nous nous trouvons maintenant accablés d'ouvrage. — Je vais vous conter comme. — Vous saurez que, lundi dernier, nous avons soutenu un premier examen de philosophie, mais comme tout se perfectionne, nous n'en sommes plus à nous contenter d'un seul examen, et nous en aurons deux. Le second est pour lundi prochain; vous allez vous récrier et me demander où nous pêchons la matière de deux examens. Le voici. Lundi passé a été consacré aux préliminaires et ces préliminaires consistaient seulement en un petit système métaphysique complet; or, nous nous sommes spécialement occupés de morale; il fallait donc un second examen, aussi l'aurons-nous. — J'aurai une foule de détails à vous donner sur mes progrès philosophiques, sur le bruit que nous faisons par le monde, sur beaucoup de choses. — Je vais tâcher de vous mettre un peu au courant; Cousin, qui a reçu votre lettre et qui y répondra, vous parlera du reste. — Admettez d'abord que le cours de cette année est infiniment plus fort que celui de l'année dernière; supposez un vaste plan qui enferme dans son sein toutes les questions philosophiques; puis un premier programme qui donne à chacune de ces questions une solution plus ou moins bonne, mais une solution enfin; puis un second programme où les classifications des divisions et des solutions posées en général dans le premier sont appliquées aux connaissances morales. — Vous devez sentir combien ces deux pièces sont propres à nous faire honneur. — Or, nous allons les faire imprimer; puis, nous en enverrons à M. Schelling, en Allemagne; à M. Stewart, en Ecosse; nous en répandrons en France, nous en pousserons des exemplaires dans toutes les villes philosophiques de l'Europe, à Berlin, à Gœttingue, etc. Bautain sera notre entremetteur à Strasbourg et notre point de passage de France en Allemagne. On saura enfin que la France renaît à la haute philosophie, et que c'est dans l'École qu'elle renaît. — Ne croyez pas que ce soit un projet en l'air. — Cousin est encouragé par de hauts personnages. M. de Serre, président de la Chambre, qui connaît bien la philosophie de Kant, est venu à notre premier examen; il viendra au second, et peut-être aurons-nous l'honneur d'y voir le ministre de l'Intérieur. — La dernière fois, nous avions M. Maine de Biran, M. Guizot, M. Cuvier, M. Ampère, M. Royer, et, comme je vous l'ai dit, M. de Serre et beaucoup d'autres ; la prochaine fois l'Assemblée sera plus nombreuse et plus brillante encore, on y verra des Anglais et des Allemands; nous comptons sur M. Schlegel et autres. Voyez donc comme nous prospérons. Aussi nos programmes sont superbes et gros surtout; le premier avait douze pages in-8°; le second en aura davantage. Vous recevrez un exemplaire quand le tout sera imprimé. A demain le reste, voilà l'heure. Bonsoir.

Lundi, 5 mai 1817.

A demain le reste, disais-je ; j'avais compté tout seul et vous voyez que le lendemain a été furieusement ajourné; ne vous en prenez qu'à ces maudits examens qui menacent sans cesse sans frapper jamais. Mon amitié est innocente de ce retard, elle se jette à vos genoux et vous demande pardon. Enfin nos examens sont achevés, nous avons eu un passable succès : voici tout ce que je peux vous en dire. Vous aurez nos programmes et il faut l'espérer une lettre de Cousin, mais ne comptez pas trop sur la lettre, car, semblable à Perreau, il néglige prodigieusement ses correspondants, et Strasbourg s'en plaint beaucoup ; du reste, il a été fort content de votre lettre et j'espère qu'à la fin de l'année vous obtiendrez ce que vous désirez et ce que vous méritez si bien.

Le Perreau m'est venu voir enfin ; je l'ai poussé et aiguillonné, il était plein de remords et disposé à s'amender, il craignait surtout d'avoir perdu votre amitié ; mêlant alors la douceur à la sévérité j'ai rassuré sa craintive tendresse, je l'ai encouragé à rentrer en grâce, il m'a promis, et pour l'empêcher de sortir sans avoir rien fait de sa bonne résolution, je lui ai dit que tel jour, à telle heure, j'irais chez lui, que je prendrais la lettre qu'il aurait écrite et que je la mettrais à la poste de ma propre main. Je suis allé samedi, 3 mai, jour de sortie générale ; j'ai trouvé la lettre faite et je l'ai mise à la poste, nous avons couru les rues ensemble toute la journée, en nous rappelant nos anciennes aventures et nos anciens amis ; nous avons eu de doux moments de souvenir, puis nous avons dîné ensemble et bu à votre santé, mais c'était une maigre santé, car c'était un maigre dîner ; nous sommes pauvres, et nous ménageons. Nous ménageons, dis-je, pour l'avenir ; nous avons soutenu assez gaillardement ce triste repas dans l'espérance de nous venger noblement au mois d'août quand nous aurons la douce joie de vous voir et de boire concomitamment avec vous ; car boire ainsi de loin à la santé d'un ami absent ne porte pas à la gaîté ; tout va mieux quand il est là, aussi tout ira à merveille quand vous y serez et nous ne passons pas devant chez Edon sans soupirer après ces beaux jours. Les déjeuners seront abondants et le vin coulera d'une honnête manière ; réjouissez-vous donc, cher ami, comme nous nous réjouissons, et travaillez à bien passer le temps jusque-là. — Non, je ne me ferai pas placer avant le mois d'août ; il ne sera pas dit dans le monde vivant et posant que j'aurai perdu, à propos *de bottes*, la plus belle occasion possible de poser et de vivre ; je reste, sauf à m'ennuyer : avantage qui ne m'échappe pas je vous assure, je reste, travaillant comme un démon et de façon à être accablé de mon travail. Et ne croyez pas que je vous donne l'hyperbole, non mon cher, je travaille horriblement, trop pour un *poseur*, et voici comment. Ces messieurs font leurs thèses et n'ont point le temps de rédiger à leur tour ; je me trouve donc chargé à moi seul de toutes les rédactions du jeudi, ce qui me donne à peu près douze pages in-folio de ma petite écriture, à composer chaque semaine, et par composer j'entends déchiffrer et copier les notes, les travailler, c'est-à-dire ajouter, effacer, recoudre, etc... puis enfin copier la rédaction pour Cousin et pour moi. Voilà une partie de ma tâche de chaque semaine; ce n'est pas tout, on s'est avisé de me nommer répétiteur du cours de philosophie de M. Thurot, ce qui me donne le plaisir d'assister aux leçons assommantes de cet honnête professeur, et de les redire deux fois par semaine aux élèves de seconde année, sans croire souvent un seul mot de ce que j'enseigne ; l'agréable métier que je fais là! Je vous avoue que je ne connais rien de si ennuyeux et de si triste, que de venir répéter une doctrine à laquelle on n'a pas foi, qu'on ne comprend qu'à demi tant elle est vague et indécise, et qu'on ne peut exposer sans mettre dans l'exposition un peu de l'indifférence et de la froideur avec laquelle on l'envisage soi-même. Oh! quelle autre chose que d'exposer une doctrine à soi; comme alors on doit s'exprimer facilement, avec clarté, précision et force; on ne peut même, il me semble, s'empêcher de mettre un peu de chaleur à faire ce métier. Peut-on proclamer une vérité importante avec indifférence, une observation ingénieuse avec lourdeur, les travaux des grands génies philosophiques avec sang-froid? on doit nécessairement s'animer plus ou moins selon sa nature, et dès lors intéresser ses élèves; mais quand on les fait bâiller, il faut poser le bonnet et s'aller coucher.

Je viens d'être interrompu dans cet endroit par Cousin, avec qui j'ai causé une heure et demie dans la cour. Il m'a beaucoup parlé de vous, et moi je ne suis pas demeuré en reste; il commence à compter sur vous; vous êtes un des quatre élus qu'il regarde comme ses premiers élèves et comme les premières colonnes du Temple futur de la philosophie. Ne lui dites pas que je vous l'ai dit, il hésite encore à vous faire placer en philosophie l'année prochaine; il voudrait vous laisser travailler encore une année : en un mot, voici sa pensée sur vous : Damiron est un des hommes qu'il nous faut; il est prudent et ferme, il saura ne pas choquer étourdiment les opinions établies; il a le caractère noble et élevé, il saura justifier sa doctrine par sa vie et ses mœurs; il a l'esprit philosophique, il est capable de comprendre et d'avancer, mais ce qui lui manque, c'est un peu de science, et c'est ce qui me fait hésiter à lui faire donner une place l'année prochaine; néanmoins, nous verrons et, en tous cas, il sera tôt ou tard des nôtres. — Voilà ni plus ni moins, mon cher, l'opinion de Cousin sur vous. Ne dites rien de cette confidence à qui que ce soit, parce que vous sentez que Cousin ne m'a point dit cela pour que je vous l'écrive. — Courage, mon bon ami, courage, je ne doute pas que bientôt Cousin ne cesse d'hésiter; ses projets sur vous se sont déjà singulièrement améliorés depuis votre lettre et quelques conversations que j'ai eues avec lui et j'espère que vous continuerez de profiter dans son esprit. Son projet était, comme je vous l'ai dit, de faire imprimer ses programmes; mais vous savez combien il est changeant; le voilà maintenant qui ne veut plus, peut-être a-t-il raison; moi je l'approuve. Il y a bien des choses dans ce programme qui pourraient choquer trop fortement certaines opinions. On y montre trop clairement une vérité qui n'est point encore parfaitement bonne à dire, savoir que la morale est indépendante de la religion, tandis que la religion repose sur la morale, etc. Du reste, vous n'en aurez pas moins le programme; il va le faire copier pour vous, et il vous l'enverra avec une lettre, il faudra lui répondre.

J'ai donné à votre frère la suite des rédactions; sitôt qu'il me les aura rapportées, je lui en donnerai encore et je l'engagerai même à aller vite, afin que vous puissiez vous mettre au courant; à l'aide des rédactions et du programme vous en saurez bientôt autant que nous. Aux vacances, j'achèverai votre éducation, et dans deux ou trois bonnes promenades, je tacherai de vous expliquer tout ce qui aura pu vous arrêter. Faites de la philosophie, mon cher, pendant ces trois mois, et faites-en sur notre programme : voilà mon avis.

Voilà, j'espère, assez longtemps que je vous parle de vos affaires et des miennes ; ma lettre est *toute d'affaires*, si je puis parler ainsi ; telle est l'influence de notre position, nous commençons à prendre du souci ; il nous faut des places, il nous faut un état ; nous voilà hommes, donc ambitieux, donc calculateurs, donc froids. La correspondance en vaut pis et j'en suis fâché. Comme tout allait mieux, ces vacances ! j'étais chez moi, j'étais bien et je ne pensais pas à l'avenir ; ma libre imagination s'abandonnait sans contrainte, et je sentais mon âme s'épancher sur le papier, naturellement et sans effort ; maintenant, je suis glacé, et par la philosophie et par la pensée de mon avancement matériel. Adieu les beaux rêves et les douces illusions ; je les regrette, je les rappelle, mais ils sont sourds à ma voix et continuent de s'envoler : ces tristes lieux les effrayent ; ils redoutent jusqu'à l'apparence de l'esclavage et abandonnent une maison dont la porte s'ouvre pour laisser entrer, mais reste fermée à ceux qui veulent sortir. — Reviendront-ils une fois que je serai redevenu libre, une fois que mon sort sera fixé ? Je ne puis perdre cette espérance, sans laquelle je serais trop à plaindre.

Il me passait ces jours derniers un plaisant projet par la tête : je pensais à mon aventure des Champs-Elysées, et à deux ou trois amours semblables, aussi vifs et aussi courts que j'ai déjà ressentis dans ma vie. Je me disais : mon cher moi, tu m'as l'air avec toute ta froideur apparente, de t'embraser bien facilement, on dirait des étoupes auxquelles une étincelle mourante suffit pour s'enflammer ; ô mon moi, que deviendras-tu, une fois que les circonstances de la vie t'auront poussé sur la mer du monde ? voleras-tu ainsi dans les bras de la première sirène dont tu entendras la voix ? seras-tu faible et lâche à ce point ? ah ! si tu ne t'assures contre ces tentations, à quels périls je te vois d'avance exposé ; solitaire, jusqu'ici, tu n'as fréquenté que les beautés imaginaires, tu as pu les adorer impunément, tu as pu jouir sans danger de tous leurs charmes. Leurs chaînes sont légères : on les prend quand on veut, on les quitte quand on veut, on ne forme point avec elles de liens indissolubles ; enfants du caprice, le jour qui les a vues naître les voit mourir, et la passion qu'elles inspirent est aussi passagère qu'elles ; mais, ô mon moi, il n'en est point ainsi des beautés que le monde t'offrira ; tu ne pourras à ton gré te soumettre et te soustraire à leur empire. Le joug que l'une d'elles t'aura d'abord imposé, rendu bientôt inaliénable par les lois sociales et religieuses, aura beau te fatiguer, tu ne le quitteras de ta vie, tu y mourras attaché. Le plaisir aura formé ces nœuds, le dégoût ne pourra les dissoudre, car si les engagements que l'on prend avec les beautés terrestres sont éternels, l'amour qui les fit prendre ne l'est pas. Les charmants fantômes que l'imagination te présente aujourd'hui ne trompent point ta passion, tout idéals qu'ils sont, leur beauté est réelle ; mais souvent et trop souvent la beauté des objets réels est imaginaire et quand une fois le lien est formé, l'objet reste et la beauté s'évanouit ; l'objet reste pour éterniser le lien, la beauté s'évanouit pour achever l'amour et commencer le désespoir. Que si donc, que si donc, ô mon moi, ta facile faiblesse cède à la première séduction, et s'abandonne sans examen au premier attrait qui la flattera, si ta raison vaincue perdant tout à coup son empire te laisse à l'aveugle gouvernement des passions, à quels hasards ton bonheur est exposé ! à quel indigne objet la fortune peut te livrer ! dans quels liens malheureux elle peut t'engager pour la vie ! frémis, ah ! frémis du péril où te met ta faiblesse, et puisque tu ne saurais te promettre de choisir avec discernement, dépouille-toi de ce pouvoir dangereux et confie à d'autres le soin de te donner une épouse. — Ainsi parlais-je à mon moi, vous trouverez peut-être l'allocution un peu longue, mais vous savez qu'on ne s'ennuie pas de causer avec soi-même ; mon moi se trouva fort raisonnable, et après avoir bien pesé ses propres raisons, il résolut d'y céder ; il prit donc la belle résolution de vivre avec les beautés imaginaires le plus longtemps possible, puis quand elles ne pourraient plus lui suffire, et qu'il sentirait qu'une beauté réelle lui serait devenue nécessaire, d'écrire à ses parents ou à quelque sage personne de vouloir bien lui chercher son fait et de le lui envoyer par le retour du courrier, avec promesse de l'épouser aussitôt arrivé. Ne trouvez-vous pas, mon cher, le projet admirable? c'est une opinion, un système à exposer et à discuter dans notre grande théorie du mariage; il est beaucoup plus sage qu'il ne semble l'être d'abord, et, tout bien considéré, je suis convaincu que c'est là le parti qui offre le plus de chances de réussite; choisir soi-même me semble le plus fou et le plus absurde de tous, je ne connais pas d'animal plus sot, plus bête, plus aveugle, plus sourd, plus idiot qu'un amant; en sorte que, dans le moment où il faudrait être plus capable de bien voir, on se trouve précisément dans un état d'incapacité absolue. Pesez mes raisons, mon cher, et vous trouverez que mon opinion, si elle n'est pas d'une justesse évidente, est au moins *très considérable*. Au reste, pour vous engager à la trouver raisonnable, je vous dirai que je l'ai exposée samedi à Loubête n° 1 et qu'après quelque résistance, il l'a cependant à peu près admise; vous n'ignorez pas cependant que c'est un rude discuteur que ce numéro-là.

A propos de mariage je discute quelquefois sur ce sujet avec Varney qui est vraiment un homme universel pour la discussion : littérature, philosophie, religion, politique, morale, tout est de son ressort; il n'a pas d'opinion, mais il en sait et il en cause ; il est ultra libéral, et ce que vous ne soupçonneriez pas, Roussel, le lourd et rouillé Roussel, l'est encore plus que lui; et le tout parce qu'ils ont été séminaristes et séminaristes dévots ; on passe naturellement d'un extrême à un autre. Je vous dirai donc que nous disputons nous deux, Varney et moi sur le mariage; et c'est plaisir de nous entendre; que n'êtes vous là pour rire et mettre votre mot? L'autre soir nous traitâmes de la polygamie; je contai à Varney que j'étais grand partisan de ce système, car il faut bien se mettre d'un parti quand on veut disputer; j'appuyai mon opinion de bonnes raisons tirées de l'état naturel et de l'exemple des premiers peuples; comme mon homme se pique d'indépendance dans les opinions, et qu'il ne craint rien tant que de passer pour un scrupuleux, je l'amenai assez vite à convenir qu'il vaudrait beaucoup mieux qu'on prît des femmes à volonté que d'en prendre une seule; mais il tenait encore à ce que la polygamie fût *successive* et non *simultanée* (mots techniques) c'est-à-dire à ce que l'on prît une femme seulement à la fois, puis après celle-là, quand on en serait las, une autre, etc... et non pas plusieurs en même temps; moi, comme de raison, je défendais la dernière opinion. Quand je vis qu'il s'obstinait et qu'il ne cédait point à l'exemple d'Abraham, de Jacob, etc., je me pris à dire: mais pourquoi aller chercher des exemples si loin pour prouver combien le bonheur individuel et la population gagneraient à l'établissement d'un pareil système? Voyez la Suisse; quels sont je vous prie les cantons les plus heureux et les plus peuplés? justement les cantons protestants, et pourquoi? c'est que la polygamie simultanée y est en honneur... A ces mots prononcés avec beaucoup de chaleur et de vérité, mon homme me regarde avec de grands yeux, en cherchant à démêler sur mon visage si ce que j'avançais était bien vrai; puis prenant la parole: Comment, s'écrie-t-il, la polygamie simultanée est en vigueur en Suisse?... Oui, lui dis-je, dans les cantons protestants; comment cela vous étonne; est-ce que vous ignoriez ce fait, par hasard? — De mes jours, je n'en ai entendu parler. — Oh! c'est singulier! lisez, mon ami, lisez tous les voyages en Suisse, vous verrez que pas un n'oublie d'en faire mention. Tout le monde a remarqué que les cantons protestants sont plus peuplés d'un tiers que les cantons catholiques, et cela à cause de la polygamie simultanée, et alors je lui parlai d'un dénombrement fait en 1789 (année que je pris au hasard) duquel il résultait que le petit canton de Glaris dont le sol est hérissé de rochers, était plus peuplé que le grand canton de Lucerne, etc.,

Je finis par laisser mon homme convaincu qu'en Suisse, on a autant de femmes qu'on peut en nourrir. Jamais je n'aurais pu achever ma craque si vous eussiez été là, vous êtes le plus incontenable rieur que je connaisse. — Je me hâte de faire quelques variétés et je vous laisse.

Variétés. — 1° Je n'ai rien reçu de Langres il y a un siècle ; j'ai l'œuvre académique de Trognon et ses deux thèses ; je ne sais trop qu'en faire. 2° Nancy et Agen ne disent rien ; Maréchal a parlé : il va se marier bientôt. Pouillet va suppléer M. Gay-Lussac à la Faculté, pour l'optique, cette année. Loyson[1] est revenu de son pays : il est toujours malade et n'a pas repris sa conférence. 3° J'ignore absolument la véritable raison qui a empêché Perreau d'être placé ; je ne pense pas que cela tienne à la *prise* qu'on lui fit l'année dernière ; Cousin prétend que c'est parce qu'il voulait rester à Paris comme agrégé, ce qu'il n'a point obtenu, et ce qui l'a empêché de demander une autre place. Perreau soutient que ce ne sont pas là ses intentions ; je ne sais qu'en dire. 4° J'espère dans un mois obtenir pour prix de ma répétition une gratification de 3 ou 400 francs, plus ou moins. On me propose de rester encore à l'Ecole avec ce titre et un modique traitement l'année prochaine, en me faisant espérer mieux ensuite ; je ne sais à quoi je me déciderai ; je suis bien las d'être ici : nous en causerons. *Sileas.* 5° On se propose de faire passer une bonne loi sur l'Université à la prochaine session, on espère que la Chambre sera plus ministérielle encore que la précédente ; nous avons au Conseil d'Etat plusieurs défenseurs de plus : M. Guizot, M. de Biran, etc. M. de Serre est aussi des nôtres, ainsi que les ministres de l'Intérieur, de la Justice, de la Police qui sont tous amis de M. Royer.

Adieu, je vous aime et vous embrasse de tout mon cœur ; cet article n'est pas *des variétés,* vous le savez.

Th. Jouffroy.

---

1. Elève de la promotion de 1811 ; docteur ès-lettres, répétiteur à l'Ecole Normale, mort en 1820.

Vous ne traiterez pas j'espère cette lettre-ci *d'irato*; remarquez que je pourrais à bon droit traiter les vôtres de la même manière, je mets plus de choses dans deux pages que vous dans quatre, attendu que j'écris fin et serré et vous gros et dans des lignes à longues distances, mais je me console sur le nombre des pages et je ne compte pas avec vous.

M. Damiron, professeur au collège de Falaise

Paris, 25 mai 1817.

Ah! mon *fidèle*, à quelles rudes épreuves ma *fidélité* se trouve maintenant exposée! il faut que vous soyez *vous* pour que j'ose entreprendre un paquet, chargé d'ouvrage comme je le suis, deux conférences par semaine et une rédaction de Cousin! encore une fois, comment achèverai-je ce paquet? que j'aurais beau jeu pour invoquer l'amitié en périodes à quatre membres, pour l'appeler à mon secours et la supplier de soutenir mon courage et de sauver ma fidélité des tentations; mais j'aime mieux lui obéir tout de suite en m'adressant à mon ami, que de perdre mon temps à la prier: vaut mieux prier moins et accomplir les commandements, comme disent les femmes des montagnes du Jura.

D'abord, je vous déclare que je ne vous parlerai pas du plaisir que votre lettre m'a fait; vous analysez trop bien le vôtre, pour ne pas deviner le mien; j'écarte la question; je vous déclare en second lieu que je ne vous parlerai nullement d'affaires aujourd'hui parce que j'irai voir Cousin avant de finir ma lettre et je le ferai causer pour savoir que vous dire; — j'écarte encore cette question; — maintenant que je vous ai dit ce dont je ne vous entretiendrai pas, je vais voir ce dont je vous entretiendrai. Je pose la plume et je prends une prise: toussez, crachez, mouchez, l'exorde est fini, nous en sommes à l'*Ave Maria* si célèbre sous Morizot (association d'idées).

J'ai mouché, j'ai pris ma tabatière et tout en la

roulant entre mes doigts j'ai tourné les yeux du côté de ma fenêtre, j'ai vu les arbres de notre cour, battus par le vent de l'ouest, courber leurs rameaux fragiles. Des nuages noirs traversaient rapidement le ciel de l'occident à l'orient, et laissaient échapper en passant de larges gouttes de pluie qui venaient s'aplatir sur mes vitres; ce triste aspect de la nature m'a rappelé les tempêtes de mon pays, quand les hauts sapins s'entrechoquent de leurs cimes et que le vent du nord emporte au loin leurs fortes branches, comme l'herbe des montagnes ou la mousse des rochers; j'ai vu des orages sublimes dans mon enfance, et je me rappelle encore avec quel délicieux frémissement je les contemplais du seuil de la porte; mais alors les orages venaient dans la saison des orages, les printemps étaient purs, les étés féconds et les automnes riches en moissons; aujourd'hui tout est changé et depuis six ans, le laboureur perd sa peine et ne recueille plus. Ah! si les temps passés revenaient, si les saisons mieux réglées ramenaient l'abondance au sein de nos montagnes, c'est là que j'aimerais à aller retrouver des illusions, c'est là que je voudrais aller faire des rêves de bonheur dignes des vôtres; comme vous, je les ferais à l'ombre des sapins étendu sur l'herbe fraîche; mais ici, mon cher, comment voulez-vous que je trouve des chimères aussi belles que les vôtres? ces murs, ces toits, ces cheminées ne disent rien à l'imagination; l'idéal du beau sommeille en moi, car nulle beauté terrestre n'y ramène mon esprit; loin de pouvoir pousser jusqu'au baptême le rêve du bonheur, je ne puis en trouver le commencement; rêvez donc tout seul, rêvez, mon ami, mais écrivez-moi vos rêves; c'est une consolation à qui n'en peut faire de lire les vôtres.

Proposer des expériences sur la réalité à un homme qui ne peut même expérimenter l'idéal, c'est aussi pousser trop loin la plaisanterie; assurément j'ai à cœur le perfectionnement de la *théorie*; assurément ce perfectionnement exige des expériences; assurément le mois de mai est un temps tout propre à les faire; et vous êtes de bon sens quand vous décidez que le moment d'expérimenter est arrivé; mais je veux mourir si c'est moi qui expérimente; à vous la tâche, mon cher; vous êtes à point pour l'entreprendre, vous avez des faits, j'en ai peu; vous avez des hypothèses et des probabilités sur les expériences qui vous restent à faire; je n'ai aucune donnée sur le futur car je n'ai point encore constaté le présent; vous êtes libre, je ne le suis pas; vous êtes dans un pays tel et vous êtes tel dans ce pays que vous pouvez entrer partout; moi je n'ai aucun titre pour entrer dans un pays où l'on n'entre pas; vous avez un objet d'expérience tout trouvé; on me donnerait un an pour en trouver un que je n'en viendrais pas à bout; vous avez déjà combiné deux visites; je n'ai aucune idée sur aucune visite d'aucune espèce; vous êtes gras et de bonne mine, je suis maigre, pâle et d'une tournure de collège; vous avez l'instinct observateur; j'ai le talent de ne rien voir et de me laisser attraper; vous n'avez pas peur de votre cœur; j'ai moins de confiance en ma *superbe raison*; dans votre doctrine on choisit soi-même sa mie; dans mon système on la tire à la loterie, ou plutôt on laisse à d'autres le soin de la choisir; allez donc, partez, entrez, voyez, expérimentez, dépêchez-vous, n'hésitez plus, faites votre barbe, retroussez vos cheveux, mettez votre culotte vert tendre et votre plus bel habit; conquérez, devenez fou en conservant votre raison, observez sans vous laisser prendre, et que cette théorie qui semble n'avoir plus besoin que de cette observation, s'achève enfin, si toutefois la réalité ne vous fait pas oublier les théories, ou ne vous en dégoûte pas. Mais vous n'en ferez pas tant que vous n'avez l'air d'en promettre; je tiens pour sûr que vous rêverez encore quelques années avant d'opérer, et que votre défi n'est qu'une fanfaronnade ou une craque que vous voudriez me faire avaler de bonne foi; heureusement nous sommes sur nos gardes et nous vous connaissons assez pour ne pas vous croire. Si, d'une part, vous n'êtes pas coutumier en fait de craques, ce qui pourrait nous engager à tout recevoir de vous sans défiance, de l'autre vous n'êtes

pas encore assez fort d'audace, et assez vide de prudence
pour que nous croyions que votre timidité et votre
sagesse osassent se hasarder dans une si périlleuse
entreprise; nous concluons donc avec quelque raison
que vous rêverez encore, mais que vous n'agirez pas de
sitôt; en quoi, loin de vous blâmer, nous vous approu-
vons fort, et dans votre intérêt et dans le nôtre : dans le
vôtre, parce que nous pensons qu'on recule beaucoup en
bonheur quand on passe des rêves aux réalités; dans le
nôtre, attendu que jamais vos réalités ne vous inspire-
raient d'aussi charmantes pages que vos rêves. Bonsoir,
je vais souper.

Mercredi, 11 juin 1817.

Ma première date attestera les efforts de ma fidélité;
ma seconde prouvera combien sont puissants les obstacles
qui l'arrêtent. Dieu vous préserve d'un état comme le
mien, où l'on ne peut écrire à ses amis. — Je serai
bientôt un petit Perreau à leurs yeux pour peu que cela
continue. Parlons de vos affaires.

Cousin vous a écrit : vous avez répondu à Cousin, et
Cousin est très content de votre réponse, voilà qui est
pour le mieux. Cousin ne vous répondra pas, car il est
très occupé, je vous dirai tout à l'heure pourquoi; il m'a
chargé de vous dire dans cette lettre qu'il était très
satisfait et de vos intentions, et de l'esprit, et du ton de
votre épître; il y a traité conclu entre vous et lui; vous
êtes des nôtres ou vous en serez; mais quand en serez-
vous? voilà la question : sera-ce à la fin de l'année?
sera-ce l'année suivante? sur ce point, à mon grand
déplaisir, Cousin ne paraît pas encore décidé, il m'a dit
cependant de vous dire qu'il ferait son possible pour
vous obtenir une philosophie cette année même, mais il
m'a dit en même temps de vous avertir qu'il ne répondait
pas du succès. — Voici comment le succès n'est pas
sûr : le cours de cette année a beaucoup ajouté au cours
de l'année dernière, ou plutôt il a embrassé tout l'ensemble de la philosophie et créé un vaste cadre dans

lequel la question du moi n'est qu'un point; or, vous pensez bien que ceux qui ont suivi le cours de cette année, et qui l'ont suivi avec succès, sont, par la force de ce cours, plus forts que ceux qui ont suivi celui de l'année dernière. Il est un élève qui a beaucoup travaillé en philosophie cette année, et qui est doué d'un assez bon esprit, cet élève est Fribault. Cousin le suppose donc plus capable de professer, dès à présent que vous : si donc il n'y avait qu'une chaire de philosophie à donner, il serait placé et vous ne le seriez pas. Voilà comment il est possible, selon Cousin, que vous ne soyez pas, dès cette année, professeur de philosophie.

Maintenant voici ce que je pense de ce raisonnement. Je pense que ce ne seront point les places qui manqueront, et qu'il y en aura bien assez pour vous et Fribault; ce n'est donc point là ce qui arrête réellement Cousin. Ne serait-ce point plutôt qu'il n'oserait faire placer, à la fois et tout d'un coup, deux de ses élèves ? ne serait-ce point qu'il craindrait que cet empressement et cette hâte ne nuisît à ses desseins mêmes? première raison que je soupçonne. En voici une autre : il ne voudrait envoyer professer que des gens bien ferrés sur sa doctrine : car il est hors de doute qu'elle trouvera, à se propager, de grandes difficultés, qu'elle verra beaucoup de monde s'élever contre elle; si donc on la défendait mal, faute de la connaître assez, ne serait-ce pas le plus sûr moyen de l'étouffer à son berceau, aussi me répétait-il sans cesse: je voudrais qu'il travaillât encore une année, etc., aussi m'a-t-il dit encore la dernière fois : écrivez à Damiron qu'il fasse sur la métaphysique le travail qu'il a fait sur la morale, et quand je lui dis que vous l'aviez fait : Eh ! bien, dit-il, je voudrais qu'il eût notre programme, et qu'il tâchât de le comprendre ; aussitôt que Bautain me l'aura renvoyé je le lui enverrai, (je reviendrai sur cet objet tout à l'heure). Je pense donc, mon bon ami, que c'est là la seconde raison de Cousin. Et c'est aussi la plus forte ; je vois qu'il passerait encore sur la première, mais il tient à la seconde.

Pour moi, bien que je ne désapprouve pas entièrement

sa manière de voir, je pense que vous en saurez beaucoup plus cette année après avoir étudié nos rédactions et notre programme que Bautain n'en savait l'année dernière ; je pense, en second lieu, que vous refuser une place cette année ce serait un vrai moyen de vous jeter dans le découragement. Enfin, en considérant les changements que la prochaine session pourra apporter, non seulement dans le plan des études publiques, mais encore dans les personnes qui sont à la tête de l'instruction, je pense qu'il n'y a pas de temps à perdre pour placer des philosophes si on veut répandre la philosophie ; ainsi au lieu de craindre de placer deux élèves, j'en placerais quatre s'il était possible.

Voilà trois bonnes raisons que je n'ai pas encore présentées à Cousin parce que je n'aime pas le contrarier quand il m'expose les siennes, ce serait un mauvais moyen de réussir. Je voudrais que pour m'appuyer vous m'écrivissiez une lettre comme en réponse à celle-ci, où en supposant que je vous ai dit de la part de Cousin qu'il n'était pas sûr que vous fussiez placé cette année, vous m'exposassiez : 1° Combien vous seriez découragé de travailler à la philosophie, si vous n'étiez pas placé ; 2° que ce découragement aurait un fondement, car quel espoir pourriez-vous conserver, au moment où il est possible que l'instruction publique change de face, etc. ; 3° qu'à la vérité vous vous sentez un peu faible, mais qu'avec nos rédactions, le programme, et ce que vous pourriez recueillir d'instruction ces vacances en causant avec Cousin, vous en sauriez peut-être assez, peut-être autant que Bautain l'année dernière, etc. ; 4° puis votre amour pour cette partie, vos bonnes intentions, etc., l'ennui de faire une classe de latin, etc., etc., seulement une petite place, si petite qu'elle fût vous rendrait heureux, etc. — voilà une matière que vous auriez aussi bien trouvée que moi ; changez ce que vous jugerez à propos.

— Ecrivez cela noblement et surtout naturellement et négligemment afin que cela paraisse bien une confidence d'amitié, de vous à moi et sans intention ; que votre découragement ne ressemble pas à de la faiblesse ;

qu'une volonté forte de persévérance paraisse par dessous. — Enfin faites-moi cela avec tout votre tact et votre habileté ; — même si vous pouviez glisser là-dessous un mot pour rappeler à Cousin que c'est lui qui vous a engagé à faire de la philosophie, mais à peine et dans une phrase incidente ; si vous saviez aussi quelque chose des intentions de M. Gueneau à votre égard, si ces intentions étaient bonnes, c'est-à-dire si vous pensiez qu'il ne lui répugnerait pas de vous voir professeur de philosophie, marquez-le moi légèrement dans cette même lettre. — Faites des *ratures* dans cette lettre, ajoutez-y des choses qui ne regardent pas l'objet principal, des affaires d'ami, mais qui tiennent toujours à la philosophie afin de montrer que nous sommes tous deux fortement occupés de cela, etc. etc., voilà une *astuce* à la Mareschal et je suis tout étonné de vous faire si bien votre leçon : en vérité, voilà une grande combinaison dont je ne me serais pas cru capable. — La lettre venue, quelque huit jours après, j'irai chez Cousin, et à propos de bottes, je la lui montrerai en la commentant de mon mieux ; cela pourra faire quelque effet. — Ne supposez pas que je vous aie dit nettement qu'il serait très possible que vous ne fussiez pas placé, mais supposez qu'il y a un simple doute, que cela pourrait arriver s'il n'y avait pas de place, et partez de là pour m'exposer tout votre désappointement : si cela était, etc., faites une simple lettre d'une feuille, afin qu'il ne se rebute pas en la voyant et qu'il ose la lire. — Ouf ! me voilà hors des préceptes et bien s'en prend et pour vous et pour moi ; — n'allez pas croire que toutes ces instructions sont d'un mauvais présage, et que vos affaires sont bas, point du tout, elles sont bien et mieux qu'elles n'aient été, il n'y a réellement qu'une hésitation chez Cousin ; c'est un homme qui n'est pas entièrement décidé mais qui va se décider ; nous ferons le diable à quatre auprès de lui ces vacances et votre présence sera d'une autre efficacité que tout le reste. M. Gueneau pourra faire beaucoup aussi. Cousin vous aime et vous estime sincèrement ; vous pouvez être sûr de ce po... ; je ne doute pas que vous ne lui soyez attaché : pour moi, je l'aime vivement encore plus par estime et par amitié que par reconnaissance.

Quant à la confiance qu'on peut prendre en lui, relativement au projet philosophique, je ne suis pas plus savant que vous et je ne sais que vous en dire, sa sincérité actuelle est hors de doute; on ne pourrait la soupçonner sans injustice ; quant à la persévérance qu'il mettra à suivre son plan, il serait imprudent d'en décider : seulement, je puis vous certifier que, depuis deux ans, cette grande idée est restée invariable dans sa tête, au milieu de la variation de tous ses autres projets; j'ajouterai une chose, c'est que si ses projets secondaires ont souvent changé, ce n'a guère été que dans l'intérêt de son grand et premier projet. La conviction qu'on a d'une chose peut n'avoir pas des motifs suffisants pour convaincre d'autres personnes; ainsi, pour mon compte, je suis à peu près persuadé que Cousin tiendra à son projet; mais, vous dire pourquoi j'en suis persuadé, vous communiquer ma persuasion, m'embarrasserait fort; mille petites circonstances, mille petits traits font prendre confiance en un homme. Les motifs s'oublient, la confiance reste ; on se trouve convaincu sans savoir pourquoi, et l'on ne peut convaincre les autres ; voilà l'état où je me trouve, aussi bien ne puis-je rien dire de bien précis au sujet de votre question, sinon que pour mon compte, j'ai foi à la persévérance de Cousin.

Aujourd'hui il est à la tête d'une entreprise qui a pour but encore la propagation des bonnes doctrines politiques et philosophiques; il s'agit d'un journal dont je vous envoye le prospectus de sa part; aucun article n'y sera signé, et tous ses collaborateurs garderont le plus sévère incognito, ces précautions sont nécessaires pour garantir et assurer l'indépendance des opinions; il ne m'a pas caché qu'il était du nombre, mais il m'a déclaré qu'il ne pouvait me dire le nom de ses collègues; un hasard m'a instruit et je vous mets de la confidence en vous imposant, même à l'égard de Dubois, le silence le plus complet; vous sentez que je trahirais ainsi un secret qui ne m'appartient pas. — Cousin et M. de Biran feront les articles de philosophie, M. Guizot et M. Ganilh, membres de la Chambre des députés, les articles de politique, MM. Loyson et Viguier[1], les articles de littérature française; probablement Mme et M. Guizot, les articles de littérature étrangère; Pouillet, les articles de sciences; il y a encore d'autres collaborateurs que je ne connais pas. Vous pensez que le journal sera fort et intéressant. — Je vous conjure de ne pas ouvrir la bouche sur tous ces noms. Tâchez de donner des abonnés à ces messieurs; si vous connaissez à Falaise quelques esprits indépendants, engagez-les à s'y abonner; tout cela est dans notre but. Bautain est chargé du même emploi à Strasbourg. — Le prospectus que je vous envoye est de M. Guizot : il y a de belles choses; mais il n'est pas écrit comme le sera le journal lui-même. — Encore une fois, taisez-vous.

A Damiron

Paris, 22 juin 1817.

Mon ami, votre lettre m'a donné une grande satisfaction; vous avez bien fait et très bien fait de ne pas écrire l'épître que je vous demandais; je vous estime d'avoir senti de la répugnance à la composer : cela était mal, et depuis l'envoi de ma lettre, je me repentais de vous avoir donné ce mauvais conseil. Comme vous le dites, ce manège était trop manège, et nous convenait trop peu. Il faut aller franchement pour aller en paix, et dussiez-vous ne pas être professeur de philosophie, vous ne vous repentirez pas du parti que vous avez pris, que dis-je? vous vous en saurez gré; pour mon compte, je vous en remercie; déchirez cette mauvaise page où je ne me reconnais pas et où vous n'avez pas dû me retrouver,

---

1. Élève de la promotion de 1811; directeur des études à l'École normale, inspecteur général, mort en 1867.

Oubliez que je l'ai écrite, et ne m'en estimez pas moins car ce n'est pas ma raison libre qui me l'a dictée; c'est je ne sais quoi et qui n'est pas mien.

Maintenant, il n'en faut pas moins persister à la poursuite de cette place, soit que vous consultiez votre intérêt matériel qu'il ne faut guère consulter, soit que vous preniez garde à ce bonheur plus pur que vous cherchez et que je cherche comme vous, et qui se compose d'une certaine convenance entre les occupations et les goûts, soit enfin que vous considériez la volonté désintéressée qui est en vous de faire le plus de bien possible à vos semblables et à votre patrie, vous trouverez, je pense, de tous côtés, des raisons de désirer une chaire de philosophie. Arrivez à ce but par de francs moyens, mais arrivez-y, et, pour y arriver, veuillez-le fortement et irrévocablement, du moins aussi longtemps que les obstacles ne seront pas invincibles. Si du moins, un nouvel état de choses s'établissait dans l'Université; si cet état de choses était tel que la liberté et l'indépendance des opinions philosophiques nous fut ravie, demain je vous conseillerais de ne plus vouloir ce que je vous conseille de vouloir aujourd'hui. Mais, nous n'en sommes pas là, Dieu merci. J'espère assez bien de la sagesse de notre Gouvernement et de notre Roi, pour compter qu'on ne nous imposera pas des doctrines, tant que les nôtres seront saines moralement, politiquement et religieusement. Je maintiens donc que vous devez persister, dût-on vous faire attendre encore une année. C'est là mon avis; et celui-ci est bien sincère et bien arrêté.

Vous pouvez croire que tout ce que je vous ai dit dans ma dernière lettre sur la situation de vos affaires est exactement vrai. Je ne vous ai point doré la pilule. Je vous l'ai donnée telle qu'elle est, sauf à vous de la trouver amère; d'autre part, je ne l'ai point faite plus forte qu'elle n'est. Vous n'êtes ni mieux ni plus mal que je vous l'ai dit, et je suivrai toujours cette méthode avec vous, parce que vous êtes trop mon ami pour que je cherche à flatter ou à détruire vos justes espérances.

Je ne vous dirai pas aujourd'hui où vous en êtes parce

que je verrai Cousin, demain, et que je veux vous donner son dernier mot. *Ce dernier mot* ne sera pas sa résolution définitive, comme vous l'entendez bien ; mais ce sera son opinion, son *penchant* le plus nouveau et le dernier éclos ; en un mot, vous aurez le vent du bureau, l'ordre du jour, la psychologie actuelle de son âme... Vous me comprenez : cherchez d'autres expressions, si vous n'êtes point content de celles-là. Eh ! bien donc, vous aurez son mot et vous l'aurez exactement, car il faut que je vous accoutume à ce train-là.

Je n'ai pas trouvé singulier le découragement où vous a jeté ma lettre, je prévoyais bien un peu ce qui arriverait ; mais ce que je ne prévoyais pas, c'est qu'au bout de deux heures, vous auriez déjà repris votre assiette ordinaire. Mon ami, vous avez plus d'empire que moi sur vous-même ; un tel découragement m'aurait duré quinze jours ; je n'aurais fait que déraisonner et rêver des projets ridicules. Vous ne comprenez pas combien je suis faible contre les accès de dégoût et de tristesse : il est des moments où je surpasse Mancy, à propos d'une idée qui a traversé mon cerveau. Ainsi, l'autre jour, je pensai à la mort. Je ne sais comment cette idée de mort me ramena à moi-même : je me mis à compter mes années de vie et celles que je pouvais espérer ; je me demandai ce que j'avais fait et ce que je ferais ; j'avais fait si peu et je me savais si peu capable de faire beaucoup que ma nullité m'effrayait (nullité intellectuelle) ; mais du moins au défaut de la gloire, si je cherchais le bonheur ; je comptai encore mon bonheur passé, je supputai mon bonheur probable et je ne vis que misère ; je voyais tout en noir ce jour-là. Mes parents allaient mourir les uns après les autres, mon père, ma mère aussi. Il me resterait des frères et des sœurs ; mais les sœurs et les frères ne s'aiment bien *que sous les ailes de leurs vieux parents ;* une fois éloignés les uns des autres, la tendre amitié s'en va avec la famille ; elle s'amortit quand celle-ci s'est dissoute ; on se revoit peu ; on s'écrit, mais on ne saurait faire partager son cœur ; chacun a ou une épouse ou un époux, puis des enfants, et la réalité des nouveaux liens dissipe le souvenir des anciens attachements, et puis le cœur ne perd-il pas de sa sensibilité à mesure que l'âge avance? Où sont les frères qui s'aiment à trente ans comme ils s'aimaient à quinze? Oh! quelles ressources faibles, quels dédommagements incomplets de cet amour si pur, si désintéressé, si tendre, si parfaitement satisfaisant d'un père et d'une mère. Que serai-je donc dans ma vieillesse? A qui tiendrai-je dans vingt ans d'ici? Puis-je espérer une femme et des enfants? Non, je n'aurai jamais de quoi les nourrir. Quelle décourageante perspective! Je me voyais donc obligé de renoncer encore au bonheur. Restaient quelques vertus pratiquer et quelque bien à faire pour remplir de quelque chose le vide immense de ma vie. Mais je me sentais si lâche avec moi-même, si mou au bien; le dirai-je? si faiblement porté à aider et à secourir les autres que je désespérais encore, non pas d'être honnête homme ce qui ne suppose que l'absence du mal, mais d'être un homme bon et vertueux positivement. J'en venais à la religion : je me disais : Où en es-tu? Que crois-tu? Tu crus jadis, jadis tu aimas Dieu vivement; maintenant toute religion positive t'échappe peu à peu. Les doutes t'assiègent de toutes parts. Heureusement, tu ne renieras jamais la religion naturelle. Mais que sert de croire en Dieu, et à une autre vie, si tu te sens froid pour ce Dieu, si tu ne fais rien pour cette autre vie? Ainsi j'irai donc au tombeau, j'y arriverai, j'y tomberai sans laisser de trace de moi sur la terre, sans y avoir rien fait de ce que je devais y faire; et malheureux pendant la vie je mourrai sans me savoir digne du bonheur de l'autre.

Je rêvais tout cela un soir au clair de la lune, assis dans ma chambre; ces pensées me tourmentaient; mon imperfection morale et religieuse m'accablait; je voulais prendre des résolutions; mais j'en avais déjà tant prises vainement que je désespérais de les accomplir jamais. Si mon esprit se détournait de ce point de vue de moi-même, il trouvait dans les autres des motifs égaux de tristesse. Surtout la pensée de la mort de mes parents m'arrachait des larmes; mon isolement futur, ma douleur de les perdre m'effrayaient. Je pensai à vous, mon ami, et je cherchai à me former en vous et dans le sein de mes frères un asile et une ressource. Mais je ne pouvais me rassurer et trouver nulle part un sujet de confiance et de consolation. Je doutais de tout, même de l'amitié. A la fin, je fis un retour sur moi-même qui m'affligea encore davantage. Dans cette foule de pensées tristes qui venaient de traverser mon esprit sans ordre et sans raison, j'en cherchai une qui eut une autre fin que moi-même; de quoi me désolai-je? pour qui crains-je? Sur qui ai-je gémi? Moi, moi et toujours moi. Je finis par me regarder comme un franc égoïste (tant je raisonnais mal et tant les lumières naturelles étaient parfaitement éteintes en moi). Je suis donc égoïste. Si je déplore mon impuissance intellectuelle, c'est une douleur de vanité. Si je crains la mort de mes parents c'est parce que je resterai seul. Si je gémis de me sentir lâche à faire le bien, c'est parce que j'ai peine à voir d'autres hommes avoir sur moi cette supériorité; encore une fois je suis égoïste et rien de plus; mais quel est celui qui est autre chose, ajoutai-je, et je me couchai presque convaincu de l'égoïsme universel. Le lendemain je vis bien la fausseté de la conclusion que j'avais tirée; mais je ne revins pas si vite sur les autres points. Je ne me rassurai pas sur moi-même. Gloire, bonheur, vertu, religion : ces quatre choses ne me semblaient pas moins inabordables que la veille. Je fus quatre jours à revenir à moi; pendant quatre jours, je ne fis rien que m'ennuyer mortellement et regarder pleuvoir, immobile vis-à-vis ma fenêtre. Enfin je sortis, j'allai voir Pouillet, j'allai voir Cousin. L'un me rendit confiance au bonheur de l'amitié; l'autre me parla morale, politique, etc. etc., et me fit croire de nouveau à ma capacité d'être vertueux et religieux et tout cela sans que je leur eusse parlé de ma tristesse et de mon état par le seul effet de leur présence et de leur discours; en revenant je raisonnai sur la gloire et je vis que c'était le seul point sur lequel mes rêveries ne m'eussent pas trompé. Ces mauvais jours, ces noirs accès me reviennent comme la fièvre trois ou quatre fois l'année : un événement, une pensée, un mot les détruisent. Une nouvelle comme celle que je vous ai envoyée m'aurait rendu fou huit jours. Aussi j'admire votre sang-froid ; je comprenais admirablement la première page de votre lettre ; je m'y reconnaissais ; mais je ne me reconnais pas dans la seconde.

Cependant que contenait ma lettre de si triste? Rien à le voir de près, moins que rien ; une nouvelle incertitude de Cousin, qui ne prouve pas grand'chose contre vos espérances ; et quand même elle les détruirait, qu'y a-t-il là qui doive troubler la raison d'un homme? en vérité, on ne se conçoit pas soi-même quand on reconnaît avec son bon sens où l'on est allé sans lui! Dites, mon ami, vous ai-je assez fait ma confession? Vous ai-je assez montré toute mon âme dans certains moments de sa durée? Mais pourquoi ne vous dirais-je pas tout? Ne me dites-vous pas tout aussi? Votre lettre n'est-elle pas une longue confession, une naïve et franche peinture de vos pensées pendant quatre à cinq jours? Aussi quel plaisir j'ai à la lire, et c'est pour cela que je ne crains pas de vous montrer mes rêveries telles que je les fais, dans tout leur désordre, dans toute leur déraison, dans tout leur naturel? A la déraison près, je trouve dans vos manières de voir une grande analogie avec les miennes. Comme moi, la pensée de la mort de vos parents vous désole d'avance ; comme moi vous voudriez, en secret et par penchant, un peu de gloire et votre raison vous éloigne de sa poursuite; comme moi, vous avez besoin du cœur de quelques amis; comme moi, vous soupirez après la tranquillité et la médiocrité heureuse, c'est-à-dire après le bonheur; et comme moi, il vous arrive tour à tour et d'y espérer et d'en désespérer. Ne m'avez-vous pas deviné en ne faisant pas cette lettre que je vous demandais? N'avez-vous pas senti la répugnance qu'une telle ruse m'inspirait? — Si, comme vous, j'avais un ami tout le jour avec moi, je crois que je n'engendrerais pas plus la mélancolie que vous; je crois même que sa vue seule me ferait au bout de deux heures retrouver ma raison, quand par hasard je l'aurais perdue, mais je suis seul ici, et hormis Kant qui est un assez triste consolateur et qui a tous les défauts d'un livre obscur et froid, je n'ai de ressource que moi contre moi-même.

Dimanche, 20 juillet 1817.

Pour le coup, mon cher ami, je mérite que vous m'appeliez paresseux et mille fois paresseux. Je suis effrayé quand je considère la première date de ma lettre, — voici un mois qu'elle est commencée. Que faites-vous donc, me direz-vous ? Comment diable conduisez-vous votre vie ? est-ce *position* ou travail qui vous excuse ? Ni l'un ni l'autre. Je vais vous dire une chose qui vous surprendra, mais qui est exactement vraie : depuis un mois je n'avais pu joindre Cousin, et quand je dis *joindre* cela ne veut pas dire que depuis un mois je n'ai pu parvenir à avoir avec lui une de ces conversations où l'on peut parler de vous et des affaires. Il a été extrêmement occupé pour son journal; il restait clos et ma lettre restait imparfaite, enfin, je l'ai saisi, j'ai causé et causé de vous ; voici le résultat franc et net.

Cousin persiste à vous juger faible ; c'est pourquoi il ne veut pas faire de démarches pour vous loger en philosophie dans un collège royal, mais il pense que vous pourriez être très utile à la philosophie dans un collège secondaire, où tout en la professant, vous achèveriez de vous instruire. Or, vous saurez que Cousin va en Allemagne ces vacances ; son départ est fixé à la fin de ce mois; il ne pourra pas agir par lui-même; mais il laissera de longues notes à M. Royer. Vous serez donc couché sur ces notes en toutes lettres avec cette apostille ; bon pour la philosophie dans un collège de seconde classe. Ce sera au moins là le résumé de l'apostille qui sans doute sera plus longue et mieux motivée.

Voilà votre cas, mon ami ; néanmoins (car je ne veux pas vous faire concevoir de fausses espérances) cette note ne sera pas la règle de la Commission ; parce que vous y serez, il ne s'en suit pas rigoureusement que vous serez placé comme portera la note, c'est une recommandation et non une décision. Cousin ne répond pas du succès ; la manière même dont il m'a fait part de cette nouvelle n'était pas rassurante (car je veux tout vous dire) il me disait : « Je mettrai cette note » d'un ton qui semblait signifier : elle vaudra ce qu'elle pourra ; en dernier résultat il ne semblait pas tenir que vous fussiez placé ; cependant, à la fin il m'a dit très sérieusement : oui, je crois que Damiron sera utile dans un collège de seconde classe, et je le mettrai comme tel sur ma note : vous pourrez le lui écrire.

Tout bien considéré, je pense qu'au moyen de vos connaissances ici, avec la note de Cousin, vous pourrez, si vous le voulez bien et fortement, être placé en philosophie et je vous conseille de le vouloir. Arrivez donc bien vite et agissez. — On dit qu'il y a à Arras une chaire vacante ; il s'en présentera sûrement d'autres ; il faudrait être bien malheureux pour n'en pas attraper une.

Considérez qu'à l'exception des ressources qu'une grande ville peut fournir plus abondamment qu'une petite, votre place équivaudra matériellement à une place dans un collège royal. Bautain n'est que suppléant ; Fribault ne sera que suppléant ; or cette place de suppléant ne donne que quatre cents francs, avec nourriture et logement, plus les externes. Au contraire dans un collège de seconde classe vous seriez nommé professeur en titre (du moins je le pense) et votre traitement serait plus considérable. Je vous parle de cet article quoique je sache bien que vous n'y teniez pas beaucoup, parce qu'en dernière analyse, il est important de pouvoir vivre. Quant au titre, celui de professeur en titre dans un collège secondaire vaut bien celui de professeur agrégé dans un collège royal.

Mais le point vraiment important pour vous qui aimez la philosophie sera de pouvoir vous livrer entièrement à des études de votre goût, et de pouvoir être utile à votre pays en professant une solide morale et en élevant les esprits de vos élèves à de hautes idées en tout. C'est là le but, il est beau, il est noble ; je maintiens ce que je vous disais il y a un mois, en commençant cette lettre, vous devez persister dans la philosophie, l'étudier encore fussiez-vous condamné à professer encore une année le latin, et ne point vous détourner de votre premier but, une chaire de philosophie. La persévérance est une belle chose, quand elle tend à ce qui est beau et élevé; il faut donc dire intrépidement : *Je ferai*, quoi qu'il arrive. Je l'ai dit depuis longtemps, vous l'avez dit aussi; souvenez-vous donc et marchons ferme; nous arriverons quand il plaira aux hommes, cela dépend d'eux; ce qui n'en dépend pas c'est la bonne conscience de nos intentions qu'il est en notre pouvoir de conserver.

Voilà mon avis; vous me direz que j'en parle bien à mon aise, moi qui suis déjà placé en philosophie; mais croyez-vous que je n'aie rien sacrifié à cette étude? — Croyez-vous qu'il ne m'en ait rien coûté de rester ici enfermé, esclave, *vivant* mal et posant peu? Auriez-vous voulu faire ce que j'ai fait? et seriez-vous disposé à faire ce que je ferai, rester ici encore une année et plus, avec quatre cents francs, sous la règle commune des élèves? J'y reste pourtant, non pour mon avancement matériel, qui n'en vaudra probablement pas mieux, mais pour le cours de Cousin. — Allons, voilà que je me vante et que je me dépeins moi-même comme un héros et un martyr de la philosophie!

Pardonnez-moi cette échappée, où je me donne sûrement plus de mérite que je n'en ai. C'est pour vous affermir et vous encourager que je me suis laissé aller à exagérer mon courage.

Voilà sans doute la dernière lettre que je vous écris. J'ai reçu l'autre jour aussi la dernière des vôtres. C'est bon; cela annonce le retour, et dans quinze jours (car vous diriez dans vingt) nous nous reverrons. Plaisir et grand plaisir! Notre ami Guichemerre attend de vous d'ici là; il va enfanter ses thèses, il va les soutenir; il les aura soutenues; il fera le quatrième du déjeuner. L'ou-bête est là. Savez-vous qu'il a enfin décidément et sérieusement mis à bout sa thèse française et qu'il va la soutenir; il tremble en se rappelant l'algarade de Boissonnade; il songe à adoucir ce terrible homme. Je pense qu'il ira le trouver d'avance, la thèse sous le bras, et qu'il le priera, le chapeau à la main, de le ménager un peu sur Pindare. Du reste, vous saurez qu'il *se perd*, il voit le monde, il danse, il se promène avec de belles demoiselles qu'il trouve chez sa cousine, à la campagne; sa tête est quelquefois un peu échauffée, quand il revient, et cela lui dure deux ou trois jours, pendant lesquels le travail va mal. En un mot, il *se perd*. Nous le morigènerons ensemble; vous m'aiderez. Il faut conserver cet enfant aux Muses et le dérober à la funeste influence de Vénus et de la mode. — Ne prenez cependant pas ceci trop au sérieux. Je badine un peu, et la preuve c'est qu'il a fini sa thèse, chose qu'il n'avait pu faire à l'Ecole même.

Quant au n° deux de Langres, il m'envoie de temps en temps des commissions à faire. On ne sait si on le verra ici ces vacances. On ignore également si les graines que je lui avais adressées sont venues à bien et s'il possède des tulipes.

Vernadé est archi-muet; celui-là est perdu, autant que je puis croire. Trognon compose. J'ai reçu sa traduction de roman; elle est bien. Je ne doute pas qu'il ne soit en train d'une autre œuvre; il est auteur, décidément. Je n'en dis pas autant de Fourteau; celui-là ne sera pas auteur, à moins qu'il ne se marie, comme cela pourrait arriver, et qu'il ne mette au jour des *petits*.

Le Journal a paru (je parle des archives), les articles sont admirables pour la plupart, surtout celui de Loyson sur M. de Bonald, un de M. Guizot sur la politique, celui de Cousin, etc... Je ne sais si vous l'avez dans votre ville. Je vous en régalerai à votre arrivée si vous n'en avez pas encore pris connaissance.

Le temps est bien mauvais, les récoltes sont encore en péril si les pluies ne cessent pas; partout des grêles, c'est désolant; cependant le blé diminue partout. — Et notre duchesse de Berry! une fille! et une fille qui est morte! Ce qu'il y a de bon c'est qu'elle a l'air féconde, et qu'une autre fois elle pourra mieux faire.

J'ai été malade tout ce mois, pas malade sérieusement, pas malade au point d'aller à l'infirmerie, ni même au point d'y prendre quelque chose ; mais malade au point d'être forcé de ne rien faire, ou presque rien. Heureusement je suis au bout. . . . . l'appétit revient, je serai tout à point pour déjeuner. — Quel déjeuner ! ou, pour mieux dire, quels déjeuners ! Guichemerre nous fera rire ; vous ordonnerez les choses, car vous êtes assez mûr pour cet emploi, que le *père* remplissait si bien ; Perreau aura des distractions, et moi je ne ferai rien. Je poserai, je vivrai complètement. Quelle joie ! Adieu.

Th. J.

À Damiron

Feuilleton des Damironiades.
1817[1].

Je ne puis me décider à vous envoyer une lettre, sans *variétés*, j'ai retrouvé de mon fin papier qui est tout propre à cela.

1º Cousin ne vous écrit pas parce que son journal et son cours l'occupent tout entier.

2º Votre frère n'est pas venu depuis longtemps, en sorte que, depuis longtemps, il ne copie rien ; je lui ai écrit avant-hier pour l'engager à revenir ; je me propose de lui remettre le programme tel que je l'ai, c'est-à-dire tel qu'il a été fait pour les examens. Cousin l'a retouché et augmenté depuis ; mais il l'a envoyé à Bautain, qui le lui renverra, et vous l'aurez aux vacances, ou plutôt provisoirement je crois qu'il est bon que vous ayez l'ancien.

3º Je suis actuellement agrégé à l'Académie de Paris et répétiteur à l'Ecole ; comme répétiteur, je n'ai rien ;

---

1. Ce fragment de lettre, sans date, est certainement écrit à un moment où M. Damiron était encore à Falaise, et antérieur au mois de juillet 1817. Nous croyons qu'il a dû être écrit au printemps de cette année.

comme agrégé, j'ai quatre cents francs; on a bien voulu faire courir les appointements depuis le 1er janvier. Je fais deux conférences par semaine. Cela va doucement, et je babille de mon mieux; je ferais mieux si je faisais du mien.

4° Je reçois de partout : Agen m'écrit; j'ai avec Agen des discussions religieuses. Je veux empêcher Fourteau de devenir trop dévot, c'est-à-dire mystique, car j'estime et révère la solide piété chrétienne. Nous en sommes maintenant à discuter le précepte : *fuis la tentation*. Fourteau, comme beaucoup de gens, en fait le premier précepte, le précepte supérieur du christianisme, doctrine qui justifie les couvents, que dis-je? qui les ordonne, et qui, poussée à ses dernières conséquences, fait de la religion chrétienne une religion anti-sociale, un système de fuite et de lâcheté. Moi je soutiens que le premier précepte est celui-ci : *accomplis tes devoirs*, et que l'autre n'est qu'en seconde ligne, car, s'il était en première, il faudrait rejeter tous les devoirs envers ses semblables et fuir au désert, attendu que la société est une source de tentations. Ainsi, discussions théologiques de ce côté.

5° Avec vous j'ai : *Discussions morales* sous le rapport *mariage*, *bonheur*, etc.; avec Langres, j'ai *Discussions littéraires*; je suis *critique*. Trognon m'envoye ses *œuvres*, et je lui envoie des *observations* bénévoles. J'ai reçu ses deux thèses et son discours académique; j'ai critiqué et renvoyé; dans quinze jours je recevrai la traduction de *Jacoppo Ortis*, et je critiquerai, et je renverrai; il ne me manque que du temps;

6° Mancy n'est pas triste avec moi comme avec vous; preuve que vous êtes plus son ami que moi, ou plutôt qu'il a plus de confiance en vous qu'en moi. Cependant je sens que sa gaieté n'est pas franche; elle ressemble plutôt à un étourdissement qu'à un contentement réel, je le plains et je le console par des lettres gaies; c'est là la consolation que la tournure de ses lettres exige de moi; vous devez en employer d'autres, puisque les lettres qu'il vous écrit sont tristes; votre manière de le consoler doit consister en peintures mélancoliques de tout ce qui manque à votre propre bonheur. Quand on voit un homme malheureux qui cherche à s'étourdir en riant, c'est le cas de seconder ses efforts et de lui donner de la *gaîté* ; mais quand on le voit se plaindre et s'épancher sur ses maux, c'est le cas de lui opposer d'autres maux et le spectacle général de la misère humaine.

7° Vernadé aura-t-il un article? oui et non ; oui, pour dire que je n'ai rien à dire de lui ; non, puisque ce que j'en dis c'est que je n'en dis rien. Que vous semble de ce cliquetis de mots?

8° Perreau est retombé dans ses négligences ; on ne le voit plus, mais on va le voir ; il est revenu à sa thèse, et il dit qu'il la faite et qu'il la passera à la fin de juillet. Je le décide à se faire placer.

9° Nulle nouvelle de Lévy. Mareschal n'est pas encore marié ; mais je pense qu'il en finira bientôt.

10° Villemain nous conte que l'Université va être bouleversée ; c'est l'oiseau de mauvais augure ; il voudrait nous inquiéter ; mais il manque d'une qualité pour arriver à ce but : c'est la réputation d'être un homme sincère.

11° Vous ai-je dit qu'on nous promet cinq poèmes épiques? Je ne m'en rappelle pas ; en tous cas, voici les titres ; vous les aurez deux fois si je vous les ai déjà envoyés :

1° La guerre sacrée, par M. de Fontanes ;
2° Les Macchabées, par M. Raynouard ;
3° Richard, par Mme de Staël ;
4° Philippe-Auguste, par M. Parseval ;
5° Le Tasse, par M. Campenon.

C'est un sujet de poème épique digne de M. Campenon.

13° Puisque j'en suis à la littérature, je vous annoncerai deux ouvrages de Villemain, trois de M. Chateaubriand, savoir... mais je suis un sot ; vous lisez les journaux et vous en savez autant que moi ; moquez-vous de ma simplicité. J'en finis, adieu ; je vous attends au mois d'août ; probablement je n'irai pas en vacances, nous aurons le loisir de déjeuner. Perreau en sera, Trognon, peut-être Vernadé... Que de joie, surtout si l'année est bonne et si vous devenez décidément un des nôtres ! Mes amitiés à Dubois.

Th. JOUFFROY.

Je n'ai jamais griffonné lettre aussi rapidement que celle-ci ; mais c'est à vous que j'ai à faire.

A Damiron

Samedi, 2 août 1817.

Je vais tenter l'achat d'une décoration pour votre bachelier ès sciences. Prenant ma route devers la rue Saint-Honoré ; j'entrerai dans une boutique, j'achèterai et je porterai rue du Bouloy. La lettre d'expédition sera celle-ci, ce sera un billet pur et simple, non pas un *iralo*, car je suis calme comme un marchand de drap ou comme un homme de commerce quelconque, qui va mettre à fin un marché important. C'est une affaire au moins aussi sérieuse que l'achat des graines de tulipes que j'eus l'honneur d'effectuer pour le loubête de Langres. L'autre loubête passe thèse aujourd'hui. Jugez quel jour ! En revenant de la Commission de la rue du Bouloy, je viendrai m'asseoir dans ce petit cabinet de la Faculté, où six ou huit benêts fabriquent des docteurs à la douzaine. Je poserai là pendant que loubête s'escrimera.

Votre lettre me donne bien envie de lui faire une réponse, mais je suis empêché par le grand labeur que me donnent trois conférences par semaine. Cardaillac étant tombé malade, j'ai reçu son fardeau par-dessus le mien. Me voilà passablement chargé ! Dieu vous garde ! Je pars pour la rue du Bouloy.

Je n'ai pas fait de démarches pour vous trouver vos trois peaux de lapin. C'est un petit honneur dont vous vous passerez bien et que je serais fort embarrassé de vous procurer, *car... positivement..., attendu* que je ne connais pas beaucoup de professeurs docteurs qui aient des *chausses*, comme vous dites, à prêter.

Adieu, le *Doyen du bocage* fait nos délices. Les *que* pleuvent, les *positivement* foisonnent. On meurt de rire.

Th.

3 août.

J'avais compté tout seul, mon cher ami ! J'ai visité les boutiques de pelleterie dans la rue Saint-Honoré, depuis la hauteur du marché des Innocents jusqu'au Palais-Royal ; or je n'ai pas trouvé de chausses faites : cela ne se vend pas fabriqué ; on m'a adressé chez un tailleur, rue Savoye, qui fournit tout le Palais et toute l'Université de chausses. Mais ce tailleur n'avait pas de chausse faite *en fait de sciences ;* c'est ainsi qu'il s'exprime. Il n'aurait pu me la fabriquer que pour mardi, qui est précisément le cinq, jour fatal. Je l'ai donc remercié de sa bonne volonté. Cette chausse d'un modeste bachelier aurait coûté quatorze francs : que serait-ce donc pour un docteur ? Quel poids que les dignités, mon ami ! que cette élévation, à laquelle nous sommes, mêle de secrètes peines à ses jouissances apparentes ! et que les *chaperons* qu'elle suppose ont d'inconvénients !

Il est bon de vous avertir que *chausses* est un mot tout à fait impropre et bas. Le tailleur dit *chaperon*, qui me semble en effet bien plus noble et bien plus digne ; ce mot de chausse me blessait déjà dans votre lettre : ne le trouvez-vous pas ignoble ? Ne vous exprimez plus ainsi. Quand, par la suite, vous trouverez l'occasion de me parler de cet ornement omoplataire, sachez, d'ailleurs, que le mot *chausse* n'est entendu dans aucune des boutiques de la rue Saint-Honoré. On ne savait nullement de quoi je voulais parler, quand j'allai, demandant de porte en porte : n'avez-vous point de *chausses* ? Il me fallait user de périphrases pour me faire comprendre et indiquer par des gestes la place qu'occupe sur la personne d'un juge ou d'un professeur le quelque chose que je demandais ; ce qui ne se faisait pas sans que la race moqueuse et impertinente des garçons de boutique ne sourît malignement par derrière.

Mais je passe outre sur ce vilain mot ; parlons de l'oûbête d'Asnois, de cet enfant qui se perd et que vous me recommandiez ; sa tutelle me donne bien quelques désagréments ; mais elle ne laisse pas d'avoir ses moments agréables : hier, par exemple, *cet enfant* m'a causé un grand plaisir : vous savez qu'il est paresseux de son naturel ; vous savez aussi qu'il ne put achever, à cause de ce petit défaut, sa thèse, l'année dernière ; je l'ai exhorté toute l'année, je l'ai prêché, lui représentant combien c'était une belle chose d'être docteur et lui citant votre exemple pour lui donner de l'émulation ; il me disait toujours : je ferai, et il ne faisait pas ; j'étais désolé ; car je l'aime véritablement, malgré les désagréments qu'il me donne et sa désobéissance. Enfin, la grâce de Dieu est descendue en lui, un mois avant l'époque fatale ; il a fait et j'ai été content de son travail. Hier était le grand jour. Je l'ai mené dans la salle : son père y était ; il s'est assis tout tremblant ; mais le doyen l'a rassuré par la douceur de ses objections et il a repris son assurance. Il est allé merveilleusement, aux nues, en un mot ; on ne se lassait pas de louer et sa dissertation et la manière dont il la défendait. M. de Laromiguière, qui est bon juge, lui a dit : « *Mousu*, vous défen-
« dez parfétément une thèse, parfétément écrite. »
M. Lacretelle a dit : « Monsieur, vous nous devez un
« homme de lettres ; votre style *est plein de mouvement*
« *et d'éloquence.* » Lemaire même, oubliant sa brutalité, a applaudi. Le terrible Boissonnade a été enchanté qu'on eût si bien parlé de Pindare ; enfin, le doyen, en rentrant, a dit ces paroles mémorables : « Monsieur, la Faculté,
« extrêmement satisfaite de la manière extraordinaire-
« ment brillante dont vous avez soutenu votre thèse et
« se rappelant *positivement* celle de l'année dernière *que*
« *vous avez également bien soutenue,* vous admet au
« grade de docteur à l'unanimité. » Vous voyez, mon

cher ami, combien les impressions dernières sont puissantes, puisqu'elles modifient si fortement le souvenir des premières! Jugez si j'étais content, et son vieux père aussi. C'est la thèse la plus brillante que j'aie vue.

Voilà ce que j'ai fait de mon enfant perdu; voyez si je suis bon tuteur; m'en direz-vous autant du vôtre? Vernadé? profite-t-il sous votre gouvernement comme l'oûbête sous ma direction? Venez; arrivez vite; je vous donnerai mes avis sur la manière de diriger les enfants qui se perdent; il y aura conseil entre les tuteurs; ce conseil se tiendra à table. J'aimerais qu'il eût lieu en présence de mon Loû-Bête, afin qu'il apprenne combien on se donne de peine pour lui, et combien il serait ingrat de ne pas répondre à tant de soins. Où est-il ce déjeuner? Quel est le jour? Quand luira-t-il enfin? Arrivez vite : c'est le treize! je crois. Nous vous laisserons poser et vivre quelque temps parmi les vôtres à Bicêtre; mais une fois les premiers empressements et les premiers besoins satisfaits, nous vous sommons de comparaître chez tel restaurateur, à telle heure de tel jour. Là se renouvelleront les causeries des anciens temps et la joie des anciens déjeuners. Là il y aura vie pleine après un an d'absence.

Que nos moissons sont belles, mon ami, que nos champs promettent de richesses! Quelle joie j'éprouvais jeudi, à la promenade, au milieu de ces épis presque mûrs qui penchaient vers la terre! Comme on fêtera la Saint-Louis, sûrs d'avoir du pain et la paix! Ah! sans doute on dansera dans le jardin du Roi et sous ses fenêtres, au bruit des exclamations publiques. On foulera, sous ses yeux satisfaits, les gazons des Tuileries. Que ne suis-je musicien? J'irais animer des plus doux sons les chœurs de danse. Que ne suis-je propre à sauter et à m'évertuer? Je danserais de tout mon cœur; mais au moins j'irai avec vous et Perreau, et nous jouirons de ce beau spectacle. Vous n'êtes pas meilleur que moi, pour être acteur de la fête, vous ne vous abandonnez pas si facilement; mais nous laisserons aller Perreau, et nous le regarderons faire, en conservant un peu notre dignité;

que si, par un bonheur spécial, nous pouvions nous adjoindre Guichemerre, dans ce beau jour, nous le lâcherions aussi parmi ce troupeau de femmes, d'enfants, de gardes nationales, et son heureuse tournure nous réjouirait. Comme il doit bien danser, Guichemerre! Quelle taille! Quelle construction de corps! Quels gestes! et par-dessus tout quelle impayable et joyeuse figure! Je parlerais bien éternellement; j'oublie, avec vous et avec mes espérances de plaisir, la métaphysique et les maudites conférences. J'oublie que je suis chargé d'ouvrage. J'oublie tout. Que sera-ce donc quand vous serez ici; vous allez me débaucher complètement. J'ai trente-deux volumes de l'académie de Berlin autour de moi; je ne pourrai plus en lire un seul, et l'Anglais, que deviendra-t-il? Je devais lire Stewart dans sa langue. Je devais faire mille choses, encore une fois, que pourrai-je faire? Voici une page que je ne veux pas cependant laisser blanche, cela n'irait pas; barbouillons-la plutôt. Je ne suis embarrassé que du choix parmi les mille et une choses dont je pourrai la remplir. J'aurais bien matière dans votre lettre, mais je ne veux pas que ce billet passe pour une réponse. A propos, j'oubliais de vous conter la mésaventure et le désappointement de Guichemerre; c'est là justement de quoi finir ma page: Guichemerre donc a fait thèse de philosophie; thèse un peu au-dessus de ses forces qu'il avait compilée en prenant par ci par là dans les rédactions et le programme. Bref, il avait fait un tout sur le principe de mérite et démérite et sur ses conséquences, c'est-à-dire la religion naturelle, il parlait là-dedans de principe nécessaire, d'absolu, de stoïcisme, de loi du devoir, de vertu, de sainteté, d'optimisme, enfin que sais-je, de mille choses fort belles et fort difficiles à soutenir quand on ne les avait préalablement bien comprises. Or c'est ce qui manquait à Guichemerre. Il arrive à la salle fatale; le voilà sur la sellette. Malheureusement M. de Laromiguière, M. Thurot, étaient là, grands ennemis de notre doctrine; M. Boissonade, ennemi de toute philosophie s'y trouvait aussi. On attaque et on pelote mon homme, comme vous pouvez penser aussi. Les attaqueurs y mettaient, dit-on, un peu d'animosité, vu la doctrine, ce qui ne contribuait pas peu au désappointement de notre philosophe ; enfin, on se retira et M. Gueneau, le lendemain, apprend et dit à Guichemerre, qu'on l'a ajourné pour sa thèse de philosophie. Guichemerre, de courir chez les professeurs demandant des explications : si c'était pour la doctrine qu'on l'ajournait ou pour sa manière de se défendre. M. Thurot, M. de Laromiguière dirent que c'est pour l'une et l'autre, et finirent par assurer que, s'il passe bien sa thèse française, on le recevra (c'est demain qu'il la passe), ce n'est pas tout : la Commission a eu vent de cela ; on dit qu'il y a indignation de ce qu'on attaque ainsi les doctrines du maître, au lieu d'examiner l'élève. Cela fait du bruit, et Guichemerre a tous les honneurs de la persécution, première et plaisante victime de la propagation de la foi !

Adieu, au treize.

Th. JOUFFROY.

A Perreau[1]

28 octobre 1817.

..... Ainsi va le monde, mon cher ami, plaisirs passagers, peines longues et durables, bonheur d'un moment ; ennui de tous les jours ; — adieu nos douces veillées ! adieu notre bon feu ! adieu, longtemps adieu à nos conversations du soir, si pleines de familiarité et d'abandon ! de l'absence et pour dix mois, des souvenirs, des regrets, de la douleur, même quand on reçoit vos lettres ; que ferait-on sans un peu d'espérance ? Oui, je commence à caresser la bonne déesse ; eh ! qu'ai-je de mieux à faire ? si j'étais roi, je lui bâtirais des temples ; simple mortel, j'élève mes mains vers elle ; je me plais à me la figurer, voltigeant dans l'air ; invisible

1. Élève très distingué de l'École Normale, alors professeur au Lycée de Lyon.

sur ma tête; quand j'aurai un foyer, elle y sera assise comme un dieu pénate et je lui ferai des libations de café, afin qu'elle me représente souvent le jour de notre réunion et les plaisirs futurs de nos chambrées de Paris, et les heures paisibles, mais charmantes, que nous oublierons de compter en causant au coin du feu, quand il nous sera donné de l'alimenter avec du bois acheté en commun dans une chambre qui contiendra nos deux lits et qui hébergera longtemps, j'espère, notre amitié. Ah! que j'ai besoin de tout ce riant avenir, pour oublier le passé et me distraire du présent! que cette diligence était triste! que ces adieux secs de larmes étaient pourtant pénibles!................

...... Depuis votre départ, tristes et froides journées; je meurs dans ma chambre, j'y grelotte en vous écrivant. Quand mon sort sera-t-il décidé? je n'en sais rien et m'en inquiète peu. Je trouve quelque plaisir dans cette cellule glacée, toute retentissante du bruit des vitres agitées par le vent; — je m'y promène tout le jour quand je ne sors pas, rêvant et ne pensant pas, oubliant qu'un cours me menace et m'abandonnant comme par plaisir au temps qui s'écoule tout seul. Quelquefois Damiron apparaît, Trognon vient frapper; ils causent un moment; mais le froid les saisit, et ils s'en vont. De ma vie je ne me suis senti dans la disposition d'esprit où je me trouve à présent; ne songeant à rien, ne voulant rien, ne regrettant rien bien vivement, je vis dans une espèce d'indifférence indolente dont je ne désire pas sortir. Je ne fais rien et je ne m'ennuie pas; j'ai froid et je le supporte sans beaucoup de peine; je pourrais sortir et je ne sors pas; j'ai peur de me distraire; je suis sans énergie apparente, et cependant j'en sens une qui dort et que je ne veux pas éveiller. Hormis mes programmes que j'ai achevés en deux jours, je n'ai absolument rien fait que cette lettre-ci, et c'est la vôtre qui m'a excité et mis à l'œuvre; mais je sens que je me rendormirai facilement. Je n'ai pas revu Magnin; la liste de vos livres est encore là, où je l'ai posée; point de dérangement nulle part: identité, uniformité, monotonie partout...

..... *Amanda* est un de mes plus charmants souvenirs. Et moi aussi je l'ai lue dans les champs, à l'ombre des arbres élevés ; — mon cœur était tout jeune et tout enfant alors ; quelles délicieuses impressions il ressentit ! — partout il cherchait une Amanda comme la vôtre ; il la voyait dans la voiture qui courait au loin sur la route ; il la voyait à travers les croisées et les rideaux de la vitre ; il la poursuivait dans les églises, le dimanche ; il allait à sa découverte dans les promenades publiques, autour des maisons de campagne, délicieux moments ! première et sainte ferveur de l'amour, je vous ai perdue, parce que ma raison a disputé l'empire à mon imagination, et lui a ravi bien du pays.....

M. Damiron, professeur de rhétorique au collège de Périgueux

Paris, le 10 novembre 1817.

Mon cher ami, cette lettre sera très courte ; j'écris au nom de M. Cousin, qui est de retour depuis trois jours.

Il vous mande de lui écrire et de lui dire :

1º Quel temps vous reste ; — à quoi vous comptez l'employer ; où votre esprit en est en matière philosophique ; il vous donnera un sujet à élaborer philosophiquement ;

2º Quels livres philosophiques vous avez et lesquels vous manquent ; — il pourra peut-être vous en procurer, s'il en était que vous n'eussiez point et qui vous fussent indispensables ;

3º Des détails sur votre collège, vos élèves, l'esprit du pays, — et tout ce que vous aurez à lui dire.

J'ai encore peu causé de vous avec lui ; — il m'a semblé être dans de bonnes dispositions à votre égard ; — j'ai vu M. Royer qui m'a fait votre éloge ; il vous aime beaucoup ; jugez si j'ai appuyé ! — nous avons fini par convenir que vous seriez un bon professeur de philosophie et qu'il fallait vous faire tel plus tôt que plus tard. — Je ne crois pas que la première place puisse vous manquer.

J'ai vu, l'autre jour, votre frère dans la rue de Grenelle ; — il m'a dit que votre nomination était arrivée le soir de votre départ et qu'il allait vous l'envoyer.

J'ai vu une lettre de Perreau à Magnin ; il lui donne le journal de son voyage, la description des hommes et des lieux, le plan de Lyon, la première impression que les chefs et confrères ont faite sur lui, etc... ; il a mille francs, outre la nourriture et le logement.

Trognon s'ennuie et fait des projets ; — je crois qu'il regrette Langres; il bâillerait dans le paradis.

On m'a nommé suppléant de M. Cardhaillac au Lycée et à l'Ecole ; un décret de l'Université porte que les professeurs de philosophie feront cinq classes par semaine. J'ai déclaré à M. Royer que je ne pouvais faire cinq classes là et deux à l'Ecole et que je refusais si telle était la condition. J'ai demandé trois classes là et deux à l'école. — M. Royer m'a demandé du temps pour y penser ; — j'attends la réponse ; — si elle était favorable, je me trouverais encore bien chargé ; — mais cela me vaudrait bien trois mille francs. Je prendrais logement en ville ; sauf le travail, je tâcherais de vivre.

A une autre fois les longues lettres. Travaillez si vous en avez le courage ; — si vous ne l'avez pas, acquérez-le, si vous le pouvez, et si vous avez envie de le pouvoir, voulez-le. — La volonté est un grand remède, même à l'ennui ; — je l'ai déjà employée, quoique je n'aime guère être forcé d'y recourir ; — vous l'avez beaucoup mieux à votre disposition que moi ; vous avez plus de caractère que moi ; — mais je me console en pensant que j'en ai plus que Trognon, lequel en a peut-être plus que Perreau, au-dessous duquel je ne sache pas qu'il y ait personne.

Je vous embrasse bien, vous et Auguste.

Th. Jouffroy.

A Perreau

16 novembre 1817.

..... Conservez ce saint amour des lettres qui nous a rapprochés et unis ; — brûlez toujours d'une noble flamme pour tout ce qui est beau, simple, élevé ; — sacrifiez encore aux Muses, les consolatrices de la vie, les compagnes assidues de la paix et de l'innocence ; — vous les trouverez, aux rives de la Saône, aussi belles, aussi pures, aussi adorables qu'aux bords de la Seine ; elles sont partout pour qui leur est fidèle ; partout avec leurs guirlandes de roses, leurs blonds cheveux flottants et leurs yeux divins qui inspirent la poésie et la vertu. Ne les avez-vous point trouvées parmi les débris gothiques de Vezelay ? n'ont-elles pas animé pour vous les vieilles portes d'Autun, et n'avez-vous pas vu leurs danses sur les coteaux, le long de la Saône ? de combien de charmes elles ont dû parer à vos yeux la jeune nymphe qui mêle ses eaux timides aux flots impétueux du Rhône ? ne vous ont-elles point transporté au sein des Alpes, au moment où ce dieu farouche s'élance du Saint-Gothard et précipite sa course vers celle qu'il brûle de posséder ; la nymphe innocente parcourt sans inquiétude son paisible empire ! elle se promène lentement, heureuse de répandre partout l'abondance et la joie sur son passage. Tout à coup la marche bruyante du dieu frappe son oreille ; elle tremble, elle hésite, elle voudrait reculer ; mais le dieu rapide arrive, l'enveloppe de ses bras puissants, et elle se laisse aller dans son sein...

M. Damiron, professeur de rhétorique au collège de Périgueux

Paris, le 5 décembre 1817.

Là, là, mon ami, ne vous impatientez pas : tout arrive à son point et dans son temps ; vous désespériez peut-être de moi; mais me voici : j'ai été occupé; je le suis encore; je vis peu, quoique je pose beaucoup; partant j'écris peu, car écrire c'est vivre; j'entends écrire à vous ; car écrire à Jean et à Pierre qu'on n'aime ni ne connaît, arranger des compliments, siffler des fadeurs, brocher des niaiseries, marquer des inutilités, que sais-je, moi, faire tout ce qu'on est obligé de faire quand la main écrit sans le cœur, ce n'est pas là vivre, c'est enrager, c'est mourir. Dieu me préserve de pareilles corvées! Dieu me donne souvent le loisir et l'occasion de goûter le plaisir que je goûte maintenant!

Mais quel exorde : vite au fait. Peste de l'association des idées!

Encore un mot de préambule : si, par hasard, cette lettre était triste, ne vous en effrayez pas : j'ai pris la plume en achevant de lire *Werther* pour la première fois; il est nuit, et je n'ai rien de gai, autour de moi, que mon feu et le souvenir du bon vin de Bicêtre.

Quel plat et sot roman que ce *Werther!* plat et sot ne sont pas les mots propres, si vous voulez; mais au moins quel ennuyeux livre! je ne vois pas le mérite de ces exclamations et de ces points interrogatifs! je trouve qu'il n'y a rien au monde de plus facile à faire que des lettres décousues, où l'on se dispense du bon sens sous prétexte que c'est un fou qui parle, oui un fou, un lâche, que je n'aime ni ne plains, qui ne m'intéresse nullement, non plus que sa larmoyante Charlotte et cet insignifiant Albert; quel plaisir voulez-vous que j'éprouve quand on me peint la nature humaine dans sa honte et dans sa faiblesse? Si toutefois encore c'est la nature humaine; mais ce ne l'est pas plus que dans vos fous de Bicêtre; morbleu! si j'avais été le père de ce lâche et oisif Werther, comme je l'aurais corrigé ; je lui aurais appris à vivre un peu...; mais laissons là ce livre que je ne retoucherai de ma vie, tant il m'a laissé une fâcheuse impression, tant il m'inspire de dégoût!

Arrivons au fait encore une fois : J'ai vu Cousin, je lui ai remis votre lettre; il l'a relue et lue; il m'a dit de vous dire de compter toujours sur lui, qu'il vous regardait toujours comme devant être des nôtres, qu'il vous engageait à travailler votre cours, mais à le faire très simplement : rien que Stewart et Reid, c'est-à-dire ce que vous connaissez, de la psychologie et de la toute simple. — Vous lui écrirez dans quelque temps comment vous entendez le total de votre cours. Quant aux articles *variétés*, point serait le mieux ; cependant quelques-unes seraient bien ; mais ne consentez jamais à abaisser votre plume à des choses badines ou frivoles ; — des choses sérieuses, élevées, philosophiques, et rien autre. Il s'est arrêté en lisant votre lettre à la phrase où vous disiez que vous ne saviez si vous en feriez, que ce serait *selon les conditions*. Que veut dire cela ? a-t-il dit en m'interrogeant. J'ai bien vu qu'il s'irritait au soupçon qu'il pourrait s'agir de conditions pécuniaires. — Je ne sais quelle a été votre pensée ; mais je me suis hâté de l'interpréter en répondant que vous m'aviez parlé de cela, que vous craigniez qu'on vous imposât des *conditions d'opinions* à défendre ou attaquer ; qu'on exigeât que vous fissiez des articles à des époques réglées, sur des sujets donnés, etc... Je pense que c'est là ce que vous vouliez dire et qu'il ne s'agissait pas d'argent. Gardez-vous de lui parler jamais, dans vos lettres, d'ambition pécuniaire, de projets d'avancement ; gardez-vous de lui dire rien qui pût lui faire croire que vous le regardez comme un protecteur qui vous poussera ; gardez-vous, dis-je, de toutes choses semblables ou qui en approchent de loin ou de près ; — il ne peut souffrir qu'on pense à cela ; il lui faut un dévouement sûr, des hommes conduits par le seul devoir d'avancer et de propager la science ; point d'ambition, sinon l'ambition philosophique ; — je vous dirai plus : c'est que, je ne sais comment, il vous soupçonne de désirer une chaire de philosophie ; en un mot et franchement il vous soupçonne d'ambition terrestre ; auriez-vous mis de cela dans vos lettres ? je l'ignore ; mais cela ne lui convient point. Parlez-lui de philosophie et rien que de philosophie ; pas la plus petite demande ; pas un mot de place ou de désir d'en avoir; pas de recommandation à ses bontés, rien. Vous vous recommanderez en ne vous recommandant pas; en vous recommandant, vous reculez au lieu d'avancer.

Je vous parle franchement, et c'est pourquoi j'ai écrit ce qui précède : voilà la marche à suivre par vous si vous voulez vous mettre bien avec Cousin; — après cela venons au droit : — cette marche est-elle légitime et franche? est-il bien d'affecter et de faire parade d'un désintéressement qu'on n'a pas? — C'est une question. Je vous ai dit la marche : je ne vous l'ai pas conseillée; pour moi je pense qu'il faut toujours être naturel et agir selon sa conscience. Si vous répugnez de lui écrire sur ce ton, ne le faites pas; — moi, je n'affecterai pas le désintéressement; mais je ne lui parlerai pas d'intérêt; je ne lui dirai pas : je veux être philosophe non pas par intérêt, car je ne suis pas intéressé, mais par pur amour pour la philosophie; — mais je lui dirai : j'aime la philosophie; je veux et désire faire du bien par elle, c'est pourquoi je désire être professeur de philosophie, — et en disant cela, je ne mentirai pas, ni vous non plus, je pense; — j'adore réellement et franchement la philosophie, et ce qui me plaît le plus à la professer c'est cela même; — ensuite mon intérêt matériel y trouve aussi son compte, et c'est une raison de plus pour aimer à la professer; mais c'est une raison secondaire; et en ne parlant que de la première sans parler de la seconde de ces raisons, je ne crois pas blesser en rien la franchise et la conscience.

Voilà mon avis; je pense et j'espère que c'est le vôtre que vous aimez encore mieux la philosophie que le revenu qu'elle donne et que vous pouvez aussi dire sans reproche à vous faire : j'aime la philosophie et je veux la professer.

J'écris si vite que je ne sais si ce qui précède est clair et convenable et si vous le concevrez; tout ce que j'ai dit, je l'ai dit franchement; — vous pouvez croire que je ne garde rien devers moi, et que vous avez tout; — d'autres.

Vous m'avez conté votre arrivée, votre réception, votre manière d'être présenté ; je sais tout et je vois tout. C'est bien. Savez-vous mon histoire et faut-il vous la raconter? La voici :

Vous savez quel était mon état à votre départ : j'étais à l'École, j'avais des bruits, mais je ne savais rien ; — j'étais bien résolu à ne pas bouger et à attendre imperturbablement les résultats; je mourais de froid dans ma chambre ; je mangeais mal, et cependant je n'étais pas triste ; cet avenir incertain me plaisait : vous savez assez qu'il vaut toujours mieux, — si laid fût-il, — que la réalité. Tout à coup, un beau matin, un ordre me vient d'aller chez M. Royer ; — je vais, j'entre : la première personne que je rencontre, c'est Cousin qui arrivait d'Allemagne du jour même ; nous ne nous attendions ni l'un ni l'autre à nous rencontrer là. « Allons, embrassez-vous », dit M. Royer; nous le fîmes, et M. Royer reprit : « Vous, monsieur Jouffroy, vous ne saviez pas que M. Cousin fût revenu ; mais, vous non plus, monsieur Cousin, vous ne saviez pas que M. Jouffroy fût nommé professeur suppléant de M. Cardhaillac au Lycée Bourbon et à l'École. C'était annoncer gracieusement la nouvelle. Je remerciai M. Royer. Cousin trouva cela très bien, et nous causâmes.

Je ne causai pas, je réfléchis, et le résultat de mes réflexions fut la question suivante, que j'adressai à M. Royer : « Monsieur, je suis extrêmement reconnaissant de vos bontés ; mais avant de savoir si je suis digne d'y répondre, et pour le savoir, je dois connaître quels devoirs m'imposent les deux places que vous voulez bien me confier ! Il me répondit : « Deux leçons à l'Ecole, cinq à Bourbon, et cela vous vaudra de deux mille quatre cents à trois mille francs. » Le nombre des leçons m'effraya : il m'assura que je ferais le même cours à l'Ecole et à Bourbon ; mais cette promesse ne me suffisait pas ; il y avait encore trop de leçons ; cependant je ne voulus pas répondre à la légère, et je lui dis qu'avant de me décider à accepter je devais, en conscience, examiner mes forces, et que, pour le faire, je demandais deux jours de réflexion. Cette demande l'étonna et le piqua un peu ; il était, en effet, un peu étrange que j'hésitasse quand on avait tant de bienveillance pour moi, que de me donner trois mille francs à Paris. Cousin le remarqua, et il appuya ma demande en l'excusant. M. Royer comprit bien qu'elle était, au fond, légitime ; il me dit donc : « Allez et réfléchissez ; je ne doute pas que vous ne soyez plus satisfait à mesure que vous y penserez davantage. »

Je me retirai ; je me consultai, et je me convainquis que mes forces ne pouvaient faire que trois leçons à Bourbon et deux à l'École ; je pris ma résolution fixe et irrévocable de refuser, si les conditions imposées ne pouvaient changer. Je consultai Cousin ; il fut pleinement de mon avis.

Je retournai chez M. Royer, et le plus poliment possible je lui exposai ma résolution ; il resta quelques moments sans répondre ; ensuite, il me dit que je m'effrayais de rien, que c'était une bagatelle que neuf leçons, que je les ferais comme je voudrais, qu'il ne *s'inquiétait pas des inquiétudes*, etc... ; je persistai : alors il me dit : « Voyez bien, tous les professeurs de Paris font cinq leçons ; l'arrêté qui fixe ce nombre vient d'être fait ; nous ne pouvons sans injustice le violer pour vous ; ce serait une faveur illégitime. » Je lui dis encore que ma résolution était prise et que, si la règle ne pouvait fléchir, je refusais. Alors il me demanda à son tour deux jours pour y penser, et je m'en allai. Je ne savais que penser : accepterait-on mon refus, ou bien ferait-on fléchir la règle ? Cependant j'étais content d'avoir pris mon parti ; cela me semblait beau.

Je retournai. M. Royer tâcha encore de me persuader de faire cinq leçons ; enfin, comme il vit que je résistais toujours, il me dit : « Je ne puis détruire la règle, mais, provisoirement, faites trois leçons ; quand vous vous sentirez en état d'en faire cinq, vous me le direz et vous les ferez. »

Alors je le remerciai de tout mon cœur, et c'est à ce moment seulement que mon sort a été décidé.

Je me hâtai de quitter l'École ; — je débagageai et je

vins loger rue de l'Odéon, numéro 30, au cinquième, — dans une petite chambre charmante où je vis, mangeant à trente sous chez le restaurateur, faisant bon feu, dormant bien, mais travaillant plus que je ne voudrais pour la *vie*.

J'ai dit; — vous savez maintenant mon histoire, comme je sais la vôtre.

Je ne sais pas encore précisément ce que je gagne; — j'ai entièrement quinze cents francs à l'Ecole; mais au Collège, j'ignore; — en tout cas ça ira à deux mille quatre cents au moins, et pas au-delà de deux mille neuf cents: c'est suffisant.

Oh! quelle lettre aride! et qu'elle ressemble peu aux *nôtres!* elle est longue; mais elle est toute d'affaires.

Le croiriez-vous? depuis votre départ, hormis la rencontre fortuite que je fis un jour de votre frère, je n'ai pas eu la moindre communication avec Bicêtre[1]; je le disais ce soir à Trognon; et nous nous promettions bien d'aller voir, un de ces jours, les cordiales et honnêtes personnes qui l'habitent; — sans doute elles doivent trouver notre oubli malhonnête, si tant est qu'il y ait *oubli*, car il n'y est pas.

Ah! mon ami, prenez patience et ne pestez pas contre votre sort; on n'est heureux nulle part, et je ne suis pas plus content, libre comme je le suis et doué de deux mille quatre cents francs, que je n'étais à l'Ecole avec rien plus l'esclavage! Sauf les demi-tasses que je prends quelquefois et les bons moments que la philosophie me donne (elle m'en donne bien de mauvais aussi), il n'y a pas de plaisirs dans ma vie.

Le caractère et l'humeur font le bonheur et le malheur. Guichemerre, pion, et, pis que cela, professeur de commençants, m'écrit tout joyeux, plaisantant de tout, et trouvant tout très-bien, et vous et moi, et tant d'autres, nous enrageons! — qu'est-ce donc que le bonheur — que Vernadé nous le dise, lui qui le trouve, — que Guichemerre nous en parle. — Où est Bloquel si content

---

1. Le père de M. Damiron était alors concierge à Bicêtre et y habitait avec sa famille.

partout, et Weraeghe, qui trouvait la félicité suprême dans l'honneur de servir les messes basses et d'encenser les chantres aux messes hautes. Ces gens-là nous diraient comme on est heureux, et comme on l'est à peu de frais; mais peut-être leurs préceptes seraient inutiles à qui n'a pas le cerveau fait comme eux.

Il faut bien décidément, et une fois pour toutes, prendre son parti : reconnaître que le bonheur n'est pas de ce monde, l'attendre dans l'autre, et courir après la vertu, qui est bien réellement une habitante de la terre, quoiqu'elle habite sur un rocher si haut et si escarpé qu'il est difficile de l'atteindre.

Adieu, bon et cher ami. Ecrivez-nous, nous répondrons.

Adieu de nouveau et du courage.

TH. JOUFFROY.

A Perreau

28 décembre 1817.

..... Je rêvais jadis, je rêvais longuement et amplement; les romans ne me coûtaient rien, et je les poussais à loisir au dénouement; — mais alors nul souci, nul besoin pressant ne dérangeait mes images et ne troublait mes combinaisons; je filais en paix mes amours solitaires; je dessinais lentement le visage et la taille de mon amante idéale; j'arrangeais l'un après l'autre tous les plis de ses vêtements, toutes les boucles de ses cheveux; je décidais avec maturité quelle couleur auraient ses yeux, quelle forme sa robe blanche, quel son ses paroles. Dieux! comme j'étais longtemps à me figurer sa chambre, et les bois qu'elle parcourait, et les gazons fleuris où je l'endormais. Et ses aventures, et ses vertus, et ses discours, tout était composé à la longue, sans précipitation et sans effort; aussi tout était beau, d'une beauté dont rien de mortel ne pouvait approcher.

A M. Damiron (*sans adresse*)

Paris, le 24 janvier 1848.

PRÉAMBULE

Je ne sais comment vous aurez pris mon long silence, mon cher ami; mais je sais bien que je suis l'homme du monde qui désire le plus vous écrire souvent et qui en a le moins le loisir.

Tout a changé pour moi, comme pour vous cette année; mais vous n'avez pas perdu le temps d'écrire et moi je l'ai perdu : la vie commence à me faire sentir son amertume; Dieu condamna Adam au travail; je me reconnais fils d'Adam et un de ses cohéritiers à la besogne que j'ai. Savez-vous ce que c'est que composer trois leçons de philosophie par semaine? Je ne vous souhaite pas le bonheur de l'éprouver; l'expérience en est dure et triste; je ne me couche pas tranquille; je me lève en regardant, en soupirant, mes livres et mes papiers; je remue des idées tout le jour; je me tourmente sans cesse pour obtenir une leçon qui doit être atteinte à une heure fixe. Quand elle est finie, je poursuis la suivante, et ainsi de suite. Je me découragerais d'une si pénible vie, si je n'étais convaincu que telle est la destinée commune; je me résigne en songeant au devoir, et je marche courageusement, résolu de ne m'arrêter que lorsque je succomberai de fatigue. Je vous demande sérieusement de ne pas vous offenser, si mes lettres se font attendre, si elles sont moins longues que celles que je vous envoyais dans un meilleur temps, et si enfin elles n'ont plus cet abandon facile qui demande, pour être attrapé, un repos d'esprit que je n'ai plus.

Mon ami, je vous aime comme je vous aimais, je vous l'atteste et vous n'en doutez pas; ne me jugez pas par mes lettres; que ne puis-je vous les écrire, comme l'année dernière! — mais ma tête s'y refuse et le temps me manque. Je veille en vous écrivant celle-ci; j'ai demain tout entier pour composer ma leçon d'après-demain; je saisis ce moment favorable, qui m'a été refusé toute la semaine.

« ARTICLE PREMIER. — Que vous dirai-je de votre tristesse et de votre affliction ? vous désapprouverai-je ? — Je pense que vous vous êtes exagéré les préventions de Cousin ; — il n'a pas de jugement arrêté sur vous, que je sache ; il vous aime, j'en suis sûr ; lui reprocherez-vous, à lui qui cultive la philosophie avec de si nobles et de si pures intentions, à lui qui veut répandre des doctrines élevées pour le bien de son pays, lui reprocherez-vous de chercher à bien connaître ceux qui sollicitent l'honneur d'y contribuer ? Lui reprocherez-vous d'hésiter à porter son jugement, et d'interroger leurs lettres, pour démêler leurs intentions ? Certes, cette conduite est raisonnable, si on la considère indépendamment de toute application particulière. L'est-elle également à votre égard ? — Cousin, qui a vécu avec vous, ne doit-il pas vous connaître ? Avez-vous rien fait qui puisse provoquer le doute, sur la pureté de vos intentions ? Ne vous fait-il pas injure de vous soupçonner, etc. ?

D'abord veuillez bien, mon ami, remarquer avec moi, que rien n'annonce ce soupçon dont vous vous plaignez, qu'un mot sur une expression de votre dernière lettre ; et certes ce mot n'est pas une preuve décisive ; quoi de plus simple et de plus naturel que de demander en lisant le passage de votre lettre où vous disiez que vous accepteriez ou refuseriez *selon les conditions*, de demander, dis-je, *qu'entend-il par ces conditions ?* L'expression *conditions* n'était-elle pas équivoque ? Je vous avoue que moi-même je n'étais pas sûr de l'interprétation véritable et je pouvais n'en être pas sûr sans injure pour vous; car je ne vois pas ce qu'il y aurait eu de déshonorant à se décider par des vues d'intérêt à faire ou à ne pas faire une chose où le devoir n'était pas engagé. — Certes je ne regarderais pas comme honteux de délibérer si je donnerai ou ne donnerai pas une leçon en ville, en mettant dans la balance le prix que l'on m'offre. — Et le cas était le même pour vous.

L'expression était assez équivoque, et en même temps le sens qu'elle pouvait avoir n'avait rien d'assez choquant, pour que la question de Cousin ne fût pas naturelle. Conclurez-vous de ce qu'il la fit qu'il vous soupçonnait d'être un homme intéressé, qui ne vouliez d'une place de philosophie que pour avoir une bonne place. C'est ce que vous avez conclu, et vous avez trop conclu.

La seule conclusion légitime était qu'il vous soupçonnait d'hésiter à faire des articles par des considérations pécuniaires, et certes je ne vois pas que le soupçon fût si déraisonnable, attendu l'équivoque de l'expression; ni si injurieux, puisqu'il n'y avait pas de honte à hésiter par de telles considérations quand, du reste, le devoir et l'honneur n'étaient pour rien dans l'affaire. Il est vrai que je ne fis pas toutes ces réflexions dans le moment et que je crus réellement, quand Cousin me fit la question, qu'il voyait du mal à hésiter par de telles considérations : c'est pourquoi je repoussai cette interprétation du mot *conditions*. Mais, en y réfléchissant, je vis bien qu'une telle interprétation n'avait rien de fâcheux pour vous, et quel que fût le sens du mot *conditions*, on ne pouvait rien vous reprocher.

Cependant l'impression irréfléchie que m'avait faite la question de Cousin me conduisit à réfléchir à son caractère, à son aversion pour toute vue intéressée, et d'idées en idées j'en vins à penser combien il serait fâcheux pour quelqu'un de passer dans son esprit pour un homme ambitieux. A ce propos je me demandai si, par hasard, il ne vous soupçonnerait pas d'ambition ; je n'avais aucune raison valable de le croire ; mais, connaissant combien il juge vite un homme et combien il serait mauvais pour vous qu'il prît de vous une telle opinion, je me déterminai à vous prévenir sur ce sujet, afin de vous engager à éviter dans vos lettres tout ce qui pourrait susciter une pareille pensée, et, à cette occasion, je vous parlai de sa question à la lecture de votre lettre.

C'est ainsi que j'ai été conduit à écrire tout ce que je vous ai écrit sur ce sujet, ajouterai-je même une autre raison qui m'y détermina? Oui, car je veux tout vous dire. Vous savez assez combien vite une idée en amène une autre, et avec quelle rapidité les pensées s'associent dans notre esprit. — Conduit comme je vous l'ai dit à me faire cette question : Cousin soupçonnerait-il Damiron de vouloir d'une philosophie par ambition ? Cette question me conduisit à son tour à me demander : qu'est-ce qui pourrait l'avoir conduit à ce soupçon ? Vous voyez que je faisais une question hypothétique sur une autre question hypothétique : mais l'inquiétude de l'amitié veut être tranquillisée même sur les hypothèses : je me mis donc à rêver comment aurait pu lui venir cette idée et voilà qu'il me vint une pensée qui me causa de la peine ; si, par hasard, me disais-je, en parlant souvent pendant le courant de l'année de Damiron à Cousin, en lui représentant qu'il était digne d'avoir une chaire de philosophie, en répondant de mon mieux à toutes les objections qu'il me faisait, il s'était imaginé que c'était Damiron qui me poussait, et qu'il eut interprété mal de si vives sollicitations, et qu'il eut cru que c'était un manège d'ambition !... Je vous avoue mon ami, que cette idée me fit peine, et que la possibilité que je vous eusse fait tort en croyant vous servir, que j'eusse donné de vous à Cousin une opinion si contraire à la vérité, que je vous eusse fait passer pour un ambitieux dans son esprit quand vous l'êtes si peu, et quand je sais si bien que vous ne l'êtes pas, je vous avoue, dis-je, que la possibilité de vous avoir fait un tel mal, sans le vouloir, me donna presque du remords, bien que le crime ne fut qu'une hypothèse à propos d'une autre hypothèse, et bien qu'il eût été commis sans intention, s'il eût été commis. Je cherchai donc à me rappeler ce que Cousin avait coutume de me répondre quand je lui parlais de vous, à me représenter de quel air il m'écoutait, afin de trouver quelque probabilité pour ou contre la possibilité de vous avoir fait ce tort auprès de lui. — J'avoue que je ne trouvai rien de décisif ni *pour* ni *contre*, et que, si je crus me rappeler quelques phrases *pour*, mon inquiétude seule leur donna une valeur que ma raison ne leur trouve plus à présent.

Néanmoins, *cette possibilité* toute possibilité qu'elle fût, m'engagea de plus en plus à vous prévenir sur ce sujet; delà tout ce que je vous ai écrit. Ai-je donc mal exprimé ma pensée ? Vous ai-je montré la chose comme *certaine* ? Enfin y a-t-il dans ma lettre de quoi motiver et justifier votre chagrin et la sérieuse manière dont vous l'exprimez ? — C'est de quoi je vous prie de vous assurer, car je me reprocherais vivement d'avoir donné lieu bien mal à propos à une rupture entre deux amis également chers et dignes de s'estimer, et qui s'estimeront à coup sûr dès qu'ils se connaîtront.

Quoiqu'il en soit de mes expressions et du passage de ma lettre, il résulte de la longue explication que je viens de vous donner et que *je devais* vous donner, il résulte, dis-je, qu'il n'y a pas lieu de croire que Cousin vous soupçonne de tout ce dont vous l'accusez de vous soupçonner.

Il résulte, en second lieu, que dans le cas *possible* où il vous soupçonnerait, ce soupçon serait mon ouvrage involontaire, et ne devrait pas lui être reproché. — Me direz-vous qu'il n'a pu sans injustice concevoir ce soupçon sur ce fondement seul que je lui parlais de vous et que je vous représentais comme digne d'être placé en philosophie ? — Je répondrais qu'il l'a pu sans injustice; souvent le zèle est imprudent, et il l'est d'autant plus aisément qu'il est de meilleure foi. Je ne suis pas adroit, de mon naturel, et je le suis d'autant moins que je ne veux ni ne cherche à l'être. — N'aurais-je donc pas pu donner à mes expressions une tournure défavorable ? — N'aurais-je pas pu traduire mal mes intentions et les vôtres, et faire des contre-sens involontaires ? — Cela est *possible*. Le soupçon en question est donc *possible* aussi : ce soupçon *possible* est aussi d'une *justice* et d'une *équité possible*.

N'accusez donc pas Cousin. Vous ne pouvez l'accuser que sur une *possibilité*; et dans cette *possibilité même* vous ne devez pas l'accuser.

Du reste, je verrai si ce que je juge *possible* est *réel*; je l'interrogerai; je lui exposerai franchement ce qui est, et si le soupçon existe dans son esprit je le détruirai, en vous justifiant.

Mon ami, voilà une longue explication; vous me la pardonnerez : il fallait que je vous la fisse. Comment pourrais-je souffrir que vous cessassiez d'estimer Cousin si digne d'estime? et que vous en vinssiez-là par ma faute : votre injustice envers lui serait *mienne*, car je l'aurais causée. Cela ne doit point être. Désavouez ce que vous avez dit, réconciliez-vous. Songez que je suis responsable de cette brouillerie, parce que j'en ai été l'occasion; et que si elle subsistait, j'en aurais du remords. Je ne veux pas être un *tatillon* même involontairement.

Art. 2. — Mon premier article a été si long que vous me permettrez bien d'abréger un peu celui-ci. Il traitera uniquement de la métaphysique.

J'ai à vous parler de trois morceaux et d'une question que vous m'avez envoyés. Je procède par ordre :

1° Vous montrez dans votre premier morceau que les impressions sensibles produites en nous par des causes étrangères, qui se résolvent dans la cause divine, ne détruisent pas notre liberté, parce qu'elles ne forcent pas notre volonté. Vous le prouvez par les faits et votre preuve est très bonne. J'admets tout ce que vous dites.

Mais la question de l'accommodement de la liberté avec le principe de causalité n'est pas la question que vous avez traitée.

La question de l'accommodement est celle-ci : *d'une part*, disent les adversaires de la liberté, vous admettrez qu'il est *universellement* et *nécessairement* vrai que tout fait qui commence à exister a une cause; de *l'autre* vous admettrez que les actes ou déterminations de la volonté sont libres, c'est-à-dire ne sont pas *causés*. Or, il y a contradiction entre ces deux assertions ; ou le principe de causalité n'est pas universel et nécessaire, ou les actes de la volonté sont causés, car ces actes sont des faits qui commencent à exister. Si vous prétendez que les actes ont leur cause dans la volonté ou la faculté de vouloir, vous ne faites que reculer la difficulté, car on vous dira : quand la volonté se détermine à agir, ces déterminations sont des faits qui commencent à exister et qui doivent être causés si le principe de causalité est universel et nécessaire. Ainsi, il faut sacrifier le principe de causalité qui périt tout entier dans une seule exception, ou bien la liberté humaine. Voilà la question, mon ami. A cette question je ne vois rien à répondre.

L'argument me paraît être difficile à rétorquer par un autre argument : je ne vois que les *faits* qui puissent nous tirer d'affaire. Je pose ces deux faits. 1° Je suis libre; 2° je crois que le principe de causalité est universel et nécessaire. Ces deux faits se contredisent : mais ils sont, et il faut les admettre bien qu'ils se contredisent, car il est possible que nous ne voyions pas comment ils s'accordent, tandis qu'il est impossible que des faits qui sont ne soient pas ;

2° La *question de mot* que vous me faites est celle-ci : Cousin a-t-il dit la *causalité est l'instrument de la volonté?* Oui, il l'a dit : il voulait expliquer comment s'accordent la liberté et la causalité et il disait pour l'expliquer que la *causalité ne régnait pas sur la volonté, mais qu'elle était son instrument.* Je n'ai jamais compris cette explication ;

3° Votre second morceau est une inspiration. Ce n'est pas comme morceau de métaphysique qu'il faut le juger, mais comme morceau de style et de sentiment. Sous ces deux rapports je le juge bon. Je comprends le sentiment, et j'approuve l'expression ;

4° Votre troisième morceau, est un grand morceau, est un véritable paquet. Je l'ai lu, mais je suis incapable de le juger, attendu que je n'ai pas d'opinion sur le raisonnement. Voici des observations qui vaudront ce qu'elles pourront ;

1° Tout ce que contient le morceau me paraît vrai, c'est-à-dire que votre analyse me semble juste ; tous les faits qu'elle découvre, je les découvre en moi dans le cas déterminé. Ainsi ne craignez pas de vous être fait illusion : vous marchez bien. Vous pouvez continuer ;

2° Mais votre but n'est pas sans doute de découvrir ce qu'est tel raisonnement nécessaire, mais ce qu'est tout raisonnement nécessaire : or, ce que vous découvrez dans l'actuel du raisonnement nécessaire que vous avez choisi, pouvez-vous le généraliser et affirmer qu'il se trouve dans l'actuel de tout raisonnement nécessaire? Premier doute. Ce qui peut être dit de l'origine et de la certitude du raisonnement pris par vous, peut-il être dit de tout raisonnement nécessaire? Deuxième doute. En un mot, êtes-vous bien sûr que tout raisonnement nécessaire ressemble au raisonnement que vous avez analysé? Nul doute que puisque ce raisonnement est nécessaire, il ne renferme quelque chose qui se retrouve dans tout raisonnement nécessaire, et ce quelque chose de commun est ce qui fait que le raisonnement est nécessaire. Mais il faut dégager, ce me semble, ce quelque chose de commun et montrer qu'il est réellement commun à tout raisonnement nécessaire. C'est là le point. De même, quand vous aurez analysé toutes les espèces de raisonnements, il faudra dégager ce qui est commun à toutes ces espèces de raisonnements, et ce quelque chose de commun sera précisément ce qui constitue le raisonnement de quelque nature qu'il soit.

Le but de cette observation est de vous engager de tendre au général et, en second lieu, de ne vous occuper, dans l'analyse des raisonnements particuliers, que de ce qui est essentiel, soit à l'espèce de raisonnement à laquelle ces raisonnements particuliers appartiennent, soit au raisonnement en général;

3° Je pense que l'on peut arriver à déterminer ce qui fait l'essence du raisonnement en général et de chaque espèce de raisonnement en particulier de deux manières : 1° En analysant des raisonnements particuliers et en les résolvant dans tous leurs éléments, puis en comparant les résultats de ces diverses analyses, et en dégageant ce que ces résultats ont de commun : c'est je crois votre méthode; 2° en cherchant à saisir d'avance, par un coup d'œil rapide jeté sur tous les raisonnements, le point qui est l'essence du raisonnement, et en étudiant ce point essentiel et constitutif dans les diverses espèces de raisonnement. Cette marche est plus expéditive et c'est peut-être pour cela que je la préfère : mais elle est moins sûre. Elle est *a priori ;*

4° En réfléchissant un peu sur ce point essentiel et constitutif et en cherchant à le déterminer *a priori*, voici les conjectures auxquelles je suis arrivé :

1° Dans tout raisonnement on part de quelque chose de connu et on arrive à quelque chose d'inconnu;

2° Il arrive souvent qu'après être arrivé à ce premier inconnu, on en part comme d'un point de départ pour arriver à un deuxième inconnu. Quand un raisonnement contient vingt transitions semblables, ce n'est pas un raisonnement mais vingt raisonnements, vingt répétitions de la même opération. Pour étudier l'opération elle-même, il suffit de la considérer dans la transition d'un connu à un inconnu, elle est là tout entière ;

3° Qu'y a-t-il donc ni plus ni moins dans tout raisonnement ? Il y a : 1° un point de départ ou une connaissance acquise antérieurement au raisonnement ; 2° une connaissance à laquelle on arrive et qui est acquise par le raisonnement ; 3° il y a enfin une transition du point de départ au but; un pont qui, le point de départ étant donné, mène au but; et cette transition, ce pont, est une troisième connaissance telle qu'elle montre, que le point de départ étant donné, le but, ou la connaissance finale, est donné aussi ;

4° Il n'y a que ces trois choses dans tout raisonnement possible. Or, laquelle de ces trois choses constitue le raisonnement ? Ce n'est pas la première. La première est le point d'où part l'esprit quand il raisonne. Ni la deuxième ; la deuxième est le point où il arrive en raisonnant. C'est donc la troisième ; et, en effet, c'est par elle que l'esprit, partant de la première, arrive à la deuxième, c'est-à-dire produit le résultat du raisonnement;

5° L'essence du raisonnement est donc dans la connaissance qui, du connu, mène à l'inconnu et le détermine. C'est dans l'invention de ce lien, de cette connaissance, que consiste l'opération de l'esprit quand il raisonne ; et c'est dans la nature de cette connaissance, dans sa validité, dans sa certitude qu'est la nature, la validité et la certitude du raisonnement ;

6° C'est donc à l'étude de cette connaissance intermédiaire que se borne l'étude du raisonnement considéré dans sa nature et dans sa certitude ; et c'est à l'étude de l'opération que fait l'esprit quand il conçoit ce lien comme un lien, que se ramène l'étude psychologique de la faculté de raisonner ;

7° Or cette connaissance intermédiaire est toujours, dans un raisonnement considéré grammaticalement, la proposition générale ou universelle, ce qu'on appellerait *majeure* dans l'Ecole. Dans ce raisonnement, par exemple : tous les hommes sont mortels, or Pierre est un homme, donc Pierre est mortel ; il est évident que le point de départ de l'esprit n'est pas la première proposition, mais la deuxième. L'esprit part de ce fait connu : Pierre est un homme, il arrive à ce fait inconnu : Pierre est mortel, et il y arrive par cette proposition, qui constitue le raisonnement : tous les hommes sont mortels.

Les scholastiques ont dénaturé le raisonnement en plaçant toujours, dans la traduction matérielle qu'ils ont donnée de l'opération de l'esprit, la proposition générale, la première ;

8° Cette proposition, qui sert de transition, est nécessaire dans tout raisonnement, puisqu'elle le constitue ; c'est sa vue qui détermine l'esprit à faire le saut qu'il fait : elle est dans tout raisonnement, soit exprimée, soit sous-entendue ;

9° C'est de sa certitude que découle la certitude du raisonnement (le point de départ fût-il faux, le raisonnement n'en sera pas moins bon et certain toutes les fois que la proposition qui le constitue sera certaine et qu'elle unira légitimement les deux termes) ; c'est de la nature de sa certitude que découle la nature du raisonnement ;

10° Une fois le point à étudier étant déterminé, il reste

à savoir quelles questions il faut résoudre sur ce point. En voici quelques-unes :

1° Quelles sont toutes les espèces de propositions qui peuvent servir de transitions ? Déterminer la nature de la certitude de chacune de ces espèces de propositions, ce sera déterminer toutes les espèces de raisonnements. Car ils ne diffèrent que par là. Ainsi on trouvera, par exemple, que les principes nécessaires peuvent servir de transitions. Alors le raisonnement est nécessaire. Ces principes nécessaires sont de deux espèces : ou identiques, c'est-à-dire affirmant le même du même, la partie du tout, etc., ou synthétiques, c'est-à-dire unissant des notions qui ne se contiennent pas comme le principe de causalité. De là des raisonnements nécessaires de deux espèces. Les raisonnements nécessaires identiques sont inféconds. Les autres sont féconds, ils révèlent l'inconnu. Il faut aussi observer que ces derniers raisonnements se font souvent malgré vous. On trouvera aussi que le principe d'analogie, de similitude, de constance des lois naturelles servent de transition à une foule de raisonnements. Ces raisonnements sont alors probables et plus ou moins probables, etc. ;

2° En quoi consiste le rapport de la proposition qui unit avec les deux termes ? En d'autres termes, comment les unit-elle ?

3° Quelle est l'opération de l'esprit qui invente la proposition ou connaissance intermédiaire, et comment l'esprit perçoit-il le rapport que cette connaissance inventée établit entre le point de départ et le but ? En un mot, quelle est l'opération de l'esprit qu'on appelle *raisonner* ? etc., etc.

Voilà, mon ami, ce que je peux vous dire sur le raisonnement. Vous devez voir que ce ne sont que des aperçus, des conjectures, plus ou moins fondés ; je propose, je n'affirme rien.

Mon second article a été plus long que je ne voulais le faire. Il est deux heures du matin : je comptais finir ma lettre, mais je suis obligé de décompter. Le temps vole avec vous.

Art. 3. — Bonjour, mon cher, je reviens à vous avec l'aurore : quel beau temps ! il pleuvait hier à verse; aujourd'hui l'air est doux et le ciel pur, on croirait sentir déjà la température du printemps. Je vais vous donner des variétés :

1° Faut-il vous parler de politique? Je devrais bien laisser cet article à Trognon; mais il vous écrit peu et c'est une perte pour vous : nul ne sait mieux tout ce qui se passe ; nul n'est mieux au fait des moindres bruits, des moindres intrigues : c'est ma gazette vivante; les jours où je le vois, je me dispense de lire les journaux, il en sait plus qu'eux, et comme il n'est pas soumis à la censure, il dit tout : c'est merveilleux. Or donc vous saurez en gros que nous avons quatre partis dans la Chambre.

1° Les ministériels purs ; 2° les ultra ; 3° les libéraux ; 4° un parti qui s'est formé au sein des ministériels, et qui prend la liberté de n'être pas toujours de l'avis du ministère, comme MM. Bourdeau, Courvoisier et autres ; ce quatrième parti a à sa tête dans la Chambre des députés MM. Jordan, Royer-Collard, Beugnot, et à la Chambre des Pairs M. de Lally et autres. C'est ce parti qui a voté pour le projet de loi de la presse en proposant l'amendement important du jury, — et qui vote pour la loi du recrutement en proposant l'amendement du vote annuel. Ce parti plus indépendant que le parti ministériel, tend au libéralisme qui est le vœu et l'opinion de la nation. Les uns disent que ce parti se détache par prudence du ministère qui est si faible, si peureux, qui impatiente tellement l'opinion par les lois d'exception, qu'on pourrait bien le voir tomber un de ces jours. Les autres pensent que ce parti se détache du ministère, non pas par habileté, mais par principe et de bonne foi, *Adhuc sub judice lis est*. Pour moi je ne puis douter de la loyauté de M. Royer et de M. Jordan ;

2° L'amendement du jury ayant été rejeté, — ce quatrième parti a voté contre le projet avec les ultra et les libéraux, et c'est ce qui a fait que la majorité ministérielle a été si faible. Cette pauvre majorité est bien affaiblie : il ne lui reste d'homme à talent que M. Courvoisier. Les orateurs qui faisaient sa force et sa gloire sont compris dans le parti nouvellement éclos. MM. Royer, de Serre, Beugnot et Jordan. Les *ultra* battent la campagne : leur position est fausse et leurs contradictions font pitié. Il y a parmi eux des hommes si maladroits qu'ils trahissent de toutes parts les sentiments et les désirs secrets du parti ; il suffit de nommer MM. de Salaberry, de Causans, Cornet d'Incourt etc... ces gens là font grand tort à MM. Corbières, Benoit et surtout à M. de Villèle homme prodigieusement adroit et habile qui manœuvre dans sa fausse position avec un admirable talent. Du reste l'opinion s'est retirée des *ultra*, on se rit d'eux partout : cela les irrite et leur colère et leur dépit ne servent qu'à les rendre plus ridicules. Au contraire l'opinion seconde et anime les libéraux et donne de la force et de la faveur à tout ce qu'ils disent. Ceux-là sont placés dans la position vraiment nationale, et bien que quelques hommes parmi eux ne soient pas irréprochables, on oublie ce qu'ils sont pour ne penser qu'à ce qu'ils disent. Ce qu'ils disent, les doctrines qu'ils défendent sont si évidentes, si claires, si conformes à la justice et à la raison, que le plus mince orateur en les proclamant fait toujours plus d'effet que le plus habile des *ultra* ou des ministériels. A la tête des libéraux sont MM. Bignon, homme d'un grand talent, Chauvelin, d'Argenson, Laffitte, etc..., et dans la Chambre des Pairs, MM. de Broglie, de La Rochefoucauld-Liancourt, de Crillon, de Boissy d'Anglas, etc. L'opinion les seconde et les anime, elle seconde, anime tout ce qui se rapproche d'eux et c'est pourquoi : MM. Royer, Jordan, etc., l'ont reconquise après l'avoir perdue ;

3° Ces quatre partis ont leurs appuis en dehors dans les faiseurs de brochures et les journaux. M. de Chateaubriand est le champion des *ultra* : mais sa dernière brochure est si faible et si maladroite qu'elle montre clairement la faiblesse de la cause qu'elle défend. A la même œuvre concourent *la Quotidienne* honnie partout, la vieille *Gazette*, quelques journaux clandestins et quelques ouvrages imprimés à Lyon où l'on commente l'Apocalypse, où l'on prêche des superstitions absurdes et que les prêtres répandent dans les écoles, dans les séminaires et dans les campagnes ;

4° *Les Archives* peuvent passer pour le journal du nouveau parti semi-ministériel et semi-libéral. — Ce parti a de nombreux appuis au Conseil d'Etat et chez beaucoup de gens sages et modérés ;

5° *Le Mercure, le Journal du commerce, les Lettres Normandes*, une foule innombrable de brochures et de feuilles périodiques défendent le libéralisme. Mais son meilleur défenseur est M. de Constant qui vaut à lui seul une armée, parce qu'il est toujours prêt, qu'il écrit bien et qu'il est plus fort sur les matières politiques que ceux qui l'attaquent ;

6° Le ministère a presque tous les journaux quotidiens pour lui. Le journal de Paris est composé à la Police, les annales à l'Intérieur, etc. M. Villemain est le plus distingué des faiseurs de brochures de ce bord. Il a répondu à M. de Chateaubriand ; mais la réponse est digne de l'attaque. Villemain est un pauvre politique ;

7° Je vous ai nommé les principaux orateurs des Chambres, — certes, dans aucun pays et à aucune époque on n'a vu une Chambre des députés égale à la nôtre. Aucune assemblée délibérante (sauf peut-être la première Constituante) n'a offert des discussions aussi profondes, aussi vastes, aussi complètes que les deux dernières discussions sur la presse et le recrutement. Nous devons, mon ami, être fiers de notre patrie : elle a du premier saut conquis la gloire de la tribune sur toutes les nations de l'Europe. Mais, au nom du ciel, lisez les discours dans *le Moniteur*. Vous ne concevez pas combien ils sont défigurés, appauvris, dans tous les autres journaux. Lisez les dans *le Moniteur :* ne vous effrayez pas de ses immenses colonnes ; je vous réponds que la lecture ne vous ennuiera pas ;

8° La loi de l'instruction ne sera pas présentée cette année. M. Royer garde ses places. Il a répondu, il est vrai, à M. Lainé qui lui reprochait sa défense du jury, que *les consciences ne se vendaient pas en France* ; mais, il est difficile aux ministres de déplacer un homme dans un pareil cas. Ils se feraient tort à eux-mêmes ;

9° Je n'ai point d'avis à vous donner sur *les Archives*, c'est selon vos richesses. Le journal est bon : je crois que si j'étais en province je m'y abonnerais : mais je n'y suis pas. Trognon y fait des articles ;

10° Je suis aussi pauvre que vous en correspondance. L'ardeur de nos amis s'est bien attiédie. Perreau est retombé dans sa paresse, c'est une vieille habitude ; Vernadé, Mancy sont muets ; Fourteau a écrit, j'ai répondu ;

11° Vous voulez que je vous parle de mon cours : je ne puis vous envoyer mon plan : je n'en ai pas le temps. Je vous enverrai à Pâques mon programme ; j'ai treize élèves à Bourbon, dix-sept à l'École. Trois à Bourbon pourront concourir avec succès, du reste je ne sais *comment j'ai pris*. Le professeur est toujours le dernier qui le sache...

12° Pourquoi n'ai-je pas le loisir d'en écrire davantage ? mais j'en ai plus écrit déjà que je n'espérais. Je me hâte de finir pour commencer ma leçon.

Adieu, mon cher ami,

Tout à vous.

Th. Jouffroy.

Je vous avertis que vous écrivez horriblement mal et que vous devenez illisible.

A Perreau

25 mars 1818.

..... A trente ans, l'âge des folles amours est passé ; nous sentons notre dignité, nous voulons la garder et nous en avons la vertu ; nous ne tombons point à genoux devant la première idole qui se présente ; nous ne baisons point subitement la première main qui veut nous enchaîner. L'amour n'est plus un culte, la femme un tyran qui nous subjugue nous-mêmes, pauvres esclaves qui nous laissons aller à ses lois et qui brisons notre volonté devant ses caprices. Notre amour est une noble amitié, un traité d'alliance d'égal à égal ; point de folie, point d'abnégation de raison et de volonté ; un charme puissant attire l'un vers l'autre l'homme et la femme ; ils cèdent, mais ils auraient pu résister, et ils ne cèdent que parce qu'ils trouvent raisonnable et honorable de céder ; là liberté subsiste tout entière et la honteuse fatalité de la passion n'a pas poussé et enfermé pour la vie, dans la même maison, deux êtres qui ne se connaissent pas et qui se haïront peut-être dès qu'ils se connaîtront.

A Perreau

Mars 1818.

..... Je brave avec assez de courage la tempête, assis devant mon foyer pétillant, et pendant que mes fenêtres crient sous l'effort et que ma cheminée gronde, je me souviens des conseils du curé de mon village et je prie Dieu pour ceux qui ont bâti les maisons.

Solitaire et délaissé, je ne me plains pas de ma solitude et de mon délaissement et, toujours d'après les maximes du vénérable prêtre, je cause avec mon feu, conversation qui, selon lui, n'a pas tous les agréments, mais n'a pas non plus tous les ennuis des conversations ordinaires.

Souvent, au milieu et au plus fort de ces entretiens muets, il m'arrive, comme à Robinson, de regretter le son de la voix humaine et de penser aux douceurs des veillées de famille ; alors, je me demande s'il est bon que l'homme vive seul, avec son feu, des livres, des plumes, de l'encre et du papier, et le tout finit par une dissertation philosophique qui fait oublier les regrets.

De toutes les sentences qu'aient jamais énoncées les moralistes, les législateurs, les poètes et les sages, la plus vraie et la plus profonde, à mon sens, est celle-ci :

Vanitas vanitatum et omnia vanitas. Je l'ai traduite en grec, en français, en anglais, en italien, en espagnol et en patois pour mon usage, et sous toutes ses formes, je l'aime et l'admire; elle me console et m'encourage; elle se trouve d'accord à la fois avec mon humilité et mon orgueil, et je me plais à l'appliquer et à l'appliquer encore : c'est ma muscade à moi, je la fais entrer partout; elle est l'assaisonnement habituel de toutes mes réflexions et la pensée dominante de mes pensées.

Et que s'ensuit-il, me demanderez-vous? Il s'en suit que tout bien considéré, il est assez indifférent de vivre seul dans un grenier, ou en compagnie dans un salon; d'être pauvre ou d'être riche, philosophe ou marchand, cuistre ou non cuistre. La vie est si courte, si vaine dans sa brièveté, qu'il importe peu comment elle s'écoule; il faut s'y abandonner. Pour moi, je me couche au fond de la barque et je laisse aux vents le soin de la guider; je ne me dérangerai pas pour la pousser vers des rives heureuses qui fuient à mesure qu'on approche, ni pour avancer ou retarder le moment du naufrage. Qu'ai-je à craindre, si je garde pendant la traversée le trésor de l'honneur et si je pars avec lui?

Que serons-nous dans quarante ans si nous vivons encore? Où notre nacelle nous aura-t-elle conduits l'un et l'autre? Grande question, dirait le vulgaire. Petite question, mais question curieuse, selon moi, d'autant plus curieuse que je n'ai pas le moindre dessein, pas le moindre plan, et que le hasard tout seul m'aura mené où je serai. Qu'aura-t-il fait ce hasard? Par quels chemins aura-t-il passé? Auquel de ses caprices possibles aura-t-il cédé? Je ris et je pleure à cette pensée : elle est comique, parce qu'elle nous montre les hommes dupes; attendrissante, parce qu'elle nous fait entrevoir le vague avenir; charmante sous ces deux points de vue. Quand nous serons vieux, nous nous retrouverons peut-être, mon ami; nous nous rappellerons l'Ecole et ces lettres que nous nous écrivons; nous dirons avec Francaleu :

..... « pendant l'intervalle écoulé
La parque à la sourdine a diablement filé. »

et nous causerons de nos destinées semblables ou différentes, avec gaieté, j'espère, ou tout au moins avec le calme de consciences sans reproche. Mystères de l'avenir, quels que vous soyez, ou terribles comme ceux des forêts de la Gaule, ou riants comme ceux des bois sacrés de la Grèce, je vous envisage sans effroi, mais non pas sans ce frémissement délicieux que fait naître au cœur de l'homme tout ce qui est inconnu. Oh! que si quelque divinité obligeante voulait vous dévoiler à mes yeux, combien je la remercierais de sa bonne volonté; je vous aime, non pas comme contenant ma destinée, mais comme me la cachant; c'est votre obscurité qui me la ravit, et je vous adore comme le *Dieu inconnu* auquel les Romains élevèrent des autels.

A M. Damiron (sans adresse)

Paris, le 12 avril 1818.

Je vous vois, je vous entends, je vous comprends, vous vous impatientez, vous grondez, vous boudez, que fait-il? Est-il mort ou vivant? Est-ce oubli, mauvaise volonté, ou impossibilité? Deux mois, trois mois,

> ... « La poésie a ses licences, mais
> Celle-ci passe un peu les bornes que j'y mets. »

En effet, je suis prodigieusement en retard, mon cher; heureusement je ne suis pas sans excuse : mais vous croirez que j'en ai de bonnes, sur ma parole, et je ne vous fatiguerai pas d'une énumération plaintive et ennuyeuse. J'ai fait mes preuves d'exactitude, je puis vous dire avec confiance comme Françaleu à Damis : « Tenez j'ai toujours eu l'amour de l'ordre en tête » sans craindre un démenti : et vous penserez qu'il a fallu une terrible complication d'événements pour qu'un homme si *ordonné*, manquât à l'ordre, surtout avec vous.

Mais voici une petite lettre de vous qu'on m'apporte; des reproches, des sermons, je tremble de l'ouvrir... Allons! je suis assez content de vous, vous êtes bon homme et vous grondez peu; seulement vous faites une hypothèse qui n'a pas de fondement : aucun paquet n'a été intercepté, parce qu'aucun ne fut envoyé. Je n'ai de plus jamais promis de vous écrire. Quand nous allâmes à Bicêtre, je venais de vous écrire : c'était vous qui me deviez ; ainsi il n'y avait pas lieu de promettre. Depuis ce temps je n'ai personne revu des *vôtres*, donc je n'ai jamais promis ; — jamais, je me trompe, il y avait un vieil engagement d'amitié entre nous deux, qui valait bien des promesses nouvelles et qui suffisait pour me donner des remords toutes les fois que je pensais combien il y avait de temps que je vous devais une lettre.

Or, enfin, me voici. Il n'importe guère par quelle idée commencer, n'est-ce pas? Aussi je m'accroche à ce discours que vous brochez secrètement, que votre esprit compose en *tapinois*, et je me demande si depuis le mémorable discours de distribution que Trognon fit et prononça à Langres, discours où selon lui il y avait de si belles choses et de si fortes phrases, discours qui fit frémir toutes les vieilles souches du pays, et s'agiter de plaisir tous les jeunes rejetons moins enfoncés qu'elles dans l'ultra royalisme, discours plus remarquable que bien d'autres qui sont imprimés, discours à propos duquel Alexandre prononça ces paroles célèbres : *il me faudrait huit jours pour accoucher d'une semblable période;* discours enfin qui est *peut-être* avec quelques morceaux de la *Thèse sur le Tasse*, ce que l'auteur a jamais écrit de mieux, mais que l'*Eloge de Rollin* surpassera encore, ce qui prouve que le susdit auteur fait des progrès dans sa manière, et ce qui prouve qu'à force d'avancer il ira loin ; je me demande donc, si depuis ce mémorable discours, l'Université aura jamais retenti de paroles aussi éloquentes que celles que vous alignez à présent dans l'ombre de votre cabinet. Quand verrai-je cette œuvre de *Ténèbres?* Est-ce dans deux, trois, quatre mois? Hâtez-vous, mes mains sont impatientes de la tenir, puisqu'elle doit passer par elles; elles manient avec assez d'habileté le ciseau de la critique; elles ne sont point novices à ce métier : n'ont-elles pas taillé jusqu'au vif dans beaucoup d'œuvres de notre honorable ami? N'ont-elles pas été appelées, l'année dernière, à souligner toute une tragédie en trois actes, dans laquelle il y avait autant de sottises que de vers, et un peu plus de solécismes que de mots ; tragédie qu'un Langrois de la connaissance de Varney avait tirée de son lugubre cerveau ? Ces magnifiques preuves de leur expérience doivent vous confirmer dans le dessein de nous envoyer ce discours. Je ferais presque des articles dans *la Quotidienne*, et peut-être même serais-je de force à m'élever et à me soutenir à la hauteur du feuilleton.

Idées, style, composition, distribution, transitions, je jugerai tout, mais il faut que je vous avertisse d'une chose : c'est que, pour moi, l'idéal du style en prose quand on ne fait pas des oraisons funèbres, c'est le style de Voltaire, c'est-à-dire, la simplicité, l'élégance, la facilité, la grâce, l'harmonie, la clarté : et c'est ce système, qui fait le désespoir de Trognon, lui qui écrit par périodes, par tours forts et tendus, comme Thomas. — Ainsi, mon très cher ami, vous êtes prévenu du goût de votre juge : fléchissez, pliez, ou tremblez.

J'attache une très grande importance aux discours de distributions qui se font dans le sein de l'Université. J'espère que ces discours parviendront à constituer un genre comme les discours académiques, genre qu'aura créé le génie universitaire et qui consacrera sa gloire. Peut-être, quelque jour, verra-t-on quelque aspirant au Doctorat, *ad Doctoris gradum promovendus*, faire une thèse sur ce genre, et lui chercher des règles. C'est là le soin de ceux qui viennent trop tard. Votre partage à vous et à tous ceux qui comme vous, sont appelés à créer le genre, est plus noble et plus beau. Il vous est réservé de jeter les modèles d'où les règles seront tirées. Suez donc à cette œuvre, et faites du bon, du grand, du durable. Timide, et n'osant m'élever jusque-là :

> « Vous me verrez pourtant, dans ce champs glorieux
> Vous animer du moins de la voix et des yeux.
> . . . .
> Seconder votre ardeur, échauffer vos esprits
> Et vous montrer de loin la couronne et le prix. »

Ainsi, j'aurai autant qu'il est en moi contribué à la gloire commune. C'est cette réflexion qui me console quand je vois Trognon s'élever si haut par-delà le point où pourraient atteindre mes plus vigoureux efforts. Je le critique :

« Censeur un peu fâcheux, mais souvent nécessaire ».
— Et je me dis : O mon esprit, mettons-nous à notre place et contentons-nous du modeste emploi d'aider les autres à faire de grandes choses. — La sage-femme, bien qu'elle ne produise pas elle-même, n'est-elle donc point utile encore en facilitant la production?

Quelle noble comparaison j'ai là trouvée ! ne vous avisez pas d'en fourrer de cette espèce dans votre discours. Tout m'est permis à moi, comme tout est permis aux officiers de police. Mais je ne serais pas d'humeur, non plus qu'eux, à tolérer chez les autres les licences que je me donne.

Quant à vos élucubrations sur le raisonnement, je suis également prêt à les recevoir. Je lirai et les élucubrations et le discours. Je donnerai mon avis *de utroque*. C'est bien que les élèves de l'École produisent ainsi. Je suis fou des auteurs ; je trouve que c'est une admirable profession ; aussi Trognon me ravit. Il est né auteur, il vivra tel, il mourra tel ; puissent beaucoup d'autres l'imiter. Quel plaisir de compter les ouvrages petits et gros, littéraires et philosophiques, qui sortiront de cette célèbre École, d'en combler des rayons tout entiers, et de dire avec orgueil : voyez-vous cette suite de volumes qui font plier ces planches sous leur poids? Tout ce papier imprimé et relié est couvert des nobles ouvrages d'élèves de l'École. Et moi je suis de cette École. Respectez-moi : ces livres, qui ne sont pas de moi, me couvrent de leur gloire ; le berceau où ils naquirent fut le mien, en voyant de quels hommes je fus le condisciple, concevez de moi une grande opinion ; écoutez-moi parler, et recueillez mes paroles, et taisez-vous vous-même. Que pourriez-vous m'apprendre? que pourriez-vous dire d'intéressant pour un homme qui a hanté de si hauts esprits ?

Convenez qu'il sera bien doux par la suite d'avoir été élève de l'Ecole. Bloquel même et le déplorable Weraëghe seront honorés. Ils auront du mérite et de l'esprit à Amiens, à Arras, parmi les marchands de Lille et sur toute la surface de la Picardie et de la Flandre.

Quand pourrons-nous causer de ces sublimes espérances? Sera-ce cette année? Non; dont j'enrage. Vous allez arriver au mois d'août, vers la fin tout au plus tôt, et moi je serai loin. Je brûle de revoir mon village, voilà deux ans que j'en suis exilé. Mais au moins la correspondance ira; plus de philosophie qui empêche comme à présent. Oh! que je serai mieux disposé à faire de bonnes lettres alors que maintenant : les arbres, les plaines, les rochers, les sources d'eau vive sont agréables ailleurs que dans les églogues, quoiqu'on en ai dit. La nature repose et dispose l'esprit, elle anime l'imagination, l'enrichit et la pare, elle enchante le cœur et redouble l'amitié. Que dirai-je enfin à sa gloire? Elle élargit les idées et inspire les généreux sentiments. Pour moi, ici, dans Paris, en présence de ces tuiles, de ce pavé, de ces boues et de ces voitures, je suis incapable de sentir vivement, et d'échauffer une lettre. L'Ecole valait mieux; le silence, la solitude et la monotonie des spectacles qu'on y voyait avaient le mérite d'attrister. Et la tristesse est tendre. Mais ce bruit, cette mobilité d'objets secs et vides, distrait, fatigue, sans rien dire à l'âme; il faut s'ennuyer ou plaisanter. Pas de milieu. Aussi tout auteur comique doit se constituer habitant de Paris. S'il vit à la campagne, il ne fera rien de bon : il verra tout gravement ou mélancoliquement ; ses idées revêtiront ces couleurs : elles seront sérieuses ou tendres : il fera des livres comme l'Héloïse ou l'Histoire Naturelle, point de comédies, point de satires, point d'épigrammes. Connaissez-vous un auteur comique qui ait composé à la campagne?

Ainsi, mon cher, votre ami plaisantera si vous le voulez. Il vous donnera des nouvelles, si cela vous arrange, il parlera métaphysique, si la métaphysique peut vous plaire. Mais, adieu, adieu encore une fois les épanchements et les abondantes divagations d'une imagination triste ou gracieuse. Rien, rien. Je ne suis plus monté à ce ton-là. Je suis sec comme ces murs qui m'entourent, comme ces toits qui arrêtent et bornent mes regards.

Le croiriez-vous? Et vous le dirai-je? Oui, je vous le dirai, et vous le croirez et vous ne m'en aimerez pas moins. Mon amitié pour vous, pour mes amis, pour mes parents même, s'attiédit sensiblement en tant que sentiment. Je serais comme autrefois susceptible de me dévouer pour eux et pour vous. Mais froidement, par devoir, et non par élan et par entraînement. Qu'y faire? Je ne me reconnais pas moi-même et je doute de mon identité. Ma raison seule est la même, fidèle, constante, elle survit au reste : c'est sur elle que je me fie contre l'égoïsme.

Savez-vous que je méprise profondément cette sensibilité si variable, tantôt froide, tantôt chaude, passionnée ou muette sans raison, bondissante ou tranquille sans motif. Je la déteste, je l'abhorre ; elle me trahit, elle me manque, — et si je n'avais qu'elle et si elle était tout moi-même, je serais donc menacé de tout oublier ; de voir tous mes liens avec ce qui n'est pas moi rompus et anéantis. J'en viendrais donc, je pourrais donc en venir à n'avoir plus d'amis, ou du moins à ne mériter plus d'en avoir, à n'en conserver qu'à force d'hypocrisie ! Mon ami, ne vous fiez pas à ce qu'on appelle le cœur en nous; — c'est moins que rien; — je le vois, je m'en étonne, mais j'en suis convaincu. Tantôt tyran fatal, il nous fait aimer qui nous ne devrions pas aimer; tantôt lâche transfuge, il n'aime pas qui il faudrait aimer, et toujours la volonté est sans force contre ses aveugles mouvements; il faut qu'elle le laisse aller, qu'elle l'abandonne à ses lubies téméraires, et qu'elle se contente de commander les actions que la raison approuve. Eh! bien, quand on est à ce point d'agir autrement que le cœur dit, est-on hypocrite ? Je l'ai cru, je ne le crois plus. Tant qu'on agit comme on pense et comme on juge, on est franc et sincère, bien qu'on agisse autrement qu'on ne sent. — Sans quoi,

Brutus condamnant son fils à mort serait un hypocrite et un fourbe.

Stoïcisme! Stoïcisme! je t'invoque, je t'admire, je te rends justice. Oui il faut mépriser la sensibilité sous toutes ses formes et dans tous ses degrés, et se réfugier dans la pure raison. D'une part, mouvement, variation, folie; de l'autre, stabilité, constance, marche une, droite et sûre. Aussi voyez les gens à sentiment et à sympathie, ces femmes comme Delphine et Corinne, ces hommes comme Werther et autres. Insensés, mon ami, fous et folles à lier, à mettre à Bicêtre entre les murailles. Esclaves imbéciles de ce qu'il y a au monde de plus faible et de plus changeant, leur conduite est absurde, criminelle et lâche. Ce sont des poupées que des fils font danser. Pauvres marionnettes méprisables, toupies qui tournent sous le fouet, honteux et vils jouets de la fatalité interne.

18 avril 1818.

Or, j'en étais là quand je m'arrêtai; — je m'étais échauffé contre ma froideur, — j'avais écrit avec colère une diatribe contre l'impassibilité actuelle de mon cœur, et contre le cœur en général. Au bout de huit jours je relis la diatribe, j'observe la contradiction, et cette contradiction même me fait persister dans mes conclusions, en me prouvant de plus en plus combien est mouvante et perfide cette sensibilité devant laquelle il fut de mode de se prosterner, et à laquelle on osa commettre le soin de régler notre conduite morale dans des livres de boudoir qui firent fortune auprès des dames et des messieurs de ce temps-là.

Quelle que soit votre opinion, favorable ou contraire, j'espère que vous me pardonnerez la mienne, parce que vous êtes philosophe, et que vous avez beaucoup de respect pour toutes les propositions fondées sur les faits comme l'est celle-ci, pour moi. J'espère aussi que vous ne m'en croirez pas moins votre ami, que vous n'en compterez pas moins entièrement sur moi, parce que la partie sensible de mon amitié s'est considérablement affaiblie. Que si, il vous fallait absolument cette partie sensible, je vous prierais de suspendre votre réprobation jusqu'au temps des vacances, espérant que la vue du pays pourra ranimer en moi la sensibilité amortie et me rendre tous ces sentiments que Paris m'a ravis.

Du reste, à quelque chose malheur est bon ! Je profite de ce calme heureux que d'autres appelleraient sommeil, engourdissement, léthargie, apathie, égoïsme, pour travailler à mon aise à fortifier ma raison et à lui donner, quelques principes sur lesquels elle puisse s'appuyer soit que des orages s'élèvent, soit que le calme continue.

Je trouve que c'est une belle chose que la philosophie, quand elle spécule tranquillement loin des dangers, des séductions, à l'abri des impétueuses attaques de la passion, et des perfides tentations du monde. Elle décide, avec une merveilleuse facilité, comment il faut agir dans toutes les circonstances, et elle se confie avec une admirable bonhomie sur ses propres forces. L'avenir est pour elle la chose la plus simple ; les dangers possibles des bagatelles ; les combats futurs des espérances et des certitudes de triomphe. Elle ne doute de rien ; elle rit du hasard ; elle brave tout ce que contient le futur ; elle est présomptueuse et pleine de vanité. Je ne saurais mieux la comparer qu'à un fat, ou à un Gascon, ou à une jolie femme, ou à un homme ivre ; toutes gens qui sont charmés du présent, imperturbables dans la bonne opinion qu'ils ont d'eux-mêmes, et sûrs de l'avenir.

C'est un caractère que la scène comique ne nous a pas encore montré pleinement que celui d'un philosophe spéculant comme un sage et agissant comme un fou. Si j'avais le talent de faire une comédie, je voudrais étaler, en vers alexandrins, ce spectacle aux grands yeux des hommes. Le misanthrope pense admirablement et est amoureux comme un enfant, mais on ne nous le montre pas si confiant sur sa raison, avec cette tranquillité, cette parfaite assurance qu'a le philosophe dans son cabinet, — et c'est précisément cette confiance qui ferait rire dans le caractère que je propose. — Picard, qui a eu de si heureuses idées en fait de comique, est le seul à ma connaissance qui ait esquissé ce caractère dans son admirable pièce des *Marionnettes*. Mais ce n'est qu'une esquisse, un accessoire dans la comédie et je voudrais voir le tableau achevé et complet. Je fournirais bien des choses à l'auteur qui voudrait tenter cette entreprise. Je lui dirais comment mon esprit va à l'heure qu'il est, comment il est allé cet hiver en se chauffant, et dans la solitude d'un cinquième étage. Je lui apprendrais comment le philosophe voit avec dédain la vanité des choses humaines ; comment il méprise l'amour comme n'étant qu'une folie ; comment il rit de bon cœur de ces honnêtes humains qui suent sang et eau pour arriver à la fortune ; comment il juge avec compassion ces mortels rampants qui s'avilissent et plient de cent façons pour être commis, ou amis, ou valets d'un ministre ; comment il sourit d'orgueil en considérant la faiblesse des autres dans les diverses circonstances de la vie, et en comparant ce qu'ils font avec ce qu'il ferait lui-même ; comment rien ne lui semble plus aisé que de marcher droit, rien de plus simple que de résister aux séductions, rien de plus exécutable que la pratique constante de la vertu, rien de plus faisable que de rester en tout et toujours fidèle à la raison, de la mettre au-dessus de toutes les passions et de ne jamais perdre de vue ses préceptes et ses lois.

Bonhomie de la philosophie spéculative ; bonhomie ridicule et respectable tout à la fois ; bonhomie qui se retrouve chez les jeunes gens qui n'ont pas encore vécu, et dans ces âmes simples des vieillards qui ont vécu sans passions, dans quelque coin obscur et solitaire, loin du monde et des villes ; bonhomie que l'innocence seule peut posséder, qui est charmante, touchante, par cela qu'elle la dénote ; que j'aime à te retrouver par-ci par-là sur cette terre, nichée dans la tête de quelque brave homme ! A sa confiance en lui même je vois qu'il n'a pas failli, qu'il a encore foi à la vertu, et qu'il ne soupçonne pas même qu'il soit possible qu'on y manque. Je souris parce qu'il est dupe, mais je respecte et j'aime en lui ce caractère d'honnêteté parfaite et sans tache. Dans un quart d'heure je suis son ami, je lui confierais ma fortune, je lui livrerais mes secrets, je passerais ma vie avec lui.

Moi, qui spécule hardiment, bien que je ne sois pas dupe de mes spéculations, moi qui compte sur moi-même, bien que je sache que c'est compter à l'aventure, je connais le plaisir qu'on trouve à spéculer et à compter ainsi, et je soutiens que c'est le plus doux plaisir qu'on puisse goûter ici-bas; c'est un plaisir d'espérance, il n'y en a pas d'autres, et comme de toutes les espérances, la plus pure est l'espérance d'être toujours raisonnable et vertueux, le plaisir de cette espérance est aussi le plus pur de tous, et par conséquent le plus grand, d'où je conclus que je suis actuellement (c'est-à-dire quand je spécule et non pas quand je pioche) dans l'état le plus heureux où l'homme puisse se rencontrer.

Vous arrive-t-il ainsi de calculer votre bonheur et de démontrer par le raisonnement sa valeur précise? Pour moi c'est un calcul que je fais souvent; je suis toujours à peser ma félicité présente, comme un avare à compter ses écus; mais je pèse non pas pour me réjouir du poids et de la quantité de bonheur que je possède, mais seulement pour reconnaître expérimentalement quelle est la somme la plus considérable de jouissance qu'il soit donné à l'homme d'obtenir; quels sont les états dans lesquels se rencontrent les sommes de bonheur les plus grandes, de combien cette somme varie du soir au matin, d'un jour à un autre, d'une semaine à une semaine, et quelles causes la font varier; en un mot, j'observe la félicité humaine comme nos physiciens la température, désirant trouver son maximum, son minimum, son moyen terme, et cherchant les lois de ses variations.

A la vérité, mes observations ne m'ont pas conduit jusqu'à de bien grands résultats, et cela parce que les variations sont trop nombreuses, aussi bien que les causes qui les produisent; cependant je suis arrivé à une demi-douzaine de lois générales dont je suis fort satisfait et que je vous communiquerai quand vous le voudrez.

Ainsi, je passe cette année à faire un cours de psychologie pour mes élèves, et à rêvasser au coin de mon feu sur différents sujets. Je lis peu : quelques romans de loin en loin, quelques comédies par-ci par-là. Les romans langoureux m'ennuient; les romans à grandes passions me fatiguent, j'ai eu peine à achever *Malvina*. Les romans de mœurs me plaisent et j'en ferai un quand j'aurai le temps. Les comédies me conviennent aussi infiniment : en général je me plais au spectacle de la vie réelle qui est le siège du comique; — autrefois il en était autrement, — nous changeons avec l'âge; les circonstances et les situations nous modifient; il n'y a rien de stable que le bon sens et la conscience.

Je suis presque dépourvu de société ; je vais quelquefois dîner chez une tante que j'ai à Paris, on m'apprend là à jouer au boston, ce qui est une importante connaissance à acquérir, par le monde; le reste du temps, je dîne chez mon restaurateur avec un élève de l'Ecole, Arthaud qui fut mon contemporain et non point le vôtre. Cousin vient là manger quelquefois; après dîner, nous deux ou nous trois, nous errons dans les rues, criant à perdre haleine une discussion philosophique qui effraye les passants. Quand il pleut, nous nous introduisons au café Procope; on nous sert la demi-tasse; puis nous faisons la partie de dominos, jeu dans lequel Cousin excelle ou prétend exceller; souvent le bon Pouillet survient et il fait le quatrième. Le dimanche, Trognon est quelquefois un des joueurs, car, les jours ordinaires, il a des répétitions dans les quatre coins de Paris, depuis sept heures du matin jusqu'à neuf heures du soir, vie charmante selon moi, et dont je le félicite, ce qui le fait enrager.

Ainsi coulent les jours, les semaines et les mois; point de passions qui troublent la vie; des goûts paisibles, des plaisirs tranquilles, l'uniformité qui engendre l'habitude et l'habitude qui rend supportable l'uniformité; ensemble peu brillant, mais qui renferme peut-être ce qu'on doit désirer ici-bas. Cela durera-t-il ? Ou cela changera-t-il? Est-ce ainsi que s'écouleront toutes mes années ou autrement? Peu m'importe, je suis bien décidé à tout; parce que j'ai placé mon but hors du bonheur.

Je ne reçois plus guère de lettres et je n'en écris plus guère; vous et Perreau, voilà toute mon amitié hors de Paris. Fourteau m'écrit de loin en loin, moi de même. Mancy, après une année de silence, m'a poussé une lettre qui attend encore sa réponse. Vernadé est muet, Mareschal a assez de ses peines pour n'avoir pas le temps de m'écrire; Dumas, mon plus vieil ami, est au-delà du Rhin et je m'effraye de lui écrire si loin. Que reste-t-il après cela? Bautain, qui écrit une fois par an, Varney, Fribault, qui ne me conviennent pas précisément; Guichemerre, bon diable, mais..... Enfin, me voilà bien réduit; jadis, j'étais le centre où tout aboutissait; mes lettres volaient aux quatre coins de la France, et il m'en venait du nord, du sud, de l'est et de l'ouest.

Les liens se sont relâchés, on ne saurait tant écrire quand on fait un cours; d'ailleurs, j'avais la mauvaise habitude d'écrire longuement et on voulait que je la gardasse. Bon de faire une longue lettre quand le cœur en dit, mais le cœur n'en dit pas également pour tous. Toutes ces circonstances, grandes et petites, ont étouffé la correspondance; vous et Perreau, voilà les fidèles, les éternels. Ce pauvre Perreau vient de perdre son père, il m'a écrit son malheur, je l'ai consolé; écrivez-lui, vous le devez dans cette circonstance, et votre lettre lui fera du bien. Vous savez que quand la mort vous enlève un ami, on aime à savoir et à sentir qu'on en possède encore d'autres qui survivent et qu'on ne reste pas seul sur la terre.

Trognon fait des *articles* et se plaint de vous; il fait des articles pour *les Archives* (qui par parenthèse deviennent fort ennuyeuses) et il se plaint de vous en tant que vous ne lui écrivez pas; je lui conseille de prendre patience et il m'écoute; je suis son conseiller, son confident, je l'aime véritablement, et comme ami et comme auteur; il a du talent, malgré mes plaisanteries, et il faut se garder de le décourager.

Il me semble que j'ai rempli beaucoup de pages de peu de choses; cette lettre doit vous paraître vide, écrivez-moi, vous m'inspirerez et je ferai mieux dans ma prochaine.

Tout à vous pour la vie.

Th. JOUFFROY.

A Perrçau

26 avril 1818.

Je conçois, mon ami, combien vos journées doivent être tristes loin de votre mère, de votre sœur, de vos amis, de tous ceux qui pourraient soulager votre douleur en la partageant; c'est pourquoi j'aurais voulu vous écrire immédiatement après la réception de votre lettre, au moins le fais-je aussitôt qu'il m'est possible de le faire.

Votre réponse m'a rassuré aussi bien que Magnin; nous y lisons encore une grande affliction, mais une affliction plus calme et qui écoute les conseils de la raison; nous avons rendu grâce à votre recteur de sa conduite délicate envers vous; nous nous sommes réjouis de voir qu'un ami ne vous avait pas quitté et vous avait sorti de votre chambre, comme vous dites; enfin, bien qu'au premier moment il vous eût semblé doux pour vous d'aller faire un voyage dans votre pays, nous sommes revenus à l'avis de M. Fouillet, et nous avons été bien aises de savoir que vous aviez repris votre classe, espérant que ce travail obligé vous distrairait de la funeste pensée qui ne saurait vous occuper longtemps sans vous causer beaucoup de mal.

Tel est, mon ami, l'avantage de prendre une part active au travail général et de n'être pas un membre oisif de la société humaine; les pénibles devoirs qu'on s'impose sont de véritables bienfaits, ils ne servent pas seulement à faire goûter le plaisir, ils adoucissent encore les plus violentes douleurs ; la raison, pour y demeurer fidèle, fait des efforts qu'autrement elle aurait négligés, et elle trouve à les accomplir au milieu des plus vives afflictions, la seule satisfaction qu'elle puisse alors éprouver sans remords, les seules distractions légitimes qu'elle puisse permettre à des regrets légitimes aussi.

Puissiez-vous trouver dans vos occupations un asile contre vos souvenirs ; assez souvent, elles vous paraîtront tristes et fatigantes ; qu'elles vous soient au moins douces et secourables en cette circonstance ; un jour, en vous rappelant le bien qu'elles vous auront fait lorsque vous étiez affligé et malheureux, vous aimerez à leur pardonner les privations qu'elles vous imposeront et les dégoûts qu'elles vous feront éprouver.

J'aime à croire que cette lettre vous trouvera plus calme encore que la vôtre ne vous a laissé ; — votre frère a traversé Paris, — il est maintenant où vous seriez si vous l'aviez pû ; il remplit un devoir triste, mais doux ; il offre à la douleur sans bornes de deux femmes malheureuses l'appui d'un mâle courage. Cet appui sera senti : il y a dans l'âme d'un véritable fils et d'un véritable frère une fermeté et une puissance qui relève la mère la plus abattue et rassure la sœur la plus faible. C'est un autre protecteur que la nature leur a ménagé non moins sûr, non moins dévoué que celui qui est tombé, plus fort et plus durable par sa jeunesse : comment ne pas oublier dans ses bras, non seulement toutes ses craintes, mais encore une partie de ses regrets ?

Ce doit être là pour vous une pensée de repos ; votre frère est chez vous ; il y est, et dans trois mois, quand il devra partir, vous arriverez à votre tour, vous le remplacerez, et votre mère ne sera jamais sans un appui présent.

M. Damiron, professeur de rhétorique à Périgueux

Paris, 17 juin 1818.

Mon cher ami, j'ai eu un grand plaisir à lire votre discours; je ne saurais vous dire combien les idées m'en ont paru saines et justes et en général le style heureux et spirituel; c'est un bon traité sur cette matière. — mais c'est plutôt un traité qu'un discours. — Néanmoins, j'aime assez que les discours de distribution soient des traités. Seulement, je vous demanderai si vous ne croyez point que le sujet du vôtre est un peu sévère pour un pareil jour et un pareil moment? Il me semble que la nécessité et même la justice des punitions est une idée triste que les parents et les élèves pourront vous savoir mauvais gré d'être venu jeter au milieu des couronnes, des applaudissements et de la joie d'une fête consacrée aux récompenses. Il me paraît aussi que vous compromettez un peu les professeurs en dévoilant aux élèves, dans la deuxième partie, la tactique dont on se sert pour les exciter au travail, comment on les pique d'émulation, comment on les réprimande ou les exhorte, et dans quelle intention. Je sais bien que vous appuyez cette tactique sur la justice, mais enfin c'est une tactique, qui, toute juste qu'elle est, implique cependant un peu de ruse et quelques détours qu'il n'est pas bon, selon moi, d'expliquer aux élèves : car on court le risque et d'irriter leur amour-propre et de rabaisser leurs maîtres à leurs yeux.

En un mot, j'approuve pleinement le discours en lui-même, mais je ne sais s'il est parfaitement convenable dans une distribution de prix.

Voilà mon avis, réduit à sa plus simple expression. Vous vous attendez sans doute, et vous avez droit de vous attendre à une critique beaucoup plus détaillée. Faut-il vous avouer que je ne vous en dirai pas davantage? Et me le pardonnerez-vous? Oui. Je vous renvoie votre paquet tout seul et sans la moindre note, bien que je sois de votre sentiment, non seulement pour l'ensemble des idées, mais encore sur presque chacune d'elles. Sans doute, un examen attentif m'aurait fourni un bon nombre de remarques et je vous les devais; j'espérais toujours m'en occuper, et c'est pourquoi j'ai retenu si longtemps l'œuvre; mais, mon ami, je n'ai trouvé ni la force, ni le temps de faire cet examen d'une manière assez sérieuse, pour ne pas vous envoyer des critiques légères et peu dignes de votre discours. M'en voudrez-vous aussi quand je vous en aurai expliqué les causes? J'espère que non. Dans tous les cas, je vais vous dire où j'en suis réduit.

Je suis réellement épuisé de corps et d'esprit, tellement fatigué du travail violent et continu de l'année que ma tête n'a plus de force pour rien, il n'y a que la nécessité d'aller qui puisse la faire aller encore; c'est ainsi que je parviendrai à terminer mon cours, chaque leçon est un effort de volonté. Le soir du jour qui précède celui où je dois la faire je me mets à vouloir, je me tends péniblement et j'accouche avec douleur. Le lendemain je débite le fruit de la veille. Aussitôt que la classe est achevée mon esprit s'affaisse et retombe dans un repos qui ressemble à une léthargie, il y demeure invinciblement jusqu'à ce que l'approche d'une nouvelle classe à faire le mette dans la nécessité absolue de se relever un moment. Une autre leçon sort de cet autre effort qui est suivi d'une autre rechute et ainsi de suite; je ne me remonte chaque fois qu'avec tant de dégoût que la nécessité seule en a tout le mérite et que dans les intervalles qui séparent mes moments de vie je ne trouve pas en moi la vertu de penser avec un peu de suite à quoi que ce soit.

Si au moins je pouvais esquiver quelques leçons, mais je me suis donné mainte vacance dans les premiers mois; j'ai marché lentement, il en est résulté qu'au moment où e vous écris je n'ai point encore commencé la morale; mes élèves s'impatientent : il leur faut tout le cours pour être en état de concourir et loin de pouvoir sauter quelque classe par-ci par-là je suis obligé, épuisé comme je le suis, de serrer mes leçons et d'entasser dans chacune plus de matières qu'elle ne devrait en contenir.

D'où il suit, mon ami, que j'ai plus à faire que jamais, que je suis horriblement fatigué et que ce qui me reste de forces s'épuisant à poursuivre mon cours, je n'en retrouve pas assez pour écrire même une lettre un peu sérieuse.

Maintenant, mon cher, vous êtes en état de juger la cause, je me remets entre vos mains et je laisse à votre équité plein pouvoir de me condamner ; j'aurai recours à votre clémence, c'est-à-dire à votre amitié, elle est investie du droit de faire grâce et j'espère qu'elle conserve l'inclination d'en user à mon égard.

Je la sollicite non seulement pour mes péchés actuels, mais encore pour mes péchés futurs, car je pécherai encore bien malgré moi, en ne vous écrivant pas avant la fin de mes tribulations, c'est-à-dire avant le milieu du mois d'août ; alors je me développerai, mon ami, je vous en réponds, surtout quand j'aurai revu mes sapins et que l'esprit me sera revenu au milieu de mes montagnes. Depuis longtemps j'ai honte des lettres que je vous écris, elles sont courtes et sèches : elles ne vont point à notre amitié, mon esprit n'y traduit point mon cœur, la métaphysique le rend impuissant ; je me console de ce malheur quand il m'arrive avec Guichemerre Mancy, etc., mais avec vous et Perreau c'est autre chose, vous êtes tels tous deux que j'éprouve des remords à vous écrire vulgairement.

Cousin est, comme moi, sur les dents ; il n'achèvera pas son cours, il demandera ou prendra congé avant le temps ; au milieu de juillet il partira pour l'Allemagne.

J'espère qu'à l'aide de M. Guizot et de la bonne volonté que vous a montrée M. Royer, vous deviendrez entièrement des nôtres, je ne doute pas que M. Guizot surtout ne vous serve avec ardeur.

La même raison qui m'empêche de vous écrire longuement sur votre discours, m'empêche aussi d'aller voir M. votre père, et c'est encore un péché ; il a eu dernièrement la bonté de passer chez moi avec votre frère ; malheureusement je n'y étais pas. Trognon expire de fatigues, — non de fatigues d'esprit, mais de fatigues de corps, — deux leçons par jour à une troupe nombreuse, tumultueuse et remuante, un nombre infini de répétitions dans les divers quartiers de Paris ; en voilà assez pour épuiser un homme qui n'a pas la poitrine ni les jambes d'Hercule.

Adieu et *pardon*.

Th. JOUFFROY.

M. Damiron, professeur de rhétorique au collège de Périgueux

Paris, 11 juillet 1818.

Je veux vous écrire deux mots, mais pas davantage, un simple billet. Je suis accablé d'ouvrage, et je périrai, si Dieu ne me protège jusqu'à la fin de ce mois, le dernier de mon martyre.

Je vous apprends que Cousin vous a fortement recommandé à M. Royer, déjà très bien disposé en votre faveur, et que celui-ci est à peu près convenu avec lui qu'on vous placerait à Grenoble : ainsi, vous serez enfin des nôtres. Je souhaite que cette nouvelle vous cause autant de plaisir qu'elle m'en a causé.

Vous reviendrez à Paris, vous irez voir M. Royer, vous terminerez l'affaire entre vous deux ; jusque-là, du secret, afin que les oppositions ne se forment pas et ne se préparent pas à l'avance.

M. Guizot vous secourra de tout son pouvoir, s'il en est besoin. Vous l'irez voir aussi quand vous serez de retour.

Cousin part dans quelques jours pour Munich : s'il a eu quelques préventions contre vous, — ce que je ne voudrais pas assurer, quoique je l'aie cru, — elles n'existent plus ; il compte entièrement sur vous, plus encore sur vous comme homme que comme philosophe :

du caractère, de l'indépendance d'opinion, de la modération sans timidité, voilà vos titres principaux à ses yeux comme homme; de l'originalité dans l'esprit, de la persévérance dans l'investigation, mais, dit-il, un peu de subtilité, et pas toujours assez de méthode, voilà le philosophe. Quant à moi, je pense que le temps agrandira les qualités et corrigera les petits défauts philosophiques, s'ils existent.

Guichemerre me met dans un grand embarras; il me demande un programme d'un cours de philosophie; ce n'est point là un petit travail, et je n'ai point de temps : cependant, comme cela lui est très nécessaire, j'y passerai une nuit, s'il le faut.

Adieu. J'ai écrit la nouvelle à Monsieur votre père et je vous embrasse. Je vous écrirai avant de partir.

Th. JOUFFROY.

A M. Damiron (sans adresse).

Paris, le 8 août 1818.

Mon cher ami, j'ai fini mon cours à Bourbon le 30 du mois de juillet. Je finis à l'École le lundi 10 août. Ma malle est partie pour Dijon le 4, et je monte en diligence le 15 au matin.

Donc, naturellement, je n'ai plus rien à faire, car mes leçons à l'École n'étant que la répétition de celles de Bourbon, il me reste à les déclamer et non point à les composer; il ne me reste plus rien à faire, sauf mon programme, ce qui n'est point une petite chose; je pense qu'il aura une vingtaine de pages, je m'y mets dimanche 9 et il faut qu'il soit achevé le 13 au soir.

Ce programme vous le demanderez, quand vous serez arrivé, à qui je dirai à Trognon que vous pourrez le demander.

Quant à l'ancien, à celui de Pâques, qui est maintenant bien imparfait à mes yeux, il a été imprimé dans les *Archives*, vous en demanderez un exemplaire à M. Guizot; je n'ai point le numéro des *Archives* où il se trouve; la seule copie que je possédasse je l'ai envoyée à Guichemerre qui devait composer un programme de philosophie pour M. Rendu, et en cas que ce programme fût bon, être nommé professeur de philosophie à Angers; vous savez cette histoire, bref, je ne puis donner à votre père ni l'imprimé, ni le manuscrit pour le faire copier; d'ailleurs cette copie serait inutile puisque vous pouvez avoir un exemplaire du numéro des *Archives* qui contient l'original.

Quant à mes leçons, le résumé en est dans mes programmes, les détails en sont dans ma tête et point ailleurs; j'ai barbouillé la rédaction de quelques-unes, mais tout cela est si illisible et si inintelligible pour tout autre que pour moi, que je ne puis vous donner la peine inutile de le déchiffrer et de le comprendre.

Enfin, vous désireriez savoir en quoi a consisté le cours de Cousin. Quand j'écrirais quatre-vingts pages je ne pourrais vous en donner une idée juste; il a parlé de tout à peu près, c'est-à-dire du beau, du vrai et du bien, et cela sans beaucoup de méthode, selon sa coutume; pourtant il est sorti de cette suite de leçons une théorie très forte et très belle sur l'absolu, qu'il a exposée avec une admirable précision dans un programme imprimé dont je remettrai à votre père un exemplaire. Vainement essayerais-je, dans une lettre, de vous développer ce programme qui vous paraîtra difficile à comprendre; de pareils développements ne seraient clairs, que si ils étaient donnés de vive voix, le programme à la main, au milieu d'une discussion, où vous feriez des objections, où vous demanderiez des explications, où, en un mot, vous poseriez des questions auxquelles je tâcherais de répondre directement; développer autrement, commenter d'une autre façon, c'est obscurcir.

Je gémis donc et pour vous et pour moi que nous ne passions pas ensemble nos vacances; que de choses je vous dirais, que d'explications je vous donnerais; ce programme de Cousin va vous faire donner au diable, et cependant soyez persuadé qu'il est extrêmement clair d'expression; le difficile est de se placer dans le point de vue élevé où l'auteur s'est mis, et de descendre de cette hauteur à toutes les idées de détail; modestie à part, je pense qu'après Cousin il n'y a guère que moi qui comprenne ce programme, ce qui ne suppose en moi aucun mérite spécial, mais ce qui résulte uniquement de la position où je me suis trouvé placé. Moi seul, en effet, j'ai suivi Cousin depuis ses premiers essais jusqu'au point actuel où ses idées sont arrivées, je les ai donc vues naître et se développer, je les ai pour ainsi dire faites avec lui, c'est ce qui fait que j'ai l'avantage de les entendre.

Peu à peu on parviendra à les comprendre; il faut que le public soit introduit dans les voies, qu'il saisisse le point de vue, qu'il comprenne la méthode; alors les résultats seront très clairs pour lui, mais il est encore trop étourdi de la brusque transition qu'on lui a fait faire pour qu'il puisse se reconnaître; il se rassurera d'abord, il reviendra de sa surprise, il fera connaissance avec cette nouvelle région où on l'a transporté, et ce n'est qu'alors qu'il la considérera avec calme, suite et attention.

Ce programme a effrayé tous ceux qui n'ont pas suivi le cours; de là un déchaînement universel même des meilleurs amis de Cousin; ceux qui l'ont suivi, plus apprivoisés et comprenant un peu se font un point d'honneur de le défendre, mais ils le défendent faiblement parce qu'ils l'entendent à demi; moi qui n'aime pas à me donner des peines superflues, je me contente de dire à ceux qui attaquent qu'il est impossible qu'on puisse saisir une pareille théorie quand on en lit le programme sans en avoir entendu le développement et je ne m'essouffle pas à leur donner ces développements; il faut que chaque chose mûrisse; vouloir convaincre trop tôt c'est vouloir irriter, nous ne sommes pas pressés, attendons; d'ailleurs cette attente n'est pas bien pénible, c'est un grand plaisir de communiquer ce qu'on regardé comme la vérité; mais c'est déjà un plaisir fort honnête de la posséder.

Trognon pourra peut-être vous donner quelques éclaircissements; vous m'écrirez et me proposerez vos plus grandes difficultés, je tâcherai de les éclaircir.

D'ailleurs, ces matières sont supérieures à un cours élémentaire, bien que pour faire convenablement un tel cours, il soit important de les avoir étudiées.

Il est impossible qu'on fasse un cours élémentaire avec quelque profondeur, sans arriver en creusant à la grande question que le programme de Cousin traite; alors quand on l'a abordée à sa façon, quand on l'a discutée avec soi-même, à sa manière, tout ce programme si obscur s'éclaircit; on sent toute sa portée et toute son importance et toute sa vérité, au moins sur le plus grand nombre de points; alors aussi, on ne peut s'empêcher de sourire de pitié, en voyant tant de gens traiter d'inutiles de pareilles discussions, et d'obscur ce qu'ils ne sont pas en état de soupçonner.

J'espère que mes programmes vous paraîtront clairs et qu'ils pourront vous être utiles pour l'année prochaine, si comme je l'espère, vous êtes nommé.

Mais, mon cher ami, je vais vous dire une chose, qui est tout à fait dans vos idées et dans votre caractère, et qui de plus est d'une grande vérité, c'est que on ne sait de philosophie que ce qu'on en a fait par soi-même; c'est que tous les livres de philosophie ne nous donnent que de fausses lumières; c'est qu'il en est de même de tous les programmes du monde. On comprend ces livres et ces programmes, quand on a trouvé à sa manière ce qu'ils racontent et pas avant; jusque-là c'est l'histoire d'un pays inconnu; et si parfait que soit le récit, il ne peut suppléer à un voyage qui mette sous vos yeux le pays lui-même. Connaît-on Paris quand on en a vu le plan? Et sait-on ce que c'est que l'amour quand on a lu des romans?

Aussi, mon cher ami, n'ai-je pas ouvert un livre de toute l'année, sauf les premiers jours, — j'ai marché seul, — ayant sous les yeux, mon esprit, objet d'observation, et faisant une leçon[1] à mesure que je faisais une découverte; vous ferez comme moi, parce que vous avez une raison difficile et indépendante. Nos programmes pourront vous indiquer où il faut chercher, mais vous chercherez vous-même et vous trouverez et vous saurez bien ce que vous aurez trouvé.

Vous me faites beaucoup d'autres questions dans votre lettre; je ne m'épargnerai pas, j'y répondrai.

Vous me parlez de Darmaing. Darmaing a publié une espèce de journal non périodique. Son but était de rendre publics les actes arbitraires des différentes autorités; il l'a fait. On l'a mis en jugement, il a été condamné; on a cherché à l'humilier en l'épargnant. Son père a écrit un mémoire qui était une espèce de rétractation. Darmaing devait protester, il ne l'a pas fait; la peine a été singulièrement adoucie.

Il est vrai que Cousin a paru à l'audience comme ami de Darmaing. Voudrait-on lui en faire un crime? Darmaing peut avoir écrit brutalement son journal. Darmaing est peut-être trop jeune et n'a pas fait d'assez fortes études pour entreprendre ce qu'il a entrepris. Mais ce n'est point là la question. Est-il juste ou ne l'est-il pas de signaler les actes arbitraires? Cela est juste, indépendamment de toutes les circonstances. — Est-il juste ou non de condamner ceux qui le font? Cela est injuste, indépendamment de toutes les circonstances. Qu'on se garde donc de venir parler de la jeunesse de l'accusé, et de la maladresse avec laquelle il a fait une bonne action. Il ne s'agit nullement de ces deux circonstances; l'action reste bonne, et celui qui l'a faite a bien fait, et ceux qui se sont montrés ses amis ont montré qu'ils approuveraient sa conduite, et si elle est bonne, il est bon de l'approuver et de l'approuver tout haut. Je ne vois donc pas ce qu'on peut reprocher à Cousin en cette affaire.

Bien des gens que je rencontre ou qui m'écrivent, me demandent avec effroi : est-il donc vrai que Cousin soit libéral? On dirait en vérité que c'est la chose du monde la plus épouvantable que d'être libéral, et qu'un homme est un malhonnête homme, sitôt qu'il veut des lois justes et l'abolition de tout pouvoir arbitraire.

Oui, Cousin est libéral, il l'est et ne s'en cache pas, il l'est et il doit l'être.

On épouvante les provinces de ce mot. On fait une équation de libéral et de jacobin ; les préfets, les sous-préfets, les procureurs du roi, les avocats généraux qui font l'opinion, répandent cette doctrine par laquelle on assimile à des scélérats tous ceux qui veulent que les préfets, les sous-préfets, les procureurs et les avocats du roi soient justes et obéissent à la loi; on conçoit l'intention, mais l'intention n'empêche pas que l'action ne soit une calomnie.

Sans doute, beaucoup de gens ambitieux, beaucoup de gens qui veulent en secret toute autre chose que la justice, s'appellent libéraux et professent les doctrines libérales. Mais qui peut empêcher un ambitieux de parler désintéressement, et un coquin de prêcher la morale? Le désintéressement devient-il de l'égoïsme, la justice de l'injustice, parce que des égoïstes et des hommes sans scrupule en font parade?

Il faut considérer les choses en elles-mêmes et les juger en elles et non par ceux qui peuvent les défendre ; or voici comment j'entends notre situation actuelle, et comment je conçois la justice des principes libéraux.

Il n'y a rien qui intéresse autant l'homme que cette question : je suis, pourquoi suis-je? suis-je pour une fin? ai-je une destinée? en d'autres termes y a-t-il quelque chose que je doive faire et quelque chose que je ne doive pas faire?

Aussi voit-on que tous les peuples les plus sauvages, les plus barbares, ont eu dans le sein même de la plus complète ignorance une solution vraie ou fausse de ce problème de la destinée humaine.

Supposons qu'un homme ou qu'un peuple s'imagine qu'il n'a pas de destinée, qu'il n'y a rien à faire ici-bas, qu'en résulterait-il? ou le désespoir ou l'arbitraire, ou pour mieux dire ces deux choses à la fois. — Quoi de plus profondément triste que d'être convaincu que nous avons été créés sans raison et sans but, que nous sommes ici par hasard, qu'il est indifférent que nous y fassions ceci ou cela, qu'enfin n'étant destinés à rien nous ne deviendrons rien.

Et d'autre part sitôt que nous sommes convaincus que nous n'avons point de destinée, tout devient indifférent; notre seule règle est de faire tout ce que nous pouvons faire.

Désespoir, ennui qui enfante l'agitation, arbitraire source de tous désordres, deux résultats qui se montrent partout où il n'y a plus une connaissance claire de ce qu'il faut faire ou ne pas faire.

Or voilà précisément l'état d'où nous sortons et où nous sommes encore à moitié.

Le christianisme avait donné une solution claire du problème de la destinée humaine, les hommes avaient compris cette solution, ils l'avaient adoptée; le christianisme avait rétabli la justice et le calme sur la terre.

Vinrent les invasions des peuples du Nord; de ces invasions résulta l'anéantissement de toutes lumières, l'ignorance la plus profonde.

Or, remarquez les résultats de cette ignorance :

1° Les peuples auparavant adoptaient le christianisme en le comprenant, ils l'adoptaient du consentement de leur raison, désormais ils l'adoptèrent de foi.

2° A la faveur de l'ignorance où à cause de l'ignorance, on ajouta au christianisme, dont les dogmes primitifs étaient conformes aux lumières de la raison, des dogmes absurdes qui furent reçus de foi et sans distinction avec les dogmes primitifs; c'est ainsi qu'on consacra les mystères les plus absurdes, et aussi les doctrines politiques et morales les plus fausses.

Voilà comment alla le monde jusqu'à la renaissance des lumières; or voyez l'effet que produisirent ces lumières.

On vit successivement l'absurdité des dogmes qui avaient été ajoutés au christianisme, on montra cette absurdité.

Mais l'esprit toujours porté à généraliser conclut de l'absurdité de ces dogmes ajoutés à l'absurdité de tout le christianisme et de tout ce qui reposait sur lui; ces opinions furent répandues d'autant plus aisément que les vérités du christianisme avaient cessé d'être comprises, et que depuis longtemps, au lieu de les faire reposer sur la raison, on les adoptait de foi.

De là, la ruine du christianisme dans l'opinion; et comme le christianisme était la seule règle qu'eut le monde, avec lui sombra toute règle.

Et toujours par le penchant qu'on a à généraliser on conclut de ce que cette règle avait été reconnue fausse qu'il n'y en avait pas du tout, qu'il n'y avait rien qu'on dût faire, rien qu'on ne dût pas faire, que tout était permis, tout arbitraire. Le monde se retrouva dans le même état où il s'était trouvé à la chute du paganisme.

Aussi vit-on les mêmes conséquences : d'une part l'ennui, le désespoir dans certaines âmes et l'agitation, l'inquiétude dans le peuple; de l'autre, l'arbitraire posé en principe et réalisé dans la pratique, entraînant à sa suite les plus affreux désordres.

Enfin nous commençons à sortir de cet état; on commence à reconnaître qu'il y a des devoirs et que nous avons une destinée; l'ennui, le désespoir, la langueur s'évanouissent; une nouvelle activité anime l'esprit humain, il s'élance vers ce devoir et cette destinée dont il ne doute plus, il la cherche avec ardeur.

Qu'avons-nous à faire? à obéir à ce vœu général, à la chercher, à la montrer dans tout son jour.

Or cette destinée, cette règle, ne sera adoptée que si elle est comprise; elle ne sera comprise que si elle est conforme à la raison; elle ne sera conforme à la raison que si elle est sa loi même, sa loi éternelle, loi qu'elle conçoit dès qu'elle est éclairée et que des préjugés ne l'empêchent pas de l'envisager, loi qui se compose des principes immuables de la justice.

Voilà ce que veulent ces hommes qui proclament sans cesse les droits et les devoirs de l'homme; qui en appellent sans cesse aux principes de la justice; qui veulent que ces principes passent dans les lois et que l'arbitraire soit banni des constitutions politiques,

Voilà pourquoi ils ont pour eux l'opinion, car ils lui offrent ce qu'elle désire, — une règle et une règle qu'elle comprend.

Voilà pourquoi ils triompheront, — car ils ont pour eux la force des choses, qui veut actuellement qu'une règle soit manifestée, qu'une solution soit donnée au problème de la destinée humaine, — et qui veut de plus, que cette règle soit rationnelle; qui veut par conséquent, que cette règle ne soit autre chose que la justice et toutes ses conséquences et ses conditions, — telles que la liberté individuelle, la liberté de penser, de parler, la distribution égale de la justice, la participation des peuples à la confection des lois, la tolérance religieuse, l'égalité de tous devant la loi, etc.

Or, ces gens qui veulent cela, qui ont pour eux l'opinion, et qui triompheront, sont ceux que j'appelle libéraux ; car voilà les principes qu'ils professent, et je ne m'occupe que de ce qu'ils manifestent, et non pas de ce qu'ils peuvent cacher dans le secret de leur intention.

Mais ces gens ont des adversaires, — voici comment ils en ont, et qui ils sont.

Rien, rien ne se détruit tout d'un coup. Le règne d'une opinion n'est jamais exclusif; — il voit encore les derniers efforts de l'opinion détrônée. Sous la domination de l'arbitraire vivaient encore de nombreux partisans des croyances et des dogmes passés, — aujourd'hui l'arbitraire chancèle, mais n'est pas abattu. Il vit encore, et avec lui subsiste faible, et languissant, mais encore debout — un reste de l'ancien esprit qu'il a vaincu sans l'anéantir; — pour parler clairement; — les ennemis des doctrines libérales sont :

1° Ceux qui croient encore de foi aux dogmes anciens, tels qu'ils étaient reçus avant le xviii° siècle, — et par dogmes anciens, j'entends dogmes religieux et politiques. — La foi leur paraît l'unique asile de l'esprit humain, — ils redoutent la lumière des doctrines claires aux yeux de la raison; ils aiment encore mieux le scepticisme qui a succédé à la foi, que le dogmatisme éclairé qui menace de succéder à son tour au scepticisme ;

2° Ceux qui sans croire encore à ces dogmes y trouvaient leur compte et l'y trouveraient encore si on pouvait les imposer de nouveau aux esprits ;

3° Ceux qui se sont bien trouvés de l'arbitraire, parce qu'ils étaient puissants, et qui, se trouvant puissants encore aujourd'hui, trouvent que nul système n'est plus commode au pouvoir ;

4° Ceux qui, accoutumés à gouverner arbitrairement pensent qu'il est impossible de gouverner et de contenir un peuple par la seule force des lois justes ;

5° Et comme ce sont des gens de ces deux dernières espèces qui gouvernent aujourd'hui, ils entraînent à eux la troupe des ambitieux qui adopte et défend toujours l'opinion de celui qui donne des places, et la troupe non moins nombreuse de ceux qui, par instinct et sans y entendre malice, se rangent toujours du côté du plus fort ;

6° Enfin, ceux qui, n'ayant aucune opinion déterminée, s'effrayent de toute nouveauté et concluent toujours de ce qu'on faisait à ce qu'on doit faire.

Ces catégories faites, y a-t-il pour un homme sans passions et sans préjugés, pour un homme d'une raison saine et éclairée, y a-t-il à hésiter ? — Il ne faut pas n'être d'aucun parti ; car il faut être Français et homme. — Si l'on veut choisir, quelles enseignes préférer à celles du libéralisme ? — Il faut s'y ranger, parce que là est le bon sens, la raison et le devoir ; — il faut s'y ranger indépendamment des hommes qui peuvent s'y trouver, indépendamment des dangers auxquels on peut s'exposer en s'y plaçant.

Etre là, c'est déclarer qu'on veut des lois justes et qu'on ne souffrira aucun arbitraire ; — être là, c'est manifester qu'on aspire avec le siècle tout entier à un nouvel ordre de choses fondé sur les lumières de la raison.

Voilà comment j'entends notre situation et notre devoir. — Cousin arrive aux mêmes résultats, à sa manière ; — il faut que chacun s'en convainque par ses propres lumières ; autrement on bâtirait sur une croyance, et réellement on n'aurait point de principes ; — les principes empruntés n'en sont pas; — rien de ferme, de soutenu, de solide ne peut s'établir sur un pareil appui; — on peut être enthousiaste et fanatique, — et voilà tout.

Je crois que nous autres, égrugeurs de philosophie, nous devons nous attacher à montrer à nos élèves, qu'il y a un devoir, — un devoir immuable, absolu, règle invariable de la conduite, but de la vie, qui doit uniquement gouverner l'homme, et le gouverner non seulement comme homme, mais comme citoyen, mais comme gouvernant ou gouverné. En fondant ainsi les lois politiques sur les lois de la morale, et celles-ci sur des vérités rationnelles manifestées clairement comme obligatoires à l'esprit de tous les hommes, on donne une règle certaine à la conduite de l'homme et du citoyen; — on arrache au hasard ou à l'arbitraire ou à la foi la vie humaine, et on lui trace clairement sa véritable destinée.

Je crois avoir réfléchi assez posément sur tout ce que je viens de vous dire, pour être sûr qu'il n'y a aucun enthousiasme dans mon fait; — vous le verriez encore mieux si dans ma lettre j'avais pu développer tout un système. — Veuillez croire que je n'ai pas procédé de la manière suivante: Voilà des gens qui professent telle ou telle doctrine, — ces gens, je les estime; ils ont une grande autorité sur moi, — donc leurs opinions sont les seules bonnes; cherchons donc des raisons pour les défendre. — Je vous assure en conscience que je suis un homme qui ne s'emporte pas ainsi d'une chaude admiration, puis qui s'essouffle après à la justifier; — j'ai été tour à tour bonapartiste, royaliste, ultra-ministériel, libéral, sans savoir pourquoi; — mais aussi, sans me passionner pour aucun de ces partis, car je me passionne difficilement; en faisant de la philosophie cette année, je me suis mis à réfléchir sur mon girouettisme, — j'ai vu que je girouetterais éternellement si je n'examinais la question; je l'ai donc examinée comme j'aurais fait, s'il se fût agi de la question de la perception externe; — j'ai trouvé une solution, — elle me paraît vraie, — je l'adopte comme telle jusqu'à ce que je sois détrompé; — la voulez-vous ou n'en voulez-vous pas? Voyez.

Vendredi 14 août.

Je comptais ajouter encore quelques pages à ce paquet, mais mon programme m'a tellement occupé, qu'il faudra que vous vous contentiez de ce que j'ai écrit. Je pars demain matin, je suis au fort d'un déménagement ; des visites par-dessus la tête, des livres à reporter, des passeports à prendre, tout le tracas d'une veille de départ ; je suis presque aussi entrepris que M. Bance quand il s'agissait de combiner les heures des conférences de telle sorte qu'elles ne se rencontrassent pas avec celles des cours de la Faculté.

Je laisse ce paquet à Trognon, ce n'est pas la peine de vous l'envoyer puisque vous allez arriver.

J'ai vu M. Guizot, vous l'irez voir, il ne doute pas que vous ne soyez nommé.

Trognon vous remettra le programme de Cousin et le mien de Pâques. Je n'ai pas pu aller voir votre père.

Le programme de la deuxième partie de mon cours est imparfait, je ne l'achèverai qu'en vacances.

Adieu, tout à vous,

Th. Jouffroy.

A M. Damiron

Paris, le 24 novembre 1818.

Où en sommes-nous? Ô temps! ô mœurs! mon exactitude doit être rayée du nombre des faits constatés, et sur lesquels le septicisme n'a pas à mordre, elle est révoquée en doute, elle l'est à juste titre, et je ne veux pas aggraver mes péchés en cherchant à la tirer du mauvais pas où elle s'est engagée.

Mais, mon cher, je ne sais plus écrire ; mes doigts si lestes ne tracent plus qu'avec peine et lenteur des caractères lourds et mal assurés, ma tête ne fournit plus d'expressions à mon cours, je suis perdu physiquement et intellectuellement, — priez pour moi ; — je ne lutte presque plus contre mon mal : la paresse, l'inertie, la langueur m'enchaînent, me compriment, m'étouffent. Je suis vaincu ou sur le point de l'être, les médecins ne donnent pas de remèdes assez émoustillants pour ranimer en moi cette ancienne vie qui me poussait à tout entreprendre et à tout faire ; vos lettres ne m'excitent même que faiblement ; je me vois mort, je me pleure et je porte mon propre deuil.

Accablé de fatigues, je partis malade pour les vacances, mon pays me ranima un peu ; je me mis à dormir, boire, manger et ne rien faire, je coupai court à toute action intellectuelle, je m'engourdis comme une marmotte ; il a fallu revenir, cela m'a mis de mauvaise humeur parce que cela m'a dérangé ; j'ai maudit la classe, le penser et le travailler, je me suis mis par nécessité à l'ouvrage ; mais je n'ai fait que l'absolu nécessaire, consacrant au repos le reste du temps et ne voulant pas, dans un état qui me contrarie et m'ennuie, faire un pas au-delà de ce qu'il exige rigoureusement.

Voilà comment je ne vous ai écrit ni pendant les vacances, ni depuis. Enfin une maladie est venue, la fièvre, le dévoiement proprement dit, et la dysenterie ou flux de sang ; j'ai été au lit huit jours, très malade. Bref, j'entre en convalescence, faible et marchant à peine, mais je crois pressentir que cette maladie aura de très heureux résultats. La bile me minait, m'abattait, me décourageait ; j'ai tant évacué que la voilà partie ; il me semble que le courage me revient ; que l'ardeur renaît ; que ma tête libre désormais va retrouver des idées, et qu'enfin ma volonté sortie de ce monceau d'humeurs qui la baignait et l'énervait, toute humide encore du bourbier dont elle échappe, va, quand elle sera sèche, se retendre et prendre du ressort. Voilà de vilaines métaphores ; mais quoique je ne sois pas matérialiste, j'estime quelles sont assez justes. Espérez donc de moi, j'espère moi-même, j'espère beaucoup surtout si vos prières et celles des bonnes âmes qui s'intéressent à moi ne me manquent pas.

Cependant n'attendez donc pas encore une longue lettre aujourd'hui, songez que je suis convalescent, que ma poitrine fatigue à se ployer, que ma tête vacille encore comme celle d'un arbre après la tempête et que mes pauvres doigts amaigris par un long jeûne ne manient qu'en tremblant la plume.

Votre père a eu la bonté de venir visiter deux fois le malade, et moi par reconnaissance j'aurai le plaisir d'aller dimanche dîner avec lui, si j'ai retrouvé mes jambes et si les nuages le veulent. O festins des dieux ! Combien nous parlerons de vous !

Les visites ont plu pendant le mal. M. Royer-Collard et M. Guizot mêmes sont venus. Je cherchais quelles intentions secrètes cachait tant de bonté apparente. Que veulent-ils me faire faire ? Les moyens sont proportionnés à la fin, je vois de grands moyens, j'attends la fin ; mais la reconnaissance ne rendra pas ma volonté si flexible qu'ils peuvent se l'imaginer. Je démêlerai la tyrannie où elle sera et je la *collerai*, fiez-vous en à moi.

Cependant j'ai beaucoup d'obligations à ces messieurs d'avoir été justes envers vous, j'ai battu des mains en apprenant votre agrégation à notre docte corps ; mais que de prières, que de détours, pour arracher au pouvoir une nomination qui l'honore. Pauvre ! pauvre justice ! comme on te dédaigne ! Tu ne parais dans les antichambres que déguisée, masquée, enveloppée ; tu deviens une *grâce*, une *faveur* dans ces absurdes lieux ; jamais tu n'y passes sans qu'on ne t'y corrompe ; tu ne saurais vivre dans l'air qu'on y respire, il te défigure et t'altère.

J'ai vu Dubois plusieurs fois, j'ai ouï le récit de ses malheurs ; sa vie est singulière et sa position triste ; il n'en est pas abattu, il a du nerf, du talent comme écrivain (car il m'a communiqué une brochure de sa façon), vous qui le connaissez bien vous l'aimez, et voilà plus qu'il n'en faut pour que je l'estime beaucoup.

Le Trognon est professeur d'histoire, il a fait un discours d'ouverture qui a produit sur ses élèves une prodigieuse sensation ; il est incontestablement, dans son opinion, celui des professeurs d'histoire nommés qui a le plus de talent; les élèves se battent pour l'entendre, il lui en vient de contrebande qui ne sont pas du Lycée, d'autres qui en sont, même des classes dont Durozoir son collègue est chargé. Il a déjà des points de vue charmants, neufs et profonds sur beaucoup d'époques historiques; son style embellira tout, agrandira les choses mêmes triviales, attachera aux détails arides, enlèvera les applaudissements; il improvise pas mal, à l'entendre; les phrases lui donnent des idées, et les notes pour Baour des écus. C'est l'homme le plus heureux que je connaisse, il se baigne dans une mer d'espérances que sa complaisance pour lui-même alimente et rafraîchit sans cesse et, au bout du compte, c'est le meilleur garçon du monde.

Vous piocherez, vous vous battrez les flancs, vous vous essouflerez toute l'année, vous trouverez des choses que vous croirez. Au bout de trois ans, la tête fatiguée et la santé altérée, pourvu d'un revenu annuel de 2.000 francs à cent louis, et dans l'heureuse nécessité, si vous ne voulez pas être un Alexandre à 5 francs par jour, de faire une classe charmante qui vous ennuiera, vous vous trouverez sceptique comme il n'y en eut jamais. Alors vous direz comme Rousseau : l'homme qui pense est un animal dépravé ; vous le direz et qui pis est vous le penserez et de plus vous regretterez de n'être pas allé à l'âge de vingt ans chercher un coin de terre où vous auriez planté des choux, avec le bon sens d'un paysan, la santé d'un palefrenier et la tranquillité d'âme et de corps d'un épais curé de village.

Ne vous donnez pas la peine de réfuter tout ceci, car je ne prendrais pas celle de réfuter vos réfutations, dites si vous voulez que je suis malade ou bien qu'une lettre est le lieu de dire des extravagances, et contentez-vous de sourire à des idées que vous ne pouvez actuellement croire.

S'il y a une chose sûre et certaine ici-bas, c'est que je suis votre ami, votre véritable et sincère ami, et que si je ne meurs pas je le serai longtemps encore.

Je vous parlerai une autre fois du projet d'une société littéraire et scientifique que formeraient ici les élèves de l'Ecole qui sont à Paris et qui correspondrait avec les élèves qui sont en province.

J'attends que les savantes têtes qui ont conçu ce projet le mettent à exécution; je veux voir s'il ne tombera pas dans l'eau comme tant d'autres, si on ne disputera pas beaucoup sur l'organisation sans pouvoir s'accorder, et si, après avoir mis beaucoup de chaleur à le soutenir, on ne s'ennuiera pas de son propre ouvrage.

Adieu, adieu.

Th. Jouffroy.

M. Damiron, professeur de philosophie au collège d'Angers

Paris, le 5 janvier 1819.

J'espère, mon cher Damiron, que vous ne m'en voudrez plus de ma paresse; à peine il y a-t-il quinze jours que je vous ai écrit et me voici de nouveau griffonnant pour Angers. C'est que, voyez-vous, ma dernière était trop *politique*. Les événements qui se passaient m'indignaient; je vous ai envoyé mon indignation par la poste, tout cela ne fait pas une lettre comme nous les aimons, *une des nôtres* en un mot; celles-ci demandent du calme; un peu de raison, beaucoup de rêveries, voilà les éléments qui doivent les composer.

Aujourd'hui que le ciel politique est pur, tranquille et riant (comme *le Moniteur* vous l'aura appris) je veux profiter du calme que la défaite des ultra et la nomination d'un ministère doctrinaire ont répandu dans toutes les têtes et en particulier dans la mienne, pour faire avec vous une de ces longues causeries comme je vous en envoyais autrefois, quand je n'étais ni paresseux, ni malade, ni *libéral*.

Et d'abord il faut que je revienne à une de vos dernières lettres, laquelle contient une proposition qui n'est pas vraie, c'est celle-ci, si j'ai bonne mémoire : *il y a dans votre lettre des mots qui glacent; vous demandez des prières.* Eh! où diable avez-vous pêché cela, mon très cher ami? Je ne me souviens pas d'avoir de ma vie demandé des prières à personne; je remets ce soin au temps plus ou moins éloigné où je serai en purgatoire; mais tant que cette terre me portera, je dispenserai mes amis de cette bonne œuvre; toutes les prières du monde ne feront pas que cette vie soit plaisante; elle restera pour moi et pour tous ceux qui en jouissent ce qu'elle doit être, un petit enfer construit tout exprès pour le règne de la vertu, mais où le bonheur ne saurait se glisser.

Fontenelle appelait la vérité *une belle étrangère.* Le bonheur est encore moins qu'elle habitant de ce pays sublunaire, il n'y voyage pas même ; on a beau l'inviter à dîner, il refuse; chacun voudrait le loger, il reste chez lui, c'est un ours qui fuit comme la peste la société des hommes. Eh! bien, qu'il se tienne; je n'irai pas mendier à sa porte le plaisir de le voir et encore moins chercher dans *les prières* de mes connaissances, d'impuissants moyens d'y parvenir.

Où diable, encore une fois, avez-vous pêché *des prières?* J'ai un faible souvenir de la lettre où vous dites les avoir trouvées, mais je vous proteste que ni en vous l'écrivant, ni dans aucun autre moment de ma vie, je ne me suis trouvé d'humeur à *demander des prières*, et à prononcer de *ces mots qui glacent*. Auriez-vous pris au sérieux quelques phrases badines? Relisez un peu cette terrible lettre, et voyez, si votre amitié plus tranquille sur ma santé, y trouve tout ce qu'elle y avait vu dans son inquiétude. Savez-vous, mon ami, que sans parler des *mots qui glacent* et des *prières que je demande*, vous faites de moi dans votre susdite lettre un portrait qui ne me ressemble pas du tout. Votre imagination était bien noire, quand vous l'avez tracé, elle a peint un homme plus malade encore d'esprit que de corps, frappé par le mal qui le tourmente, mourant de la peur de mourir, et ne voyant plus la vie qu'à travers les voiles funèbres tout prêts à l'envelopper, peste ! comme vous y allez. Je vous renvoie à ma lettre : j'étais en pleine convalescence quand je l'écrivis, et ce n'est pas en renaissant à la vie, dans cet état si doux qu'on voudrait être malade pour s'y trouver, que j'ai pu tracer des lignes assez sombres pour justifier les vôtres ; votre amitié alarmée a tout fait et je l'en remercie.

Je vous jure que ma maladie n'a jamais été assez sérieuse pour me donner la peur de mourir ; que les douleurs, quoique vives, ne duraient pas assez pour enflammer mon sang et troubler ma raison ; que mes courtes souffrances ne m'ont pas fait changer d'opinion sur la vie, qu'au contraire, elles ont fortifié celle que je m'en étais formée antérieurement, savoir : que cette vie est une triste chose, que les grands soins qui la remplissent sont absurdes, qu'elle ne contient rien de réel que la petite quantité de vertus imparfaites qu'une forte volonté peut y introduire, qu'on peut à son gré et selon son humeur, rire ou pleurer du reste ; que la recherche de la vérité, bonne en elle-même, est ridicule quand on en fait métier ; qu'en ce sens il est vrai de dire que l'homme qui pense est un animal dépravé ; que cette recherche ne conduit guère qu'au scepticisme ; que ce scepticisme, quand on ne s'en méfie pas, ébranle jusqu'à la croyance au devoir, et ruine ainsi la dernière et la seule réalité de la vie, le seul et dernier asile où le stoïcien puisse se réfugier, s'asseoir, et les bras croisés regarder passer devant lui les agitations, les misères, les ambitions, les vanités et les pauvretés de ce monde ; que quand la recherche de la vérité conduit là, elle conduit à un état déplorable au-dessous duquel il n'y a rien, à un état dépravé ou qui ne contient plus rien de l'homme ; qu'une raison qui s'est convaincue elle-même de vanité, qui a épuisé ses forces à s'anéantir, qui s'est anéantie réellement, et n'est plus que fumée comme tout ce qu'elle a détruit.

Seraient-ce ces opinions qui vous auraient effrayé ? M'auriez-vous jugé fou ou faible, parce qu'elles ne sont pas les vôtres ? En y réfléchissant, vous trouverez peut-

être qu'à votre insu vous avez fait ce petit syllogisme :
Ces opinions sont absurdes :
Or des opinions absurdes prouvent la folie. Donc, etc.

La majeure renferme un sophisme, *sont* est ici substitué à *me paraissent;* rétablissez cette dernière expression seule vraie, et alors la conclusion sera : Donc *lui* ou *moi* sommes fous, si toutefois la mineure est vraie.

Mais elle ne l'est pas : un homme peut professer des opinions absurdes sans être fou : témoin Bossuet et autres; d'où il suit, mon cher, que nous ne sommes fous ni l'un ni l'autre, ce qui est bien consolant.

Ce que c'est que de professer la philosophie! Il est vrai que l'on fait encore autant de sophismes que le vulgaire; mais on a l'immense avantage de découvrir juste par où pèche un mauvais raisonnement et à l'aide des mots majeure, mineure, conséquence, conclusion, d'employer un peu moins d'une heure à le faire voir, tandis que le vulgaire se contente tout simplement de ne pas se rendre à la démonstration.

Ce n'est pas sans raison que je fais l'éloge de la philosophie; c'est le moyen d'être d'accord avec vous sur un point, moi qui ne puis m'y mettre sur tant d'autres.

En effet, je présume que ma précédente page va m'attirer une belle réfutation. Tant mieux, cela grossira votre paquet, que je ne trouve jamais assez gros; mais, au moins, me passerez-vous bien des choses en faveur du témoignage éclatant que je viens de rendre à l'utilité de la philosophie.

Vous la cultivez avec ardeur, cette belle philosophie et moi avec indifférence. Quand elle se dérobait à demi à mes regards curieux, j'adorais sa beauté possible, — douce illusion de mes premières études! — J'ai pénétré dans le bois sacré. La divinité, si sublime dans l'ombre, à travers le feuillage, n'a plus été, pour mes yeux surpris, qu'une grosse, lourde, laide et informe statue, à peine dégrossie sous le ciseau de Platon, de Descartes et de Kant; encore si ce bloc ridicule pouvait, sous nos mains, dépouiller ses grossières formes, si une Vénus pouvait sortir de cette pierre inanimée! J'ai mis la main à l'œuvre : artiste inhabile, j'ai tout gâté ! Vous ferez peut-être mieux ; je vous attends à la première exposition.

Quant à moi, je continue le travail, car il est trop tard pour choisir un autre métier ; mais je le continue par devoir et sans goût ; je fais mon cours, mais mon esprit est ailleurs : — tantôt il se promène dans les champs de l'histoire, immense pays où l'on a la consolation de rencontrer quelques honnêtes gens au milieu d'une foule immense de fripons ; tantôt il s'élève dans les régions imaginaires ; il y cherche ce qu'il voudrait et ce qu'il ne peut atteindre : la vertu sans faiblesse, le bonheur sans nuage et la beauté sans imperfections ; il le suppose, ne pouvant le figurer, et la pensée qu'il peut être, qu'il sera un jour (si tout va bien) le console un moment des laideurs, des vices et des infortunes d'ici-bas ; et vous aussi, bois sauvages, fontaines riantes, fougueux torrents, qui ombragez et rafraîchissez les déserts de mon pays, je vous parcours du coin de mon feu, je vous regrette, je vous aime avec passion, sachant bien cependant, que le jour où je vous connaîtrais parfaitement, où je n'ignorerais plus aucun de vos abris solitaires, aucun de vos nombreux détours, je vous mépriserais comme tout le reste !

Après toutes ces belles exclamations, vous penserez peut-être que je m'ennuie, que je suis triste et malheureux ; pas du tout. Spéculativement, je pense tout ce que vous venez de lire ; mais ces opinions spéculatives n'empêchent pas que la vie pratique n'aille comme à l'ordinaire. J'aime toujours un bon dîner, de bonnes gens, un bon feu ; je lis avec le plaisir d'un enfant les récits de batailles que je trouve dans les livres et les aventures absurdes des héros de romans ; j'aime à prendre la demi-tasse chez Zoppi, à disputer avec Pouillet, à causer avec mes amis ; je lis la *Gazette* avec avidité, et je m'intéresse fortement aux peuples de l'Amérique et de la presqu'île indienne ; je jure contre les *ultra* ; je blâme avec sévérité les fautes du ministère, et je vous dirai même en confidence, que je suis du parti libéral; quand mes élèves me font une bonne rédaction, cela me fait plaisir. Quand ils m'écoutent avec intérêt, cela me charme et je m'anime. Quand je découvre un petit fait dans l'âme, tout inutile qu'il soit, je salue avec joie son apparition; quand j'entrevois un bout de vérité, je saute de plaisir, comme si je ne doutais pas de tout; quand mon proviseur me dit une bêtise, cela me fait rire; quand Trognon s'encense avec maladresse, cela m'amuse infiniment, et quand je reçois une lettre de vous, je suis aux anges.

Étrange animal que l'homme, — car vous avez beau vous croire plus sage que moi, vous êtes ce que je suis, et j'ai raison de généraliser. — Vouloir expliquer cet être est une sottise, — d'où il suit que nous travaillons, nous autres psychologues, à une œuvre impossible ; je retombe toujours là ; — j'y arriverais par cent chemins, si je voulais. S'il y a quelque chose de vrai, c'est que passer sa vie à chercher ce qu'est l'homme est une niaiserie, une stupidité, un amusement qui ne mène à rien, un travail stérile et infécond, sot et ridicule au possible.

J'ai dîné chez vous le jour de Noël, avec mon frère et M. Sautelet, qui est de votre pays et qui a été mon élève, l'an dernier.

Adieu et écrivez-moi.

Th. JOUFFROY.

Je me porte parfaitement.

Monsieur Dubois[1], *professeur au collège royal de Limoges*

Paris, le 9 janvier 1819.

Je suis bien aise que vous rêviez ; car, si vous ne rêviez pas, vous ne m'auriez pas écrit. Mais je vous prie de

---

[1]. M. Dubois, de la Loire-Inférieure, fondateur du *Globe*, député de Nantes, inspecteur général de l'Instruction publique, et directeur de l'École Normale, mort à Paris, en 1874.

rêver un peu plus clairement ; car il y a bien des choses que je n'ai pas comprises dans votre dernier songe, et en ma qualité de philosophe et de pédant, je tancerai votre imagination quand elle se placera dans un nuage pour agiter sa baguette, créer ses figures, et me les montrer.

A l'obscurité près, votre rêve est fort aimable ; — il me donne une bergère que je voudrais bien avoir. Que ne pouvez-vous réaliser tout ce que vous voyez en dormant ! grâce à la bienveillance de vos songes, tout en irait mieux et, dans quelques nuits, mes montagnes seraient peuplées de nymphes aux yeux bleus, à la taille svelte, au teint d'albâtre, qui fouleraient en dansant leurs gazons verts, et rempliraient en chantant leur vaste solitude. Mais j'attendrai longtemps ces merveilles ; je vieillirai sans bergère ; les nôtres ont bien les yeux bleus, mais, par malheur, ils sont encore plus bêtes que bleus. Elles ont bien la taille haute, mais il est fâcheux qu'en s'élevant, elle ait coutume de s'élargir et de s'épaissir. On ne saurait leur refuser une voix étendue ; mais elle est rauque ; des lèvres vermeilles, mais elles lâchent des sons qui les défigurent ; des jambes propres à la course, mais plus fortes que légères ; — une fille avec ces petits défauts peut bien garder des vaches, mais elle n'est pas une bergère, et je n'ai pas d'inclination à entourer une table des fruits de sa fécondité. La vie arcadienne est un rêve grec, comme la vie patriarcale est un rêve hébreu, comme votre bergère du Jura est un rêve limousin ; pourquoi, dans le pays de Chanaan, en Grèce, à Limoges, et partout, l'homme est-il réduit à imaginer le bonheur ? C'est ce que je ne vous dirai pas.

Peut-être, dans sa philosophique élaboration, notre société découvrira le mot de cette énigme. En attendant, faible et débile comme toute institution naissante, elle cherche à percer la coque, et à mettre au soleil un petit corps encore tout informe et chancelant sur ses jambes. Ce jeune monstre se dégrossira-t-il et fera-t-il âge d'homme ? Il y a à parier pour et contre, — et ce serait pour des Anglais un beau sujet de gageure. Quant à moi qui parie peu, je vous dirai, sans appuyer mon affirmation d'un sac de guinées, que j'aperçois dans notre réunion des éléments très opposés, lesquels, dans quelques mois, pourraient bien rompre la fausse alliance qui les unit, se battre et se détruire réciproquement. Parmi les élèves inscrits, je vois des hommes qui, en sortant de l'école, ayant eu le malheur de se regarder dans un miroir et de réfléchir profondément sur le nombre et la sublimité de leurs perfections, se sont hâtés, crainte de pédantisme, d'oublier ce qu'ils savaient, et, dirigeant leur esprit vers un plus noble but, sont parvenus, après quelques années de méditations, à nouer passablement une cravate, et à soutenir avec avantage, au milieu d'un cercle de femmes, une conversation sur la pluie et le beau temps ; — grands hommes ! qui se sont présentés parmi nous, avec une grâce et une aisance qui annonçaient beaucoup ; qui ont pris part à nos délibérations avec une condescendance on ne peut plus honorable pour nous, qui ont voulu être des nôtres par générosité et pour notre bien, — mais qui arrivent tard quand ils viennent, qui ne viennent que quand ils ne dînent pas chez Madame une telle ; qui sifflent quand on discute, qui plaisantent quand on raisonne, qui veulent bien se moquer de ce que nous ferons, mais qui n'entendent pas faire quelque chose. Heureusement cette espèce n'est pas nombreuse.

Mais il en est d'autres, meilleurs au fond, qui n'en conspireront pas moins avec elle la ruine de notre société, — et d'abord le nombre des indolents et des paresseux est considérable, — j'en vois beaucoup qui consentent à faire leur classe pour vivre, qui veulent bien même discuter superficiellement une question, et spéculer une demi-heure quand on les pousse, mais qui, faute de s'y être faits, ne peuvent se résoudre à concentrer fortement leur attention sur un point, à pénétrer à la longue, et par un travail pénible et persévérant, jusqu'à la racine d'une difficulté pour en conquérir de vive force la solution ; — ils sont capables, mais ils ne veulent pas.

D'autres veulent, mais ne peuvent ; — ils se sont perdus à régenter dans les pensions et à courir les répétitions ;

ils se sont affaiblis et rétrécis en province; — point de vue, point d'idées, point d'habitudes philosophiques; — ignorant même ce que c'est que chercher, simples mémoires qui savent recevoir, mais qui ne peuvent produire et trouver.

Ces trois classes-là formeront nécessairement la majorité; — or ceux qui les composent ou ne feront rien, ou ne feront que des choses faibles, communes, inutiles; — nous avons eu peine à emporter deux articles du règlement qui arrêtent une amende pour ceux qui s'absenteront, et l'obligation de fournir un travail tous les six mois, — c'est beaucoup de les avoir emportés; — mais si ceux qui ne feront que du médiocre se trouvent humiliés en voyant des travaux supérieurs aux leurs, ils se dégoûteront de faire, ils se réuniront à ceux qui ne veulent rien faire; — les travailleurs seront en minorité; comment pourront-ils maintenir les deux articles et les faire observer? ou ils céderont à la majorité, — et on conviendra que chacun, à son choix, travaillera ou ne travaillera pas, — et alors la société dégénère en une réunion d'amis qui se réunissent pour se serrer la main et pour se dire : comment vous portez-vous? ou ils ne céderont pas, et alors la majorité se retirera, et la société, discréditée par cette séparation, et trop peu nombreuse pour se soutenir, périra.

Voilà une opinion probable; mais, comme tout est douteux, je ne gagerais pas pour elle; le contraire est très probable aussi; je vous laisse le choix, si vous n'êtes pas sceptique, et je vous donne beau jeu à hésiter, si le scepticisme vous amuse et si vous êtes de mon bord.

Quant à vos idées sur les agrégés de province, elles sont très justes, — quoiqu'on n'ait encore rien arrêté sur ce point, on en a causé, et tout le monde a senti la justice et la nécessité de rendre les provinciaux participants de nos découvertes; mais l'impression étant le seul mode d'y parvenir, on admettra des agrégés cette année, on recevra leurs travaux, on leur enverra le jugement; mais il faudra remettre à l'année prochaine le soin de

décider si nous pourrons ou ne pourrons pas imprimer.
Adieu, mon cher Dubois.

Votre ami,

Th. Jouffroy.

A M. Damiron (sans adresse)

19 janvier 1819.

Vous vous adressez bien, mon cher Damiron, pour savoir comment on démontre Dieu ; comment on peut, avec trois principes, arriver jusqu'à lui, et autres bagatelles semblables.

Si j'en sais pas un mot, je veux « être étranglé ».

Je vous dirai : 1° Que, dans mon cours, me bornant à la science de l'homme, je n'arrive à Dieu que par la morale, c'est-à-dire indirectement ;

2° Que je ne sais pas comment y arriver métaphysiquement, c'est-à-dire directement ;

3° Que vos trois principes ne me paraissent pas pouvoir y conduire et qu'en cela je suis tout à fait de votre avis ;

4° Qu'en conséquence je n'ai à votre service aucune démonstration de l'existence de Dieu, si ce n'est la démonstration morale qui n'est pas très démonstrative ; — vous la connaissez sans doute ; — la voici si vous ne la connaissez pas :

Il y a une harmonie nécessaire entre la vertu et le bonheur, principe de mérite et démérite.

Cette harmonie est impossible dans l'état présent, car la causalité externe empêche le bonheur.

Nécessité d'un autre état où l'harmonie sera réalisée.

Nécessité d'une puissance supérieure à la causalité externe et à nous-mêmes, qui nous soustraye à cette causalité et rétablisse l'harmonie entre la vertu et le bonheur, nécessité que cette cause soit intelligente et juste.

Cette preuve est extrêmement faible; on conclut beaucoup plus qu'on n'est en droit de conclure; on part de principes qui peuvent être ébranlés, etc.; mais moi je m'en contente en attendant.

Cependant j'estime qu'il doit y avoir une démonstration forte et puissante de l'existence de Dieu, — car tous les hommes y croient, — et toute croyance universelle suppose des principes nécessaires et absolus qui la fondent, que le vulgaire ne démêle pas, mais que le philosophe peut découvrir.

Quelle est cette démonstration, quels sont ses principes? Je l'ignore; — seulement je sais bien que ces principes ne sont pas les trois principes de Cousin, — car il est impossible d'en tirer rigoureusement Dieu.

Si je voulais, au lieu d'une démonstration que je n'ai pas, vous envoyer mes idées sur la manière dont je suppose que nous arrivons à Dieu, — je vous lâcherais les hardiesses suivantes :

1° Je ne sais ce que c'est qu'une substance — ni vous non plus; — vous croyez que nous croyons qu'il y en a; — je ne le crois pas, — et voici, selon moi, ce qui se passe en nous, à la vue d'une réalité quelconque : en la voyant nous disons *cela est;* — *cela*, c'est-à-dire ce que nous apercevons; — *est*, c'est-à-dire l'existence que nous n'apercevons pas, mais que nous savons se rencontrer dans ce que nous apercevons, — en un mot toutes les réalités possibles nous offrent deux éléments : — l'un variable, aperceptible qui, étant divers dans les diverses réalités, les distingue les unes des autres; — l'autre invariable, non susceptible de plus ou de moins, le même dans toutes les réalités par lequel elles ne se distinguent pas, mais se confondent, savoir l'existence;

2° Il n'y a pas 2-3-4 × 1000 ni cent mille existences — il n'y en a qu'une; je n'en puis admettre et concevoir qu'une; — il y a donc *unité d'existence, une existence, l'existence* qui revêt une infinité de formes qui les contient, qui les fait être, qui les anime; — l'existence d'une pierre n'est pas autre que la mienne; — la pierre et moi sommes deux formes finies, variables, passagères, contingentes, relatives de l'existence absolue, infinie, immuable, éternelle, nécessaire ;

3° L'existence est *une ;* je n'en conçois pas deux ; — elle est partout ; — car l'espace *est ;* — *éternelle* car la durée est — *absolue* car elle est *unique ;* — *immuable*, car on n'y conçoit ni plus ni moins ; — *créatrice* de tout, car rien n'*est* que par elle, aucune force n'est force que parce qu'elle existe, ou, en d'autres termes, toute force n'est qu'une forme de l'existence, laquelle se manifeste à la fois sous des formes inertes et sous des formes actives ; — *source de toute justice, de toute vérité, de toute beauté,* car la beauté, la vérité, la justice absolues ou imparfaites *sont ;* — en d'autres termes, *l'unité, l'espace infini, la durée éternelle, l'absolu, l'immuable, la force créatrice, la justice, la vérité, la beauté,* ne sont que des faces différentes de l'existence, que des formes, des manifestations différentes de l'existence ; — j'appelle *Dieu* l'existence — et ses attributs tout le reste ;

4° Après cela, quel principe me conduit à tout cela ? je n'en sais rien et je ne vois pas même la nécessité qu'aucun principe m'y conduise ; je m'observe, je me vois concevant très facilement, je dis plus, inévitablement, l'existence dans tout objet et dans tout fait ; — je me vois, quand je réfléchis sur ce que c'est que l'existence, conduit inévitablement à la concevoir une, absolue, infinie, éternelle, source de tout, etc. Si toutes ces conceptions sont nécessaires, est-ce parce qu'elles dérivent des principes nécessaires ? Ne serait-ce pas plutôt les principes nécessaires qui sont tirés après coup de ces conceptions simples et immédiates, qui ne seraient eux-mêmes que des formules grammaticales et logiques de ces conceptions ? — Pour moi, je ne fonde pas la conception de l'existence, du temps, de l'espace, de l'absolu, de l'unité, de la causalité, etc., — sur des principes, — mais bien les principes sur les conceptions.

Si je voulais m'amuser à systématiser toutes les idées que je viens de jeter pêle-mêle, je ne serais guère embarrassé d'en tirer une théorie aussi probable et aussi satisfaisante que tant d'autres ; — mais à quoi bon gâter par des formes ces pauvres petites idées ? A quoi bon s'essouffler à les faire paraître évidemment douteuses ? — il vaut mieux les laisser dans le vague ; — on conserve au moins l'espérance qu'elles peuvent être démontrées vraies.

Je vous prie de remarquer deux choses :

1° Que mon *existence* est tout autre chose que la *substance* ;

2° Que mon système n'est point du tout celui de Spinoza, qu'il en est immensément différent.

Je vous prouverai cela quand vous voudrez, mais pas aujourd'hui ; car vous êtes pressé et moi aussi.

Faites tout ce que vous pourrez de ce que je vous envoie ; — et si vous ne pouvez le comprendre ou si, le comprenant, vous n'en êtes pas content et n'en pouvez tirer votre démonstration, eh ! mon cher ami, sautez l'existence de Dieu et dites à vos élèves — que vous n'êtes pas assez habile pour la démontrer ; — cela sera vrai et leur fera plaisir.

Ce qui fait que l'esprit d'un homme veut de la certitude, c'est qu'il s'imagine que de plus savants que lui en ont, et cela peine sa vanité ; — mais qu'il voie les plus habiles douter, le voilà tranquille et content ; — il aime même cet état d'incertitude quand il s'y trouve en bonne compagnie ; — son imagination y trouve son compte, et là où l'imagination donne, le bonheur point (*apparet*) ; — vos élèves seront enchantés de vous voir douter ; vous verrez.

Adieu et portez-vous bien ; — j'attends votre paquet avec impatience.

Bientôt je vous inviterai à vous agréger à notre Société Normale.

Th. Jouffroy.

A M. Damiron (sans adresse)

Paris, le 27 février 1819.

Je commence par vous déclarer, mon cher ami, que je clos la discussion sur les prières que je vous ai demandées et que je ne vous ai pas demandées; — j'ai peine à douter de ce que vous m'assurez, — et je ne puis concevoir comment ce que vous m'assurez serait vrai; — je reste dans l'incertitude, et comme je suis passablement accoutumé à cet état, je m'y repose et j'y dors sans la moindre inquiétude.

Je suis charmé que vous ayez trouvé soutenables les opinions que j'ai avancées sur Dieu et encore plus que vous n'en ayez pas eu besoin; — vous êtes obligé d'être dogmatique sur ce point; je le conçois, et vous avez raison de l'être le moins étrangement possible. — Entre une manière faible d'aller à Dieu et une autre manière faible, il est bien de choisir la plus triviale et la plus commune; elle passe par l'autorité des honnêtes gens qui l'ont admise dans le vieux temps, et personne ne vous accuse d'athéisme.

J'arrive à la troisième discussion de votre bonne et longue lettre : le mariage; j'ai beaucoup d'idées sur cet article, et je ferais un cours sur ce sujet, s'il le fallait.

Le jour où vous me verrez marié, vous verrez la chose la plus étrange et la plus impossible que je conçoive; cette idée dépasse tout ce que ma raison peut admettre; mais mon imagination, plus complaisante, se figure cette scène à merveille, et pendant qu'elle trace le tableau, mon amour-propre le trouve si ridicule qu'il en rougit de confusion et qu'il lui semble entendre tout le public s'écrier avec Horace : « Risum teneatis, amici. »

Cependant, comme de toutes les impossibilités que j'aie conçues en ma vie, il en est bien peu qui ne soient devenues des possibilités avec le temps, et ensuite des réalités, je me garderai bien d'affirmer rien et d'annonce sur les toits que je ne me marierai jamais. Je ne me crois ni assez fou ni assez sage pour me faire du célibat un système, et pour persister dans ce système une fois que je l'aurais embrassé. Jouet des circonstances, notre volonté n'est pas une chimère, mais n'est pas non plus une invincible force; puissante par hasard, faible on ne sait comment, elle périt où elle avait calculé qu'elle triompherait, elle triomphe où elle se croyait perdue.

Que je devienne amoureux, c'est ce dont je ne puis douter; je le suis, je l'ai été, je le serai; de qui? de personne, d'une chimère qu'on appelle amour; — j'aime l'amour tout en le méprisant; c'est à la fois, à mes yeux, la plus vile et la plus séduisante des choses. Au mois de mai, quand je lis un roman, ou quand je rêve en digérant, mon âme s'élance hors de moi, et toute robe flottante me fait palpiter; — ma raison elle-même a perdu ses yeux, et la pauvre aveugle suit en battant des mains le char de triomphe de sa rivale; mais, quand je viens, après de longues et sévères méditations, d'entrevoir une vérité ou de conduire à bout une leçon, ma raison, à la hauteur où elle s'est placée, regarde avec pitié l'amour et ses faiblesses et les sottises qu'il fait dire et les sottises qu'il fait faire, et les niaiseries qu'il fait penser. — Ma liberté s'indigne au souvenir ou à la perspective de son esclavage; — elle rougit de ce qu'elle fut dans certains moments; elle tremble de ce qu'elle pourra devenir un jour. Placé entre ces deux jugements opposés, dont j'ai fait l'expérience, que je me trouve dans une société où il y ait des femmes (et Dieu merci, le cas ne se reproduit pas souvent); je suis la timidité même, et je présente l'image la plus naïve et la plus ridicule d'un sot; — en effet que faire et que dire ? — séduit par la circonstance je ferais bien le galant, et, en vérité, le rôle n'est pas difficile à jouer; — mais, effrayé de ne pas me trouver de sang-froid, je tremble des jugements du lendemain; — le plaisir que j'éprouve, loin de m'entraîner, m'arrête, loin de m'animer, me glace; — ou plutôt il m'entraîne et m'arrête, me glace et m'anime à la fois; — il y a combat,

— et c'est ce combat même qui fait naître l'embarras — et de cet embarras naît à son tour l'indécision dans tous mes mouvements, dans toutes mes paroles, — et cette indécision, tombant sous l'observation des gens qui m'entourent, je sens qu'ils me jugent un sot, — et ce sentiment redouble l'embarras, l'indécision, la sottise apparente; — en dernière analyse, je fais une fort triste figure. — Et cependant tout en sentant et en comprenant clairement que j'ai l'air d'un sot, et peut-être par cela même que je le comprends bien, et que j'en suis blessé, j'ai la conscience la plus intime et la plus orgueilleuse de ma supériorité réelle; — je juge impitoyablement toutes ces têtes qui m'entourent et dont les jugements me troublent; — cette petite poupée, qui me séduit et qui a l'incroyable pouvoir de me rendre bête, est incontestablement l'esprit le plus vide, l'imagination la plus étroite, l'âme la plus commune, la volonté la plus faible, qu'il y ait sous le ciel; — habillez-moi cela en homme, — je l'écraserais d'un mot; je mènerais cela, je manierais cela, je dominerais cela comme un fétu; — ce grand jeune homme, qui est un héros au milieu de ce cercle, n'est qu'un grand benêt qui rentrerait dans la poussière, si on le plaçait en face d'une grande circonstance où il fallût autre chose que du babil, et des airs de tête; — toutes ces faces rondes, quarrées, ovales, tous ces yeux plus ou moins stupides, toutes ces bouches plus ou moins niaises, ne manifestent-elles pas clairement la vanité des âmes qui les animent? et c'est en présence de ces *choses* (car à peine sont-ce des *personnes*) que je tremble! Inconcevable phénomène! Je perdrai ma philosophie à l'expliquer; — et nous prétendons décrire l'homme à nos élèves! c'est un projet fou — j'aimerais autant boire le vaste océan et mettre en bouteilles la mer Pacifique!

Croiriez-vous qu'en écrivant ceci au coin de mon feu, je ris à gorge déployée; c'est cependant ce qui m'arrive, et j'ai quitté cinq ou six fois la plume pour me tenir les côtés et m'en donner à mon aise. Je souhaite que la comique peinture que je viens de tracer produise sur vous le même effet; je vous avoue que je connais peu de situations plus comiques que celle où je me suis mis tout à l'heure; je ne ris pas quand j'y suis, et c'est précisément parce que je ne ris pas alors, que ma position est risible.

Le secret du comique que contient cette situation, le voici : tout le monde y est dupe, moi qui me trouve dans une fausse position relativement à ceux qui m'entourent, ceux qui se trouvent dans une fausse position relativement à moi; je les juge sots, et pendant que je juge ainsi, ils me le rendent bien, ils me jugent stupide, et ils ne se doutent pas que je me dédommage amplement en moi-même; mais ce qui fait que ma position est plus risible que la leur, c'est que je n'ignore pas ce qu'ils pensent de moi, et que, tout en le sachant, je ne puis me dépêtrer de leurs filets.

Que l'homme, quel qu'il soit, qui possède le secret de me mettre à mon aise au milieu d'un cercle, s'annonce et me vienne voir ; je demeure dans telle rue et à tel numéro ; je lui payerai bien son remède, et il aura par dessus beaucoup de remerciements. — Etes-vous cet homme-là ? non, ni vous, ni personne. Si cet homme pouvait exister, cet homme serait moi; je le serai quand mes opinions sur l'amour seront changées, quand je cesserai de l'aimer et de le croire vil tout à la fois; tant que cette antinomie subsistera, il faut que je me résigne à mon rôle et que je m'arrange pour continuer mon personnage. Quand elle cessera, j'en prendrai inévitablement un autre; or elle ne peut cesser que de deux manières : ou parce que je deviendrai amoureux fou, car alors la raison sera entièrement asservie et je n'aurai plus qu'une opinion ; ou parce que je deviendrai vieux, car, dans ce cas, la passion vague d'aimer s'évanouira, et la raison dominera exclusivement ; tant que je serai jeune et non décidément amoureux, je n'ai rien à espérer, l'amour me séduira sans étouffer entièrement la raison, la raison parlera sans pouvoir détruire la séduction de l'amour ; le combat, l'indécision, le personnage de sot sera mon lot inévitable.

Or je ne suis pas d'étoffe (à ce que je crois) à devenir

amoureux fou. Donc jusqu'à ce que je sois vieux je serai ce que je suis; mais, en restant ce que je suis je ne trouverai pas une femme qui ne me juge bête, pas une, par conséquent, qui se soucie de moi (car je ne suis pas riche). Donc je ne me marierai pas.

J'espère, mon cher, vous avoir tiré au clair cette impossibilité dont je vous parlais en commençant, cette naïve exposition de moi-même; qu'en dites-vous ? n'êtes-vous pas de mon avis? Au reste, je vous promets les premières confidences, si le hasard amenait une de ces deux choses que je tiens jusqu'à présent impossibles :

1° Moi amoureux, violemment amoureux;

2° Une femme qui me trouve de son goût.

Il y a longtemps, je gage, qu'une lettre de moi ne vous a tant amusé que le commencement de celle-ci; vous bondissez en la lisant; vous croyez voir renaître les beaux jours de nos causeries, de nos plaisants systèmes, de nos vagues projets, de nos délicieuses rêveries. — Dieu les ramène! — je ne demande pas mieux maintenant que je n'ai rien à faire et que je ne fais rien.

Non, je ne fais rien; vous pouvez prendre l'expression au pied de la lettre; mon cours ne me coûte pas grand'chose; j'y ai fait et j'y fais de grands changements; mais cela sans peine; le reste du temps, je me promène au soleil, quand il y en a, ou je rêvasse au coin du feu; je cherche un petit système politique; je m'établis législateur; je prends pour matière un village, et j'avise dans ma sagesse à lui donner non pas les meilleures lois qu'il puisse supporter, mais les meilleures lois possibles. En quoi je diffère notablement de Solon; mais il donnait des lois à un peuple réel, moi je régente un peuple imaginaire. Quand j'aurai trouvé ma législation idéale, je la comparerai aux lois qui régissent mon pauvre pays, cette triste France, et j'aurai la consolation d'énumérer et de compter toutes les absurdités sous lesquelles elle pâtit; j'en ferai le tableau synoptique, je le ferai encadrer, je pendrai le tout dans un coin de ma chambre, et ce sera un monument de ma haine implacable pour toutes les tyrannies et pour tous les tyrans qui ont exploité, exploitent et exploiteront les peuples. Mes rêveries ne sont pas toutes politiques; elles vont quelquefois à mes amis, et je constitue une autre société, celle que nous composerions ici, à Paris, nous cinq ou six bons diables, qui avons vu ensemble les dîners de l'École, les cours de Vincennes, et la table ronde et verte de la Faculté des lettres, si, un jour, nous étions tous réunis; je suis la pierre d'attente; arrivez, fidèles dispersés chez les nations étrangères : c'est un vilain séjour que Paris; mais nous l'adoucirons, nous l'embellirons en y vivant ensemble; rassemblés dans le Quartier latin, nous tâcherons de nous suffire à nous-mêmes et de nous préserver des cercles qui m'embarrassent tant; n'avons-nous pas le divin Zoppi, où le café nous réunirait tous les soirs? l'appétissante Mme Edon, que ses fricandeaux placent si haut, et chez laquelle nous dînerions ensemble tous les jours, malgré nos minces revenus, car je tiens qu'il faut vivre avant tout; enfin chacun de nous n'aurait-il pas un modeste gîte et un bon feu, et si petit que l'un fût ne trouverions-nous pas avec l'autre moyen d'y passer sans ennui la veillée?

Voilà ma seconde manière de rêver, je rêve aussi bonheur domestique, comme vous faites, bien que je n'y compte pas; mais je fais des romans, et vous faites des projets, voilà la différence. Que l'imagination me crée de belles choses! je ressuscite l'amour si discrédité de ce bon Platon et je l'habille à la moderne; il est beau sous toutes les formes; tout lui sied, et je tressaille en le contemplant. Qu'est-ce que l'ennui, mon cher? C'est le vide, *inane*. Que des âmes faites pour aimer manquent d'objet; le vide naît et l'ennui commence. Eh! bien, le monde des chimères est là; on le dit vide, il est plein et si plein que ce monde-ci est un désert auprès de lui. La beauté le parcourt sous toutes les formes; elle n'y est pas apparente et trompeuse, mais réelle et vraie. Les plus riants paysages décorent sa demeure et la rendent digne d'elle. Là règne un printemps éternel, des gazons toujours frais, des ombrages toujours verts; un ciel d'Italie couvre et enveloppe ce délicieux séjour; il n'est pas toujours pur; y a-t-il un beau ciel sans un peu de nuages? L'orage même y gronde quelquefois; mais il n'est qu'au ciel; et, le bonheur dans l'âme, ceux qui l'entendent n'en sont que plus heureux.

Quam juvat immites ventos audire cubantem!

C'est le paradis de Fénelon; car la vertu s'y trouve; autrement la beauté n'y serait pas.

De mes trois rêves, lequel aimez-vous le mieux? Vous les aimez tous, car vous les connaissez tous; vous êtes, comme moi, un être rêveur; que je vous plains d'en être aux rêves philosophiques forcés! s'ils étaient libres, à la bonne heure : ils ont alors leur mérite, mais qu'un rêve ne soit pas libre, aussitôt il se décolore, il maigrit; c'est un fantôme que vous évoquez, et mieux vaudrait ne pas rêver du tout.

Courage, mon ami, la vie est triste, c'est ma maxime, vous le savez; elle est triste, et on ne peut échapper à sa tristesse; soit qu'on en ait le loisir, soit qu'on ne l'ait pas, on ne rêve pas toujours, et les moments où on ne rêve pas, on enrage; vous enragez beaucoup et moi de même; il faut tâcher de rire, et pour cela il faut considérer le ridicule de la condition humaine, et les ridicules des individus humains; le rire qu'excite le premier est amer, mais il fait encore plaisir; le rire qu'excitent les seconds est plus gai, et il faut essayer de se le procurer le plus souvent possible, tenir ferme contre les misères de la vie, faire son devoir, rêver et rire, voilà la meilleure philosophie, parce qu'elle n'est pas exclusive, comme toutes les autres. Héraclite avait raison. Démocrite n'avait pas tort. Epicure était un homme de bon sens. Platon faisait bien de rêver, et Zénon de prêcher le devoir; j'adopte tout, et si jamais je me peignais dans un livre, comme fit Horace, comme fit Montaigne, les honnêtes gens qui me liraient seraient bien embarrassés de déterminer à quelle Ecole j'appartiens.

A propos, il faut que je vous explique notre société. C'est encore un petit monstre; mais, Dieu aidant, il se dégrossira. Voici le but : mettre en commun les travaux de tous. A cette fin tout membre est reçu à présenter à la société les différents travaux qu'il aura faits ; mais, comme ces présentations pourraient être rares vu la paresse des membres, on oblige tout membre présent ou correspondant à fournir un travail tous les six mois ; cela posé, la société se divise en cinq sections : sciences, philosophie, littérature, histoire, philologie ; chaque travail présenté est soumis à l'examen de la section de laquelle il ressortit ; la section en fait son rapport à la société, qui décide si l'ouvrage sera déposé ou non aux archives ; au bout de l'an, si nous sommes riches, on pourra faire un choix des différents travaux présentés et les livrer à l'impression, comme fait l'honorable Académie de Berlin, et autres ; on s'assemble tous les quinze jours ; un secrétaire est chargé de correspondre avec les membres correspondants de province. — Tout membre paye 10 francs en entrant ; tout membre présent qui manque à une séance paye 1 franc d'amende ; si tout cela ne suffit pas pour payer le loyer de la chambre des séances, le bois, la chandelle, etc. ; on met un impôt proposé par le trésorier ; rien de politique dans les intentions de la réunion ; — c'est une académie et non un club. Le timoré Perreau était tout effrayé ; il croyait voir une association libérale ; mais non ; il n'est pas permis aujourd'hui à soixante jeunes Français de s'assembler pour mettre en commun leurs craintes ou leurs espérances patriotiques. La police n'est pas si endurante, et tout le monde sait trop bien le Code pénal pour que nous ayons jamais pu penser à former une association politique ; que les timides se rassurent donc et que les peureux cessent de craindre.

J'ai dîné à Bicêtre, le dimanche avant le mardi gras : ç'a été charmant, et l'on a grandement parlé de vous ; votre frère est très gai, votre père la cordialité même, et j'ai apprécié la justesse de l'expression dont vous vous êtes servi dans votre dernière lettre, en parlant de votre belle-mère : c'est réellement *une turbulente bonté*. Louis était masqué en arlequin.

J'ai vu M. Royer pour la bourse de votre frère ; il m'a promis, ainsi qu'à votre père, qu'il l'aurait incessamment.

Perreau ignorait encore où vous étiez ; je le lui ai mandé.

Cousin me parle de vous, comme j'aime qu'on en parle, et M. Royer aussi ; si ce vieux chien de Milon voulait se retirer dans ses foyers et faire place à Charlemagne ; si ce bon M. Cardhaillac voulait accepter sa démission et faire place à Bourbon ; Bautain étant décidé à rester à Strasbourg, nous pourrions intriguer avec succès ; mais le diable n'est pas plus fidèle à ses cornes que ces vétérans à leurs places.

Le Loû Bête de Cambray m'a écrit ; il me demande de vos nouvelles et peste contre la vie. Je pars pour mon pays les premiers jours d'août, si j'ai des jambes alors.

Adieu donc la réunion. Quand viendrez-vous chez moi ? Votre père dit : quand il sera à Paris ; dites-vous comme lui ? Quand, quand nous reverrons-nous ?

Th. JOUFFROY.

$8 + 4 = 12$; mais mes paquets en valent deux des vôtres.

A Dubois

Paris, le 13 mars 1819.

Vous aurez été surpris de ma lenteur à faire et à répondre. Vos livres étaient achetés depuis longtemps ; mais il fallait une lettre, et, malgré le plaisir que je trouve à écrire à mes amis, il m'arrive assez fréquemment de délibérer un mois, avant de m'y mettre ; c'est là ce qui m'est arrivé dans cette circonstance. Enfin me voici ; — j'ai commencé ; il ne m'en coûtera plus rien d'achever.

J'ai mis ce matin à la voiture qu'on appelle les

Deux Jumelles, trois volumes pour vous et Navières ; — deux de l'*Essai sur Malesherbes* et un des *Inductions* de M. Kératry. — l'*Essai* coûte 12 francs ; les *Inductions* 7 francs, en tout 19 francs ; peu m'importe que vous m'envoyiez un bon pour cette somme ou que vous ne me l'envoyiez pas ; faites comme s'il m'était égal d'avoir cette somme dans huit jours ou dans vingt ans.

Quant aux Archives, le monde ne s'est aperçu ni de leur existence ni de leur mort ; — cependant, après bien des recherches, j'ai découvert quelles avaient fini doucement leur carrière, au mois de décembre de l'an du Seigneur 1818 ; — j'aurais réclamé votre abonnement si vous m'aviez envoyé la quittance ; mais votre lettre ne la contenait pas, bien qu'elle me l'annonçât.

Je suis charmé que vous songiez à faire l'Eloge de Malesherbes, et je le serais davantage si vous pensiez à écrire sa vie. Dans le temps où je me croyais un grand homme, et où, par suite de cette opinion, je parcourais des yeux les différentes branches de la littérature, pour voir laquelle j'illustrerais, — un des projets qui me séduisait le plus était celui d'écrire la vie des grands hommes modernes, comme Plutarque avait fait pour les anciens ; — je suis revenu de ce projet, comme de tant d'autres ; — mais il n'en est pas moins beau, et j'aimerais bien vous voir en essayer.

L'Eloge est un genre que je n'aime pas ; il faut juger les hommes et non pas les louer, surtout les grands hommes ; si on veut faire des phrases, qu'on fasse des discours de rhétorique et qu'on les garde pour soi ; si on veut faire admirer un héros, qu'on montre ce qu'il y a d'admirable en lui, sans tant de périodes et d'exclamations qui ne prouvent rien et qui font douter de tout.

Si vous déclarez, au titre de votre ouvrage, que vous allez louer un homme, je vous prends au mot, et je vais chercher dans votre livre non pas si cet homme est digne de louange, car ce n'est pas ce que vous promettez de me faire voir, mais si vous savez bien louer, car votre but est de louer, et je ne dois vous demander que ce que vous avez promis. C'est une pauvre gloire que celle de bien louer, — parce que louer est un métier inutile au monde ; — mais une appréciation saine et solide des hommes et des choses enseigne à chacun ce qu'il faut être et ce qu'il faut faire. L'histoire écrite par un homme juste et de bon sens vaut mieux que la morale de Zénon prêchée par le plus éloquent orateur de la terre, et de toutes les histoires, celles qui racontent les vies des hommes qui ont honoré leur espèce, sont les plus utiles. Plutarque est le premier des moralistes.

La lecture de ce bon Plutarque rend honnête homme et fait aimer la patrie ; mais ses héros ne sont guère à notre portée. Le monde a tellement changé ; — notre société moderne est si loin de la société ancienne ; — on voudrait les imiter, — et c'est beaucoup que ce désir ; — mais l'histoire de leur vie ne nous apprend pas comment faire ; — leurs moyens ne sont plus à notre usage, — parce que les positions sont différentes.

Mais si je suppose la vie de Malesherbes écrite par Plutarque, j'ai devant les yeux non seulement un motif de bien faire, mais encore, pour ainsi dire, une méthode à suivre, un modèle à imiter et à copier ; — c'est ainsi que les vies des grands hommes modernes nous seraient plus utiles que celles de Plutarque.

Et certes les héros en tout genre ne seraient pas difficiles à trouver dans notre histoire et dans celle des peuples contemporains. — Quels hommes que Henri IV, que Sully, que Sidney, que Franklin, que Washington, que Kosciusko, que les premiers princes d'Orange et tant d'autres ! quelle vie que celle de Malesherbes !

Et puis l'histoire des hommes de bien n'est pas seule utile et intéressante. La vie d'un homme, comme Cromwel, comme Louis XI, comme Richelieu, est pleine d'instruction. Et Philippe, le Démon du Midi — quel prodigieux intérêt dans l'histoire d'un pareil tyran ! — quelle matière pour un Tacite !

Je n'ai pas besoin d'en dire davantage pour vous faire goûter mon projet ; — il est évidemment beau ; — mais le travail qu'exigerait une seule de ces vies est immense, — ensuite c'est un ouvrage de vieillard ; — il faut avoir vécu, et vécu d'une certaine manière pour être en état de juger les hommes et les choses.

Cependant, si vous voulez travailler sur Malesherbes, à moins que vous ne visiez à quelque couronne académique, je vous conseillerais plutôt de méditer sa vie que son éloge; son éloge ne contiendrait pas sa vie — ou au moins ne la montrerait pas comme elle doit être montrée; sa vie, au contraire, contiendra toujours son éloge.

Tâchez donc de retrouver cette simplicité, cette noble bonhomie, ce bon sens du vieux Plutarque; oh! que j'aimerais à voir Malesherbes ainsi habillé de votre main.

Je ne suis pas du tout en train d'écrire aujourd'hui; — une autre fois, je vous en dirai plus long; je tenais à vous communiquer l'idée de mon Plutarque moderne; — je l'ai fait; c'est bien; — je ne veux pas m'essayer pour remplir encore quelques pages de choses qu'il faudrait tirer par les cheveux.

Je me contente de vous dire que je comprends votre état moral tel que vous me le dépeigniez dans votre lettre; que je le trouve triste, mais digne de votre courage; que notre société ne va ni bien ni mal, et qu'elle est passablement ennuyeuse; que je vous y ferai agréger — et que je vous manderais votre réception; que vous ne trouverez pas aisément ni l'absolu de la tragédie, ni tout autre absolu, et, vous pouvez m'en croire, voici bien des années que j'en cherche, et enfin que je suis sincèrement et de grand cœur votre ami.

Th. JOUFFROY.

M. Damiron, professeur de philosophie au collège royal d'Angers

Paris, 15 mars 1819.

Œil pour œil, dent pour dent, oreille pour oreille, billet pour billet; j'approuve la doctrine; jamais je ne ferai plus qu'elle n'exige; ma paresse m'en répond, et vous n'aurez pas de paquet à renvoyer.

Je viens de recevoir votre billet ; je ne sais ce qu'est devenu l'autre : voilà la première ligne de vous que je perds ; je l'ai égaré ; mais aucune question importante ne m'y était adressée, autant que je puisse croire ; je puis donc me consoler de l'impossibilité où je suis d'y répondre.

Quant au dernier, il renferme bien des choses :

1º Si vous me demandez en général : Etes-vous malin, satirique, caustique, ironique, moustique, etc. ; je vous dirai que je n'en sais rien au juste ; que l'on ne voit pas une poutre dans son œil ; qu'on ignore et ses défauts et ses bonnes qualités, quand on est à la fois vain et modeste comme je suis ; que je m'en rapporte à mes amis sur ce point ; qu'en qualité de mon ami vous en devez savoir quelque chose, et que ce serait à moi à vous interroger plutôt qu'à vous à me questionner touchant ces matières ; je vous dirai que, si j'en crois Trognon, je suis moqueur ; et que si je m'en rapporte à Cousin, je suis mouton, ce qui me met dans un étrange embarras ; d'une part Cousin a de la pénétration ; d'autre part Trognon a mérité un accessit à l'Académie, ce qui donne un grand poids à ses jugements ; je ne sais auquel me fier, et souvent je me promène à grands pas dans les allées du Luxembourg, opposant, posant, balançant ces deux témoignages, et m'écriant : suis-je malin ou ne le suis-je pas ? voilà la question comme Hamlet s'écriait : Etre ou n'être pas ? voilà le problème ;

2º Que si vous me demandez : vous êtes-vous moqué de moi dans votre dernière lettre ? je répondrai : je n'en ai point eu l'intention ; c'est moi que j'ai voulu peindre, et non pas vous ; mais, comme Trognon se récrie souvent sur ma malice, alors même que je n'ai pas la moindre intention d'être malin, je ne puis répondre de rien ; il est possible que je me sois moqué de vous à mon insu ; c'est à vous de voir, je sauve mes intentions, et je livre mes discours à votre justice ;

3º Quant à l'explication philosophique que vous essayez de donner au phénomène qui nous est commun, je l'aime autant qu'une autre ; ce qui me faisait dire que ce phénomène était inexplicable, ce n'était pas l'impossibilité de lui trouver une explication, mais l'embarras de choisir entre une douzaine d'explications, également probables, qui se présentent; prenez, si vous voulez, que c'est par esprit de contradiction que j'interprète ainsi ma phrase; je le veux bien.

4° Quand nous reverrons-nous? pourquoi pas dire: nous reverrons-nous? il faut d'abord résoudre cette question avant de poser la vôtre, et, ma foi, l'une et l'autre sont insolubles; ce qui est clair, c'est que j'ai un aussi vif désir de vous revoir que vous de me revoir; nos volontés ne pourraient-elles donc pas s'arranger un peu en conséquence? si vous étiez sur ma route; si vous vouliez venir faire connaissance avec nos bergères; si vous vous en veniez plus tôt; si...; mais avec des *si* on mettrait Paris en bouteille, comme dit le proverbe.

5° Suis-je de la société? — Je vous présenterai vous et Dubois. — Le Trognon répondra avec moi de vous deux, — quoique ce soit une terrible responsabilité à se mettre sur le dos — deux mauvais sujets comme vous et Dubois! vous surtout si hardi, si entreprenant avec les femmes! Quelque jour on lira de vos fredaines sur la *Gazette;* et ce pauvre Trognon sera dupe de sa complaisance.

M. Dubois, professeur de seconde au collège royal de Limoges.

Paris, le 21 mars 1819.

Aussitôt votre lettre reçue, j'allai la communiquer à Cousin. — Cousin, à la proposition que votre lettre me chargeait de lui faire d'aller vous recommander à M Royer-Collard, répondit deux choses :

1° Que ses rapports actuels avec M. Royer et la Commission vous rendraient sa recommandation nuisible, qu'ainsi, dans vos intérêts même, il ne vous recommanderait pas;

2° Qu'en général M. Royer se mêlait peu des nominations, et influait peu, — et maintenant moins que jamais, attendu ses travaux à la Chambre;

3° Que MM. Gueneau et Rendu étaient véritablement les hommes de qui dépendent les nominations, que, par là même et aussi parce qu'ils vous connaissaient et vous estimaient, c'était à eux qu'il fallait s'adresser. Nous délibérâmes donc nous deux, Cousin et moi, comment nous les attaquerions; — personne ne nous sembla plus propre à présenter et à faire agréer vos timides désirs que Larauza, que vous connaissez sans doute, grand ami de MM. Gueneau et Rendu.

Cousin écrivit donc à Larauza; je lui portai la lettre, et comme c'est aussi mon ami, j'ajoutai mes recommandations à celles de Cousin, — et je lui développai l'affaire, votre position à l'égard de ces Messieurs, votre demande, et aussi la circonspection avec laquelle vous la formiez, attendu votre récente nomination.

Larauza se chargea avec grand plaisir de l'affaire, — et il alla chez M. Rendu. — M. Rendu reçut très bien la proposition, parla de vous avec amitié et estime; mais (sans vous en vouloir du tout de ce que votre demande actuelle suivait de trop près votre récente nomination) jugea que, par cette raison, elle ne serait pas accueillie de la Commission; — il pria Larauza de vous engager dans votre propre intérêt à ne pas la former; — « on le refuserait, et on serait moins porté, dit-il, à l'avancer dans quelque temps; il ne gagnerait rien actuellement, et il gâterait son avenir ». Il ajouta qu'il noterait cette preuve de modération que vous donneriez et qu'il la ferait valoir en temps et lieu; — il ajouta encore, qu'il espérait qu'une bonne place vaquerait très prochainement ou à Rennes, ou à Nantes, qu'il s'était déjà promis de la solliciter pour vous quand elle arriverait; que valant bien celle de Reims et ayant l'avantage de vous ramener dans votre pays, cette place vous conviendrait mieux.

Tout cela parut juste à Larauza; il nous en a rendu compte; — nous avons trouvé aussi que M. Rendu avait raison ; nous avons pensé que vous en jugeriez de même — et qu'il ne fallait pas pousser les choses plus avant.

Voilà votre commission — celle-ci était importante ; — je l'ai faite vite ; je suis désolé d'avoir tant tardé à remplir la première dont vous m'aviez chargé ; — si je ne me suis pas pressé, c'est que je suis paresseux et que j'obéis à ma paresse quand les affaires ne me paraissent pas pressantes. — C'est une très mauvaise excuse ; — et, sans vous prier de l'admettre, je me borne à vous demander pardon tout simplement. Aurez-vous eu le temps de prévenir afin qu'on n'achetât pas une seconde fois les livres ? — Je le désire vivement, et je serais au désespoir si vous étiez obligé de les payer deux fois ; — il faudrait alors me renvoyer un des exemplaires ; je ferais mon possible pour le revendre, et je vous renverrais ce que j'aurais pu en tirer : vous ne perdriez pas tout.

Adieu ! j'écris en courant, parce que je suis très pressé. Dieu vous garde et vous préserve de l'ennui.

Tout à vous.

Th. Jouffroy.

A Perreau [1]

7 avril 1819.

Le printemps excite tellement en moi l'amour du prochain que je ne saurai plus ni lui trouver, ni lui reprocher de défauts. Tout n'est-il pas aimable ou ne paraît-il pas l'être à vos yeux ? Les miens ne savent plus voir ; ils sont couverts d'un nuage qui les tient enchantés. Quelle est donc cette magique influence, si forte qu'on ne peut lui résister, si douce qu'on ne saurait le vouloir, si universelle qu'elle domine tout ce qui vit, et si cachée que l'imagination même ne trouve point de figure sous

---

1. Cette lettre est sans adresse. M. Dubois, dans ses notes, la croit adressée à Perreau ; mais cette attribution n'est qu'hypothétique.

laquelle elle ose la produire dans ce monde matériel ? Est-ce le soleil qui la développe ? Mais alors pourquoi ne la sentirions-nous pas toutes les fois qu'il paraît ? Perdrait-il sa puissance en s'éloignant de nous, et ne la trouverait-il qu'en se rapprochant ? Mais quand, au milieu de l'été, il arrive et repose presque sur nos têtes, le charme n'agit plus ; la saison des enchantements est passée. Apollon n'est pas l'Amour. La Grèce avait raison ; mais, qu'est-ce que l'Amour ? Qu'il ait des ailes ; qu'il soit un enfant ; qu'un bandeau couvre ses yeux ; qu'il étende également son empire sur la terre et les ondes ; qu'il s'élance dans les airs avec le printemps, et planant sur le monde, lance de toutes parts ses flèches embrasées, c'est là ce qu'il fait, mais non point ce qu'il est. La mythologie est une traduction poétique de la nature visible ; elle suffisait à l'ignorance primitive des peuples. Les religions postérieures ont voulu traduire l'invisible ; plus mensongères que le paganisme, elles nous ont donné un faux invisible qui a perdu tout crédit et qu'elles ne peuvent plus défendre que par l'autorité des lois et la force des armes.

Les persécutions ne résolvent point un problème, et la raison humaine n'admet point une solution fausse, quel que soit le nombre des bûchers et des sabres qui la protègent. Le Pigeon chrétien n'explique pas mieux l'amour que le Cupidon d'Homère, et ma curiosité s'obstine à n'être pas satisfaite.

. . . .

Quelle mauvaise saison pour la philosophie ! que j'aimerais mieux faire un roman qu'un cours ! Des deux forces qui se disputent continuellement la vie, l'une est presque vaincue en moi ; ma volonté laisse tout échapper ; la nature se saisit de moi et me disperse si bien que je suis un peu partout sans me trouver entier nulle part. Il faut céder un moment à cette fatalité, et je me résigne à la vie diffuse, ne pouvant m'en faire une autre. Cet état est charmant ; mais il humilie : la vie concentrée et plus sévère est aussi plus noble et plus glorieuse ; maître dans celle-ci, je suis moi, et je n'appartiens qu'à moi; esclave dans celle-là, la nature extérieure se divise et se partage mon unité; je vis de la vie des femmes, qui sont presque continuellement dans un état expansif d'où dérivent leurs caprices, leur mobilité, leur faiblesse, leur dissimulation, comme aussi tous leurs charmes.

Bref, je ne suis pas ce que j'étais, il y a un mois, ni ce que je serai dans quelques semaines. Je commence ma journée par une promenade aux Tuileries, à sept heures; l'air y est délicieux; les arbres commencent à feuiller : hormis quelques promeneurs errants et quelques merles, la solitude y est parfaite, et l'on y rêve sans distractions. Je ne sais à quoi je passe le temps depuis dix heures que j'abandonne les Tuileries jusqu'à cinq heures : probablement à régenter ou à m'ennuyer; je ne vis pas dans cet intervalle; à cinq heures, je dîne. La lune se lève; les rues et les boulevards se peuplent de robes blanches, et vous savez ce que c'est, au printemps, qu'une robe blanche pour l'imagination; je me mêle à la foule; le hasard ou le caprice me mènent où ils veulent; je ne sais pas où je passe, ni comment je m'en viens. Mais, assez ordinairement, je me retrouve dans ma chambre, vers dix heures, et je recouvre la conscience de moi-même pour me coucher. Nul mot, nulle langue humaine ne peuvent décrire ce songe de trois heures fait, au milieu des rues, à la lumière de la lune et au sein d'une foule inconnue, par un homme rêvant et ne dormant pas . . . .
. . . .

..... J'étais à neuf heures sur le boulevard des Italiens; la soirée était délicieuse et les promeneurs nombreux. Cependant la nuit et le printemps contenaient toutes les langues. Cette multitude se taisait, et l'on aurait pu la prendre pour le peuple silencieux des ombres. Tout à coup une femme, un homme, deux enfants et un chien s'arrêtent : leurs vêtements étaient étrangers; leur physionomie expressive et leur teint hâlé annonçaient des Espagnols; leurs souliers étaient couverts de poussière; ils avaient l'air fatigué. On voyait assez que c'étaient des voyageurs et des malheureux. La femme tenait une espèce de mandoline; les yeux levés au ciel, elle se mit à préluder; son mari la soutenait; les deux jolis enfants étaient de chaque côté, et le pauvre chien assis devant eux. Bientôt l'étrangère chanta d'une voix triste et douce; les paroles étaient dans une langue inconnue, mais harmonieuse; l'air était étranger, mais d'une admirable mélodie. Elle chantait seule chaque couplet; l'homme et les enfants répétaient en chœur le refrain. Toute la foule s'était arrêtée pour les entendre; tous les yeux exprimaient la surprise et la compassion. La beauté touchante de la musicienne, le groupe que formaient autour d'elle l'homme, la femme et le chien; le lieu, l'heure, le ciel, la saison; l'idée d'un pays éloigné, d'un voyage pénible, de quelque grande infortune, tout donnait à cette musique une puissance magique et à cette scène un charme et une poésie indéfinissables. Aussi, quand le concert fut achevé et que toute la famille errante, immobile et les yeux baissés, sembla laisser au chien fidèle la honte de recevoir la charité, Dieu sait si tous les assistants remplirent de bon cœur la boîte qu'il portait à sa gueule. Une voix s'éleva pour demander que la romance fût chantée une seconde fois! Quel tact dans les Français! Tout le monde sentit le peu de délicatesse et l'égoïsme de cette demande; tout le monde comprit que ces pauvres gens étaient fatigués; qu'ils n'avaient peut-être chanté que pour avoir de quoi souper; qu'exiger une répétition de l'air, c'était leur rappeler leur dépendance et les droits de celui qui paie. Tous ces raisonnements se firent spontanément; il n'y eut qu'un cri de mépris et d'indignation; on rappela le chien, on l'accabla de caresses et de présents. L'étrangère avait compris ce mouvement généreux : ses yeux se levèrent et remercièrent; la rougeur lui avait monté au visage. Quelle âme sous cette figure! Je me serais jeté à ses pieds pour l'adorer.

23 avril 1819.

. . . .
Combien sont variables et passagères ces dispositions sensibles ! Un peu de pluie est survenue ; le thermomètre a baissé de quelques degrés, et voilà mon âme toute changée ; le printemps et son influence ont disparu pour moi. Le commencement et la fin de cette lettre sont de deux heures différentes. L'amour vague est loin ; la raison froide et déterminée règne à son tour ; un nuage a tout fait.

O faiblesse humaine ! O vanité des vanités ! Que nous sommes esclaves, mon ami, et que l'orgueil nous convient mal ! Théâtre de toutes les contradictions et théâtre passif : voilà l'homme !

La tristesse naît de ces réflexions : on songe à la destinée de l'homme, si bizarre et si obscure ; on s'inquiète du passé et de l'avenir ; on s'égare, on se trouble dans ce dédale d'énigmes ; la vie et la mort deviennent indifférentes, et si le dîner ou le sommeil ne venaient pas couper court à toutes ces imaginations, on finirait par perdre le sens commun.

A Damiron

Paris, le 7 mai 1819.

Je vous écris aujourd'hui sur du papier doré, afin que cette marque de respect vous fasse recevoir bénignement une lettre qui arrivera trop tard. Comme le temps va mon cher ! Passe encore qu'il aille vite quand on s'amuse, mais qu'on ait le double malheur de perdre rapidement sa vie, et de la perdre sans en user, voilà le diable. Vienne le 6 juillet, et j'aurai vingt-trois ans. Ces vingt-trois ans là, je ne sais ce que j'en ai fait, et je ne sais pas davantage ce que je ferai des années qui suivront.

Au moins, Trognon a fait un discours académique, une traduction de roman, des notes pour Baour, et même un impromptu de six vers à une demoiselle. Voilà une vie remplie. Vous avez fait un discours de distribution fort éloquent et des théories qui subsistent, puisque vous y croyez ; parlez-moi de jours aussi bien employés. Fourteau a fait des enfants qui marqueront son passage en ce monde, et maintenant fait des pénitences qui lui assurent l'autre. A la bonne heure! Sans compter les enfants, Guichemerre fait des chansons et sème un système que le printemps va développer et qui sera en pleine maturité avant la fin du mois d'août. Les Loû-Bêtes, soit que je considère la thèse que le n° 1 a faite sur Pindare, soit que je pense à celle que le n° 2 nous promet sur Plaute, dans quelques années, les Loû-Bêtes, dis-je, auront vécu. Pouillet est entré pour moitié dans la composition d'un mémoire de physique. Cousin a fait des articles ; Loison, des brochures à tout prix. Il n'est pas jusqu'à mon ami Guissollenq qui n'ait, par ses madrigaux, signalé son existence. Moi, moi seul, je n'ai rien produit, ni vers, ni prose, ni discours, ni madrigaux, ni enfants d'aucune espèce. J'avais cinq ou six idées dans la tête, et voilà que le doute me les prend. Encore si j'avais cent mille francs de rentes, je pourrais payer une maîtresse et un écrivain qui me donneraient des progénitures qui ne seraient pas de moi ; mais je veux que le diable m'emporte si, au bout de l'an, après m'être nourri, vêtu, chauffé et blanchi, il me reste un sou de tous mes revenus. Ah! M. Fayolle, vous :

« La gloire du distique et l'espoir du quatrain » ;

il faut être bien malheureux pour envier votre destinée, et cependant j'en suis là. Priez pour moi, mon cher ami, et gardez-vous bien de ne pas prendre ceci très-sérieusement.

Quel ne serait pas mon bonheur, si je pouvais, dans ma misère, dans ma faiblesse, dans mon incapacité, aller chercher auprès de vous, vers le temps de la Pentecôte et au sein de la cité du Mans, des consolations, du courage, des idées?

Vous m'apprendriez à être heureux, vous me diriez comment on s'y prend pour produire, par quelle route on arrive à la croyance, de quelle manière il faut vous écrire pour être compris, comment il faut plaisanter et parler sérieusement pour que vous ne preniez pas au sérieux les choses plaisantes et au plaisant les choses sérieuses.

Je m'instruirais beaucoup à vous entendre; vous m'enseigneriez la clarté et vous me donneriez peut-être le secret du sel attique que vous possédez et que vous gardez mal à propos pour vous seul. D'ailleurs, j'aimerais à voir si vous êtes devenu gras et grand, afin de constater si les progrès que vous avez faits en malice n'ont pas, comme il arrive souvent quand l'esprit se développe, arrêté les accroissements physiques de votre personne.

Le miracle de la Pentecôte se renouvellerait pour moi, vous seriez mon Esprit-Saint, et votre langue, sans être de feu, n'en aurait pas moins de vertu; — de plus, j'aurais tant de plaisir à voir le Mans; — si l'air de Falaise vous a été si favorable, l'air du Mans doit valoir encore mieux; on dit cette Normandie si poétique, si féconde en inspiration : Heureux ceux qui l'ont habitée! Heureux même ceux qui peuvent la visiter! Pourquoi faut-il que je sois dans l'impuissance de voyager à la Pentecôte? Mais mes revenus ne sont pas les vôtres — vous le savez bien. — Il faut que je reste ici; ma bourse le veut; ceux qui m'ont vanté la Normandie m'ont averti que l'hospitalité s'y payait, tant il est vrai que ce siècle de fer a pénétré partout.

Combien j'ai de peine à me rassurer contre ces terribles plaisanteries dont vous me menacez et combien je vais me donner garde de les provoquer! Trognon ne m'effraye pas plus quand je vois naître, sur ses lèvres et dans les parties de son visage qui avoisinent son nez, cette expression satirique qui annonce l'aigu sarcasme et la mordante ironie à laquelle la nature l'a rendu si apte. Je vais relire avec soin toutes mes lettres et effacer tout ce qui pourrait ressembler à une épigramme; — ce n'est pas que je sois enclin à me moquer; — jamais je ne fais de malices volontaires; mais, dans ma bonhomie, je laisse échapper parfois des naïvetés que l'obscurité de mon style fait ressembler à des méchancetés; — je me défie trop de votre pénétration et de moi-même, pour ne pas désormais m'appliquer à éviter toute équivoque; — tant pis si mes lettres en ont moins d'abandon; — je ne veux pas sacrifier ma sécurité au vain plaisir d'écrire avec aisance et rapidité. Veuillez donc croire, dorénavant, à mes bonnes intentions, — et si quelque malheureuse expression, échappée à la rature, présente encore quelque amphibologie, — veuillez l'expliquer favorablement, et ne vous en allez pas m'accabler injustement de plaisanteries qui me feraient mourir de chagrin. Vous êtes le plus fort; il vous convient d'être généreux; — il doit même vous être doux de l'être — Voltaire l'a dit en sa *Pucelle* :

> Il est aisé, mais il est beau pourtant,
> D'être modeste alors que l'on est grand.

Remarquez bien le sens profond de ces deux vers et profitez-en. Vous êtes *grand*, il n'y a pas de doute; — il vous convient donc d'être *modeste*; modeste a pour racine *moderare*, qui veut dire se contenir, se retenir, ne pas faire tout ce qu'on pourrait; — il vous convient donc d'*épargner*, d'être généreux, et voyez pourquoi : parce que cela est *aisé*. Oh! si c'était une chose difficile, je ne me permettrais pas de vous prier de prendre cette peine; mais cela est aisé, Voltaire le dit clairement. Et quand bien même encore cela ne serait pas aisé, — votre grand cœur et votre puissante volonté le ferait, car cela est *beau*; — le texte dit, *mais il est beau pourtant*, et ces paroles sont si claires qu'il est difficile que vous puissiez les prendre à contresens. La chose étant belle décidément, je compte tout à fait sur vous, et me voilà un peu plus tranquille; il faut convenir que j'ai été bien heureux de trouver ce passage de Voltaire pour expliquer ma pensée; cet écrivain a la réputation de s'exprimer avec lucidité, et vous ne croirez pas, grâce au secours qu'il m'a prêté, qu'en vous priant de ne point vous moquer de moi, je vous ai prié de vous en moquer.

Pardon, si ces explications sont un peu longues; — la crainte de l'équivoque me force aux développements; — bientôt je n'oserai plus vous écrire. Oh! pourquoi m'avez-vous menacé? Voilà mon repos détruit, la liberté de ma correspondance avec vous gênée, pour ne pas dire étouffée; — tremblant à chaque lettre timbrée d'Angers, je ne connaîtrai plus le plaisir tant de fois éprouvé en les recevant. Où me cacher? Où fuir? Où trouver un abri inexpugnable à vos malices, ou bien un auxiliaire assez puissant pour les repousser? Je ne connais personne qui soit capable de jouter avec vous, en plaisanteries; — non pas même le redoutable Trognon; — prenez garde cependant de me pousser à bout; le désespoir trouve des moyens inouïs, — et je serais homme, si vous m'irritiez trop fortement, à faire venir Bloquel de province, comme jadis les Carthaginois appelèrent le Lacédémonien Xantippe, — et vous savez ce qui advint à ce pauvre Régulus.

Pourrais-je vous adoucir en vous annonçant que je vous ai présenté à l'honorable société des anciens élèves de l'École, ainsi que Dubois, et que votre admission a été consentie à l'unanimité. Pourrais-je distraire votre esprit de ses belliqueuses ardeurs, en vous prévenant, au nom de cette société, qu'il faudra que vous veuilliez bien lui envoyer un travail tous les six mois? Pourrais-je amollir votre menaçante humeur, en vous disant combien la société a conçu d'espérances, en inscrivant au nombre de ses associés un professeur si distingué et si capable de l'illustrer par ses mémoires et ses épigrammes?

Mais je crains bien que toutes ces bonnes nouvelles vous flattent moins que ne vous indisposera ma négligence à vous envoyer mon programme de morale. C'était une longue copie à faire; — j'ai reculé, hésité; — puis le moment est venu où l'envoi eût été inutile; bref vous n'aurez rien; — la perte n'est pas grande; — votre morale vaudra mieux que la mienne, à laquelle je ne crois plus.

Si vous voulez nous favoriser d'un petit mémoire philosophique, physique (car vous êtes fort en physique), littéraire, philologique ou historique, veuillez l'adresser franc de port à M. Arthaud, secrétaire de la Société, rue Saint-Jacques, n° 121.

Si vous voulez m'honorer prochainement d'un gros paquet, veuillez l'adresser, sans affranchir, à M. J..., rue de Seine, n° 20; — mais, au nom de Dieu, point de malices! — Vous devez me les épargner, en considérant avec quel respect, quelle humilité, quelle douceur, la présente est écrite.

Adieu.

Th. JOUFFROY.

A Damiron

Paris, 3 juin 1819.

Vous avez pris la chose comme il fallait, mon cher ami, c'est-à-dire que vous l'avez considérée comme une petite correction anodine et émolliente, bénignement administrée dans la vue de votre amendement. Vos plaisanteries ne m'avaient point du tout fâché; vous n'avez pu le penser; mais, comme Trognon m'a persuadé que je suis extrêmement malin, la vanité que cette persuasion a fait naître en moi s'est piquée de voir que vous osiez m'attaquer et me jeter le gant, vous qui êtes bien la meilleure âme de ma connaissance; ainsi donc saisissez bien ma distinction, afin d'appliquer la correction au point précis où ma main l'a dirigée; ce n'est point le sens de la plaisanterie qui m'a soulevé, mais l'audace que vous avez eu de plaisanter, c'est le *Tò plaisanter*, en un mot. Ainsi, quand Trognon s'échappe par hasard dans nos conversations, et, se mettant en gaieté, pousse quelque malice naïve, Pouillet à droite, moi à gauche, nous lui tombons si rudement sur le dos qu'il regagne à la hâte son genre naturel, et se renferme entièrement dans les phrases académiques. Vous saurez que Pouillet et moi sommes les deux puissances éminentes de la malice; cela posé, vous concevez facilement combien il vous sied mal à vous, qui n'avez point de réputation faite en ce genre, à vous qui êtes de province, à vous que Trognon appelle *la non-malice*, de provoquer un homme de ma sorte, possesseur légitime d'une supériorité avouée. Je régnais paisiblement sur la foi de Trognon et de mon orgueil; vous venez me tracasser chez moi; je me dresse, je saisis mes armes; j'allais vous transpercer, vous écraser, vous éteindre, un mouvement de compassion me retient : il est jeune, un peu de témérité est pardonnable à son âge; peut-être même ignore-t-il mes droits nouvellement découverts; il n'est pas professeur d'histoire, et peut bien n'être pas instruit sur ce point; il vit loin de moi et, qui sait, les rayons de ma gloire perdant leur vivacité en traversant l'espace, pourraient bien ne pas jeter là d'aussi vives clartés qu'ici; d'ailleurs il est mon ami, mon vieil ami; ne me l'a-t-il pas toujours témoigné par des marques sensibles et irrécusables? A ce dernier motif je m'attendris, je m'apaise, je n'écraserai pas, je ne ferai que fouetter un peu, je laisse là mes traits les plus acérés, je choisis les plus obtus, que ma main bienveillante émousse encore; je les lâche faiblement du côté d'Angers, à l'adresse du professeur de philosophie en cette ville. Dieu soit loué! Ils sont parvenus au but; ils n'ont frappé que comme il fallait, traits bienfaisants qui, comme la liqueur amère du Tasse, ou comme la lance d'Achille, font souffrir, mais guérissent, abattent, mais ressuscitent, blessent, mais pour le plus grand bien du blessé.

Ne croyez pas cependant qu'il ne vous soit plus permis de plaisanter avec moi et contre moi; je ne suis pas intolérant à ce point et jaloux de ma prééminence à cet excès; plaisantez, moquez-vous, raillez, j'y consens; choisissez-moi pour l'objet de vos malices, je vous en donne la licence, que dis-je? Je serai charmé de guider vos premiers pas dans cette carrière nouvelle, de diriger votre main tremblante et novice, d'apprendre à votre œil inhabile à distinguer les parties faibles par où l'ennemi est singulièrement vulnérable; mon doigt tracera la route la plus directe et la plus rapide à vos traits incertains; je ferai votre éducation, et vous vous en trouverez bien; mais, si je consens à être votre pédagogue, ayez le respect d'un écolier; ne menacez pas, ne provoquez pas; je consens à l'égalité, pourvu que vous ne l'acceptiez pas; si vous l'acceptez vous êtes perdu; je vous assomme, et les rives de la Loire retentiront du bruit de votre chute.

Paris, 4 juin 1819.

Vous m'avez donné le conseil d'écrire une lettre à plusieurs reprises; je trouve l'avis bon, et j'en profite; cette méthode est particulièrement commode en ce qu'elle dispense des transitions.

Je reviens des Tuileries; j'y vais chercher tous les matins la fraîcheur et le silence; mais hélas! le printemps n'y est plus; il y était naguère, aimable, échauffant, ravissant, inspirateur. Le charme a disparu peu à peu et la nature est retombée dans son insignifiance ordinaire. Que de rêves séduisants mon imagination a faits sous ces beaux ombrages, qu'elle ne peut y retrouver, parce que le soleil a fait un pas de plus vers notre pôle boréal. L'influence du printemps ne dure qu'un moment; mais on vit plus dans ce peu de jours que dans les onze autres mois de l'année; c'est la saison de la poésie et de l'enthousiasme; l'âme est toute expansive, elle ne s'appartient plus, elle se répand et se perd dans le monde qui l'enveloppe et bien au delà; elle ne juge plus, elle aime. Aussi tout lui paraît beau, et ce qui est et ce qui n'est pas; ravie des réalités et des chimères qu'elle embellit ou qu'elle invente, elle s'épuise à les posséder; vains efforts, l'union est impossible, l'homme est réduit à les adorer et à chanter dans ce monde le bonheur qui n'y est point. Et cependant cette adoration nous rapproche du Dieu inconnu, ces chants qui sont pleins de lui nous le livrent pour ainsi dire; l'adoration est délicieuse, l'hymne est d'une harmonie enivrante; quand l'une finit, quand l'autre expire, l'âme en retombant sur la terre, s'aperçoit qu'elle l'avait quittée et que, déjà, un pas avait été fait vers le ciel; triste et rampante, elle s'ennuie dans la fange; ses yeux se lèvent avec douleur vers ces espaces brillants où tout à l'heure elle planait, elle n'a plus le courage de supporter sa condition; elle s'efforce pour s'élever de nouveau; mais elle a perdu sa puissance, le printemps n'est plus.

Je n'ai point philosophé tant qu'il a duré; la réflexion était impossible, je n'étais pas, comme l'année dernière, sous le poids d'une impérieuse nécessité; l'imagination l'a emporté; j'ai rêvé, rêvé, et toujours rêvé; les rêves ont cessé à mesure que l'air a perdu son humidité charmante, les arbres leur verdure tendre, les oiseaux leurs chants plaintifs, tous les yeux leur languissante expression; je me retrouve homme comme devant, mais ennuyé de l'être et incapable de revenir à la sèche philosophie; le souvenir des chimères est encore trop récent; les vacances le dissiperont, et je retrouverai ma vertu réflexive à l'approche de l'hiver; en attendant, je péris au milieu de la poussière; je me dessèche parmi ces rues arides et empoisonnées; je meurs de dégoût, fatigué de figures suantes, rouges et humaines qui me choquent continuellement les yeux; je me traîne péniblement à la fin de juillet, ennuyant mes élèves et ennuyé d'eux, et je conclus, en partant, que cette vie est ridicule, sotte, absurde, et qu'il faut être bien bon pour y demeurer, quand pour la modique somme de cinq ou six sous on peut s'en débarrasser.

En attendant, je dors passablement, je mange d'assez bon appétit; je me moque de l'univers et de moi-même, méprisant autant l'un que l'autre.

Je vous admire de n'être pas irrité et des hommes et de la vie et de vous-même; je vous admire encore plus de ne pas rire de tout cela, car ces choses sont encore plus grotesques qu'elles ne sont misérables.

Vous allez crier à la morale, à la destinée de l'homme, aux principes stoïques, etc.

Je veux mourir si je vois la moindre raison de croire à la vérité objective et absolue de ces principes, de cette destinée, de cette morale. Dieu vous garde, au reste, et vous maintienne dans la foi; c'est une grâce que la foi, je la désire, je l'implore, je la cherche; mais l'objectif détruit tout, et je mourrai dans le doute, sauf à brûler comme un Juif dans l'éternité.

Adieu, je vais là-dessus déjeuner.

Paris, le 18 juin.

Vous qui êtes un homme conséquent, un homme qui ne variez pas du matin au soir, la méthode d'écrire une lettre par morceaux détachés vous convient; elle me perdra de réputation, c'est un fait indubitable; je ne me reconnais plus dans les pages précédentes; je serais donc bien honteux si je relisais les lettres que j'écrivais, il y a deux ou trois ans. Et vous qui avez la précaution de les conserver; les jugements que vous faites de moi sur pareilles pièces doivent être terribles; faut-il donc leur donner de nouvelles bases en vous présentant le spectacle de mon inconséquence, dans le cadre plus étroit d'une seule lettre? Ah! que je me repens d'avoir suivi vos conseils perfides! Je voulais recommencer cette lettre, vous expliquer plus simplement ma dernière épître et ne pas augmenter, le mauvais effet des plaisanteries qu'elle renfermait, par des excuses aussi impertinentes que celles qui sont au commencement de celles-ci. Je voulais aussi détruire le fatras qui remplit le second morceau, parce qu'il exprime tout ce que j'ai voulu dire d'une manière exagérée; mais c'était cinq pages à refaire, et ma paresse n'y a pu consentir, d'ailleurs je ne puis écrire beaucoup aujourd'hui; je n'aurais donc pu faire ma lettre tout d'une haleine; ne pouvant répondre de mon opinion de demain, je courais risque de n'effacer des contradictions que pour en mettre d'autres à la place, et puis, soyons francs avec vous, montrons-nous tels que nous sommes; le danger ne peut pas être grand; car il y a longtemps que vous me connaissez, et je n'ai pas beaucoup à vous cacher dorénavant.

18, après-midi.

J'ai été interrompu par l'admirable Varney ; me revoici. Je ne connais rien de si lourd que la page ci-dessus — c'est du Welche tout pur ; quand je veux être raisonnable je deviens plus épais et plus crasse que M. Dacier ou M. Naudet.

Reviens, reviens, facile et rapide imagination ; je veux courir sur tes ailes, sauf à me voir emporté dans le pays de l'absurde. La folie a ses charmes, et la raison ses désagréments ; si l'une est une beauté dévergondée, l'autre est si lourde, dans ses formes symétriques et régulières, qu'il est permis d'hésiter ; — que dis-je ? Le monde a prononcé, — la foule rit aux pieds de la folie, — les autels de la raison sont abandonnés ; quelques philosophes secs, maigres, jaunes, tristes, épars dans son vaste temple encensent à leur aise et sans se coudoyer la pauvre déesse ; mais ils meurent d'ennui et se portent mal, à l'exception d'un seul qui a trouvé moyen d'engraisser dans cette religion ; mais un exemple ne prouve pas. — Fribault se meurt ; Bautain a suspendu son cours ; Guichemerre a la fièvre, Cousin traîne, Milon sèche de plus en plus, M. Cardaillac passe au lit les trois quarts de ses jours ; — Bloquel et moi nous nous portons à merveille.

Mais que faire avec la folie ? Ce que fait tout le monde, des comédies : chacun s'arrange de son mieux pour être ridicule, et par là travaille au bonheur de tous ; le plaisir de chacun est de rire de tous les autres ; la charité de chacun consiste à faire rire tout le reste ; c'est chez nous que s'accomplissent et se pratiquent les grands préceptes de la morale : aidez-vous mutuellement, faites à chacun ce que vous voudriez qu'il vous fît, travaillez au bonheur de tous, etc.

Vous saurez, mon cher, que pour me conformer le plus possible à ces grands commandements, je m'amuse à composer des comédies : j'en ai déjà fait cinq ou six ;

les unes en un acte, les autres en deux, les autres en trois ; j'en fais actuellement une septième qui aura cinq actes. Je suis d'une prodigieuse fécondité ; j'écris une comédie en trois actes d'une nuit ; ajoutez une semaine pour faire le plan, cela fait sept jours et une nuit, — pour peu que cela continue j'égalerai le grand Lope de Véga qui en composa dix-huit cents; mais je ne bâtis pas en vers, je me contiens dans la vile prose et cela pour trois ou quatre raisons, entre lesquelles vous pouvez regarder comme la plus décisive mon impuissance à versifier; quand je serai vieux je ferai représenter ces pièces par mes enfants si le ciel me condamne à prendre femme ; elles tiendront lieu dans ma retraite des proverbes de feu Carmontel. En attendant, le plaisir de les faire me désennuie et me console ; quand vous voudrez je vous mettrai en comédie et je vous communiquerai la pièce ; mais vous irez mieux dans un roman de mœurs et j'ai bien envie de vous intercaler dans quelque coin d'un petit ouvrage de ce genre que je prépare et qui n'aura guère qu'une douzaine de volumes ; vous êtes trop pacifique pour la comédie, il faut la longueur d'un roman pour vous développer ; je fais aussi des énigmes et même des rébus pour les épiciers de la rue des Lombards; si vous tirez de là les bonbons que vous mangerez ou distribuerez au 1er janvier 1820 vous en trouverez d'admirables, ils sont signés X. C'est par là que je débuterai dans le monde littéraire, — attendu que je veux être reçu quelque jour à l'Académie française.

J'ai aussi composé une chanson en cinq couplets; j'espère bien l'augmenter d'un sixième dès que j'aurai un peu de loisir, mais je suis accablé d'occupations : mes deux romans d'un côté (je ne vous ai parlé que d'un, mais il y en a un autre), ma comédie en cinq actes, mes énigmes, la suite de mes rébus, mon cours qui est lui-même une suite d'énigmes dont ni mes élèves ni moi n'avons les *mots*, mon commentaire sur Horace, et mes recherches stratégiques sur Végèce, Polybe, Jomini et l'archiduc Charles, tout cela me détourne de ma chanson ; mais pourvu que M. Vigée l'ait avant l'impression entière de l'almanach des muses pour 1820 c'est tout ce qu'il faut ; elle sera signée U ; vous la chercherez ; je vous apprendrai l'air la première fois que nous nous verrons ; ou plutôt comme vous voulez que je laisse à Trognon beaucoup de choses pour vous ; je tâcherai de le lui apprendre, il vous le redira.

Je commente Horace : la première ode du premier livre est faite ainsi que la septième du troisième ; celle-ci ne se trouve pas dans les éditions expurgées, mais elle renferme un sens profond, et donne de vives lumières sur beaucoup d'usages anciens ; vous remarquerez le vers *Thyna merce beatum;* vous ne savez pas ce que c'est que cette *thyna ;* mon commentaire vous dira cela en deux pages ; ni Lambinus, ni Cruquius, ni Bentleius, ni Fabricius, ni Heinsius, ni Turnebus, ni Talbotus, ni Sanado, ni Muretus, ni Gesnerus, ni Cuningamius, ni même le fameux Alexander ab alexandro *in Miscellaneis*, ni Grutherus in *Thesauro critico ;* ni aucun autre commentateur de ma connaissance n'y ont rien compris ; cette découverte m'était réservée, et *Teretes suras, in eod. carmine!* Vous ne saisissez pas la signification profonde de ces mots si simples en apparence, je vous l'apprendrai ; j'ai trouvé cela un matin en m'éveillant, — c'est une chose admirable ; — ces imbéciles de commentateurs qui mettent *id est tibias rotundas ;* je soutiens que *suras* veut bien dire autre chose, et que *teretes* n'est pas mis là *propriè* et *absolutè*. — Vous verrez, vous verrez — ce commentaire me mènera à l'Académie des inscriptions comme mes recherches stratégiques me feront ouvrir les portes de celle des sciences, nous pourvoirons plus tard à celle des beaux-arts. C'est Trognon qui m'a mis en tête cette ferveur académique, — il s'en repentira ; — je dormirai au fauteuil qu'il aura à peine une voix à la porte et cette voix sera la mienne, c'est-à-dire, celle de l'amitié complaisante. Quant à mon travail sur la stratégie, c'est de tous celui qui me fera le plus d'honneur ; que Folard et Montecuculli, Jomini et Mathieu Dumas écrivent raisonnablement sur un art qu'ils ont pratiqué, c'est bien, mais ce n'est pas merveilleux ; ce qu'il y a d'admirable, c'est que M. Gail donne des plans de la bataille de Marathon, M. Barbié du Bocage de celle de Mantinée, et que moi, je discute avec profondeur sur l'origine, les progrès et l'état actuel de la stratégie ; j'ai écrit dix pages sur la campagne de 1799 qui feront du bruit, et si jamais l'expédition de Vincennes se renouvelait, j'aurais quelque droit à ce poste de sergent que sollicitait si audacieusement l'incapable Corneille.

Tels sont, mon cher ami, les petits travaux qui m'occupent ; ainsi s'écoule ma vie dans l'agréable culture des lettres et des sciences, sans ambition, mais non pas sans mérite ; n'attendez pas qu'on vienne un jour me prendre pour me faire conseiller d'état, — l'intrigue seule réussit de nos jours ; — audacieuse et criante, elle escalade les murs du palais des rois en même temps qu'elle étourdit le monarque. On l'accueille comme un ennemi qui l'épée à la main vous force de le reconnaître votre allié. Qu'importe ! elle monte, elle s'engraisse, elle vit et meurt dans le luxe et les fortunes du monde ; mais le talent modeste d'un commentateur d'Horace, d'un habile romancier, d'un auteur de comédies qui réjouissent le peuple et lui donnent de nobles plaisirs, languit dans le nid où sa mère et le hasard le placèrent à sa naissance. Timide, il n'ose étendre ses ailes tremblantes et s'abandonner aux vents rapides ; il demeure dans son coin, ignoré du monde et de la fortune ; encore s'il avait des champs à cultiver, des troupeaux à garder, une petite maison couverte de chaume, du Falerne qui datât de quelque consul mort depuis longtemps, et une Délie à presser dans ses bras pendant que l'orage battrait sa fenêtre, il pourrait dédaigner au sein de ses modestes mais honnêtes pénates, les gloires éclatantes, et les joies magnifiques du dehors ! — ô temps, ô mœurs ! Les beaux esprits dans ce siècle injuste, ne sont pas si bien rentés ; — il n'y a plus de Mécènes, plus de Colbert ! Nos ministres sont des sots, et nos riches des banquiers — ô Délie tu me manques par-dessus tout le reste ! — To faut-il un cœur passionné, un esprit capable de te comprendre? Aimes-tu les anciens, la gloire des armes, celle des lettres? Les charades peuvent-elles te plaire et les rébus amuser ton ingénieuse intelligence? Viens, tu trouveras ici tous ces nobles trésors; abandonne ces salons pompeux, ces palais superbes; le marbre qui les décore n'est pas plus froid que les hommes qui les habitent, les lumières qui les éclairent pas plus resplendissantes que ne sont obscures les âmes ambulantes qui les parcourent. Viens, nous paierons notre loyer comme nous pourrons, nous mangerons chez le restaurateur, nous aurons des habits modestes et nous irons rarement en voiture, mais l'amour embellira nos jours. Toi tricotant, moi commentant, nous ferons revivre le ménage de Corneille et l'intérieur de M. et Mme Dacier et quand le soir viendra, ô nuits des dieux, ô plaisirs ineffables! Vois-tu voltigeant sur la couche nuptiale l'amour et l'hyménée pour la première fois réunis, l'un redressant le flambeau que l'autre par habitude avait renversé, tous deux couronnés de fleurs, répandant les parfums et les roses, tandis que la pudeur, rassurée par le sacrement, délie elle-même de ses mains timides et l'or de tes blonds cheveux et la ceinture qui retenait sur ton sein les plis de ta robe flottante.

Les enfants ne pourront nous manquer : ils naissent en foule sous l'humble chaume; car la fidélité conjugale veille à la porte. — L'arbre sous lequel tout un village vient danser les jours de fête ne pousse aucun rejeton, mais ils s'élèvent de toutes parts autour de l'ormeau qui croît inconnu au fond des bois; ils te ressembleront, ma Délie, et rien n'empêchera qu'ils ne me ressemblent aussi; tu leur apprendras l'art d'être aimables, et moi celui d'être heureux dans la médiocrité; charmants enseignements que l'Université ne contrôlera pas, et que d'imbéciles inspecteurs ne viendront point examiner. — La matière enseignée ne paiera qu'un tribut de reconnaissance et d'amour, tribut que ne peut lever le despotisme, et que nous obtiendrons sans peine; ainsi passeront nos jours, comme un ruisseau dans une vallée solitaire; nous irons voir ensemble le pays inconnu qui commence au tombeau et d'où personne ne revient, si obscur et si impénétrable, que l'humanité qui y court n'a pu découvrir encore ses mœurs et ses usages; soit que le néant le remplisse, soit que l'immortalité y règne, nous y mettrons le pied sans regret et sans frayeur, heureux du passé, indifférents sur l'avenir.

24 juin.

Quelle accumulation d'extravagances! je me colle avec votre maudite méthode; — quelle expérience de moi-même je vous fournis! Au moins, remerciez-moi, mais j'ai une grâce à vous demander; c'est celle de ne montrer mes lettres à personne; vous m'avez déjà joué un fort vilain tour quand vous avez fait confidence d'une à Dubois; vous allez me brouiller avec Trognon si vous lui montrez mes plaisanteries, vous allez enfin me faire passer pour extravagant, dans l'esprit de tous ceux qui liront celle-ci, car elle est un petit chef-d'œuvre de folie; — je vous préviens que je veux bien me répandre tel que je suis dans votre sein, mais que je ne veux pas que votre sein soit un tamis qui me laisse couler partout; en conséquence, jeune homme, je vous refuse la permission de montrer mes lettres, je pourrai vous donner des autorisations particulières quand vous m'en demanderez et que j'y trouverai mon compte, hors de là rien.

Je vous dirai que j'ai dîné dernièrement à Bicêtre, et cela fort joyeusement comme de coutume; — j'aime et j'estime de plus en plus votre père à mesure que je le connais davantage; je n'ai jamais vu cœur aussi bon, aussi franc, joint à un meilleur jugement et à une plus ferme volonté; — les hommes comme cela sont rares partout, — ils sont introuvables dans cet infernal pays, vaste rassemblement de canaille bourgeoise et titrée, plus ambitieux, plus faux, plus lâches, plus corrompus, plus égoïstes les uns que les autres; je vois tout cela remuer de mon cinquième, et je crois avoir sous les yeux un paquet de serpents qui se mangent et s'embrassent, se caressent et s'étouffent, dressent la tête et rampent, brillent et font du fiel, au fond de quelque trou plein de fange; — funeste spectacle que le soleil ne devrait pas éclairer.

J'ai sous ma fenêtre d'honnêtes couturières, qui depuis six heures du matin jusqu'à huit heures du soir cousent et médisent; depuis huit heures jusqu'à minuit raccrochent et passent le reste des vingt-quatre heures à se prostituer comme des bacchantes : c'est une des vies les moins hideuses que je connaisse.

Du reste notre siècle vaut bien celui de Tibère et de Catherine de Médicis; dans tous les temps les hommes ont été les mêmes, vils et ridicules.

Les crimes ont succédé aux crimes, les sottises aux sottises, les systèmes aux systèmes, les préjugés aux préjugés ; peu de vertus, peu de certitude, point de bonheur ; je ne vois que la lune, le soleil et les étoiles qui proclament quelque ordre dans ce bas monde, mais nous ne les voyons que de loin.

Portez-vous bien.

Th. Jouffroy.

Je ne sais pourquoi cette lettre n'est pas partie encore — c'est un fait sans raison, — n'y cherchez pas d'explication — je vous la donnerais si je l'avais. — Votre paquet est venu en bonne santé ; — comme c'était veille de société je me suis hâté de le remettre au secrétaire afin qu'il le mit à l'ordre du jour ; nous l'examinerons en section, ensuite il sera lu en assemblée générale ; je n'ai pas eu le temps de le lire, j'aurai ce plaisir deux fois, à la section et à l'assemblée; je suis persuadé d'avance qu'il est excellent — apaisez-vous donc et ne pensez plus à le retoucher. L'honorable secrétaire vous transmettra le rapport et les louanges.

L'honorable membre Trognon vient de livrer à l'impression sa belle traduction de Jacopo Ortis ; elle se vend maintenant, et il demande des articles à tous ses honorables amis ; j'en ai envoyé un au *Courrier;* mais il n'a pas encore paru ; si vous avez dans votre ville quelque mauvais journal, fourrez-y quelque paquet de louange. L'honorable traducteur vous les rendra quand vous ferez imprimer quelques-uns des nombreux mémoires que vous gardez en portefeuille ; vous n'avez pas lu le livre, louez toujours en général et portez-vous bien.

Th. Jouffroy.

A Dubois

Paris, le 10 juillet 1819.

Qu'y a-t-il de commun entre nous et les nuages qui passent sur nos têtes ? Qu'avons-nous à démêler avec le pays beau ou laid que nous habitons ? Avec les misérables occupations qui nous donnent du pain ? Avec les sifflements ou les beuglements des gens qui nous régentent et nous fabriquent des lois ? Avec les vanités de la gloire qui nous piquent et les folies de l'amour qui nous font pleurer ou nous poussent à des joies extravagantes ? Rien, à vrai dire, et cependant toutes ces fatalités pèsent continuellement sur nous ; l'externe nous enveloppe et nous maîtrise, — misérable indépendance que la nôtre, misérable liberté ! — nous n'avons jamais la force d'être ce que nous sommes, notre vie est une corruption continuelle de son principe ; nous allons nous enchaînant, nous emprisonnant, nous garottant avec une rapidité effrayante et un entraînement invincible ; et ce personnage qui expire sur un lit à quatre-vingts ans les a passés à défigurer et à défaire en lui l'ouvrage du Créateur ; que la tombe le régénère ou ne le régénère pas, la vie n'en est pas moins une absurdité sans raison suffisante, ou plutôt un mystère qui confond notre jugement et met en défaut la logique tout entière !

Pourquoi sommes-nous libres et ne pouvons-nous l'être ? pourquoi nous développons-nous pour nous rétrécir ? pourquoi marcher si c'est pour reculer ? quelle est cette comédie que les acteurs ne comprennent pas, qui commence par où elle devrait finir et finit par où elle devrait commencer? L'homme est un amas de contradictions, et lorsque toutes ces contradictions s'agitent et se brouillent, elles enfantent un chaos que toute la philosophie du monde ne démêlera jamais.

Victimes de la malice qui nous fit tels, nous versons des larmes sur notre malheureuse destinée; spectateurs de notre propre infortune, si nous parvenons à oublier un moment qu'elle est nôtre, nous ne voyons plus qu'un être dupe qui se débat en vain pour se tirer du mauvais pas où on l'a mis et nous rions; ainsi nous sommes pour nous-mêmes et, pour la même cause, le seul objet tragique et le seul objet comique; nous avons à choisir entre le rôle de Démocrite et celui d'Héraclite. Mais nous ne sommes pas assez forts pour jouer exclusivement l'un des deux; nous passons de l'un à l'autre à tout moment et à mesure que notre moi traverse de la sensibilité à la raison et de la raison à la sensibilité; réfugiés dans la raison, nous regardons et nous rions; rejetés dans la sensibilité, nous sentons et nous pleurons, et remarquez que, dans les deux cas, nous ne sommes jamais nous; rester nous, ce serait rester indépendants et de la fatalité sensible qui nous accable de douleur et de la raison qui nous accable du poids de la vérité; un homme qui serait lui ne souffrirait ni ne croirait, ne pleurerait ni ne rirait; ce serait une force impassible à toute sensation et à toute conviction, qui agirait librement sans aucun motif, c'est-à-dire sans y être poussée par rien au monde.

Je vous vois vous débattant sous les cent mille fatalités qui assiègent tout homme venant dans ce monde; votre classe vous ennuie et c'est, en effet, la chose la plus ennuyeuse; vous aviez une épouse, vous la pleurez, et tout cœur bien placé vous comprend et vous plaint; les ambitieux, les sots, les lâches, les impudents qui, sous tous les masques, se mêlent de la République, vous indignent, et vous brûlez d'écrire et de montrer la vérité, et je partage tous ces sentiments; vous soupirez pour la gloire, et nous aussi ; vous voudriez le repos, et chacun le veut comme vous ; votre sort est l'histoire universelle ; j'enrage plus que vous, et plus que vous, peut-être, j'ai lieu d'enrager ; mais un peu de patience, je vous en prie, la vie est si courte, le berceau est à six pas de la tombe et nous sommes déjà à trois pas du berceau ; bientôt nous verrons les spectacles qui sont au-delà de la mort ; que de choses curieuses nous allons découvrir ! Je voudrais faire le voyage avec vous ; nous philosopherions sur toutes ces nouveautés, nous ferions des comparaisons instructives, nous trouverions à rire de ce monde-là et de celui-ci, nous dirions des bons mots qui nous divertiraient, et nous serions encore amis comme à présent.

Ce qui me console, voyez-vous, au milieu de cette destinée maussade qui est notre lot, c'est que je suis passablement sûr de mon immortalité. Cela posé, je vois devant moi une suite indéfinie de vies par lesquelles je passerai, et dont la diversité ne pourra être que fort amusante ; j'espère me tirer du temps partout, avec ma philosophie ; j'observerai, je causerai avec les bonnes gens de ces différents mondes, voyageurs comme moi, je ferai des syllogismes à droite et à gauche, je trouverai du pain partout, seulement je promets bien de ne me refaire professeur nulle part ; c'est un sot métier dans toute espèce de pays.

Ne vous figurez-vous pas une suite de planètes où nos âmes vivront successivement sous différents costumes, et cette perspective ne vous plaît-elle pas ? Pour moi, j'en raffole d'autant mieux qu'à mesure que nous avancerons nous ne manquerons pas de nous trouver toujours un peu moins mal et un peu moins imparfaits ; soyez bien persuadé que cette vie est la première de toutes, et la pire, par conséquent, — nous ne nous souvenons d'aucune autre, — c'est la première épreuve ; elle est dure, si dure que nous n'y voyons qu'absurdité et misère, mais elle contient déjà la volonté d'être vertueux, la conception du bonheur et l'espérance ; commencements qui amènent une suite ; suite qui ne pourra être qu'une progression vers le bien absolu par les divers degrés du mieux ; il faut cette progression; car supposer que nous sauterons brusquement du vide dans le plein est une ridicule hypothèse; nous irons pas à pas comme tout va; nous voyagerons longtemps, peut-être toujours, — il y a tant de planètes que nous voyons et tant que nous ne voyons pas! — l'éternité n'est pas trop longue pour un si long chemin; nous arriverons, au bout de deux ou trois vies, à un degré de bonheur que nous concevons à peine et, plus tard, à mille autres dont nous n'avons aucune idée; mon bonheur serait de rattraper Montaigne dans cette course, c'est un homme à ma guise, et j'aimerais à lui toucher deux mots sur plusieurs points; il n'a guère que deux cents ans d'avance; j'y compte, il sera vieux dans le monde où je le joindrai et moi jeune; mais il aimait les enfants, et sa barbe grise ne repoussera pas mon poil follet.

Ce qui m'inquiète, c'est de savoir si on se mariera dans les autres vies; d'un côté, si on se marie, il en résultera probablement des enfants, et voilà des créatures qui ne subiront point les épreuves antérieures; de l'autre, si on ne se marie pas, voilà bien du plaisir de moins, si on en croit Damiron et autres (il est vrai que beaucoup ne sont pas de son avis); comment s'arrangeront les hommes et surtout les femmes? — à quoi bon des hommes et des femmes? Il y a des difficultés dans tous les systèmes.

Pour moi, j'estime que l'on se mariera et qu'il y aura des enfants; je tire même de là une explication du péché originel, et la voici: la tache de notre premier père est d'avoir eu le malheur de naître dans ce monde-ci, le premier et le plus misérable de tous; il communique cette tache à tous ses descendants, puisque, par cela qu'ils naissent de lui, ils naissent dans ce monde; les enfants du monde suivant auront aussi une tache, celle de naître dans la deuxième épreuve plutôt que dans les suivantes; mais elle sera moindre que la nôtre, car la deuxième épreuve sera plus douce que celle-ci, et ainsi de suite; d'où vous voyez que chaque monde aura sa tache originelle, mais que les taches iront s'effaçant de mondes moins parfaits à mondes plus parfaits; heureux les enfants du dernier des mondes, ils naîtront dans le sein du bonheur absolu où nous autres, pauvres martyrs, nous n'arriverons qu'après avoir marché sur bien des épines; mais, en revanche, ils auront vu un bon nombre de planètes de moins que nous, et quantité de sottises divertissantes.

J'imagine que nous trouverons Dieu dans cette dernière vie. Il y habite au milieu de l'absolu bonheur, de l'absolue vérité, de l'absolue perfection morale et de tous les absolus possibles dont il est le père. C'est de là qu'il en envoya quelques rayons aux autres mondes; plus ou moins selon les degrés, et c'est ainsi qu'il les rend plus ou moins parfaits. Nous-mêmes dans le plus bas et le plus obscur de tous, nous ne sommes pas tout à fait privés de la divine lumière, — quelques étincelles arrivent jusqu'ici, — chaque homme en a une dans sa tête; les uns l'éteignent, les autres la laissent telle qu'elle est. Un petit nombre souffle dessus et l'augmente; elle devient flamme vive et resplendissante dans les nobles esprits des Jésus et des Platon, des Homère et des Virgile, des Raphaël et des Michel-Ange. Étincelle sacrée, heureux qui te conserve et te nourrit, et marche à ta lumière dans les ténèbres de cette première vie! C'est ton image que Zoroastre adorait, que les Vestales gardaient à Rome, que Moïse plaça dans le saint des saints et que le christianisme allume sur les autels! En effet, tu es toi-même la seule représentation de Dieu parmi nous; sans toi, nous l'ignorerions; sans toi, nous n'aspirerions pas à lui; sans toi, nous ne serions pas; car rien n'est que par lui, et il ne peut rien faire qui ne garde quelque chose des mains qui l'ont formé.

Voyez tous les peuples s'agiter et s'inquiéter à certaines époques! D'où vient cette inquiétude et ce trouble? C'est qu'ils ont perdu la lueur divine qui les éclairait et qu'ils ne peuvent vivre sans elle. Ainsi le monde civilisé était ébranlé à la naissance du Christ. L'ancienne religion était éteinte, la morale perdue, la corruption couvrait le monde, chacun levait la tête et cherchait la règle qui avait disparu. Un homme vint rallumer le flambeau et fit de nouveau resplendir la règle enfoncée dans les nuages de l'ignorance ; les peuples rassurés se calmèrent. Mais bientôt le vent des Palus-Méotides rabattit sur elles les ténèbres un moment écartées. La règle disparut de nouveau, mais les yeux du moyen âge étaient si mauvais qu'ils croyaient la voir encore. Le xviiie siècle, fils de Luther, les dessilla et fit voir aux hommes qu'ils ne voyaient rien depuis longtemps. Nouvelles inquiétudes, nouvelle corruption ; le xviiie siècle si habile à détruire les illusions, n'avait pas su établir la vérité. Nous dégageons à présent la règle qu'il laissa dans l'obscurité et déjà le calme renaît à mesure qu'elle reparaît. Tirons entièrement la toile nous autres qui savons de quoi il s'agit. Voilà notre métier.

J'ai assez rêvé. Adieu.

Th. JOUFFROY.

A Damiron

Les Pontets, le 17 novembre 1819.

Mon cher philosophe, vous serez un peu étonné, sans doute, en recevant de moi à cette époque une lettre datée des Pontets. Le ciel l'a ainsi voulu. Une maladie grave qui depuis dix mois menace à chaque instant les jours de mon père m'a forcé de demander un congé pour l'hiver. J'ai fait le voyage de Paris pour l'obtenir. Je l'ai obtenu, et me voici de retour, profitant des longs loisirs que ma position me laisse pour reprendre avec mes vieux amis une correspondance trop longtemps suspendue.

J'ai maintenant pour voisin votre ami Dubois, qui comme vous le savez sans doute, professe à Besançon la rhétorique au collège, et la littérature française à l'Académie...

Il faudrait que je fusse bien amoureux pour me marier maintenant ; car jamais mon sort à venir ne se trouva plus douteux et plus incertain. L'Université n'est plus une carrière pour moi; j'y suis retenu par un engagement, mais j'aspire à en sortir; en d'autres termes, ou l'Université changera entièrement d'ici à l'expiration de mes dix années de services, ou elle ne changera pas et restera tyrannique, arbitraire, inquisitoriale, absurde telle qu'elle est à présent. Dans ce dernier cas assurément je la quitterai. Dans le premier, je verrai, voilà la question et cette question est celle de mon avenir. Jusqu'à ce qu'elle soit décidée, je philosopherai pour moi, et non pour mes élèves auxquels je ne veux pas mentir en leur professant des opinions que je ne crois pas, mais auxquels non plus je ne veux pas professer toutes les miennes, fort peu curieux d'être destitué à Paris et d'être envoyé au fond de la Gascogne ou de la Normandie, apprendre à des bambins de sept ans comment fait *Rosa* au génitif.

Que si vous me demandez le fondement de mes craintes, je vous dirai que l'année dernière les chefs de l'Université firent saisir des rédactions de mes leçons, en tirèrent des phrases détachées qu'ils recousirent ensuite l'une à l'autre et sur ce beau et solide fondement, m'accusèrent d'impiété et d'anarchie, moi qui crois en Dieu plus qu'eux, puisque je sais pourquoi j'y crois, et qui aime l'ordre cent fois plus, puisque j'accuse de désordre et d'anarchie l'Université dont ils sont les chefs. Or, je suis impie parce que je dis qu'il n'y a pas de devoirs spéciaux envers Dieu, et encore parce que je soutiens qu'à l'époque où le christianisme parut, les hommes avaient besoin d'une nouvelle religion et que ce besoin favorisa son établissement; ce que saint Paul et tous les pères de l'Église ont soutenu avant moi, et ce qu'on ne peut nier sans accorder que l'ancienne religion était bonne et l'établissement de la nouvelle inutile. Je suis anarchiste parce que je prétends que nul n'est tenu d'obéir à une loi qui lui commande ce que sa conscience regarde comme un crime, principe éternellement vrai et qu'on ne peut nier sans accorder par exemple qu'un préteur romain était tenu de faire brûler vifs des milliers de chrétiens, dès que la loi l'avait ordonné, et par exemple encore que si Louis XVI avait été fugitif dans ses Etats au moment où la loi qui le condamnait à mort fut rendue, tout Français eut été obligé de le tuer ou de le livrer en découvrant son asile.

Et parce que j'étais impie et anarchiste à ce point, on me menaça d'une destitution, en ajoutant que le crime de Bavoux était une peccadille auprès du mien.

Quand une administration a le pouvoir de nommer sans concours, et de destituer sans jugement, elle est essentiellement mauvaise. Quand cette administration use du pouvoir absolu qui lui est absurdement confié, d'une façon aussi déraisonnable, elle est insoutenable et monstrueuse. Voilà les réflexions que je faisais pendant qu'on menaçait, et j'attendais pour les faire imprimer, qu'on me destituât. Il paraît qu'on craignit la brochure. On n'alla pas plus loin, on s'adoucit, on voulut traiter. J'avoue que j'eus une forte tentation de ne rien céder pour avoir le plaisir qui suivrait la destitution, celui de me défendre et de rendre ridicules des personnages et une administration si absurdes.

Cependant, je réfléchis que j'étais sous la griffe de ces Messieurs, et qu'après la destitution, ils avaient le droit de me faire payer trois mille francs ou de m'envoyer au diable faire une sixième. Je pensai aussi qu'une telle boutique devait inévitablement tomber au premier jour, que je ne perdais rien en différant, et que d'ailleurs, il ne fallait pas sacrifier les intérêts futurs de l'enseignement de la philosophie, au plaisir peu philosophique de la vengeance. Je capitulai donc par raison, par devoir, par intérêt, et voici la capitulation ; je promis de donner au commencement de l'année une liste des questions que je me proposais de traiter dans mes cours, et parallèlement une liste de mes solutions ; je permis à ces Messieurs de noter toutes les solutions qui leur déplairaient, leur offrant ou de ne pas traiter les questions correspondantes, ou de les traiter en donnant sous leurs noms et non pas sous le mien, les solutions qui leur conviendraient : ceci leur a paru par trop plaisant. Ils ont accepté la liste, ils ont accepté le privilège du coup de crayon sur les solutions anarchiques et impies, mais leur modestie, — ou leur amour-propre, je ne sais lequel des deux, — a repoussé la proposition d'y substituer les leurs : ils ont mieux aimé la suppression entière des questions. C'est sur ces bases que le traité a été conclu et frappé l'an de grâce dix-huit-cent-dix-neuf.

Voilà, mon cher, mes aventures de l'année dernière dont vous aurez peut-être entendu parler fort infidèlement à Paris, — car, à l'exception de Cousin, de Pouillet, de vous et de quelques amis intimes, je n'en ai fait encore le récit à personne, et cela par charité pour Messieurs de l'Université, et aussi pour leur tenir un peu parole : car ils me demandèrent après le traité, pour mon intérêt (et moi je dis pour le leur) de ne souffler mot à personne de ce qui s'était passé.

Dieu vous garde, mon cher, et vous donne la prudence nécessaire à ceux qui vivent sous la griffe des puissants ! Cette lettre vous en annonce beaucoup d'autres, d'aussi bonne taille; à cette condition pourtant que j'en recevrai de vous quelques-unes équivalentes.

Th. JOUFFROY.

à X... [1]

19 janvier 1820.

Où en est maintenant votre âme, mon cher ami? A-t-elle fait quelques pas de plus dans le chemin de la résignation? Hélas! vous l'éprouverez, l'âme ne se résigne pas : faible, impuissante, passive, elle souffre quand elle reçoit le coup; la blessure est vive et douloureuse d'abord; les moindres circonstances la font saigner et

---

1. L'adresse de cette lettre est perdue. Le destinataire ne peut être que Damiron ou Perreau; je la croirais écrite à Damiron, si la lettre suivante, du lendemain 20 janvier, ne semblait également s'adresser à lui.

l'irritent; peu à peu elle s'adoucit, elle se ferme, elle se guérit; on finit par ne plus sentir que la place où elle était, qui est un peu moins ferme et robuste que les autres, et qui pâtit encore sourdement quand on y frappe trop fort. Voilà l'histoire de la douleur sensible : fatale elle vient, fatalement elle dure, fatalement elle s'en va; le temps tout seul la soigne et la guérit, et il la guérit inévitablement.

Il y en a qui s'en veulent de voir passer et s'évanouir en eux la douleur. L'objet le plus aimé, le plus adoré expire entre vos bras; vous croyez le mal sensible de sa perte, éternel et infini : au bout de quelques années, que dis-je, de quelques misérables mois, il n'est déjà plus ou presque plus. Alors on s'accuse d'insensibilité, d'oubli, d'injustice; on voudrait souffrir encore comme si la fatale douleur qui ne dépend pas de nous honorait ceux qui ne sont plus. J'ai passé par là : je me suis fait ces reproches, et j'en ai reconnu l'injustice.

Il est des regrets qui distinguent l'homme véritablement généreux de l'égoïste : ce sont ceux de la raison. Que la douleur soit ou ne soit pas, tant que votre mémoire conservera le souvenir de votre frère, de ses vertus, de ses qualités aimables; tant que votre intelligence comprendra combien vous avez perdu en le perdant et combien la société avec vous; tant que vous conserverez à cette image de celui qui n'est plus l'amitié, le respect, l'estime que vous lui portiez à lui-même, vous ne serez point infidèle à sa mémoire, vous l'honorerez comme elle doit l'être, vous accomplirez le devoir envers lui.

Voilà ce que vous devez chercher à conserver, ce que vous ne manquerez pas de conserver, et non pas la douleur qui ne sort pas de votre volonté et qui ne l'honore pas, qui est malgré vous et qui passera malgré vous.

Cherchez au contraire tous les moyens de la dissiper et d'aider au temps et pour cela, travaillez, promenez-vous, causez, écrivez-nous, faites des projets pour l'avenir; c'est l'avenir qui console, parce que c'est l'avenir qui donne de l'activité et de l'occupation au cœur comme à l'esprit; le passé n'est rien, le présent est triste et insignifiant.

Je ne vous donne pas des conseils en l'air, je vous offre les leçons de ma triste expérience; je sais les honorables préjugés d'un cœur bien né, et comment, cédant à ces préjugés, on se tourmente à nourrir une douleur qui vous échappe ensuite malgré vous; je vous donne mon avis sur ces préjugés, non que vous ne soupçonniez pas qu'ils sont des préjugés, mais afin de vous enhardir dans cette opinion, en vous montrant que moi, votre ami, moi, dont vous estimez le cœur et le jugement, je la partage pleinement : je sais assez comment les timidités de l'esprit disparaissent, quand on trouve le principe où l'on n'ose se fier, approuvé et entièrement adopté par un homme désintéressé et de bon sens, et c'est pourquoi je vous montre et vous dis ce que je pense.

Ensuite, j'ai éprouvé les remèdes qui conviennent à la douleur; je ne les cherchais pas; ils me rencontraient, j'observais et je les reconnaissais à leurs effets. Je vous les offre afin que vous les cherchiez, en ajoutant que je les chercherais aussi si j'étais à votre place, et cela sans scrupule, aussitôt que j'en aurais la force. Car, encore une fois, ce n'est pas la souffrance, c'est le souvenir qui honore nos parents et nos amis descendus au tombeau.

Voyez Dubois : que n'a-t-il pas perdu en dix-huit mois ? Père, frère, épouse; la douleur est déjà partie. Et moi, il y a à peine un an que je vis mourir mon père ! plus de douleur ! Ainsi elle passe rapidement, inévitablement; elle est méprisable; elle nuit beaucoup sans être bonne à rien : il faut l'ôter et la chasser si l'on peut.

Je n'écrirais pas ceci à un homme ordinaire. Il ne me comprendrait pas et me regarderait comme un égoïste : je vous l'écris à vous, parce que vous avez observé l'homme et, séparé en lui, ce qui est lui et ce qui n'est pas lui, ce qui est libre et grand et ce qui n'est que fatal et vil.

A X...

20 janvier 1820.

Nous sommes tous malades. Dubois au foie, Cousin à la tête, Pouillet partout un peu ; moi de même, la vie que nous menons est contre nature, on ne doit penser que pour agir et nous pensons par métier sans autre action que celle de penser ; le corps languit et s'use et bientôt l'âme succombe elle-même par la faiblesse du corps, ensuite les idées ennuient à la fin ; à force de vivre avec elles et de les voir de près, leur beauté s'évanouit. Tout ce qui avait paru grand, noble, fort ou fécond devient trivial et commun ; l'enthousiasme qui ne peut être inspiré que par une idée est tari à sa source et pour toujours. L'activité, qui ne reçoit d'impulsion que de l'enthousiasme à un degré quelconque, périt avec lui et nous ne sommes plus rien ; il faut de l'harmonie dans le développement de l'homme ; s'il cultive exclusivement une faculté, elle écrase les autres et finit par crever comme la grenouille. Nous voulons être exclusivement des êtres pensants et la pensée s'éblouit elle-même de fatigue et ne voit plus rien à force de toujours voir ; le corps périt en attendant, l'activité meurt dans son germe et on nous enterre plus sots que nous n'étions nés.

Les circonstances ne sont point propres à ranimer nos âmes épuisées, on sème des dégoûts sur nos pas, on est absurde et on veut que nous le soyons, tout le poids de l'avilissement général et de l'abrutissement particulier de l'Université me pèse sur les épaules ; ma vie est un malaise, une impatience et un ennui continuels ; ô rêves d'une petite maison, de quelques champs et d'une aimable femme dans quelque montagne libre ne serez-vous jamais réalisés ? quoi ! je serais condamné à vivre dans cette ville de fumée et de boue, spectateur d'une corruption hideuse dans son élégance et d'un despotisme affreux dans son hypocrisie, débitant sept fois par semaine pour de l'argent des idées qui m'ennuient et qui ennuient les autres, des idées qu'un ignorant décoré, qu'un jésuite fourbe et bête soumet encore à une censure préalable, rapetisse encore et tâche de tourner à son profit et à celui de sa vile faction; des idées qu'après-demain il faudra exprimer en latin afin qu'elles soient plus nulles encore, et que dans un mois je devrai traduire en syllogismes qu'on puisse se jeter mutuellement à la tête dans un absurde combat; et moi, âme fière et indépendante, je me soumettrai à ce joug ridicule, j'irai faire des visites et soutenir des conversations avec mes inquisiteurs, et je sourirai aimablement quand le mépris sera au fond de mon âme; et à tous ses ennuis, à tout ce supplice, à toute cette vaine existence, je sacrifierai mon bonheur, ma liberté, ma santé et la vigueur de mon intelligence et les élans de mon imagination! Car on s'abrutit et on se perd à vivre de la sorte; je n'ai plus qu'à demi la faculté de penser, mon âme n'a plus de chaleur, mon imagination plus de puissance, je me sens mourir de toutes façons, l'indignation seule fermente, se nourrit et se conserve en moi contre tout ce qui m'entoure et contre moi-même; car enfin je n'ai qu'à vouloir et tout ce poids est secoué, qu'attends-je donc? pourquoi hésiter et tarder? je veux que le Ciel m'écrase si j'y comprends rien.

Et cependant j'ai une explication, mais qui me fait honte; l'exemple de mes amis qui souffrent comme moi et restent cependant, me domine. L'embarras d'un si grand changement de vie, la difficulté de me tirer à part dans mes montagnes et de me dépêtrer du tracas des affaires de famille, l'espérance d'un changement subit et de quelqu'heureuse chance d'activité et de gloire, la pensée des vexations d'opinion que j'éprouverais des petites autorités de mon pays, l'effroi de passer le Jura et de cesser d'être Français si je ne veux pas m'y soumettre et un certain goût pour la fatalité et un penchant à lui abandonner ma destinée, voilà, voilà les misérables obstacles qui empêtrent ma volonté et la confondent, et tout cela c'est de l'égoïsme, et voilà l'homme ou du moins moi. Je suis désolé d'être ainsi et je suis forcé de me reconnaître tel.

N'y a-t-il donc plus rien en moi de noble, de ferme, de généreux, de dévoué ? Il y a encore en moi l'équité, c'est-à-dire la justice négative, c'est-à-dire encore la non-injustice, je suis encore un honnête homme, mais je ne sais si je vais au-delà.

Pourtant s'il fallait agir demain et mettre sa vie en péril pour une noble cause, j'en serais de grand cœur ; voilà encore du dévouement, mais il est un courage plus difficile qui me manque : jouer sa vie n'est rien, elle vaut si peu ; résister à une grande vexation n'est rien encore, mais soutenir le poids d'une situation insignifiante et la fatigue d'un malaise continuel, voilà où j'échoue ; ceci me passe et je n'y tiens pas.

Je vous abandonne tout ce fatras et toute cette confession. Ah ! si vous êtes malade d'âme, je le suis bien aussi, et cependant mon mal n'est pas incurable peut-être ; je sais bien ce qui le guérirait.

Adieu.

Th. Jouffroy.

A Damiron

Paris, le 26 février 1820.

Mon cher ami, je vous ai écrit une lettre que vous n'avez pas reçue puisque vous mandez à Dubois que je ne vous écris pas ; c'est la première lettre qu'on m'ait interceptée, et je ne vois pas à quoi bon, car elle ne contenait aucun renseignement utile à la police, et point d'opinions mauvaises, ni de diatribes contre personne, sauf quelques bagatelles sur ce bon abbé Nicolle, notre père à la manière de Saturne qui mangeait ses enfants ; voilà ma justification ; je ne viens pas réparer le dommage que la poste vous a causé, ce sera pour une autre fois, je viens vous proposer une affaire qui pourra peut-être vous convenir autant qu'elle me convient à moi-même.

Je fais cinq leçons à Bourbon et deux à l'Ecole par semaine ; ma santé est faible, tant de travaux l'épuisent et je veux, s'il est possible, la conserver ; j'ai donc proposé à votre père de vous abandonner Bourbon et cela tout de suite. Bourbon rapporte 8 francs la leçon, c'est-à-dire 40 francs par semaine, c'est environ 160 francs par mois, plus 400 francs d'agrégat.

Mais je voudrais en même temps compenser ce sacrifice que je fais à M. Nicolle par l'acquisition du titre de maître de conférences à l'Ecole que je mérite depuis un siècle et que je n'ai pas encore, attendu que je suis peu intrigant et peu souple.

Or, je ne doute pas que M. Nicolle qui me hait ne consentît volontiers à me nommer à l'Ecole pourvu que j'abandonnasse Bourbon, car il se réserve incessamment et *in petto* le plaisir de supprimer l'Ecole elle-même, en sorte qu'il lui importe peu que les philosophes y aient des places.

Voici donc comment les protections puissantes qu'a votre père présenteraient la chose à M. Nicolle : elles diraient tenir de bonne source que je quitterais volontiers Bourbon si j'avais le titre à l'Ecole ; elles présenteraient vos mérites à M. Nicolle, elles répondraient de vous et de vos opinions, elles peindraient la situation de votre père, le besoin qu'il a de vous, etc., finiraient par prier M. Nicolle de me nommer et de vous nommer en même temps, moi à l'Ecole, vous à Bourbon.

Là-dessus M. Nicolle me ferait venir et me demanderait si les intentions qu'on me prête sont les miennes ; je m'étonnerais qu'on les eût découvertes, je les avouerais cependant, on me demanderait des renseignements sur vous, j'en parlerais très froidement ; M. Nicolle en conclurait que nous ne sommes pas hommes du même acabit, ce qui vous vaudrait beaucoup dans son esprit, et peut-être commandé par les grands seigneurs qui vous auraient protégé et subjugué par le peu de bien que je dirais de vous, se laisserait-il aller.

Ne regardez pas cela comme un sacrifice que je vous fais, non, c'est chose toute simple; mes deux places me fatiguent, j'en laisse une, et je suis assez heureux pour y trouver un moyen de vous ramener auprès de votre père; en second lieu, si au bout de quelque temps je me trouvais malade, vous seriez là pour me remplacer à l'École et vous auriez la bonté de me laisser une partie de mon traitement pour me soigner, service que je vous rendrai pareillement au cas contraire, voilà tout.

Il faut me répondre de suite, courrier par courrier, oui ou non, car je suis pressé de me décharger; si vous dites oui, il faut que l'affaire réussisse ou échoue en quinze jours et si elle réussit que vous soyez ici au 1ᵉʳ avril.

Gavinet[1] et le proviseur soigneront vos frères, et l'année prochaine les bourses seront transférées à Paris.

Votre père adopte pleinement ce projet.

Adieu.

Th. Jouffroy.

A M. Damiron[2]

Vous avez fait une grande conquête, mon ami : la clarté. Vous n'y parveniez qu'à peine à l'École; elle éclate partout dans votre discours et c'est un grand point.

Non seulement votre style est clair, il est encore d'une énergique justesse, d'un bout à l'autre de votre composition. Vous êtes de l'école de M. Royer-Collard pour l'expression et le tour, mais vous n'avez pas sa concision : vous étendez et retournez votre pensée à la manière de Rousseau. Ces deux façons sont contradictoires : il faut ou sacrifier le style à la composition, ou la compo-

---

1. Élève distingué de l'École, mort recteur de l'Académie de Bordeaux.

2. Cette lettre sans date est certainement de 1820, et antérieure à celle qui porte la date du 1ᵉʳ mai.

sition au style; la composition de Rousseau exige un style moins précis; le style de M. Royer-Collard exige une composition concise.

Je vous dirai que, sans savoir écrire moi-même, je m'ingère à régenter ceux qui écrivent : je tiens toujours Trognon en haleine; je l'ai tiré du style académique, mais il s'est précipité dans un autre excès : il écrit maintenant comme M. Guizot; je suis tout occupé à le tirer de cet autre abîme et à le ramener à parler français. D'un autre côté, je prêche Dubois : il a le style de 93; je gourmande Perreau et je l'accuse de mollesse; tout cela me gonfle un peu : je suis pédant et vous l'allez voir.

Le sujet de l'Académie présentait un écueil inévitable : c'est un sujet philosophique, et il faut le traiter académiquement; il y a contradiction. L'écrivain le plus habile parviendrait à peine à se tirer de là : à votre place, j'aurais choisi. J'aurais fait un mémoire de l'Académie de Berlin, ou un discours de l'Académie française. Prendre le premier parti, c'était renoncer à la couronne; exécuter le second n'était pas aisé pour un homme qui a des idées philosophiques. Comment se résoudre à ne pas traiter le sujet ou à le traiter en affaiblissant, en amoindrissant tout.

Vous avez pris un milieu : vous êtes philosophe dans la méthode et dans l'énonciation des résultats; vous êtes académicien dans les développements : de là deux modes de composition et deux styles. Tout vous échappe : vous êtes lourd sans être profond; vous êtes rhéteur sans être élégant et rapide; à moins d'être Rousseau ou Pascal, il était impossible que cela ne fût pas; ce n'est pas votre faute, c'est celle du parti que vous avez pris. Où prendriez-vous la chaleur et la grâce? Vous suivez le développement d'une théorie philosophique. Comment seriez-vous profond? Vous osez à peine énoncer vos idées; l'Académie veut des phrases et vous vous empressez de lui en donner; vous avez dû souffrir en composant ce discours et je souffrais pour vous en le lisant.

Les idées sont très justes, mais superficielles pour un

philosophe qui voudrait une analyse poussée plus avant. Le style est excellent de justesse, de précision et de force, mais il manque de vie, de mouvement et de chaleur; l'académicien n'est pas satisfait. Encore une fois, comment faire autrement? J'admire que vous vous soyez mis dans une pareille gêne; j'admire que votre courage n'ait pas défailli au milieu de l'entreprise.

Je soutiens qu'il y a dans votre discours tout le talent qu'un homme maître de son sujet et de sa langue pouvait y mettre, — je le soutiens envers et contre tous, — mais la composition n'en est pas moins vicieuse, et elle ne pouvait pas ne pas l'être.

Quel remède à cela? Aucun. Le mal est à la racine; mais laissez venir vos concurrents et je vous promets un curieux spectacle : de petits littérateurs qui n'auront pas entrevu le sujet et qui auront jeté le vague et les phrases à pleines mains; des hommes de sens qui auront répété La Harpe, et quelques philosophes qui auront fait comme vous avec moins de talent.

Il faut donc envoyer votre ouvrage et comme il s'agit du prix, adoucir un peu la philosophie qui choquera les juges; j'ai mis des notes en marge, vis-à-vis les morceaux qu'il faut rendre plus élégants.

Voilà mon avis tout nu, — je ne le crois pas fait pour décourager, — le vice du sujet a produit tout le mal et vous ne pouviez y échapper; le talent du philosophe et de l'écrivain subsiste tout entier, bien qu'il ne puisse se manifester qu'à demi.

Perreau, et j'espère Dubois, vous écriront leur avis; votre père, à qui j'ai passé le manuscrit, vous mande de le lui renvoyer quand vous y aurez mis la dernière main; il le fera copier par un homme habile, sous ma surveillance immédiate, et nous le déposerons.

J'attends que M. Nicolle me fasse appeler pour notre affaire.

Il paraît très bien disposé.

Adieu et tout à vous,

Th. JOUFFROY.

A Damiron

Paris, le 1er mai 1820.

Je vous annonce, bon ami, que j'ai reçu votre discours ; il a infiniment gagné ; l'exorde est un peu raide et malaisé, mais je ne vous l'enverrai pas de nouveau, je me permettrai d'en adoucir la tension et je ferai copier ; si l'Académie sait apprécier un style énergique, ferme et précis, elle distinguera votre composition.

Votre affaire est manquée, j'ose espérer qu'elle réussira aux vacances, les obstacles ne viendront pas de moi au moins, mais je crois que Nicolle ne veut ni de vous, ni de votre ami ; nous sommes de l'Ecole, nous sommes élèves de Cousin ; il peut nous promettre beaucoup et nous charger de compliments, mais il trouvera moyen d'ajourner toutes nos prétentions, il faudra nous faire d'autres ressources et une indépendance.

Adieu, je vous promets une bonne lettre, incessamment.

Embrassez vos petits frères pour moi.

Th. JOUFFROY.

A Damiron [1]

13 juillet.

Povero ! je ne vous écris pas et depuis l'œuvre oratoire rien de moi n'a troublé votre solitude ; que voulez-vous, je suis malade, non point alité, mais ambulant et ne faisant chose au monde, pas même une lettre ; mes pauvres nerfs me secouent terriblement, mon âme est bien ennuyée de son enveloppe cacochyme et Pouillet me promet que cela durera encore huit ans, après quoi je me porterai bien. Amen.

1. Sans date d'année, mais le texte la détermine, elle est certainement de 1820.

Votre bon père est comme moi, faible et nerveux des pieds à la tête ; votre retour lui sera bien utile : j'ai dîné avec lui l'autre jour, il a besoin de distraction et moi aussi, mais je vais courir le monde et lui reste ; vous lui tiendrez lieu de voyage.

Encore une fois la vie est triste, mais elle est courte et nous serons mieux dans la lune très probablement.

En attendant, les académiciens vont vous juger et peut-être monterez-vous au Capitole avant de monter si haut ; vous m'écrirez votre triomphe ; je vais chez moi attendre votre lettre et si je puis relever de mes infirmités nous nous verrons au mois d'octobre.

Cousin projette des volumes ; Platon complètement traduit ! pour moi je n'ai d'autre but qu'un peu de santé si je puis en attraper, après nous verrons ; la gloire sent bien la fumée, qu'en dites-vous ? C'est encore moins que la vie, ô lune, lune !!! *Quando te aspiciam?*

Trognon compile, mais entre deux publications il va venir en Suisse ; le public le saura et nous aurons un beau voyage de plus pour charmer les soirées d'hiver.

Perreau discourra cette année à Saint-Louis ; on s'attend à quelque chose de majestueux.

Dubois mange sa demi-solde à Rennes ; il médite une histoire de Bretagne, la préface est commencée et je me suis chargé de faire un article dans la Revue quand l'ouvrage aura paru ; je suis bien sûr de tenir ma parole.

Mancy furette et ne trouve rien, il est impossible de dire ce qu'il fait ni ce qu'il veut faire ; il a une sœur qui est un prodige de mérite quoique un peu bossue ; elle viendra l'an prochain pour tenir sa maison, il donnera probablement des soirées qui seront délicieuses.

Vernadé fait des enfants ; c'est un produit positif qui peut être soumis au calcul et que j'estime beaucoup, au moins cela s'appelle-t-il faire quelque chose ; au fond il n'y a que la nature qui produise, et comme dit M. de Bonald l'esprit se repliant sur lui-même ne peut rien engendrer parce qu'il n'a qu'un sexe.

À mesure que l'on avance, les illusions s'évanouissent

l'une après l'autre, on revient au bon sens qui consiste à labourer la terre pour manger et à faire des enfants pour perpétuer notre misérable race humaine.

La politique est une sottise, la société est à rebours, il y aurait trop à faire à la retourner, il faut supporter avec mépris l'injustice et l'insolence de ceux qui gouvernent et les laisser nous conduire à la barbarie ; il est bon que la corruption de notre état social se purifie et que la race Européenne se renouvelle dans les bois dont elle est sortie.

Tout cela est bien triste, mais est-ce ma faute ! je suis plein de bile et je vois noir.

J'admirerai tout quand je me porterai bien, sinon, bonsoir, malheur au monde !

« Bonne ou mauvaise santé
Fait notre philosophie. »

Varney, quel homme ! le nez rouge, l'œil avide, la main chaude, vingt-six ans, de la confiance, des épaules carrées et une constitution indélébile, voilà mon héros ! La philosophie a fait là une bien belle acquisition, il le sent et il coquette avec elle ; il prétend que le monde veut aussi l'avoir et qu'il est obligé de se partager un peu ; que faire ! on ne peut que prendre patience dans l'espoir de ne pas le perdre tout entier.

Je ne connais plus que Varney parmi nous qui soit encore jeune, les autres sont déjà à moitié flétris ; nous étions bien heureux à l'Ecole.

Adieu, mon cher ami, je m'ennuie loin de vous et de Dubois, écrivez-moi.

Je pars le 20 juillet.

Tout à vous.

Th. JOUFFROY.

A Dubois, à Besançon.

14 août 1820.

Cher ami, cette vie est une épreuve; c'est pourquoi elle est triste. La loi de ce premier monde est le malheur; nous sommes esclaves de cette loi; ceux qui le savent se résignent et ne se bercent pas d'espérances prochaines, ceux qui ne le savent pas s'irritent du présent, pleurent le passé qui ne valait pas mieux mais qu'ils ont vu avec les yeux de l'imagination, et comptent sur l'avenir qui les trompera; ceux-ci souffrent doublement et du mal réel et du mal qu'ils se font; estimons-nous heureux, cher ami, de connaître la loi de la vie et sachons nous soumettre.

Votre lettre est profondément triste, elle convenait à son adresse, car je suis triste aussi; vous êtes plus mal; moi de même; vous ne dormez pas, je passe des cinq heures au lit sans dormir; dans ces longues insomnies le malheur de ceux qui me sont chers me poursuit autant que le mien; je songe à vos souffrances, à votre triste retour dans votre patrie; à Pouillet attaqué à la fois de plusieurs affections graves; à Cousin qui traîne en Italie un corps faible et usé de travail; à Fribault qui n'est plus et que tant d'autres doivent suivre; ainsi la mort choisit ses victimes; elle a commencé par Loyson et Fribault, elle vous menace, mes chers amis, vous qui étiez faits pour honorer ce monde par vos vertus et vos talents. Mais tout cela est dans l'ordre; il était aussi dans l'ordre, que votre admirable frère mourût, mais celui-là nous apprend avec quel calme on doit supporter l'ordre et, comme vous le dites, sa dernière lettre est une belle leçon. Tel était Fribault dans les derniers jours que je passai avec lui: nous nous promenions du matin au soir dans les rues de Paris, nous déjeunions et nous dînions ensemble; nous ne nous quittions pas, nous sentions que nous ne devions pas nous revoir; son mal l'oppressait et nous parlions de la mort, de cette vie, et de l'autre avec calme et suite ; l'alternative qui épouvante le vulgaire lui était indifférente ; nous philosophions sur ces terribles matières comme s'il eut été bien portant, et ces graves conversations semblaient lui adoucir l'attente de la mort et me consoler d'avance de sa perte ; je le reconduisis à la diligence, notre séparation fut tranquille et sérieuse, comme celle de Pontarlier ; en nous serrant fortement la main, nous nous comprîmes ; le rendez-vous était dans l'autre vie, et la mort ne nous a pas manqué.

Je compare cette dernière huitaine passée avec Fribault à la quinzaine où nous avons vécu ensemble et qui ne doit plus sortir ni de votre mémoire, ni de la mienne. Vous savez qu'elle fut triste aussi, nous riions quelquefois et même beaucoup, mais c'était un peu le rire d'inconscients : dans ces moments nous n'étions pas à nous-mêmes, nous ne riions pas sur la Dôle, ni sur la promenade de Lausanne, ni à Clarens, ni au clair de la lune dans la voiture, ni à Yverdun à la vue de ce lac sans fin, ni entre ces deux vieilles tours à Orbe, ni sur le Zurchet, ni le soir dans notre chambre ; même à Ferney dans cette petite promenade que nous fîmes, débarrassés un moment de nos compagnons de voyage, nous étions redevenus sérieux ; nous le fûmes à Genève, sur l'esplanade Saint-Antoine ; nous le fûmes à Pontarlier sur le cours et à souper, et toujours quand nous avons été seuls nous avons été tristes. Nos moments de rire, je fais effort pour les rappeler, ils n'ont pas laissé de trace ; les autres vivent ineffaçables dans votre mémoire et dans la mienne. Ainsi donc ces jours passés ensemble ont été tristes, aussi ils nous ont unis intimement et cette union tacite et intime, la mort ni la vie n'y peuvent rien ; et soit que l'une ou l'autre nous sépare ou nous rapproche, nous nous aimerons dans cette vie et nous nous aimerons au-delà ; vous l'avez dit à votre manière, je le redis à la mienne.

Je le pensais en vous quittant à Pontarlier ; aussi j'étouffais en partant ; un brouillard froid se traînait entre les rochers et le long du Doubs et me pénétrait jusqu'aux os ; à travers ce voile grisâtre je découvrais les formes indécises des montagnes, des sapins et des maisons qui passaient devant moi comme des fantômes ; l'eau du ruisseau qui borde la route se plaignait derrière moi ; je voulais avancer, mon cheval, comme les coursiers d'Hippolyte, baissait la tête et refusait d'aller ; plus loin, en levant les yeux, j'allai voir la tranquille et menaçante prison de Mirabeau assise sur son rocher et enveloppée de brumes ; je ne pus retenir mes larmes et je ne pus trouver pourquoi je pleurais sinon cette séparation et tout ce lugubre spectacle, et cette froidure qui me tenait ramassé dans ma voiture ; alors j'eus comme vous de tristes pressentiments, je sautai par terre, je marchai vivement et comme si j'eusse été plus fort contre le mal dans cette nouvelle position, j'appelai mes croyances à mon secours et les opposant à tout ce qui pouvait arriver de plus triste je retrouvai la raison et le courage ; et comme si cette conjuration morale eût eu quelque pouvoir sur la nature, les enchantements qui m'environnaient disparurent, le ruisseau avec son onde plaintive n'était plus là, le soleil s'élevait avec pompe et force derrière la montagne et devant lui s'était évanoui la froidure avec le brouillard. Je tournai la tête pour chercher le château de Joux et je m'étonnai de ne plus le retrouver. J'étais au-dessus de la montagne : à mes pieds les deux lacs, cinq ou six villages sur les bords, les cheminées qui fumaient, les chants des faucheurs qui parvenaient à mon oreille sans que mes yeux les vissent et dans le lointain le Zurchet et la place de mon village ; alors, mes idées plus riantes m'offrirent de plus douces images. Je vous vis sur la route de Besançon avec Mme de Leley, allant bien et causant ; vous repreniez vos cours, rafraîchi par le repos et le voyage ; vous alliez en Bretagne, vous vous y formiez une douce et sûre indépendance, vous reveniez à Besançon bien portant et au bout de l'année nous recommencions notre beau voyage ; folle et variable imagination il fallut l'arrêter encore dans cet autre excès et par la volonté rendre à la raison un empire aussi promptement perdu que conquis ; voilà le bonheur de ce monde, des illusions qui durent une heure et qui font pitié; des ombres qu'on ne peut saisir; des rêves qui échappent; des hypothèses vaines prises à part et qui s'anéantissent par leur seule contradiction; — vous vous plaignez de votre faiblesse, — accusez plutôt la nature humaine, partout faible parce que partout elle est vouée au malheur; vous vous en voulez de ne plus retrouver de sentiments pour écrire à vos amis; veuillez-en donc à cette fatale sensibilité, empire infortuné de la nécessité et du changement, où tout varie incessamment sans que la volonté y puisse rien. Ah! si l'homme était là, que d'hommes nous serions du berceau à la mort! nous ne durerions pas: quelque chose succéderait à quelque chose toutes les minutes et dans cette rapide et infinie succession tout se rencontrerait sauf l'unité! L'homme, l'unité n'est pas là, parce que là rien ne persiste; l'homme est dans la volonté libre et intelligente; c'est là qu'il doit se réfugier et se défendant des entraînements de la sensibilité la regarder varier sans se croire compromis par des variations qu'il ne peut ni commencer, ni diriger, ni arrêter, ni suspendre.

C'est là qu'est la source du mal ici-bas — c'est par là que Dieu nous a constitués dans un état d'épreuves; — en donnant à notre volonté l'empire absolu des actions, il nous a laissé maîtres du bien et du mal moral; — en lui ôtant tout pouvoir sur la sensibilité, il s'est réservé la dispensation absolue du bonheur et du malheur; — en montant cette sensibilité pour souffrir et non pour jouir et en nous plaçant dans un monde arrangé pour l'attaquer et la blesser sans cesse, il a opéré la dispensation et nous a déclaré qu'il voulait que nous fussions malheureux; — en nous douant d'une raison capable de s'élever au-delà de ce monde et en manifestant à cette raison l'immortalité de l'âme, — la nécessité de mériter le bonheur pour en jouir et la manière de le mériter, il a justifié et expliqué ses décrets; il nous a forcés à le reconnaître bon et juste, bien qu'il nous fît souffrir, et a placé devant nos yeux en nous montrant l'avenir, une consolation et un encouragement pour cette vie avec une espérance certaine pour l'autre ou plutôt pour les autres. Voilà toute la position humaine. Qu'on est fort en s'y plaçant! et comme le courage revient quand on s'y remet! alors quelle vanité que le mal! quelle vanité que les arrangements pour l'éviter! quelle joie que la mort! quelle confiance en ce qui la suit! quelle curiosité, quelle impatience à se précipiter dans ce pays nouveau et fortuné! mais l'effroi physique de la mort et le devoir de subir l'épreuve sont là pour réprimer le suicide et prévenir le dépeuplement de la terre ; — sans quoi les âmes amoureuses du trépas jetteraient leurs enveloppes, et déserteraient ce misérable monde.

C'est au sein de ces pensées consolantes que je me réfugie et que se réfugiait votre frère et que vous savez vous réfugier vous même. Et tout cela n'empêche pas de s'attrister et de pleurer ! — car il est doux de se laisser aller par moments à la pente sensible et de se promener avec le genre humain dans cette vallée de larmes peuplée de sentiments tendres et de douces affections, et décorée par l'imagination de larges et sombres peintures ; c'est le repos de la volonté, c'est le délassement de l'intelligence ; la fatigue de la pensée et de l'action vous y entraîne : — la paresse vous y retient ; — elle vous y endormira et vous y corrompra, si vous cédez, ou trop longtemps ou trop souvent, à cet attrait mélancolique qui cache, sous la douleur, un plaisir secret et intime et vous séduit d'autant plus infailliblement qu'il a moins l'air d'une séduction.

16 août 1820.

Je ne sais où m'auraient entraîné mes pensées si je n'avais été interrompu. Je reprends aujourd'hui pénétré des mêmes idées, mais avec la volonté d'y résister et de vous parler de mon second voyage d'Yverdun.

Le frère de M. Favre, ancien colonel, étant venu dans ce pays, on arrangea une course en Suisse ; — nous allâmes donc quatre débarquer chez Falconnet et, par une pluie battante, nous nous rendîmes en quatre heures le lendemain à Yverdun ; — nos chevaux allaient bien comme vous voyez.

Boire, jouer, faire des farces et chercher de jolis yeux tel était l'esprit de mes compagnons de voyage. J'en excepte Falconnet, homme facile qui *fait des farces* avec les *farceurs*, mais qui comprend les choses sérieuses. Il ne lui a manqué que l'Ecole Normale ; — il est digne d'être formé et je voudrais le voir plus souvent tête-à-tête.

Nous passâmes le reste du jour à Yverdun et la matinée du lendemain ; — nous nous divertîmes largement, mais je songeais à vous et à Peztalozzi et cette joie m'oppressait ; — ces Messieurs voulaient voir l'institution, et moi je ne voulais pas la revoir avec eux.

Je leur dis donc que je devais à l'accueil que m'avait fait M. Peztalozzi une visite particulière ; que j'allais faire d'abord cette visite, que je demanderais la permission de les y conduire et que je reviendrais les prendre.

J'arrivai, je demandai M. Smith ; — il vint ; ma figure lui parut de connaissance, — vous êtes *Bernois*, me dit-il : — non pas, lui dis-je ; — ah ! Monsieur est *ministre à Yverdun !* — J'avoue que cette douce méprise m'affecta péniblement, je lui rappelai les deux professeurs de l'Université de France et alors il me retrouva — et me quittant aussitôt : « Je vais vous envoyer M. Peztalozzi. »

J'attendis un quart d'heure celui-ci dans la salle des Portraits. Il arriva enfin. Il était prévenu ; il ne fut donc point embarrassé de savoir qui j'étais, il ne m'embrassa point — nous nous assîmes. Il avait l'air extrêmement préoccupé ; je compris qu'il venait de travailler ; peu à peu il se dépêtra de ses idées et revint à moi ; — je lui rappelai la demande qu'il avait faite d'un jeune homme ; je lui dis que vous vous en occupiez, il parut ou s'en souvenir à peine ou n'y attacher plus une grande importance, autre chose l'occupait en ce moment.

C'était une méthode pour enseigner les langues aux enfants et dont l'idée fondamentale est qu'il faut commencer par les mots et finir par la syntaxe ; il me l'exposa avec beaucoup de feu ; — il me fit observer que les enfants qui commencent à parler, ne sont occupés qu'à retenir les mots qui désignent les objets et les actes et s'embarrassent peu de la construction ; qu'avec les mots et sans construire ils se font très bien comprendre ; — *la syntaxe n'est presque rien pour le but*, me dit-il dans son langage concis et énergique, — *c'est la forme, le mot est la matière*. Ensuite il me raconta comment il fallait s'y prendre pour enseigner les *mots*, — sa manière n'est pas neuve : — il rassemble les mots d'une syllabe et les partage en séries qui comprennent chacune tous ceux qui ont le même son — *found, bound, sound* me disait-il avec feu et il m'enfilait ainsi une longue suite de mots allemands, de même pour les mots de deux, trois, quatre, cinq syllabes jusqu'à la fin. Tel fut un des objets de notre conversation.

Je le ramenai sur Smith et sa sœur ; — il appelle celle-ci : *La femme incomparable* — *elle a la force d'un père, la bonté d'une mère et la capacité d'un maître.* Il me raconta comment sans Smith il se ruinait et *anéantissait* lui-même tout moyen de justifier son système en le réalisant. *Je veux le bien*, disait-il, *je ne sais pas le faire. Je suis un enfant, un vieillard imbécile. Je n'ai pas la méfiance nécessaire pour administrer ; — je suis trop bon ; — on me volait ; pour Smith rien n'est bon, ni mauvais — il regarde ; — sans lui j'aurais passé pour un homme qui a voulu beaucoup et qui n'a rien fait, pour un pauvre bon vieillard fou ;* — et il ajoutait les larmes aux yeux : *c'est un miracle qu'un faible vieillard ait trouvé si subitement un si ferme appui.*

Ensuite nous parlâmes politique, on annonçait alors la révolution de Naples, il me demanda des détails sur la manière dont elle s'était opérée et sur les hommes qui l'avaient faite, — je n'en avais point et il en savait bien plus que moi ; — mais c'est le propre des hommes forts de ne pas se perdre en récits au profit des autres, ils attirent toujours à eux et recueillent partout des faits et des opinions pour se former de justes idées sur un événement et sur la sensation qu'il a produite, — il me demanda si le gouvernement de Naples était méchant ; —

je pense, lui dis-je, qu'il n'opprimait pas et vexait le moins possible ; il cherchait à faire aimer le pouvoir absolu en ne le poussant pas à l'excès et à étouffer les lumières afin qu'on ne conçût pas mieux ; — ce dernier point le frappa : *mal indirect*, s'écria-t-il, *le pire de tous!* — il aime beaucoup les Italiens et les Espagnols, — parce qu'ils ont de *l'action* ; — les Allemands *peuple spéculatif — qui ne sait pas faire* ; — il se réjouit dans l'espérance de voir les peuples de l'Europe arriver successivement à la liberté ; — mais il faut *préparer* les révolutions au lieu de les *presser* ; — il a comme Cousin, confiance en ce qui est infaillible ; — *un demi-siècle plus tôt ou plus tard* — peu lui importe. Il travaille au grand œuvre en formant des hommes, — *ouvrier faible et lent mais qui va toujours.*

Il s'occupa aussi de moi ; — il fut charmé d'apprendre que j'habitais si près de lui et avec cette vivacité qu'il met à tout : *j'irai vous voir, me dit-il* ; je lui donnai des détails sur la manière de parvenir chez moi ; — *j'irai, j'irai, je vous trouverai bien* ; — puis il fallut lui promettre d'aller passer huit jours à Yverdun au mois de septembre pour apprendre à bien connaître sa méthode ; — il désire vivement être connu en France où *M. Julien l'a défiguré* ; — je voudrais être son homme, mais ce n'est pas en huit jours que je le deviendrai.

Il insista beaucoup pour qu'à mon retour à Paris j'allasse voir, de sa part, Mlle Mendelssohn, la fille du célèbre philosophe allemand qui dirige l'éducation des enfants du général Sébastiani. Il a une profonde estime pour cette personne qui s'intéresse beaucoup au succès et à la propagation de sa méthode.

Dans tout le cours de cette conversation de plus d'une heure et que je ne vous rends qu'en partie à cause de ma mauvaise mémoire, j'ai retrouvé M. Peztalozzi sans diminution et sans mécompte et c'est beaucoup après l'enthousiasme de notre première visite. M. Pestalozzi me ramena à M. Smith, auquel il recommanda de faire voir quelques exercices à mes compagnons de voyage quand je les amènerais ; — je courus les chercher ; — je ne pus les rejoindre; — ils me cherchaient aussi, — ils allèrent sans moi et ne virent rien; — j'allais les chercher à l'institution comme ils en sortaient; il fallut dîner et partir sans voir Smith et causer avec lui, ce qui m'a laissé beaucoup de regrets, mais je me dédommagerai en septembre.

Voilà mon voyage, mon ami; je rends simplement les faits que je me rappelle, sans vous parler des sentiments qu'ils ont fait naître en moi et que vous devinerez aisément.

Falconnet nous mena dans quelques maisons de la ville, où nous trouvâmes des gens fort aimables; je passerai là, au mois de septembre, une huitaine fort agréable, mais je vous regretterai. Ah! si vous étiez de moitié dans cette huitaine, mais vous serez en Bretagne, l'espace nous séparera et le *temps qui porte la mort.*

18 août 1820.

Il est bientôt temps de fermer cette lettre, et cependant j'ai beaucoup de choses encore à vous dire, — deux mots d'abord des élections : — les quatre que vous avez nommés refusant, on ne voit dans cet arrondissement que le général Michaud, homme sûr, mais extrême qui, dans un moment de mauvaise humeur, irait proposer la république à la tribune aussi librement qu'un amendement au budget; on lui a écrit pour savoir s'il accepterait; il répondra oui par devoir, mais dans le fond du cœur, il préfère la vie privée.

Le général Morand, dont vous connaissez l'histoire : on présume qu'il est solide, mais on n'en est point assuré; Saint-Cyr allait le mettre en activité, Latour-Maubourg l'a, je crois, laissé là; s'adresser pour savoir s'il accepterait et quels seraient ses principes au colonel Maire, rue des Granges, maison Debrey, son beau-frère; au colonel Alexis Morand, son frère, même adresse; à l'avocat Demesmay, à Besançon, son beau-frère aussi, je crois, tous trois libéraux sincères. On pensait à M. Bouvier; si sa nomination est sûre ailleurs — bon; — sinon, il faut le porter; nul ne réunirait mieux les voix dans cette partie du département.

Si on pouvait espérer qu'un homme presque inconnu, mais dont nous répondrions, réunît les voix libérales, on proposerait M. Vincent de Jouque, ce grand original qui voulait se faire scier en quatre. C'est une conscience incorruptible, des principes inébranlables. Un tel choix honorerait le département et prouverait son bon sens; accepterait-il? C'est ce que je ne puis encore vous dire, mais je le saurai.

Voilà tout : si on vous parlait d'un certain M. Loiseau, avocat à la Cour de cassation, gardez-vous bien de vous y arrêter; — il aspire, — il grossirait les rangs du centre.

Il faut que les électeurs libéraux de Besançon rendent aux autres le service de surveiller la formation du quart des plus imposés; voilà l'inquiétude des électeurs de ce pays. Conjurez ces Messieurs de ne rien épargner pour prévenir tout passe-droit et toute fraude. M. de la Chadenède[1] ne sent pas bon.

J'ai, mon ami, un conseil à vous donner; si votre santé n'est point parfaitement rétablie à la rentrée, abandonnez tout. L'avenir aura besoin de nous, ne nous sacrifions pas à un présent où, jeunes encore, nous ne pouvons faire tout le bien que nous ferons plus tard : — ceci m'apparaît comme un devoir; — réfléchissez-y profondément.

Nous pouvons vivre mal et méchamment, sans place, cela suffit; profitons-en pour nous fortifier physiquement et moralement, et attendons.

C'est un dessein arrêté dans mon esprit, — j'irai en octobre tenter de nouveau mon cours; — si je remarque que ma santé s'affaiblisse, je reviendrai, et comme l'air de nos montagnes ne vaut rien l'hiver aux maux de nerfs et de poitrine, j'irai m'établir dans quelque coin

---

[1]. Préfet du Doubs, à cette date.

de l'Italie; cette solitude ne m'affaiblira pas, je vous en réponds.

Si même chose vous arrivait, je vous exhorterais à suivre mon exemple. Quel bonheur de passer un an en Italie ensemble! Pensez-y et songez aux progrès intellectuels et moraux que nous pourrions faire tout en rétablissant notre santé.

Ma famille, nos compagnons de voyage, M. le curé, M. Favre, Mmes Falconnet, Le Bossu, tous ceux qui vous ont connu conservent de vous un tendre souvenir et désireraient vous revoir; ils l'espèrent, et moi aussi.

Il n'est pas dit que je n'irai pas au moment de votre départ vous embrasser encore une fois, afin de démentir le mauvais augure de l'adieu de Pontarlier.

Croiriez-vous que je n'ai pas encore repris la lettre à Damiron commencée avant votre voyage? Demandez-lui pardon pour moi, je suis comme vous.

Vous avez dû recevoir de moi un petit billet; si Cousin passait, envoyez-le moi.

N'oubliez pas surtout notre voyage à Iverdun. Écrivez à Damiron le récit et copiez-moi cela.

La méthode est excellente, mettez aussi les souvenirs les plus intéressants du reste du voyage.

Adieu, adieu.

Th. JOUFFROY.

A Béchet [1]

31 octobre 1820.

Mon cher ami, j'ai passé bien près de toi et je ne t'ai pas vu; tu étais sans doute à Quingey le 14 du courant; — mais il était sept heures du matin et la voiture ne s'arrêtait pas ou presque pas; — à Besançon j'ai vainement tiré le cordon à ta porte; la sonnette seule a répondu

---

1. Cette lettre est sans adresse, mais M. Dubois la croit écrite à M. Béchet, depuis conseiller à la Cour de Besançon, et le texte semble confirmer cette conjecture.

et maintenant me voilà à Paris; — adieu nos beaux projets; — il suffit d'en former pour tromper l'intention qui les fait prendre; mais au moins je te dirai mes regrets et voilà pourquoi je broche ce peu de lignes.

Oui j'étouffe! ce grand pays n'est point assez large pour moi; — point de vaste horizon, point d'arbres, point de nature, je suis à l'étroit dans ce grand pays — et je regrette mes montagnes; — l'air me rend malade, la nourriture m'échauffe et le travail de deux cours m'achève; — pourquoi donc suis-je ici? — pourquoi y resté-je? ma santé, mon indépendance, mon bonheur sont autre part; je me sacrifie donc et à quoi? Si je le savais je te l'apprendrais — mais je l'ignore et si tu le découvres, tu me rendras service de me révéler cet étrange secret.

J'aime la fatalité dans ma destinée; je m'y abandonne; — je ne veux pas déranger sa marche paisible par quelque acte subit de volonté; — jusqu'ici je n'ai été pour rien dans ce qui m'est arrivé, le hasard a tenu les rênes de ma vie et je n'ose les lui reprendre; — un hasard me fit aller à Lons-le-Saulnier, — un autre à Dijon, — un troisième plus inattendu que les deux autres à l'Ecole; — une misère me jeta dans la philosophie; un caprice me plaça à Paris; en tout, le contraire de ce que j'ai prévu est arrivé; — je suis curieux de voir la suite de cette aventure et comme les paladins de l'Arioste, je laisse aller mon cheval et m'abandonne aux fées amies ou ennemies que ces affaires-là regardent. — M'en aller me semble meilleur; — mais que sais-je? et si je ne suis pas juge infaillible pourquoi prendre sur moi la responsabilité des conséquences? — voilà peut-être le secret que je te demandais — peut-être non. L'homme se comprend-il? il explique le monde et s'ignore.

Heureux ceux qui ont leur vie faite comme tu l'as. Ils savent au juste ce qu'ils seront et ce qu'ils ne seront pas, leur imagination s'assoupit, — leurs projets se déterminent et se bornent, leur activité ne s'élance pas de toutes parts poursuivant tout et n'atteignant rien; — forte parce qu'elle n'a qu'un but, douce et réglée parce qu'elle est sûre d'arriver, elle s'arrange avec la paix et ne consume pas le corps qui l'enveloppe de son impétuosité vagabonde et de ses impuissants efforts.

Je remplis ma lettre de déclamations; mais qu'importe si ces déclamations t'apprennent où j'en suis; — ne va point pourtant t'imaginer que je succombe à de noires idées; — non, — je suis bien convaincu que toutes les destinées ont leur vice secret et que la plus brillante n'est qu'un plus riche manteau jeté sur la commune misère; j'accepte donc la mienne et luttant avec courage contre la maladie, l'ennui et le travail, peu inquiet de l'avenir, tranquille sur le passé, j'égaye de mon mieux le présent qui comme toutes choses a son bon côté.

A Damiron

25 novembre 1820[1].

J'ai reçu votre lettre, mais je n'ai pas vu votre frère. Elle a été remise chez mon portier, moi absent, peut-être par lui, peut-être par votre père; — je ne sais donc pas encore comment il va et j'irai incessamment à Bicêtre m'en informer; — puisse-t-il retrouver la santé entre les bras de son père et vous guérir tous en se guérissant, car vous êtes tous malades de son mal et surtout votre bon père.

J'ai été deux fois à Bicêtre avec Dubois; — nous y avons couché à la Saint-Martin; — et j'ai facilement remarqué que de loin en loin la pensée de son fils venait serrer son cœur. — Oh! que la douleur est sublime dans l'âme d'un père qui ne sait pas pleurer! mais pourquoi vous le rappeler? — peut-être cette pensée ne vous revient-elle que trop souvent.

1. Cette lettre ne porte pas la date de l'année; mais elle est évidemment de 1820.

30 novembre.

J'ai été interrompu et cinq jours d'intervalle ont brisé ma pensée, — je ne la retrouve plus, — je suis prodigieusement occupé et je n'ai pu même finir cette petite lettre. Le Recteur a fait une ordonnance qui m'oblige de faire cinq leçons à Bourbon; — avec les deux à l'École en voilà sept et je promène la moitié de ma vie; ces courses réglées ne me déplaisent pas, — l'exercice est bon à la jeunesse, je me porte bien mieux qu'à votre départ; — mes deux cours vont bien, j'ai de bons élèves à l'Estrapade et à la Chaussée d'Antin. Le Recteur a fait une autre ordonnance qui nous oblige à faire argumenter les élèves sur les principales thèses de logique, de métaphysique et de morale; — j'ai donc arrangé mes matières sur ces trois titres et nous argumentons. Le Recteur ordonne aussi que nous portions les insignes de nos fonctions; — le dépôt général de ces insignes est au palais de l'Université; — sur ce point je suis encore en retard à mon grand regret; — mais dans huit jours j'aurai fait mes emplettes et le factionnaire des Tuileries me portera les armes. Le Recteur considérant que mon ami Trognon va professer à l'Athénée, institution qui admet comme professeur de morale *Jouy le Minervien*, ordonne que nul professeur de l'Université ne puisse remplir hors de son sein, sans son autorisation, aucune fonction salariée publique ou particulière; — et voilà Trognon fort embarrassé; — son nom est affiché au coin de toutes les rues et dans tous les journaux; — il s'est engagé, — l'Athénée compte sur lui, — mais d'autre côté l'ordonnance est là, — et cette ordonnance est pleine de sagesse et de prévoyance. — Trognon se console en songeant que son importance universitaire, littéraire et politique est assez grande pour avoir donné naissance à une ordonnance, mais il y a bien de la vanité dans cette manière de se consoler. Tout est relatif. L'attention est plus ou moins honorable selon les gens qui font attention, c'est comme le lièvre qui se glorifie d'avoir fait sauter la grenouille dans l'eau.

Ceci est peut-être un peu énigmatique pour vous — que voulez-vous? Je suis aussi clair que *je puis*, — la clarté n'est point mon fort depuis quelque temps; — j'attribue plutôt cela aux circonstances qu'à un changement organique dans la constitution de mon cerveau; — aussi ne vous alarmez pas sur moi; — j'espère que ces brouillards passeront.

Cousin est suspendu à la Faculté, mais continue à l'Ecole; il se porte mieux et c'est pour sa santé qu'on l'a suspendu à la Faculté; — ce cours l'occupait trop et sa poitrine n'y aurait pas résisté; — je suis charmé qu'il se repose un peu; — il reprendra par la suite quand il se portera mieux; — ainsi défendez le conseil royal si on l'accuse pour cette suspension; — elle n'a eu d'autres motifs que la santé du suspendu et le désir que le Gouvernement éprouve de voir l'édition de Proclus avancer rapidement; — ce travail est d'une si grande importance philosophique qu'on ne peut trop hâter son achèvement.

Croiriez-vous que le misérable Madier Montjau a eu l'audace de demander un conseil pour l'aider dans sa défense. Comme si lui qui est assez fort pour accuser ne l'était pas assez pour se défendre! — Aussi la Cour lui a-t-elle refusé sa demande, — et elle a bien fait. — Duvergier le chef des troubles du mois de juin n'est pas moins audacieux; — il faut un brancard à ce monsieur pour venir de la prison à l'audience. Le Président lui a fort bien dit qu'un fauteuil suffisait et on l'apporte dans un fauteuil où il n'est déjà que trop bien; — je ne puis voir de sang-froid ces choses-là!

La Chambre des députés va s'assembler le 19; — nous verrons enfin une bonne Chambre et nous aurons de bonnes lois; — tous les cœurs sont remplis d'espérance et de joie — la révolution expire et l'ordre triomphe.

L'enfant Royal se porte bien et en lui commence et s'ouvre pour la France un long avenir. Lisez là dessus notre excellente *Quotidienne*; — en vérité ce journal devient meilleur de jour en jour; — la force des principes y triomphe tous les jours avec plus d'éclat. Les abonnés croissent; — on vous en donnera Messieurs les libéraux ! Laissez-nous faire et vous verrez.

Là-dessus, mon cher, je vous embrasse de cœur et d'âme.

TH. JOUFFROY.

A Damiron

Paris, le 3 décembre 1820.

Il est vrai, cher ami, que Cousin ne fait plus son cours à la Faculté, pourquoi ? Les journaux ont dit d'abord qu'il avait été suspendu, ensuite *le Moniteur* a publié que c'était pour sa santé et la continuation de son *Proclus* que le conseil *lui avait permis de ne pas faire provisoirement*, et l'affiche de la Faculté annonce que l'ouverture de ce cours *sera annoncée ultérieurement*. Ainsi l'article du *Journal officiel* nous montre le conseil comme une autorité paternelle qui cède aux désirs de Cousin et l'affiche sans rien dire de faux favorise par une expression vague et perfide l'interprétation du *Moniteur*. Et tout cela est combiné pour donner à la persécution l'allure de la justice et même de la bonté; on destitue l'homme que l'on craint, et on ne veut pas courir les risques de cet acte. Car, sachez que Cousin a demandé à professer; qu'on lui a répondu qu'il professerait, qu'il a présenté un programme imprimé *ne varietur*, qu'on a beaucoup approuvé ce programme; qu'on l'a ainsi tenu en suspens depuis son retour et qu'enfin on lui a envoyé la défense expresse de paraître à la Faculté; sachez aussi qu'il est si bien destitué qu'il ne touche plus un sou de cette place; et cependant l'autorité dit et imprime que c'est lui qui a demandé à ne pas continuer à cause de sa poitrine et de son *Proclus*; qu'ainsi on lui a accordé un congé, qu'ainsi il touche toujours son traitement et est au mieux avec le conseil; d'où il suit que Cousin est un lâche qui s'est arrangé avec le pouvoir, qui consent à ne [ïs] parler et à recevoir le prix de son silence ; qui se retire quand la circonstance devient périlleuse et dément par ses actes tout ce qu'il a professé ; d'où il suit que les philosophes sont des déclamateurs et des histrions, que la philosophie est de la poudre à jeter aux yeux ; que la vertu n'est qu'un masque, qu'il n'y a véritablement point d'hommes à qui on puisse se confier ; que le plus court est de penser à soi, d'abandonner la pensée et une fermeté vertueuse imaginaire, de s'arranger avec le plus fort, de faire son chemin sous tous les régimes ; d'obéir, de servir et de se taire ; voilà la perfidie, l'hypocrisie de l'autorité dans cette affaire. Tels sont ses vues et ses moyens. Cousin essaye d'insérer un démenti à l'article du *Moniteur*, dans quelque journal ; la censure s'y oppose ; on le calomnie et ceux qui le calomnient ne veulent pas qu'il se justifie afin que leur calomnie subsiste et produise son effet.

Nous avons offert à Cousin de protester ; il nous a répondu que n'étant pas nous-mêmes professeurs de Faculté cela ne nous regardait pas et que nous nous placerions dans une fausse position.

Il continue de faire à l'École. Là si on le touche, nous paraîtrons.

Voilà ce que vous me demandiez. Adieu.

Tʜ. Jouffroy.

A M. Damiron, professeur au Collège royal d'Angers

1ᵉʳ janvier 1821.

J'ai laissé à Dubois le triste office de vous apprendre la mort de votre frère, et le soin des premières consolations ; me voici maintenant ; écoutez-moi aussi : nous allâmes hier dimanche à Bicêtre nous deux, Dubois. Votre père qui a passé deux jours à Paris chez M. Pariset était de retour chez lui depuis le vendredi soir ;

nous le trouvâmes assis auprès du feu dans le petit salon qui donne sur la cour des prisonniers (car Jean est mort dans le grand salon). Il vint à nous et nous tint longtemps embrassés sans rien dire et sans que nous pussions rien dire non plus. C'était comme le jour de votre séparation, sauf les larmes; nous nous assîmes en silence et à la fin je commençai à l'exhorter au courage, lui représentant la tristesse de cette vie, la fatalité inexorable des choses, la nécessité de la résignation à la volonté de Dieu; tout cela en paroles détachées et courtes; car dans ces circonstances funestes, on ne peut discourir et chaque mot porte; alors il nous répéta d'une voix *fracta dolore* ce qu'il m'avait dit quinze jours auparavant et ce qui est profondément vrai, que la perte d'un père, d'une mère, d'un frère se supportait, mais que rien n'était amer comme la douleur d'un père qui perd son fils, et que la sienne ne finirait qu'avec lui. Je le crois aussi; mais soyez sûr, mon ami, que le temps l'adoucira infiniment; votre père a du courage, de l'activité, et surtout un profond amour pour les enfants qui lui restent; les âmes fortes le sont aussi pour la résignation, les esprits actifs trouvent dans des occupations variées et continuelles des distractions assurées; et les bons pères ne peuvent se détacher de la vie quand ils ont des enfants à aimer, à diriger, à avancer; le chagrin de votre père est profond, mais il est calme et raisonnable; sa santé est bonne. Il vous faut attirer à vous toutes ses pensées et tous ses projets, car vous êtes la planche à laquelle il doit se rattacher; aussi je me mis à parler de vous et dès lors son abattement diminua et cessa par degrés; nous convînmes qu'il fallait à tout prix vous ramener à Paris, dussiez-vous n'y trouver qu'une très médiocre place; nous parlâmes de M. Corbières que Dubois connaît et qui est un homme juste; nous trouvâmes en lui des espérances, nous dîmes beaucoup de choses de M. Nicolle; ensuite nous passâmes à la politique générale; votre père en parla avec un bon sens et une vigueur qui nous prouvèrent qu'il conserve toute son énergie et toute sa pensée; nous allâmes ainsi jusqu'au dîner, retombant toujours de temps en temps sur le pauvre Jean et sur quelques particularités de sa mort; bref toute cette conversation nous parut avoir fait du bien à votre père; il était tristement content de nous voir, de causer avec nous; je pense que nous vous représentions alors à ses yeux et qu'à part cette raison nous étions dans ce moment ses plus tendres et ses meilleurs amis, et quelle douceur dans le malheur d'avoir des amis autour de soi! Vos lettres arrivèrent, nous les lûmes toutes, mais à dîner et en commun; tout ce qui était pour le pauvre Jean, surtout dans les lettres d'Auguste et d'Albert, nous déchirait; mais de suite après nous trouvions des mots si touchants, si naïvement comiques de ces bons enfants, que le sourire succédait aux larmes; votre belle-mère surtout qui reçoit avec une grande vivacité toutes les impressions, bon cœur s'il en fut, pleurait et éclatait de rire tour à tour. La lettre d'Auguste est un petit chef-d'œuvre, et celle d'Albert est d'une vérité bizarre mais vraie. Tout cela fit beaucoup de bien; l'amour paternel éclatait sur le visage de votre père et son cœur se rouvrait au bonheur et à l'espérance; nous délibérâmes si vous deviez venir le consoler quelques jours; il me chargea de vous écrire, que quelque vif plaisir qu'il pût se promettre de votre visite, il craignait qu'elle ne vous affaiblît tous deux et ne pouvait douter que la séparation qui la suivrait n'en balançât et au-delà les avantages; ce fut là notre avis à tous et au nom de tous je vous prie de ne pas venir; votre père vous écrira dans quelques jours; il est encore trop affligé pour l'essayer; il en est encore à se reconnaître et à s'arranger dans sa nouvelle situation; son esprit cherche une assiette nouvelle, et de nouveaux principes pour une autre et toute récente condition; quand il aura pris pied et se sentira affermi, il vous écrira; il m'a chargé de vous le dire; votre belle-mère doit vous écrire aujourd'hui même; elle vous donnera bien des détails sans doute, et cependant je veux vous en envoyer quelques-uns, ils sont tristes, mais ils auront leur douceur.

Dans la nuit qui a précédé la mort de votre frère, Louette et la bonne le veillaient ; il appela celle-ci, il lui fit éteindre le feu et la chandelle et la fit asseoir à la ruelle du lit, lui défendant de le quitter ni d'avertir personne, et de temps en temps il l'appelait pour s'assurer qu'elle était là ; je ne doute pas qu'il ne sentît approcher la mort et que son dessein ne fut d'en éviter le spectacle à ceux qui l'aimaient ; mais il fût trompé, l'heure n'était pas venue ; votre belle-mère entra à quatre heures du matin, elle fut bien surprise de ne trouver ni feu ni lumière ; elle s'approcha du lit et Jean lui dit qu'il l'avait ainsi voulu ; quand le jour vint il ne voulut pas qu'on ouvrit les jalousies et toujours, je pense, dans la même intention ; il alla ainsi jusqu'à onze heures et demie, très faible, parlant très bas, mais calme et paraissant peu souffrir et ayant sa pleine et libre connaissance ; à cette heure votre père le quitta, Jean sentit qu'il ne le reverrait plus, il lui dit *adieu* deux fois d'une voix ferme et avec effort pour parler haut ; votre père sortit, et un moment après il perdit connaissance ; aucun mouvement convulsif n'annonça la peine de mourir.

Il s'éteignit insensiblement et à midi et demi il n'était plus. On emmena à Paris votre père et M. Grignon qui, depuis ce temps-là, est en proie aux attaques de nerfs.

Toute la maison de Bicêtre a pleuré votre frère et s'est empressée à honorer ses restes. Toute la compagnie de la garnison a accompagné son convoi jusqu'à Gentilly, où votre père a voulu qu'on l'enterrât.

Une chose bien remarquable et qui montre combien votre père et lui sont aimés et respectés dans la prison, c'est que pendant les deux jours de l'absence de votre père, les prisonniers, sentant les inquiétudes que la sûreté de la prison pouvait inspirer à sa femme et à lui-même à cause de son éloignement, ne sont pas sortis dans la cour, n'ont reçu aucune visite au parloir et n'ont voulu faire faire aucune commission ; l'ordre et la tranquillité la plus parfaite ont régné dans l'intérieur et pas un n'a encouru pendant ces deux jours la moindre peine ; je trouve cette délicatesse admirable en de tels hommes, et c'est une belle gloire à votre père qu'un pareil attachement.

M. Pariset a composé un petit discours qui a été lu sur la tombe par M. Mendrot; votre belle-mère se propose de vous l'envoyer.

J'ai pensé que tous ces détails vous feraient plus de bien que de mal et que votre cœur les désirait, et c'est pourquoi je vous les ai donnés.

Lisez-les et pleurez, mais prenez courage! Comme vous le dites dans votre lettre, amassez de la force autour de votre âme pour qu'elle soutienne dignement ce grand malheur; je n'ai rien à vous dire que vous ne sachiez : votre esprit comprend comment on doit recevoir et porter ce mal. Vous éprouverez que le cœur ne cède point d'abord à ces nobles principes de résignation et de philosophie, mais vous verrez aussi qu'ils ne sont point inutiles et contribuent à le calmer. Le travail, le mouvement, la méditation de la destinée humaine dans cette vie et au-delà, la considération des grandes misères de ce monde sont aussi de bons remèdes dont j'ai éprouvé l'efficacité dans une perte encore plus terrible que la vôtre.

Songez aussi quelquefois à vos amis et écrivez-leur; en répandant votre douleur dans leur sein, elle diminuera; écrivez souvent à votre père; parlez-lui de courage et de force : il en trouvera si vous en montrez; votre vigueur lui offrira un appui sur lequel il se reposera et qui lui rendra la confiance et l'espoir.

Adieu, mon ami, je serais plus long si vous étiez une faible femme ou un autre homme : à vous, je n'ai rien à apprendre et à dire, sinon que je partage votre peine et compte sur votre courage. Nous retournerons voir votre père le 6; soyez sûr que nous le verrons souvent, car nous voyons que nous lui faisons du bien et nous l'aimons du fond du cœur.

Adieu encore une fois.

Th. JOUFFROY.

Embrassez bien pour moi ces deux chers petits. Cousin a lu votre dernière lettre et vous remercie de toute son âme.

Tous vos amis prennent part à votre malheur, et surtout Trognon et Perreau.

A Damiron

Les Pontets, 9 octobre 1821.

Je vous écrirai peu de mots, mon cher et malheureux ami : ma douleur est profonde ; je pleure votre bon père et votre affliction et celle de votre sœur, et celle de votre frère ; j'ai toutes vos peines sur le cœur, mais il n'y a point de consolations, je le sais et vous le sentez : le temps, le travail, la multiplicité des occupations, voilà tout.

Votre situation est triste. Tout vous tombe sur les bras, mon bon ami, mais c'est un doux fardeau ; une bonne sœur, un bon frère, deux âmes qui l'aimaient comme vous et qui le pleurent avec vous ; l'union qui vous attachera les uns aux autres dans le sein d'un malheur commun, adoucira tout. Puisse le Ciel vous soutenir, vous fortifier, vous consoler ! Mes vœux, mon cœur, tout moi-même est avec vous.

Ma santé se fortifie, mais j'ai résolu de la réparer entièrement : j'y vais consacrer une année ; je me fais laboureur pour douze mois.

Vous verrez par la lettre ci-jointe mon projet. Vos offres me font présumer que vous l'agréerez : vous me suppléerez et vous me rendrez un grand service ; quant au traitement, vous verrez ce que vous voudrez m'en laisser : les décisions du Conseil royal ne feront rien sur cet article. Vous prendrez tout ce dont vous aurez besoin dans votre situation ; vous vous servirez du reste si vous le voulez, pour me le rendre quand vous voudrez, nous sommes amis ; vous entendez, point de façons entre nous.

Dubois viendra, j'espère : il sera votre meilleur

remède. Je ne sais qui de vous deux j'aime le mieux, mais je vous suis profondément attaché et cela ne finira qu'avec moi.

Adieu, ami; tout, tout à vous plus que jamais. Recevez quelquefois mon père; donnez-lui de bons avis; causez avec lui; embrassez bien pour moi votre sœur et votre frère; je suis presque de la famille. Encore une fois, adieu.

Th. Jouffroy.

Allez voir M. Gueneau pour notre affaire. Menez cela chaudement et faites-la réussir à tout prix.

De Dubois à Jouffroy [1]

Février 1822.

A celui que je crois encore mon meilleur ami.

Où êtes-vous, cher Jouffroy? Que devenez-vous? Votre souvenir m'attriste : pour toujours séparés peut-être, ne nous rapprocherons-nous jamais par ce doux commerce de lettres que nous nous étions promis? Notre amitié n'aura-t-elle duré qu'un jour? Aurons-nous passé ensemble ces précieuses semaines de Suisse, ces ennuyeuses soirées de Paris, et ces quelques beaux jours de Saint-Cloud, pour ne plus nous dire un mot tendre, ne plus nous communiquer une généreuse pensée, ne plus nous encourager par un projet de dévouement à notre malheureux pays? Cher ami, je revenais ce matin de visiter la tombe de mon père et de mon frère; j'avais craint que l'ouragan n'eût enlevé la croix qui la marque; je m'étais effrayé de ne plus la reconnaître, de ne plus savoir où pleurer quand mon cœur songerait à ses pertes.

---

[1]. Cette lettre est sans date; mais elle est évidemment postérieure à la mort de M. Damiron père, survenue en octobre 1821, puisqu'elle y fait allusion. La réponse de Jouffroy étant du 17 février 1822, la lettre de Dubois est évidemment du commencement de ce mois.

Je m'occupais de ces deux amis si subitement enlevés, de cette autre amie que j'adoptais il y aura quatre ans le 24; de Motté, que la mort vient de frapper, du père Damiron, que vous aurez pleuré avec son fils. Votre souvenir m'est apparu : il est comme mort pour moi, me suis-je dit, et mes pleurs, qui n'avaient point coulé, se sont pressés en abondance; j'étais vraiment triste jusqu'à la mort. Je pensais bien que vous m'aimiez encore; mais séparés par deux cents lieues, depuis six mois, et pas un mot d'amitié! Vous ne savez pas quel mal vous me faites : je suis avec tout ce qui m'aime, comme vous êtes avec moi; vous ne m'écrivez plus; je n'écris à personne. J'ai vraiment besoin de vous, de votre commerce, de vos attentions, mon ami. Malgré moi, je vous préfère à toutes mes amitiés, j'ai peine même à mettre Damiron votre égal, Damiron à qui je vous dois, Damiron qui fut l'ami de mon Hilaire. Tant de projets ont agité ma pauvre tête depuis six mois! Tant d'incertitudes l'agitent encore aujourd'hui! Le choix d'un état, un mariage, le sacrifice de tous mes goûts à l'espoir de l'indépendance, la vie provinciale à substituer sans retour à la vie de Paris, la solitude et l'isolement aux plaisirs de notre amitié, à nos si vrais épanchements, les soucis de la famille et des affaires à nos rêves littéraires, le commerce à la gloire!

Je ne vous dis rien de tout cela aujourd'hui, je ne veux que vous rappeler à moi.

Sur la fin de ma promenade j'avais ouvert Bernardin de Saint-Pierre, je lisais le récit de ses promenades avec J.-J., de leurs conversations sur Dieu, sur l'immortalité; de leurs rêves de bonheur public, de leurs causeries sur leurs parents, leur enfance, leur vie, de leurs admirations de la nature : nous aussi, pauvres jeunes gens inconnus, assis sur la pelouse de Saint-Cloud, sous la première verdure du printemps, ou sur la terrasse d'Orbe à l'ombre du vieil arbre des ruines, nous avons causé de Dieu, de l'avenir et de notre cœur.

Resterons-nous désormais étrangers? j'attends votre réponse.

*M. Dubois, Paul, chez M. Buès, libraire
à Rennes, en Bretagne.*

17 février 1822.

Cher ami, votre cœur a besoin du mien et le mien a besoin du vôtre; comme vous, les circonstances m'ont rejeté dans mon pays, au milieu d'une vie toute étrangère à mes habitudes, à mes projets et peut-être à mes vœux. — Oh! qu'une année apporte de changements à notre situation! — qu'une année peut créer de regrets et flétrir d'illusions! Au sein de mes montagnes couvertes de neige je m'écrie comme vous : où sont les semaines de Suisse, les promenades de Saint-Cloud et les soirées de Paris ; où sont les amis qui furent ; où sont ceux qui vivent encore? non mon cher Dubois, non rien ne remplace un ami, un véritable ami comme vous étiez et comme j'étais pour vous; au milieu de ma famille, entouré de soins bienveillants et d'attachements sincères, je pleure mon isolement de Paris parce que vous étiez là et que vous n'êtes pas ici. Ah! mille fois j'ai voulu vous écrire; et je ne sais quelle secrète répugnance m'arrêtait. Comment exprimer dignement des sentiments si profonds et si intimes? je croyais mieux faire de penser à vous que de vous dire que j'y pensais; sans doute vous partagiez ce dégoût inexplicable de prendre la plume pour écrire ce que vous auriez voulu exprimer par un regard, par un serrement de main, par une heure d'abandon au coin du feu, et c'est pourquoi vous n'écriviez pas.

Ainsi, votre lettre m'a fait de la peine et du plaisir, mais infiniment plus de plaisir que de peine; ceci se comprend assez et vous lisez dans mon cœur. Mais si vous saviez où et quand je l'ai reçue, à Besançon où j'étais, chez Mme Marquiset, auprès de ce piano où vous avez passé de si doux moments, auprès de cette Sophie, dont la touchante figure exprime avant le temps tout ce que l'âme d'une femme peut avoir de noble, de triste et de doux. J'étais là avec M. Weiss et Boucley ; on venait de toucher votre air : Le bonheur que l'on espère, etc.

Tout ne parlait-il pas de vous à mon cœur dans ce mélancolique assemblage de circonstances ? Ainsi, mettez-vous à ma place et dites-moi pourquoi je n'ai pas fondu en larmes en la lisant.

Mon ami, n'oubliez pas les sublimes jouissances du patriotisme, de la philosophie, des lettres et de l'amitié : n'oubliez pas la vanité de cette vie quand elle n'est pas consumée à agrandir son âme, à élever celles des autres, à réchauffer dans le commerce d'hommes dignes de vous les hautes pensées et les nobles sentiments. N'oubliez pas sa briéveté et le peu d'importance qu'on doit attacher à la situation matérielle dans laquelle nous la passerons. Oh ! je vous en supplie, avant de vous lier à Rennes, à une femme, à un établissement, songez à vous, songez à la patrie, à la gloire, à vous-même qui n'êtes pas fait pour vivre d'une vie commune. Prenez garde de vous tromper sur le bonheur, de prendre l'argent pour de l'indépendance, l'attachement d'une femme ordinaire pour une véritable amitié d'âme qui ne peut exister qu'entre intelligences qui s'entendent. Prenez garde que les secousses et les incertitudes que vous avez éprouvées et que vous ressentez encore ne vous inspirent pour le repos des désirs chimériques qui seront infailliblement trompés. Non ce n'est pas le repos qu'il vous faut non plus qu'à moi. J'en ai voulu essayer — il m'accable — nous en avions trop à Paris et c'était là ce qui nous ennuyait. Le repos d'une boutique ! pour vous ! Vous vous trompez, Dubois, vous n'êtes pas fait pour ce repos-là. C'est un repos vil pour une tête qui pense, pour une âme passionnée — ce n'est pas du repos — c'est un tourment insoutenable. Essayez-en, vous pourrez toujours le quitter. Mais pour Dieu ne vous mariez pas, car alors vous seriez lié au rocher. Il faudrait vous laisser dévorer sans fin et sans espoir. Vous avez eu une femme rare, vraiment incomparable, par qui allez-vous la remplacer ? Etes-vous sûr d'oublier la première ?

Voudriez-vous l'oublier, et si vous ne le voulez pas dites-moi, où cherchez-vous le bonheur? A quelles insupportables comparaisons allez-vous vous exposer? Une femme triviale après celle que vous avez eue, une femme triviale pour une âme comme la vôtre, une vie passée avec elle, des devoirs sans gloire et sans bonheur, voilà où vous courez? Hilaire vous le permet-elle? Sa mémoire peut-elle autoriser une telle union? Ah! restez lui fidèle et pour elle et pour vous. Ne craignez pas l'indigence, l'indépendance est en nous, c'est la dépendance que vous allez embrasser. Secouez le joug des localités qui vous rend faible et qui vous entoure de prestiges. Venez, venez me joindre, venez, nous courrons le monde avec ou sans argent; nous donnerons carrière à cette ardeur de désirs et de pensées qui vous fatigue. Nous braverons ensemble la destinée, nous chercherons les dangers, la pauvreté, la misère sous des ciels étrangers, qu'importe la fin de cette vie? Qu'importe la manière pourvu que nous ne soyons jamais attachés à un sol, à une maison, à des soins vulgaires. Peut-être aussi l'heure de la patrie sonnera, peut-être vivrons-nous encore pour l'entendre! peut-être est-ce là qu'achèvera de se consumer l'impétuosité de nos passions? Dites, Dubois, voudriez-vous alors être enchaîné? Voudriez-vous ne pouvoir vous élancer avec nous dans la carrière? Il est impossible que vous le vouliez et cependant vous allez agir comme si vous y renonciez à jamais. Je ne vous écris pas ceci l'imagination montée pour un moment; ç'a été ma pensée constante, réfléchie, méditée depuis que j'ai reçu votre lettre et que j'ai vu celle que vous écriviez à Boucley. Il faut tout vous dire, à moi aussi on a offert des femmes et de l'argent; les passions grossières ont été excitées. J'ai eu des illusions et des désirs, mais je suis si convaincu que la réalité dépouillée des voiles dont l'imagination l'enveloppe devient commune et rebutante que j'ai pu prendre le dessus et vaincre ces faiblesses. Mon bonheur à moi, n'est point de cette vie, le vôtre pas plus que le mien. Vous pouvez vous bâtir des chimères et être trompé, mais ce que je dis reste vrai, nous dépassons par nos conceptions la beauté de tout ce qui est. Rien ne nous convient ici-bas qu'un développement large, libre, vigoureux de nos facultés intellectuelles et morales. C'est là notre horoscope, croyez-moi.

En voilà assez, je ne puis écrire davantage, écrivez-moi bientôt, je vous enverrai des détails sur mon voyage de Besançon qui vous feront plaisir; dans un mois je vais à Genève, je ne reverrai pas sans un profond sentiment de délaissement les lieux que nous avons vus ensemble; mais si alors j'ai pu apprendre que vous ne renoncez pas à vos amis, à votre patrie, à votre vraie destinée, je ne croirai pas vous avoir perdu, vous vivrez encore plein de vigueur et d'énergie à mes côtés.

Tout à vous.

Th. JOUFFROY.

M. Dubois, Paul, chez M. Buès,
libraire à Rennes

26 mars 1822.

Vous avez fait, comme j'aurais fait, mon cher ami, il vous faut des occupations philosophiques, ou point; une femme supérieure ou point; le métier et l'épouse qu'on allait vous donner n'étaient pas dignes de vous; vous ne sauriez croire combien votre lettre m'a ravi sous ce rapport.

Elle ne m'a pas moins enchanté sous d'autres; votre projet de venir nous voir et de voyager en Suisse me promet le plus doux, le plus vif plaisir; il faudra qu'il subisse quelques restrictions, mais il ne s'exécutera pas moins; je me suis mis à la tête d'un train d'agriculture pour passer le temps et parce que je n'ai pas trouvé de fermier convenable pour une partie de nos propriétés aux Pontets; il faut que je remplisse ma tâche; je ne puis donc, cet été, voyager cinq mois, mais j'aurai des moments de liberté assez longs; nous commençons nos labours à présent, ils seront finis vers le 30 avril et même avant; de là jusqu'aux fenaisons, c'est-à-dire au 1ᵉʳ juillet, nous avons deux beaux mois qui sont à notre disposition, et nous les emploierons.

L'idée d'aller en Italie est doublement impraticable à cause du peu de temps que j'ai et parce que l'Autriche ne permet pas aux étrangers d'y circuler; ce dernier obstacle, cependant, ne m'arrêterait nullement, mais le premier est sacré parce que je suis responsable.

Deux mois dans les petits cantons au printemps et dans notre position seront délicieux et vous suffiront, j'espère; il faut, mon cher ami, que vous veniez, malgré mes restrictions; songez au bonheur de revoir Besançon et les aimables amis que vous y avez; songez aussi à moi, à Lausanne, à la Suisse; d'ailleurs nous avons besoin de prendre un parti commun pour l'avenir, vous êtes destitué, je le serai bientôt; réunissons-nous pour aviser à notre avenir, et que le lieu de notre réunion, le lieu où nous délibérerons soit un pays libre et beau. Là sous le ciel du printemps, au milieu des villages et des montagnes, nous aurons de bonnes inspirations, nous dresserons des plans généreux et indépendants, nous goûterons le bonheur pur de deux âmes élevées et de deux cœurs libres qui s'entendent sur leurs destinées et qui en parlent philosophiquement; j'en ai la conviction profonde, là nous déciderons de notre sort et ces deux mois seront les plus beaux et les plus importants de notre vie; vous viendrez donc, j'en suis sûr, écrivez-moi à l'avance pour m'indiquer le jour de votre arrivée à Besançon où j'irai vous trouver.

Adieu, cher ami.

Th. JOUFFROY.

N'oubliez pas de prendre chez Trognon ou chez mon frère Léon, à Paris, mon *Ebbel* ou manuel du voyageur en Suisse, vous l'apporterez avec vous; prenez des lettres à Paris le plus possible et un passe-port, j'en ai peu.

M. Dubois, Paul, chez M. Buès, libraire à Rennes

Les Pontets, le 9 avril 1822.

Mon cher ami, depuis ma dernière lettre j'en ai reçu de Besançon qui m'annoncent que je serai rappelé à Paris incessamment — j'ignore comment et pourquoi — mais on m'assure qu'il y a des lettres en route pour moi qui me forceront à partir. — M. Weiss l'a appris par Trognon, Béchet [1] par Pouillet; — Qu'est-ce que cela signifie? Je n'en sais rien et j'attends; — mais si le cas était assez grave pour que l'honneur me commandât de retourner, cet honneur qui exige qu'on ne cède pas le terrain sans le défendre et par pure indolence, je partirai et alors votre arrivée ici serait un désappointement que je dois vous éviter; — ne partez donc pas avant que je vous récrive; — un mois plus tôt ou plus tard ne fera rien. Notre charmant projet ne s'exécutera pas moins. Je ne puis vous en dire davantage, je suis pressé.

Adieu, le meilleur de mes amis; — ici ou à Paris j'ai la confiance que nous nous reverrons bientôt.
Tout à vous.

Th. Jouffroy.

A Dubois

Le 30 mai 1822.

M. Ordinaire m'a fait les mêmes propositions qu'à vous; j'ai répondu comme vous, manifestant mon inclination à vivre avec un tel homme, dans un tel pays et sous un régime libéral et libre, mais demandant à voir de près et à réfléchir encore s'il m'était permis d'aban-

---

1. Béchet, ami de Jouffroy, conseiller à la cour de Besançon.

donner mon poste à l'Ecole pour contenter mes goûts et peut-être mes intérêts à Hofwil.

Vers le 10 ou le 15 juin je vais à Berne et j'espère passer trois ou quatre jours chez M. de Fellenberg; j'examinerai et vous aurez le résultat de mes observations.

Il est possible que cela nous convienne pour deux ou trois ans, jamais pour la vie, à moins que notre France ne s'oublie dans un avilissement indigné de nous.

Aller à Hofwil n'est point un calcul d'ambition; la carrière n'est ni large, ni longue, et, d'autre part, la position n'est pas assez élevée pour qu'on nous y aperçoive de bien loin. Paris nous y oubliera, et si au bout de quelques années nous revenons, on ne nous reconnaîtra pas. Le nom de M. de Fellenberg absorbe la gloire de tous les membres de son institut, mais nous ne sommes pas ambitieux et je crois qu'un peu de bonheur et de liberté vaut mieux que tant de gloire. Trognon est illustre à Paris, on n'en parle pas aux Pontets, ni dans les villages voisins.

Il n'y a point maintenant, pour nous, de grands chemins honorables à Paris; nous sommes trop raides pour une main jésuitique. L'heure viendra peut-être, alors l'élan qui nous sera donné nous portera assez haut; en attendant un joli sentier sous de frais ombrages dans une solitude animée par l'amitié et les idées peut nous suffire, il faudra voir.

Je viens de faire un voyage à Morges avec ma mère, et j'arrive d'une jolie partie à Yverdun plus récente encore que mon voyage; nous étions cinq cavaliers et nous avions six demoiselles, le tout sur trois chars-à-bancs; nous avons débuté par Valorbe où nous avons été coucher. Le lendemain nous avons grimpé sur la dent de Vaullion, cette montagne blanche que l'on aperçoit depuis le sentier, terminant au nord-est le lac et la vallée de Joux. Le point de vue est presque aussi vaste et beaucoup plus original que celui de la Dôle; de là à Orbe et à Yverdun, d'où nous sommes revenus hier dîner chez Falconnet et coucher ici.

Nous aimons tant Yverdun que je veux vous donner quelques détails qui augmenteront peut-être votre désir d'y revenir; — j'ai vu cette ville sous un nouvel aspect ; — vous vous souvenez que nous l'avions définie la ligne droite ou l'uniformité. La légère brume qui remplissait l'atmosphère quand nous la visitâmes donnait à la perspective une monotonie que j'y retrouvai dans mon second voyage parce que la même cause reproduisait le même effet. Cette fois le rideau était levé ; l'air avait une pureté et une transparence admirable. La physionomie du pays était changée et pour ainsi dire rajeunie. Le lac allongé se voyait jusqu'au fond et ses rives et les villes nombreuses qui les couvrent se détachaient parfaitement de la surface de l'eau et se laissaient distinguer comme Meilleraie de Clarens. Cette première bordure était enfermée dans une autre pleine de douceur et de majesté : — à gauche le pompeux Jura, au fond les rochers blancs de Neufchâtel, à droite les montagnes couvertes de bois du canton de Berne au-delà du lac Morat, et du canton de Fribourg en deçà formaient un demi-cercle d'une imposante beauté. C'est autre chose que le bassin du Léman, moins de grandiose, mais une grandeur plus harmonieuse et peut-être plus ravissante, que n'étiez-vous là ! que n'y étiez-vous surtout lorsqu'au coucher du soleil nous nous mîmes dans une barque pour aller visiter Granson si gracieusement groupé au revers du Jura et pour ainsi dire suspendu sur le lac. La journée avait été brûlante, un orage se formait du côté de Fribourg, un autre vers le fond au-dessus de Neufchâtel. La nuit était venue et tandis que la lune reposait sur nos têtes et blanchissait d'une pâle lumière les vagues du lac, les éclairs sillonnaient les nuages obscurs devant nous et à notre droite. Deux tonnerres également lointains grondaient alternativement et semblaient psalmodier un hymne à la gloire du Créateur. Les rives sur lesquelles éclataient les deux orages étaient perdues dans une sombre nuit. Les deux autres rives éclairées par la lune laissaient voir Yverdun et ses beaux peupliers, Granson et son pâle château qui ressemble à un fantôme, et une foule de villages épars sur la route de Neufchâtel. L'horizon par-dessus était encore rouge des feux mourants du crépuscule et les sommets arrondis du Jura le dessinaient admirablement; nous avions trois rameurs qui faisaient voler la barque sur la face du lac; nous avançâmes d'abord en babillant; nos compagnes en robes blanches et en chapeaux de paille larges tremblaient à chaque mouvement et riaient de leurs frayeurs; mais bientôt la nature l'emporta et le sublime spectacle qui nous entourait suspendit tout autre sentiment. Frivoles jeunes filles, elles ne savaient pourquoi elles se taisaient ni d'où venaient ces soupirs involontaires. L'infinité de Dieu les tenait sous sa puissance et parlait à leurs cœurs; au clair de la lune, on voyait le sentiment religieux de l'inconnu et du sublime faire vivre pour la première fois peut-être et leurs yeux et leurs figures, d'une vie exaltée et supérieure. Oh! qu'elles étaient belles alors et comme involontairement on les serrait contre son cœur! mais c'était une beauté qui ne leur appartenait pas, descendue d'en haut sur leurs fronts, éclair de vie dans la mort de leur existence. Dans une heure, ces traits rendus sublimes un moment, devaient retomber dans la triviale expression de pensées communes et de sentiments étroits, et je sentais là dans l'excès même de mon admiration et de mon bonheur la périssable valeur de tout ce que l'on peut admirer et aimer en ce monde.

Nous arrivâmes au pied du château de Granson mais nous ne descendîmes pas à terre. Les deux orages s'avançaient lentement et menaçaient de nous couvrir; il nous fallait une heure pour regagner Yverdun et nous retournâmes la barque. Le silence continuait et n'était interrompu que par quelques mots et le bruit des rames.

Lonchampt couché sur le devant de la barque fumait sa pipe en regardant le ciel. Je ne sais pourquoi je me rappelai alors avoir lu qu'à bord des vaisseaux portugais qui doublèrent pour la première fois le cap de Bonne-Espérance, on célébra la messe au milieu de la nuit en vue de la mer des Indes inconnue jusque-là; par une alliance d'idées subite et inspirée par tout ce qui m'environnait, le chant du *sanctus, sanctus* se trouva dans mon cœur et sur mes lèvres ; je l'entonnai à demi-voix, mon voisin m'accompagna sur le même ton, peu à peu les sons s'élevèrent, tout le monde s'en mêla et les rives protestantes du lac d'Yverdun retentirent du sublime *hosanna in excelsis* lentement et solennellement exécuté par dix voix réunies. L'étonnement silencieux de nos rameurs pour qui et ces chants et cette langue étaient inconnus, nous excita. Le *Gloria in excelsis*, le *Lauda Sion*, le *Laudate Dominum omnes gentes* succédèrent. La gravité de ces chants catholiques au milieu de cette grande scène, l'idée qu'on les entendait du rivage et que la religion protestante n'avait rien qui put ainsi s'allier poétiquement à tout ce qu'il y a de poétique dans la nature et les sentiments de l'âme, ce mélange harmonieux de voix d'hommes et de femmes, cette langue latine si sonore, si pompeuse, inconnue à la population d'alentour, tout m'émut au plus haut point; sans doute il y avait une harmonie bien vraie entre ces chants, ce spectacle et ce pays, et peut-être arrive-t-il souvent que ces inspirations subites qui devinent ce que la réflexion n'aurait jamais inventé, sont ainsi le résultat nécessaire d'une position, d'un sentiment, d'une disposition d'esprit qui est en harmonie avec elles et qui les fait naître sans que nous nous en doutions.

A mesure que nous approchions du rivage un bruit lointain se fit entendre comme un accompagnement à nos chants. C'étaient de grands troupeaux de vaches qui profitaient de la fraîcheur de la nuit pour continuer leur marche vers les chalets de la montagne où elles passent l'été. Elles ont toutes, dans cette joyeuse circonstance, de grosses clochettes au cou et chaque pas qu'elles font produit un mélange de sons, les uns graves, les autres argentins qui les anime et leur fait supporter gaîment la fatigue du chemin; pendant la nuit rien n'est plus poétique que cette musique et toutes les idées qu'elle rappelle. C'est dans notre pays le signal des beaux jours que la montée des vaches aux chalets; alors les sommets du Jura sont couverts d'une herbe épaisse parsemée de fleurs aromatiques qui embaument l'air; sur une étendue de vingt-cinq lieues vous n'entendez pendant huit jours sur les deux flancs de cette longue chaîne que le bruit des clochettes, le mugissement des vaches et les cris des pâtres qui les conduisent; arrivés à leur destination, ils célèbrent des fêtes, les feux sont rallumés dans ces maisons abandonnées, les chaudières sont de nouveau suspendues, le lait parfumé coule à grands flots et la source de nos richesses est ouverte; à tout cela se rattache l'idée de mœurs simples et d'une vie pastorale, riante et paisible comme les montagnes qui en sont le théâtre. Mais il faut être du pays pour sentir tout ce que cette époque a de charmant; aussi le bruit lointain qui approchait et qui semblait environner le lac depuis Yverdun à Granson eut-il la puissance de nous ramener aux idées de ce monde. La gaîté revint, on oublia la lune, les orages, le lac et les chants religieux, on babilla, on chanta des chansons, on sauta sur la rive, on alla voir passer les troupeaux et puis se coucher, mais pendant toute la nuit ils traversèrent la ville et quand nous nous éveillions nous croyons être sur le lac balancés sur les vagues et prêtant l'oreille au son lointain des clochettes.

Que de vie dans une soirée, mon cher ami! — encore une fois que n'étiez-vous là, nous aurions senti ensemble aussi vivement qu'à Lausanne! — Que de fois j'ai pensé à vous dans ces lieux que j'ai visités pour la première fois avec vous, sur cette terrasse d'Orbe, sur le bord de ce lac d'Yverdun, en face de cette gothique maison de Pestalozzi, asile de la philanthropie et du génie. Pouillet hoche de la tête quand on lui parle de moi qui néglige mon avancement. Ah! je ne suis pas encore assez raisonnable pour ne songer qu'à faire un chemin ou à garder une place; j'ai pour ces deux choses, je ne dirai pas une profonde indifférence, mais un commencement de dégoût; la vie est là où l'âme s'élève et prend de l'énergie, l'ennui la tue; et l'ennui naît de la contrainte et de la monotonie dans les occupations, il me faut quelque chose de plus naturel, de plus libre, de plus varié, de plus large que Paris et cependant j'y retournerai pour voir ; mais les chaînes sont rompues et désormais je ne regarderai plus cette demeure comme celle où je dois vivre et mourir.

J'ai vu Peztalozzi de loin, il est toujours le même ; je n'ai pas eu le courage de l'aller voir, je craignais qu'on nous eût tout-à-fait oubliés ce qui est très probable et rien ne m'eût été plus désagréable que de recommencer une connaissance là où nous avions cru fonder une amitié et un souvenir éternels.

Adieu, cher ami, je suis las d'écrire, j'espère que vous recevrez plusieurs lettres de moi dans le cours de mon voyage ; j'irai seul, mais je serai avec vous en vous écrivant.

Th. Jouffroy.

A Boucley

Pontets, 18 juillet 1822 [1].

Je ne sais plus ni ce que vous pensez ni ce que vous faites, mon cher Boucley. — Besançon et Paris semblent s'être donné le mot pour me négliger ; peut-être, me croyiez-vous dans les montagnes du canton de Berne, et dans cette persuasion gardiez-vous le silence ; je suis encore ici ; je fais mes foins et je ne partirai que le 29 de ce mois ; je serai de retour le 15 août ; la compagnie de Falconnet et l'agrément d'avoir un cheval et un char-à-bancs à ma disposition ont décidé ce retard. D'ailleurs mon premier projet s'est agrandi et nous pousserons probablement jusqu'au Righi vers les lacs du centre de la Suisse, lieux célèbres dans l'histoire et magnifiques aux yeux ; pourquoi vos occupations ne vous laissent-elles pas la liberté de venir, nous avons une

---

[1]. Cette lettre est sans date d'année ; mais Jouffroy s'y donne vingt-six ans, ce qui en fixe la date à 1822.

troisième place sur notre voiture ; nous cherchons un compagnon qui sente et qui pense comme nous et nous ne savons où le prendre ; si M. Weiss pouvait et voulait l'être ? faites lui la proposition ; mais vous autres gens méthodiques qui vivez de règle et de scrupules vous n'oseriez vous faire libres quinze jours pour saisir un de ces rayons de bonheur qui luisent si rarement sur nos pauvres destinées ; attachés à votre banc, vous ramez avec une ferveur que l'ennui ne saurait affaiblir et que le besoin de liberté et de changement ne vient jamais troubler ; dois-je vous féliciter d'une persévérance qui fait honneur à votre dévouement et à votre résignation ou vous plaindre d'un asservissement qui retranche de votre vie ces moments d'exaltation que font naître le changement de situation, la nouveauté des sensations, et l'intime sentiment d'une pleine et large indépendance ? Pour moi, j'ai un plaisir infini à rompre tout à coup la direction de ma destinée, et à me faire subitement une autre vie ; les inconvénients matériels qui peuvent en résulter sont comme autant de motifs puissants qui m'y poussent et redoublent le charme qui m'attire ; j'aime à les mépriser, à les dédaigner, à les fouler aux pieds, à les offrir en sacrifice à la dignité de ma liberté. L'usage de mon libre vouloir est pour moi ce qu'il y a de plus doux et de plus noble, rien ne m'élève tant, rien ne me ravit plus délicieusement : c'est comme un triomphe de l'âme sur le corps ; c'est comme un dédain de la vie et de ses chaînes et de ses vils intérêts et de ses ridicules ambitions ; je le sens aux nobles pensées, aux généreux sentiments qui s'élèvent alors en moi ; mon intelligence s'élance plus haut, mon imagination enfante de plus beaux rêves, mon cœur s'enflamme de plus ravissantes amours, je me possède mieux, j'appartiens moins aux choses et je jouis de me sentir à moi, pleinement à moi, uniquement à moi ; à moi, c'est-à-dire au beau, au vrai, au bon dont j'émane et que je réfléchis avec d'autant plus de pureté et de plénitude que je suis plus dégagé des entraves du corps et que par la force de ma liberté j'ai méprisé de plus haut les bassesses de la terre.

Dans les vingt-six années que j'ai vécu, ma mémoire ne distingue rien que deux ou trois époques d'enthousiasme où je me suis senti et compris. Le reste se perd dans la boue et n'a point laissé de traces; dans ces intervalles de lumière je me vois à une hauteur qui m'étonne. Je ne suis plus le même : amour de la vérité, vue de la vérité, conception profonde du beau, dévouement à la vertu, facilité et largeur d'intelligence, désintéressement absolu, mépris de tout ce qui est trivial, commun, égoïste, tels sont les traits qui composent le moi d'alors; mais le moi ordinaire, le moi de tous les jours, le moi qui m'ennuie et qui me pèse, ce moi là est un animal lourd, passionné, faible, peureux, lent à concevoir, paresseux à admirer, tremblant devant les hommes, les obstacles, la maladie et la mort ; intéressé, calculant comme un marchand dans sa boutique, mangeant, digérant, dormant, ennuyé de lui-même, des autres et de la terre, se sauvant à peine des lâches inclinations de son corps, et plutôt encore par honte que par vertu; je ne finirais pas si je voulais dire tout ce qu'il y a de mauvais et de sot. Contradiction bizarre mais naturelle! Je la comprends sans cesser de l'admirer, je la comprends si bien que je sais quelles causes créent tout-à-coup un homme nouveau dans l'homme ancien, et font retomber ensuite le nouvel homme dans sa primitive bassesse. Ouvrez-moi une nouvelle voie, de nouvelles perspectives, de nouveaux motifs d'action, je m'élance, je m'élève, je grandis, je suis moi. Pourquoi ? Parce que mon intelligence fortement occupée, mon imagination vivement ébranlée ravissent mon âme à la domination du corps; mais bientôt le nouveau se laisse connaître, il devient commun, trivial; dès qu'il s'est laissé pénétrer, il ennuie, et l'âme retombe aux mains de la matière, la volonté n'a plus de motifs nobles, elle s'endort et ne va plus; je perds ainsi la possession de moi-même et je redeviens le mauvais moi.

M. Dubois, Paul, chez M. Buès, libraire à Rennes

22 août 1822.

J'ai voyagé, mon cher ami — mais j'ai éprouvé qu'on ne peut, au milieu de la fatigue et de la hâte d'un voyage, trouver le temps et la tranquillité d'âme suffisants pour le raconter; — d'ailleurs j'avais deux compagnons qui m'empêchaient de sentir, Falconnet et un autre de moindre trempe encore sous ce rapport ; cependant j'ai vu et senti passablement et un jour je vous dirai tout au coin du feu ; — en attendant qu'il vous suffise de savoir que nous avons vu le val de Moutiers, Travers, Neuchâtel, Bienne, le Lauterbrunnen, Le Grindelwald, Fribourg, Morat et Yverdun. J'arrive en courant à Hofwil — en allant nous y passâmes — je vis M. de Villevieille à qui M. Ordinaire m'avait adressé et qui paraît être le sous-directeur des instituts; — nous causâmes longtemps mais pas de nos affaires parce que mes compagnons étaient là; il fut convenu qu'en revenant des Alpes j'irais passer deux ou trois jours chez M. de Fellenberg pour causer ensemble des nombreuses affaires que nous avions à traiter. Mais en revenant je tombe malade, je suis si impuissant de corps et d'âme que je me trouve forcé d'envoyer mes excuses avec instantes prières de m'écrire chez moi sur tout ce que nous avions à discuter ; — je ne suis pas plutôt à Fribourg que ma crise nerveuse cesse ; me voilà guéri, mais il était trop tard ; — j'attends donc une lettre — il n'y a que huit jours que je suis de retour; je suis convaincu qu'on m'écrira ; si la lettre est digne de nous, je pourrai bien retourner à Hofwil avant d'aller à Paris. Je tiens beaucoup à voir si cela peut vous convenir dès à présent et à moi dans un an car c'est le terme extrême que je mets à mon existence universitaire d'après toutes les probabilités.

Du reste Hofwil présente un aspect magnifique : ce sont des édifices à n'en pas finir dont quelques-uns ressemblent à des palais; quant au fond des choses, hâtez-vous de vous procurer à la librairie de Paschoud, rue de Seine, l'ouvrage intitulé : *Des Instituts d'Hofwil* par le comte L. de V, qui est précisément mon Villevieille. Cet ouvrage vous donnera d'Hofwil les idées les plus exactes, et vous serez assurément confondu qu'on ait poussé jusque-là la grande affaire de l'Éducation. Du reste vous trouverez dans le tout un brin d'aristocratie tout juste comme dans Mme de Staël, moins encore.

Je suis pressé; au mois d'octobre je serai à Paris, je vous écrirai d'ici là. Adieu.

Th. Jouffroy.

A Damiron

22 août 1822.

Pauvre ami! Les temps ont bien changé. Ces lettres si longues et si fréquentes, si douces à lire, et qu'il faisait si bon écrire, larges et faciles épanchements d'une imagination échauffée par l'amitié et toute pleine de verve et de jeunesse, ces bonnes lettres ont passé; l'amitié n'a pas moins d'énergie, mais l'imagination n'a plus d'images à son service, ses trésors sont comme épuisés; c'est un champ de fleurs où l'orage a tout flétri; nous avons tous deux subi le même sort, nous avons perdu ce que nous aimions le plus au monde; nos deux pères sont morts entre nos bras et nous ont laissé des enfants à conduire et des affaires à gouverner; du sein des spéculations philosophiques, monde de liberté et de paix, ramenés tout à coup à des calculs d'argent et à des discussions d'intérêt, la douleur, les soucis, l'ennui des affaires, et par-dessus tout la connaissance forcée que nous avons faite avec les hommes, ont dissipé nos illusions, flétri nos espérances et terminé notre jeunesse : nous voilà vieux à vingt-six ans, vieux d'une vieillesse qui n'est point venue peu à peu, mais subitement, d'une vieillesse que rien n'avait préparée et qui nous a surpris, désarmés et sans force contre elle.

Voilà pourquoi nous avons plié jusqu'à terre sous le coup et presque rompu; voilà pourquoi nous nous trouvons si froissés que nous semblons avoir perdu toute vie intellectuelle et toute énergie sensible; il faut attendre le secours du temps qui nous relèvera peut-être, ou nous accordera le repos sans fin où viennent s'endormir toutes les agitations humaines.

Vous menez une vie qui est pénible, mon cher ami; mais consolez-vous : car vous exercez avec courage les devoirs les plus sacrés et les plus honorables; par vous vivent et dorment en paix ces enfants que votre père vous a légués; vous ne manquez point à ses plus chères espérances, vous consacrez votre jeunesse et votre peine à suivre sa dernière pensée, vous marchez encore à sa voix; honneur à votre dévouement, mon ami! je sens profondément tout ce qu'il vous coûte, mais, nous le savions d'avance, l'exercice du devoir est laborieux; malheur à celui qui est appelé à le remplir dans ses grandes et pénibles applications, sa vie est amère, mais, fût-elle cachée dans les entrailles de la terre, loin des yeux des hommes, elle est glorieuse, elle est auguste, et l'autre vie ne lui manquera pas.

Ma tâche a été moins forte que la vôtre; le Ciel m'a gardé ma mère, et c'est une consolation dont vous concevez tout le prix; mon père nous a laissé une fortune qui sans être grande nous met à l'abri du besoin; mon frère Auguste a une place qui vaut mieux que la mienne et qu'il exerce à la maison, ce qui assure un appui permanent à ma mère. Léon est en bon chemin; de mes deux sœurs, l'une ne tardera pas, je pense, à se marier, l'autre a quatorze ans et n'est plus une enfant; nos affaires sont en bon train, nos dettes acquittées laissent tous nos revenus libres et ils suffiront; je retournerai donc à Paris, l'âme libre de toute inquiétude sous ce rapport; reste ma santé qui est toujours assez faible; quant à ma place, il y a longtemps que j'en ai fait le sacrifice dans mon cœur; une destitution ne pourra ni me surprendre ni m'affliger, voilà ma situation; ce qu'elle a de bon, mon ami, est à votre service dans toutes les circonstances possibles.

M. Weiss, bibliothécaire de Besançon, vous remettra cette lettre; c'est le meilleur des hommes et l'un des plus savants; excellent patriote, plein de modestie, d'esprit et de bonhomie, vous éprouverez l'un pour l'autre une infaillible sympathie; voyez-le donc le plus possible.

Embrassez pour moi votre frère, et rappelez-moi au souvenir de votre sœur.

Th. Jouffroy.

A Dubois

Les Pontets, 10 septembre 1822.

Mon cher ami, je vous ai écrit en revenant de Berne; ma lettre ne vous a pas trouvé à Rennes, elle vous disait qu'en allant dans les Alpes avec deux amis, j'avais passé à Hofwil, que j'y avais été bien reçu et que j'avais promis à mon retour d'y séjourner trois à quatre jours pour causer et des projets de M. de Fellenberg et du secours que nous pourrions lui prêter; qu'une attaque de nerfs m'avait empêché de tenir parole; que j'avais écrit des excuses avec prière qu'on me demandât par lettre tous les renseignements qu'on m'eût demandés de vive voix et qu'on m'annonçât la nature du dessein formé et celle de la part qu'on désirait que nous y prissions.

J'ai reçu de M. de Villevieille, comte français qui demeure chez M. de Fellenberg et qui est là comme son second, une lettre extrêmement polie et convenable, où après m'avoir témoigné les regrets que ma mésaventure leur a causés, il m'expose ce qui suit :

« On voudrait, dans la vue de contribuer à la réforme de l'éducation en France, y fonder quelque chose de très analogue aux instituts d'Hofwill, si cela était possible, mais aujourd'hui c'est une chose impraticable... Lorsqu'on est forcé de reculer l'exécution d'un projet utile, on se dédommage un peu en préparant de loin cette exécution : et lorsqu'on ne peut pas se flatter d'aller vite, il est clair qu'on ne saurait commencer trop tôt. La première chose à faire *c'est de traduire Hofwill de l'allemand en français;* aujourd'hui, cela doit se faire sans doute par un personnel et par des moyens français, mais *hors de la France et en dehors des difficultés qu'on y trouverait à chaque pas.* »

« M. de Fellenberg verrait avec plaisir s'élever en Suisse à côté d'Hofwill *une branche française des instituts d'Hofwil.* »

« Il offrirait à cet établissement fait en vue de la France des facilités inappréciables : 1° par le logement convenable qu'il a tout prêt ; 2° par sa direction administrative ; 3° par sa responsabilité générale vis-à-vis du gouvernement de Berne qui embrasserait la branche française de l'institut, comme les autres ; il ne reçoit aucun appui du gouvernement de Berne, mais ce gouvernement a pour principe de laisser faire ce qui n'est pas défendu par les lois. »

« Que devrait fournir la France pour commencer ? 1° Un capital médiocre, dont il ne faut pas s'embarrasser parce que nous aurions de singulières facilités à le trouver.

2° Quatre ou cinq hommes *très distingués* qui se voueraient du fond du cœur à une besogne difficile (ceci est plus difficile à trouver : une expatriation, même dont on entrevoit le terme, coûte toujours beaucoup à un Français).

3° Quinze ou vingt élèves français, très jeunes, pour former le noyau de l'établissement. »

« Les circonstances actuelles paraissent favorables pour la réunion des professeurs et des élèves, etc... »

« C'est ainsi que nous formerions une pépinière où nous trouverions infailliblement à l'époque opportune tous les moyens de fonder en France des établissements semblables à celui d'Hofwil. »

Voilà le projet, mon cher ami, ensuite M. de Villevieille me fait sentir combien il désirerait pouvoir conférer avec moi là-dessus, et il me pose la question suivante :

« Avez-vous ou n'avez-vous pas le temps nécessaire pour venir prochainement passer quelques jours avec nous à Hofwil ? quelques heures de conversation rendent plus qu'une très longue correspondance ; si vous êtes cependant forcé de répondre négativement, j'écrirai en en prenant le temps le volume nécessaire, je vous l'enverrai et vous voudrez bien y réfléchir et y répondre. »

Il m'a paru que la chose était trop importante et pour vous et pour moi pour que je dusse me refuser au sacrifice d'un nouveau voyage ; — j'ai donc répondu *Oui* et je partirai dans une dizaine de jours.

En attendant, mon cher ami, je vous conjure de faire deux choses :

1° De ne point prendre de parti décisif avant que nous ayons tiré au clair cette affaire-ci ;

2° D'acheter chez Paschoud, rue de Seine, un livre intitulé des *Instituts d'Hofwil* par le Comte L. D. V, qui est justement M. de Villevieille. Ce livre vous donnera une idée complète et étendue de ce qu'est Hofwil et donnera matière à vos réflexions en attendant ma lettre.

Je serai à Paris dans le milieu d'octobre ; j'attends une réponse de M. de Mussy ; — je lui ai mandé que j'étais prêt à retourner ; — ne pouvez-vous gagner là quelque argent un mois ou deux, m'attendre et nous donner le temps de discuter ensemble sur l'avenir ; — songez à l'importance de ce retard ; — de mon côté je ferai tout pour précipiter mon retour.

Ne dites mot à personne de tout ceci ; — je n'aime déjà pas à le confier à la poste, je redoute les difficultés qu'une découverte prématurée de ses projets pourrait susciter à M. de Fellenberg.

Que de choses j'ai à vous dire de mon voyage, que d'autres je vais encore recueillir ! Ah ! attendez-moi.

L'état de vos affaires avec l'Université me fait de la peine à cause de la gêne d'argent où il vous place ; —

pour le reste et j'entends par là votre exclusion de l'Université, ce n'est rien : — quel homme d'honneur blâmera ce que vous avez fait et si vous avez bien fait, qu'y a-t-il d'étrange ou de mauvais dans les conséquences ? D'une autre part quel homme d'honneur peut songer désormais à demeurer longtemps dans l'Université ? Il ne sacrifiera pas ses principes et alors on le saura et il sera exclus, ou si par hasard on ne le sait pas, les choses en seront bientôt au point qu'il sera obligé de demander sa démission pour se soustraire à la terrible et honteuse solidarité du système de servitude et d'abrutissement que suit l'Université. Ainsi vous n'êtes pas isolé dans votre position. Tout ce qu'il y a de braves gens va s'y trouver ou s'y trouve, — vous aurez bientôt bonne compagnie. Tant pis pour qui vous trouve *fou* comme vous dites. Car votre folie a consisté à faire ce que vous deviez au détriment de vos intérêts. Méprisez, mon ami, cette bassesse du vulgaire qui applaudit d'abord à une action généreuse et qui ensuite quand le moment de l'exaltation est passé, commence à se savoir bon gré d'avoir été plus prudent, se félicite de l'argent et de l'aisance qu'il a su conserver par sa bonne conduite et regarde en pitié ce qu'il admirait tout à l'heure.

C'est là le cours des petites âmes qui fourmillent à Paris plus qu'ailleurs et dans la carrière des places particulièrement. Il n'y a rien là de nouveau ni d'étonnant. Ce qu'il y aurait d'imprévu et de singulier dans tout cela, c'est qu'un homme qui a fait avec joie et simplicité et comme une chose naturelle le sacrifice de ses intérêts à son honneur, succombât à la vaine opinion de ceux qui ne le valent pas, se découragéât de soi-même et dans son abattement renonçât à sa vocation, à sa destinée, à ce qui fut son but et à ce qui est encore l'objet de son inclination, comme pour se dérober à la compassion insultante il est vrai, mais sotte et méprisable de ses anciens compagnons moins courageux, moins fermes, et par conséquent moins honorables que lui. C'est aussi là ce que j'espère que vous ne ferez pas à moins que votre santé ne vous y oblige, — la dignité pour vous, et vous le sentez mieux que moi, la dignité, dis-je, consiste maintenant à ne pas changer de religion, à persévérer dans ce culte des lettres et des idées qui vous charma dès votre berceau et qui fera un jour votre gloire ; à puiser dans l'honorable abaissement où il vous a fait tomber un nouvel amour pour lui, une nouvelle énergie pour défendre et rendre triomphants ses autels menacés et insultés par les barbares : — attendons courageusement de meilleurs temps, mon cher ami ; et quelle que soit la détresse et la misère apparente de notre position ; songeons que le rang ne fait pas l'homme, mais le caractère, et qu'au pis aller les vanités et les joies de ce monde sont aussi misérables qu'est courte la vie que nous y passons ; — j'admire le courage actif qui ose et qui attaque ; mais je l'ai peu, — il en est un autre qui est passif et qui résiste, qui reste à son poste et à son affaire quoiqu'il arrive ; je le connais un peu plus et je tâche d'en faire usage ; — il est de tous les jours celui-là ; — avec lui et une grande indifférence pour le bonheur en ce monde, nous traverserons ces mauvais jours, n'en doutez pas ; — il y a dans notre condition des consolations pour le cœur, c'est le sentiment de n'avoir plié sous aucune indignité ; — il y en a même pour l'amour-propre, c'est de considérer la faiblesse humaine, d'en prendre pitié, d'en rire un peu dans son taudis et d'apprécier après l'avoir connu le hochet que tous ces acteurs se disputent sur la scène du monde, et la peine qu'ils se donnent pour être méprisés, hués et sifflés ; — avec cela et quelques lectures de Tacite, on passe le temps, le temps, qui coule pour tous, qui emporte et fait justice de tout.

Pardonnez à Pouillet ce qu'il a dit : vous qui avez encore plus de cœur que d'esprit, vous ne vous êtes jamais laissé aller peut-être à sacrifier ce que vous aimiez, ce que vous estimiez au plaisir d'un bon mot ; — vous savez assez que je n'ai pas le même témoignage à me rendre ; — et si j'ai succombé à pareille tentation, malgré une vive et solide amitié, jugez donc de Pouillet qui a tant d'esprit que ceux qui ne le connaissent pas croiraient qu'il en fait métier. Et rendez-lui la justice de croire qu'il estime votre conduite au fond de l'âme et qu'il ne la blâme que sous le rapport de l'habileté, espèce de science où chacun a son système et Pouillet des prétentions par-dessus.

Ce que vous me dites de Cousin me fait beaucoup de peine. Si les événements ne viennent pas le ressusciter je crains qu'il ne succombe ; où est donc son énergie ? Son courage serait-il de nature à ne pas convenir dans les temps d'oppression ? faut-il que je change les idées que je m'étais faites de lui ? tombe-t-il donc au niveau du vulgaire lui qui le surpassait de si haut ? Ami, je ne me fais pas, je ne me ferai jamais à le considérer comme un homme ordinaire ; il peut avoir son côté faible ; mais il est éminent par tant d'autres ! Oh ! qui peut sortir intact de toutes les épreuves ? les événements trahissent les caractères — ils abaissent ici, ils élèvent là ; — c'est le déluge qui porte les coquillages sur le haut des montagnes et qui jette au fond des mers les rochers élevés ; — il y en a qui ne tombent pas parce qu'ils étaient à terre ; mais ceux qui dominaient par-dessus tout s'ils baissent un peu, s'ils plient la tête, c'est qu'ils étaient près des orages, c'est que les yeux les observaient, c'est que leur grandeur occupait le monde et ne pouvait fléchir secrètement ; — or, le monde qui hait tout ce qui est grand se hâte de remarquer de tels abaissements ; il les proclame, il en jouit — et voilà ce qui est amer pour celui qui est tombé. Il s'indigne de tant de bassesse, — il s'indigne d'être abandonné, — et confondant tout dans un même mépris, il fuit même ses amis fidèles ; il se fait une solitude profonde qui lui sert comme de rempart contre les hommes ; — là, tourmenté de sa force qui n'a plus d'application possible, dégoûté de l'emploi qu'il en a fait et qui ne lui a valu que l'ingratitude, humilié du passé et méprisant l'avenir, il abdique une supériorité inutile et se complaît tristement dans le dédain de toute espérance, et dans le renoncement à toute activité.

Il faut aux âmes qui en sont là des consolations toutes

particulières, — de l'admiration, de l'estime, une vraie et ardente amitié. Cousin a semblé vous commander l'éloignement. C'est qu'il est malade de cette maladie que je viens de peindre; — mais que ses amis véritables ne se rebutent pas; qu'ils supportent ces apparences repoussantes pour le sauver; que leurs soins, leur estime, délicatement manifestés, lui rendent peu à peu la confiance d'être beaucoup pour eux et l'espérance de redevenir utile, et tôt ou tard il reprendra son énergie et redeviendra ce qu'il était; — il mérite de nous cet effort d'amitié; — car que ne lui devons-nous pas ? il nous a élevés à penser; — il nous a appris à goûter ce qui est noble, grand, vertueux; — il nous a tirés des chemins vulgaires où nous aurions traîné sans lui; — il a fait de nous des âmes et nous n'aurions guère été que des esprits.

Je suis las d'écrire. Adieu, mille choses à MM. Weiss, Trognon, Damiron, ceux auprès de qui on est si à l'aise, et avec lesquels l'amitié est si facile et si aimable. Adieu.

Th. Jouffroy.

M. Dubois, ancien professeur de littérature, rue du Four, Saint-Honoré, n° 11, à Paris

Les Pontets, le 17 juillet 1824.

Mon bon ami, j'ai reçu successivement vos deux billets et le dernier m'a bien rassuré sur votre santé; je vous félicite d'être entre les mains et à la table de Mme Mourcet; je sais toute l'efficacité de son régime et combien il vous convient ainsi que la bonne vie de famille qu'on trouve chez elle; c'est une femme d'une loyauté et d'une chaleur de cœur bien rares et vous êtes digne de l'apprécier, mais je ne vous tiens pas quitte d'un autre traitement que vous devez subir aux Pontets; le voyage a fait disparaître non pas ma susceptibilité d'irritation mais mon irritation et j'espère qu'il fera sur vous le même effet; on aura ici bien de la joie à vous voir et du plaisir à vous posséder; j'espère que mes affaires ne me rappeleront pas à Paris avant la fin de septembre; nous repartirons ensemble, je passerai trois jours à la campagne de mon cousin près de Besançon, vous les passerez à Besançon; vous pourrez donc en venant de Châtillon ne pas vous y arrêter et venir droit aux Pontets par Dôle et Salins où je vous irai chercher; arrangez-moi tout cela.

J'ai bien de la joie que vous vous trouviez bien dans mon appartement; il faudra prier Mme Mourcet de vous louer quelque chose tout près pour le mois d'octobre. Ces Messieurs de Paris partent aujourd'hui après quatre jours de repos; je les conduis jusqu'au pont de la vallée de Joux, je les monte sur la dent de Vallorbe et je reviens près de ma mère qui est malade, mais non dangereusement; elle vous dit bien des choses, ainsi que mon frère, ma sœur, mon oncle, mon grand'père qui n'a pas perdu la mémoire au point de vous avoir oublié mais que vous trouverez bien changé.

La campagne est admirable : à présent nos abeilles font des essaims, c'est le beau moment, mais votre présence réchauffera le soleil de septembre et nous tiendra lieu des agréments du mois de juillet. Falconnet qui est de notre voyage me fait vous dire mille choses.

Je poursuis la revision de ma traduction, j'ai terminé la première partie, cela ne me paraît pas mal. Quant aux nouvelles nous oublions tout à fait le monde politique; point de journaux et point de causeries dans ce goût-là, on n'y pense plus ici; — nos curés sont bien moins turbulents que je ne m'attendais à les trouver; — ils sont heureux de leur influence et des bons dîners qu'ils font et cela les rend humains et pacifiques, d'ailleurs ils ne trouveraient pas à guerroyer, faute d'ennemis.

Adieu, mon cher ami, remettez à Mme Mourcet la lettre ci-incluse : je suis fâché que l'affaire qu'elle croyait traiter dans ce pays ait manqué; — je voudrais pour tout au monde avoir pu lui être utile.

Th. JOUFFROY.

M. Dubois, rue du Four, Saint-Honoré, n° 11, à Paris

16 août 1824.

Vous m'avez appris une bonne nouvelle pour la littérature et pour vous, mon cher ami : — vous voilà gouverneur d'un journal et par conséquent riche, car il prendra : et voilà notre critique littéraire en bonnes mains; vous la sortirez de l'ornière sans la dépopulariser et vous prêcherez la liberté littéraire en bon français; deux choses qui ont besoin l'une de l'autre et qui attendaient depuis longtemps : — soyez purement littéraire et ne descendez pas aux misérables allusions politiques; — cela sent la prison et MM. Jay et Jouy, deux boutiques de mauvais goût et également usées aux yeux du public. Vous avez une belle mission à remplir, honorable, lucrative et sans péril, celle de révolutionner la littérature. Ce n'est pas moi qui vous l'apprends; mais je vous le dis pour vous donner confiance en vous-même, — vous allez, le premier, chez nous attaquer les règles avec le bon sens et le bon goût qui ne font qu'un et qui ne peuvent appartenir qu'à la jeunesse : car en tout la génération précédente est frappée d'aveuglement et de discrédit : également incapable, blasée comme elle est de sentir juste; sceptique et immorale comme les temps l'ont faite, de parler franc; passée et flétrie par les scandales de trente années, d'obtenir confiance et d'échapper au ridicule; — l'influence que vous pouvez acquérir sur l'avenir de la littérature française est immense, soyez en convaincu, — et la mesure de cette influence sera celle de votre gloire; il ne vous faut que des hommes dignes de vous et dès que vous aurez levé le drapeau il en paraîtra. — Quand les charlatans occupent la tribune le bon sens se tait et semble mort : il s'ignore ou ne croit pas en soi; — mais qu'un homme parle vrai, franc et clair, dans un jour il conquiert le monde, parce qu'il a révélé aux uns le secret de leurs croyances et aux autres celui de leur force.

Votre proposition du Salon qui va s'ouvrir ne me va pas du tout : non seulement parce que j'ignore le métier de la peinture et qu'il faut en savoir la langue pour exprimer même ce qui n'en est pas, mais encore parce que je n'ai point de principes arrêtés sur le beau, et que je ne sais pas écrire vaguement; — une autre raison c'est que je n'écris pas assez facilement pour un journal si fréquent; — une autre encore c'est que je ne puis être à Paris assez tôt ; ma mère ne l'entend pas ainsi, et comme elle est souffrante je ne veux pas l'affliger ; — d'ailleurs j'ai mes articles de Londres, et j'aime mieux écrire les choses que je sais bien, que celles que je sais mal.

Je vais essayer un second article : ce sera un coup d'œil sur l'état actuel de la philosophie en France ; je suis ici sans ressources ; bien des choses me manquent, j'espère pourtant assez dire, et dire assez vrai, pour être clair et juste. Veuillez voir M. Varaigne rue Saint-Honoré, n° 370, et le prier instamment de ma part de faire tirer à mes frais cinquante exemplaires de mon premier article — lorsque l'on imprimera le numéro : car je ne suis pas du premier. C'est pour mes amis et j'en ai beaucoup dans ce pays à qui les seize pages apprendront bien des choses et donneront confiance.

Je vais à Besançon dans une dizaine de jours ; c'est là que j'écrirai mon article suivant toute apparence ; je me fouetterai le sang en prêchant et je rédigerai ce que j'aurai dit ; j'ai promis cinq à six jours à Weiss qui partira immédiatement après pour Paris et vous aurez de mes nouvelles ; je partirai moi-même vers le milieu de septembre.

Ma traduction avance : je n'en ai plus qu'un tiers à revoir. C'est un bon livre, parce qu'il est de bon sens ; j'espère qu'il paraîtra au 1ᵉʳ janvier. Si on le lit, bien des gens s'étonneront que la philosophie soit une chose si simple et si ressemblante à toutes les sciences de faits. Que ce livre fasse un peu de bruit et il produira beaucoup d'effet ; je compte sur vous auprès de la confrérie des journalistes.

Tout le monde ici regrette plus que moi que vous n'ayez pas fait le voyage des Pontets, et se rappelle à votre souvenir. Je fais mes foins en revoyant ma traduction ; mais ma pensée est souvent à Paris, dans le petit cercle de mes amis, et particulièrement auprès de vous et de Mme Mourcet, où l'on est si bien. Mes plus tendres compliments à toutes ces dames, à M. Favre, à Damiron, Trognon, M. Guizot, Cousin, etc.

Tout à vous,

Th. JOUFFROY.

A Dubois

1824[1].

Je suis tout à fait revenu à votre avis sur l'affaire de l'Athénée. Je pense que nous ne devons rien négliger pour nous emparer de cette tribune abandonnée et qui pourrait être offerte à d'autres et acceptée. Il faut donc, je crois, que vous voyiez Dunoyer et lui montiez bien la tête. On ne sait à quel saint se rendre à l'Athénée ; on sera donc facile et c'est à nous a dicter les conditions ; il faut qu'elles soient honorables en argent à notre égard ; mais il faut aussi que dans l'intérêt même de notre but et par justice, les nôtres soient bonnes pour l'établissement ; ainsi je ne vois pas que nous puissions nous dispenser d'une leçon par semaine ; à quinze jours d'intervalle des leçons ne font pas suite et l'on ne conquiert pas son auditoire ; mais aussi cela vaudrait bien deux mille francs, comme l'avait proposé Pouillet.

Envoyez-moi, je vous prie, par M. Napoléon, vos résumés de physiologie ; j'en ai un besoin pressant dans ma convalescence ; si vous avez Stanhope, Voutier, *id.* ; si vous ne vous servez plus des chants grecs de M. Fauriel, *id* ; si vous avez un roman amusant sur votre table, *id*.

C'est aujourd'hui que vous aviez promis à ces dames

1. Ce billet ne porte pas d'autre date.

et à moi de nous mener à la galerie Dénon. L'avez-vous oublié? Doivent-elles y compter? Moi, je suis encore dedans pour aujourd'hui.

Adieu, je vais bien.

Th. JOUFFROY.

Je vous fais observer que je ne reçois jamais *le Globe* qu'à 10 heures ou 10 h. 1/2.

M. Dubois, chez Mlle de Saint-Aignan, rue de Paris, n° 6, à Rennes

21 juin 1827.

J'allais vous écrire, mon cher ami, quand votre lettre m'est arrivée : il me semble, en la lisant, que tout ce que vous éprouvez, je vais le ressentir dans mon pays; il est vrai que j'y ai encore une famille; mais que de vides dans cette famille depuis mon enfance! quatre sont déjà partis et des deux qui restent, ma mère et mon oncle, celui-ci semble n'attendre que l'heure de les suivre; je ne puis le voir et l'embrasser sans y songer, et lui y songe aussi et le dit, ce qui est profondément triste. Quant à ma mère, elle semble s'ennuyer en ce monde : toutes les fois qu'elle est seule avec elle-même ou avec nous, des souvenirs lui reviennent et on croirait à l'entendre qu'elle est isolée sur la terre; c'est, qu'en effet, quand les personnes avec qui nous avons passé notre vie ne sont plus, quand on n'a plus autour de soi que les êtres d'une autre génération, on a beau en être aimé, on est toujours comme l'exilé au milieu des étrangers; tant de choses qui ne sont point communes : l'âge, l'avenir, l'époque prochaine de la mort, les goûts, les intérêts séparent plus qu'on ne pense la mère des enfants, et ce qu'il y a de plus triste pour la mère, c'est qu'elle voit que ces différences agissent encore plus sur ses enfants que sur elle; ils s'éloignent l'un après l'autre : les filles, pour se marier; les hommes, pour chercher femme; quand les fils sont mariés, ils ont quelqu'un de plus cher que leur mère. Tout cela est parfaitement arrangé pour la destinée de l'espèce, mais la mère est sacrifiée dans cet arrangement. La mienne ressent profondément tout ce que je viens de vous dire, ce qui jette sur la maison, pour moi qui le comprends, quelque chose de mélancolique. Ce qui n'y est plus et ce qui y reste m'y attriste également, et puis, comme vous, j'ai besoin de mes amis et de Paris; ma patrie aussi commence à se déplacer et je ne sais plus si c'est quand je sors de Paris ou quand je quitte les Pontets que je l'abandonne.

Je voudrais pour beaucoup que votre médecin ne se fût pas tant effrayé de l'air du Jura pour votre poitrine, qui est aussi bonne que la mienne. Je suis persuadé que cet air tonique aurait été très convenable pour vos nerfs, qui sont évidemment chez vous la partie malade : ni vous, ni moi n'aurions été seuls dans nos moments de souvenirs et le reste du temps vous vous seriez trouvé au milieu d'un monde plus animé et plus gai que votre vieux château. Malgré ce que je vous ai dit de ma maison, quand Léon, Bidault et mon cousin Joseph y seront, ce sera une belle gaîté et un beau mouvement, je vous le promets. — Auguste, d'ailleurs, à lui seul suffirait, — c'est un garçon de bonne humeur dans toute la force du terme, — sa gaîté même n'est point commune; elle a de l'originalité; elle ressemble à l'*humour* des joyeux personnages de Scott. — Nous aurions voyagé, et quoique nous ne soyons plus en mesure de sympathiser complètement avec cette folle jeunesse, cependant sa vue et son mouvement fait du bien; — c'est comme une musique qui n'empêche pas de rêver, mais qui vous berce et vous donne le ton, même à votre insu. Oui, cher ami, je voudrais maintenant pour beaucoup, vous avoir gardé et emmené, mais il est trop tard et il ne vous reste qu'à tirer le meilleur parti de votre position : le mauvais temps et les tristes souvenirs qui vous ont assailli à votre arrivée expliquent suffisamment votre état de malaise; — le beau temps et l'habitude des lieux et des personnes vous ranimeront. — Je vous conseille de ne point rêver et de ne point travailler, si vous pouvez, — mais de marcher et de vous démener en plein air le plus possible; — l'air est le restaurateur des nerfs affaiblis, — l'air et la dissipation, — oubliez-vous et vous irez bien. J'ai été six ans de ma vie dans votre état; je me suis donné l'une après l'autre toutes les maladies, au point d'imposer mon opinion à mes médecins; mes nerfs, obéissant à mon imagination, me faisaient souffrir où je voulais, — et de tout cela, il n'était rien; — votre médecin est tout à fait de mon avis : si vous vous ennuyez à Rennes, courez la Bretagne; ne vous effrayez pas de votre faiblesse : c'est encore une illusion nerveuse; — on est faible le matin et on est fort le soir, quand on n'a pas cru à sa faiblesse du matin : point de violence contre les nerfs, mais de l'empire et du mépris, voilà le fait de mon expérience.

Quant à la censure, les avis sont très partagés, et rien n'est moins certain; — c'est bon signe que M. Guizot commence à y croire; — moi j'ai toujours du penchant à n'y pas croire, soit qu'elle vienne ou ne vienne pas, nos affaires avanceront. Si je puis, un matin, bien sentir ce qu'il faut dire dans *le Globe*, je l'écrirai, sinon je laisserai cela à un plus habile; je ne suis pas depuis un an dans le point de vue politique, je suis un peu plus haut; ma pensée dominante est la philosophie de l'histoire ou la marche de la civilisation et, dans ce point de vue, l'autre se perd et s'efface; je reviendrai, car ce n'est qu'un voyage de découverte, mais mon esprit n'est pas de ceux qu'on force, vous le savez aussi bien que moi; — la curiosité est sa muse et sa maîtresse; — si j'avais une bonne mémoire, je saurais beaucoup d'idées, parce que j'en ai donné et trouvé beaucoup; mon malheur est de ne pas les garder présentes; il me faut autant d'efforts pour les rappeler que pour les trouver.

J'ai lâché, comme vous l'avez vu, mon hymne sur la Grèce; je m'attendais à être grondé par les historiens et surtout par Cousin, — au contraire, Cousin m'a fait les plus grands compliments et les historiens aussi; —

cela me prouve que l'on sait fort peu l'histoire et que, là-dessus, on peut chanter tout ce qui vient à l'imagination.

M. Guizot, pourtant, m'a prié de faire un petit article sur son histoire, — c'est un service qui me coûte, mais que je lui dois; — Trognon, avec sa méthode, n'arrivera que fort tard à M. Guizot; je ne sais que dire, mais je trouverai quelque chose, Dieu aidant.

Nous avons dîné samedi chez vous avec Cousin, il a été délicieux comme à l'ordinaire; Paris se dispute; Duchâtel va revenir; moi je partirai aux premiers jours de juillet; vous savez mon adresse, *M. Thomet*, vis-à-vis la douane, *Pontarlier, Doubs*, pour *M. Th. J.*, *aux Pontets*. Ne m'oubliez pas et aimez-moi; quant à moi, mon cœur est à vous comme il n'est à personne.

Adieu, adieu.

Th. Jouffroy.

A Damiron

19 août 1829.

Vous êtes bien bon, mon cher ami, de m'avoir écrit au milieu de la crise nouvelle que subit le pays; j'avais bien besoin d'apprendre l'effet qu'elle a produit à Paris et le jugement que l'on y porte sur ses conséquences; nous apprîmes le changement de ministère le mercredi; j'étais comme M. Royer-Collard, je ne voulais point croire à une pareille folie; il serait impossible de vous dire avec quelle explosion de colère cette partie de la France a accueilli la nouvelle. Les électeurs de nos campagnes sont indignés et le disent si haut que les prêtres n'osent lever les yeux et tremblent de leur triomphe; nul doute qu'une réélection, dans ce moment, ne produisit une Chambre orléaniste, du moins dans ma localité; aussi bien est-ce blesser avec trop d'impudence tous les sentiments de la nation que de lui donner un ministère anglo-vendéen en 1829, et le roi qui a été capable d'un pareil acte d'autorité n'est guère digne de la garder.

Je pense, du reste, que l'événement est le plus heureux qui pût arriver, et que cette réaction nous jettera infailliblement dans le côté gauche d'ici à dix mois; sans elle nous aurions pu languir longtemps dans les eaux de M. de Martignac et du centre; — mais, désormais, on ne pourra s'arrêter à des nuances; — en allant jusqu'à M. de Labourdonnaye, on s'oblige à revenir jusqu'à M. Casimir Périer au moins; telle est la mesure de l'oscillation. L'article des *Débats* du 10 a produit un grand effet dans ce pays, — il a couru partout, — on m'en a rapporté un exemplaire de Salins à moitié déchiré, et qui n'a pas laissé de faire encore beaucoup de chemin dans nos villages; voilà ce qu'il nous faut en province; — la politique calme en un pareil moment n'est point lue; — il faut de la colère pour contenter des gens qui en sont pleins; — qu'aura dit *le Globe?* Je n'en sais encore rien. Il n'arrive à mon frère qu'après avoir passé par une foule de mains; c'est bon en temps ordinaire, mais en pareille crise, c'est insupportable.

Notre première réflexion en apprenant la nouvelle a été qu'*au moins* vous étiez inamovible; la seconde que je ne ferais pas de cours à la Faculté cet hiver; il y a compensation; je ne compte nullement sur M. Milon, et sa volonté ne me servirait pas à grand chose sous le régime d'un homme comme M. de Montbel: il faut se résigner et je me résigne; dites du reste à M. Royer-Collard et à Cousin que je remets mes intérêts entre leurs mains et les vôtres, s'il y a quelque chose à faire en leur faveur; il me semble que ma présence à Paris est inutile, et jusqu'à nouvel ordre je ne bougerai point d'ici où, du reste, je n'ai pas encore travaillé; — ma santé et ma tête s'en trouvent bien; — j'avais l'esprit si fatigué que je gagne du temps à en perdre. J'espérais vous voir, je l'espérais vivement et je m'arrangeais pour courir un peu avec vous, je sens bien qu'il faut y renoncer; mais j'en ai un grand regret et ce n'est pas le moindre des mauvais tours que me joue la réaction stupide du 8 août.

Dites à Dubois que je lui écrirai et que j'ai bien pensé

à lui en revoyant ce pays; il recevra de M. de Broglie, à l'arrivée de ce dernier en Normandie, le volume de la vie de Reid, que M. Garnier viendra prendre au *Globe*. Je le prie de recommander à M. Garnier d'en avoir le plus grand soin, de manière à ce qu'il n'y paraisse aucune trace du service qu'il va faire.

Que vont devenir nos affaires de Besançon qui étaient en si bon train?

J'attends Thierry pour l'apprendre; il m'a promis sa visite et j'espère que la réaction ne me la ravira pas comme la vôtre; j'attends aussi Weiss; je me consolerai de vous avec eux; du reste, il fait beau temps, la campagne et les bois sont superbes et je ne m'ennuie pas, et quand je m'ennuierai, je travaillerai.

Adieu, mon bon et vieil ami, portez-vous bien et ne m'oubliez pas, et écrivez-moi; je suis affamé de nouvelles. Je vous embrasse, ainsi que Dubois, du fond du cœur; dites mille amitiés à Mmes Mourcet quand vous les verrez.

Th. Jouffroy.

à *Augustin Thierry*

Sans date, mais évidemment de 1832.

Vous êtes bien bon, mon cher Thierry de ne point m'oublier, car je le mérite à peine par mon long silence. Enfin, cette longue session est terminée, et avec elle, cette tourmente extrême au sein de laquelle j'ai vécu sans vivre tout l'hiver. La longue attaque de choléra qui l'a abrégée pour moi m'a procuré un grand bonheur, celui de retrouver la conscience de moi-même. J'ai passé dans mon lit et dans ma chambre une douzaine de jours délicieux de liberté et de recueillement. C'était mon ancienne vie toute entière qui était revenue et que j'avais presque oubliée. Je la regrette encore plus que vous, car elle est encore plus dans ma nature. Mon malheur est de ne pouvoir rencontrer aucune vérité dans les débats politiques au milieu desquels j'ai été jeté. Tout le monde a un peu raison et un peu tort. La vérité d'aujourd'hui n'est plus celle de demain et n'était pas celle d'hier ; que de fois je me suis dit : *Nulla fluxorum scientia.* Or, des vérités fixes, voilà ce qu'il me faut, et, malgré moi, je méprise les autres. Elles me fatiguent sans m'éclairer et m'occupent sans m'attacher. Je suis convaincu du reste, que, si notre politique actuelle n'offre qu'incertitude et mobilité, ce n'est point la faute de la politique elle-même, mais la nôtre. Un grand esprit saisirait à travers la poussière épaisse soulevée par la révolution et entretenue par les passions la véritable destinée de la France au dedans et au dehors. Il assoierait sur cette donnée vraie un système fixe de politique intérieure et extérieure, et ce système rallierait la France. Car, ce qui l'agite, c'est de ne point voir sa destinée ! Elle en a une pourtant et une belle. Elle le sent bien, mais elle ne la sait pas ; qui la lui dirait la pacifierait et serait maître d'elle. Juillet 1830 a terminé la ruine du passé, c'est-à-dire une tâche à laquelle la France travaillait depuis deux ou trois siècles. Avant juillet, sa destinée lui était claire. Depuis, l'inconnu est devant elle ; l'inconnu, principe d'anarchie. Tout le monde a essayé de formuler le mystérieux programme de juillet. Personne n'a réussi. La France a repoussé tous les mauvais devis de son avenir qu'on a soumis à son approbation. Vienne le vrai, elle le reconnaîtra, et tout cet orage qui nous effraye s'apaisera comme par enchantement. En attendant, elle gronde, elle s'irrite, elle menace, elle n'a pas le sens commun. Elle veut et ne sait ce qu'elle veut, et se fâche qu'on ne le devine pas. C'est en effet, le métier des hommes d'Etat de le deviner comme c'est celui de la nourrice de découvrir pourquoi l'enfant crie. Mais elle ignore les difficultés du problème et les hommes d'Etat que nous avons ne savent pas même qu'il y en a un, et s'imaginent que c'est pur caprice de sa part, pure mauvaise volonté, pure habitude, si elle crie. Voilà le spectacle que j'ai eu sous les yeux et qui m'a impatienté tout l'hiver. Que dire, que faire au milieu d'une assemblée politique où personne, ni député ni ministre, ne se doute du phénomène historique au sein duquel il figure et ne comprend ni la fonction fatale qu'il remplit ni la fonction non moins fatale qu'y remplissent ses adversaires. Au milieu de cet éternel quiproquo, je n'avais qu'une pensée à exprimer et qui valût la peine d'être dite, savoir qu'il y avait quiproquo, et en quoi il consistait. Mais j'aurais été hué à l'unanimité. Car le petit nombre d'êtres intelligents que renferme l'assemblée se seraient associés à la masse et auraient sagement fait. Ces choses là sont supérieures à la tribune et ne doivent point s'y dire. Il faut laisser au temps le soin de les mettre en lumière, et, en attendant, vivre, au jour le jour, le moins maladroitement possible. Si la politique était mon affaire, je me donnerais du mal, pour déterminer la vocation du pays. Au dehors, le problème ne me semble pas difficile ; il est à peu près résolu pour moi. Mais, au dedans, il est immense, et je ne crois pas qu'on en trouve le mot avant une cinquantaine d'années. Aussi bien, si j'avais l'honneur d'être premier ministre, non seulement, j'occuperais la France de sa vocation extérieure, mais je l'en enivrerais. Je voudrais que, de longtemps, elle ne pût songer à autre chose, et qu'elle en perdît la conscience de sa vocation intérieure. Ce que l'on fait est précisément le contraire. On sacrifie le dehors au dedans, et le dedans n'en va que plus mal. Avez-vous lu les notes que rédige M. de Saint-Aulaire ? et les notes qu'on lui répond ? J'en ai l'âme malade. La France était plus fière en 1816. On ne s'abaisse à écrire et à recevoir de pareilles notes qu'après dix batailles perdues.

Th. Jouffroy.

A Dubois

Marseille, 6 décembre 1835,

Un mot, mon cher ami, pour vous dire que nous sommes arrivés hier à Marseille très fatigués, mais assez bien du reste. Le voyage de Châlons à Avignon a été superbe ; d'Avignon ici, pénible, car nous l'avons fait en voiture et de nuit. Aujourd'hui nous avons parcouru la rade en bateau par un temps délicieux. Nous partons mardi par le bateau à vapeur *l'Océan*, nous serons jeudi matin à Livourne. Je vous écrirai de Pise fort au long, d'ici c'est impossible. Caroline va très bien et Charles a engraissé. Moi j'ai été très bien jusqu'à Avignon. Depuis moins bien, j'ai été très fatigué par la route d'Avignon ici. J'ai craint un moment, cette nuit, un nouvel accident. J'espère aujourd'hui que tout ira bien. Je ne vous parle d'aucune de mes impressions, je n'en ai pas le temps, c'est un récit que j'ajourne. Je vous dirai seulement que la vallée du Rhône est sublime, et qu'Avignon m'a causé une profonde émotion, la Provence et Marseille rien ou presque rien ; la mer m'a peu surpris ; les grands lacs m'y avaient préparé.

Je suis toujours triste de me sentir loin de chez moi et de mes amis ; mais quand je suis en route en présence de tant de belles choses nouvelles pour moi, j'oublie ma tristesse et je ne désire qu'une chose, c'est que vous, Damiron, Mme Dubois, Eugénie[1], fussiez près de moi pour partager mon plaisir. Le temps est si beau que s'il dure jusqu'à mardi nous aurons une traversée très douce ; la mer est comme un lac, le soleil chaud et tempéré par une brume transparente, délicieuse. Marseille offre un mouvement prodigieux. Son port est plein et on ne voit qu'arriver et partir : aujourd'hui en rade on avait plus de trente voiles en vue.

J'ai vu Weiss, Robert et mon frère à Lyon. Ce dernier nous rejoindra à Pise, si maman y consent.

Nous vous embrassons tous comme nous vous aimons et avec ma tendresse doublée par l'éloignement. Adieu, tout à vous. J'attendrai bien impatiemment de vos nouvelles.

Th. Jouffroy,

---

1. Mlle Damiron, sœur de M. Damiron.

A Damiron

13 décembre 1835.

Mon cher ami,

Nous voilà à Livourne où nous sommes arrivés vendredi à midi, après une traversée orageuse et longue. Ce billet est pour vous informer tout simplement que nous sommes en Italie et bien portants. Les détails du voyage sont ajournés. Nous sommes à l'auberge, il fait un froid de chien et ce n'est ni le lieu, ni le moment de raconter. Un négociant né à Salins, ami de Mme Mourcet, nous a retenus ici jusqu'à demain. Il nous comble d'amitiés et fait gala tous les jours pour nous; demain nous serons à Pise et dans peu de jours établis.

Nous avons couché trois nuits à bord. Nous avons eu deux orages, un de jour, un de nuit; nous avons subi le mal de mer le premier jour; nous avons voyagé la moitié du temps par un vent glacé; nous avons rencontré ici un froid tel qu'il y gèle toutes les nuits; avec tout cela et malgré tout cela, je suis beaucoup mieux qu'à Paris, et ni Caroline, ni Charles, ni Mme Mourcet ne se trouvent incommodés du voyage; tant est grande la vertu du mouvement et de la distraction.

Je suis à genoux devant le souvenir de Gênes, ville éblouissante, ville de palais, ville merveilleuse auprès de laquelle Paris ressemble à une cité barbare. Je n'avais pas même rêvé quelque chose de semblable à ce que j'ai vu, mais je ne puis entrer dans aucun détail. Je vous écrirai tout cela plus tard, une fois établi; à vous ou à Dubois, car c'est tout un.

Quant à Livourne, c'est une ville comme une autre; c'est moins que Marseille; ce n'est pas une ville italienne, c'est un marché européen, turc, juif, oriental; des colis dans les rues, des navires dans le port, des banquiers, des commis, une douane, ce qu'il y a de plus plat et de plus ennuyeux au monde, une cité commerçante; je soupire après Pise où Gigoux et ses amis, nos compagnons de voyage sont déjà.

Voilà ma notification d'arrivée rédigée. Je vous embrasse maintenant, mon bon ami, ainsi que votre excellente sœur, Dubois, Mme Dubois, du fond du cœur.

Caroline, Gris-Gris, Mlle Mourcet s'unissent à moi.

Th. Jouffroy.

A Dubois

Pise, samedi 18 décembre 1835.

Après deux jours passés à Livourne, nous sommes arrivés lundi à Pise, mon cher ami, et mercredi matin nous étions établis dans un joli appartement tourné au midi, sur le quai de l'Arno; cet appartement est composé d'un grand salon à deux fenêtres avec une alcôve au fond, de deux grandes chambres à coucher à deux fenêtres aussi, à droite et à gauche, d'une salle à manger, d'une cuisine et de deux ou trois autres chambres encore sur le derrière où nous avons vue sur un jardin où nous pourrons nous promener et Charles courir; les murs en sont tapissés d'orangers et de citronniers couverts de leurs fruits jaunes et par-dessus les murs on aperçoit les montagnes de Lucques, et par-delà les cimes couvertes de neige des Apennins. Tapis, nattes, coussins, tables de toutes grandeurs, fauteuils, canapés, rien ne manque dans notre salon et nos chambres à coucher de ce qui constitue le confortable, non pas même une petite bibliothèque contenant un choix des poètes et des prosateurs classiques de l'Italie; un grand hibou empaillé, symbole de la sagesse et de la science est perché sur la bibliothèque et occupe Gris-Gris beaucoup plus que les livres; les murs et les plafonds de nos chambres sont peints selon l'usage du pays, en sorte que le moindre insecte, s'il y en avait, ne pourrait s'y promener impunément; nous avons une cheminée qui ne fume pas où nous brûlons du bois d'olivier et de chêne vert; le soleil nous envoie ses premiers rayons en s'élevant le matin au-dessus des montagnes de Florence et ne nous quitte que pour se plonger dans la mer d'Etrurie. Malgré le froid extraordinaire qui règne depuis quinze jours et qui a été si vif que l'Arno charriait le jour de notre arrivée, nous tenons nos fenêtres ouvertes une partie de la journée, et Charles court sur le grand balcon sans avoir froid. Cependant il est enrhumé et Caroline aussi; mais c'est une suite du voyage, et j'espère qu'ils ne tarderont pas à guérir; vous voyez que nous sommes bien; la seule chose qui nous contrarie, c'est que les fenêtres et les portes ferment mal, ce qui fait que nous n'aurons pas très chaud tant que durera le froid.

Nous avons pour bonne une personne distinguée, la signora Namei, qui, ainsi que son mari, musicien de profession, a pour nous toutes sortes d'obligeance; le mari a conduit au marché Mme Mourcet et l'a mise au courant des marchands, des marchandises et des prix; par ses soins nous avons eu du bois, du vin, de l'huile au plus bas prix; notre petit ménage a été en mouvement du premier jour sans trop d'embarras; on nous fournit l'argenterie, le linge de table et de lit, le mobilier, l'appartement pour environ 135 francs par mois; notre bonne lavera tout ce qui n'a pas besoin d'être lessivé et les choses de la vie sont à très bas prix. Un petit tonneau de vin coûte 12 francs; une corde de bois 24 francs, l'huile qui est délicieuse coûte 18 sous la livre, la viande 11 sous, etc.

Le Grand Duc est à Pise avec sa cour; les bals et l'opéra vont commencer dans huit jours et dureront jusqu'au carême; tout cela fait peu de bruit; le prince est très simple et très aimé: la duchesse va se promener en voiture seule avec son enfant, qu'elle nourrit, sur ses genoux; il y a ici beaucoup de ressources littéraires; des bibliothèques, des cabinets de lecture, des libraires, des imprimeurs, une université; je serai présenté au cercle où en qualité d'étranger, je ne paierai rien; il y en a deux, celui des nobles qui est désert, et celui de la démocratie qui est très fréquenté ; on y trouve les journaux, la salle de billard, le café ; on y donne des fêtes au Grand Duc ; c'est à celui-ci que je serai affilié. *Le Journal des Débats, la Gazette, le Courrier* y sont reçus. Le local est un vieux palais en briques rouges de la forme la plus pittoresque ; on viendrait de loin pour contempler ses fenêtres en ogives à trois compartiments et toutes les bizarres découpures de sa façade ; peut-être l'aspect en serait-il triste, sans le magnifique soleil qui du matin au soir l'illumine ainsi que toutes les maisons situées sur l'Arno.

Je voudrais maintenant, mon ami, vous donner une idée de la ville et du pays qui l'entoure, afin de vous transporter autant que possible au milieu de nous ; j'y réussirai peut-être en partie.

L'Arno décrit à travers Pise un arc de cercle tout à fait semblable à celui que la Seine forme à travers Paris, et dans une direction absolument semblable. — Le quai de gauche est concave et tourné au midi comme à Paris, et le quai de droite convexe et tourné au nord ; la seule différence, c'est que l'échelle d'ici est moindre. Au milieu de cet arc de cercle est un pont qui correspond au Pont-Neuf ; c'est le centre du mouvement et des affaires : aux deux extrémités et tout près des portes orientales et occidentales de la ville sont deux autres ponts qui correspondent à peu près pour la distance au pont Royal et au pont au Change ; les quais sont larges, bordés de maisons superbes dont plusieurs en marbre et pavés de larges dalles, toujours propres, parce qu'elles sont balayées tous les matins, ainsi que les rues par des galériens enchaînés. La maison que nous habitons est sur le quai qui regarde le midi, près de l'extrémité occidentale, dans une situation qui correspond à celle de la galerie du Louvre vis-à-vis le pont du Carrousel. Elle touche au palais du Grand Duc, dont les sentinelles ont la bonté de porter les armes à mon ruban toutes les fois que je passe, galanterie que me faisaient à Gênes les soldats du roi de Sardaigne, ce qui est fort honnête de leur part ; vous devez maintenant vous figurer le milieu de la ville, sa grande artère, si je puis ainsi parler, comme si vous y étiez ; j'ajouterai seulement qu'au lieu qu'à Paris, les promeneurs en levant les yeux n'aperçoivent que le ciel, ici en regardant du côté du nord, on voit par-dessus les maisons l'horizon terminé par de magnifiques montagnes toutes semblables à la chaîne inférieure des Alpes de Savoie de l'autre côté du lac de Genève ; quant à l'Arno, il est moins large et plus rapide que la Seine ; ses eaux sont un peu plus claires et le mouvement des barques qui descendent et remontent son cours plus varié et plus agréable. La ville est séparée en deux parties à peu près égales par le fleuve ; la plus belle au nord comme à Paris, et la moins bien habitée au sud ; elle est complètement entourée d'une haute muraille en briques, crénelée et garnie de tours carrées de distance en distance ; ces murs et ces tours maintenant inutiles ont soutenu bien des sièges contre bien des ennemis, depuis les Goths, les Huns et les Sarrasins jusqu'aux Florentins. Le plus illustre sang de Pise les a arrosés dans le moyen âge, et ce n'est pas sans émotion que je les contemple dans mes promenades ; elles sont toutes nues à l'intérieur et bordées d'un chemin charmant qui fait le tour de la ville et qui est une promenade délicieuse et parfaitement solitaire ; en effet, la ville tombée d'une population de 180,000 âmes à une population de 15 à 20,000 s'est pour ainsi dire retirée de la circonférence au centre ; les habitants se sont éloignés des murailles qui, n'enfermant plus une patrie, n'avaient plus besoin de défense ; des jardins ont remplacé les maisons, et entre ces jardins et la vieille enceinte de la cité, on peut se promener sans distraction, dans le silence le plus complet et presque comme on ferait au milieu d'une forêt solitaire du Jura. C'est dans cette promenade et dans la partie la plus abandonnée du vaste cercle qu'elle parcourt que l'on rencontre les monuments qui font la gloire de Pise et qui parlent le plus haut de son ancienne grandeur ; à l'ombre des murs, au nord, on trouve tout à coup une immense place couverte de gazon et parfaitement nivelée; là s'élèvent dans une profonde solitude et à quelques centaines de pas l'un de l'autre, la Tour penchée, le Dôme, le Baptistère et le Campo-Santo, c'est-à-dire le lieu où les citoyens de la république étaient baptisés, celui où ils venaient prier, celui où ils montaient pour observer au loin le retour de leurs flottes ou les mouvements de leurs ennemis dans la plaine, et enfin celui où ils venaient dormir du dernier sommeil dans une terre apportée de la Palestine, entourés des peintures graves et mélancoliques des Giotto, des Cimabüe, des Gozzoli, des Orcagna, les pères et les inventeurs de l'art, personnages non moins religieux qu'artistes, et dont les fresques immenses respirent le Dante et le moyen âge. Rien ne peut donner une idée de l'impression que produisent sur l'âme ces immenses monuments en marbre jauni par les siècles, et qui semblent dormir au soleil, dédaigneux du temps présent, et renfermés dans les souvenirs d'une gloire et d'une puissance qui n'est plus. La ville moderne semble respecter ou craindre ces témoignages muets de sa grandeur déchue; les rues qui aboutissent à cette prairie sont à peine habitées; l'herbe y croit; on n'y rencontre personne; ce n'est qu'en avançant vers le centre qu'on commence à retrouver des hommes et du mouvement. Dans le voisinage de ce lieu saint, on ne voit s'élever que des établissements silencieux et graves de leur nature; c'est un hôpital, ce sont les vastes cours désertes de l'archevêché, quelques églises, un couvent, et déjà plus avant dans la ville, l'Université. Du côté du nord, c'est la vieille muraille de la ville, encore plus noire et plus sombre là que de coutume, et, dans le lointain les cimes blanches des Apennins; on peut se promener au soleil pendant des heures entières sur cette prairie, au milieu de ces monuments, sans être dérangé par aucun autre bruit que par les hennissements de quelques maigres chevaux qui y paissent ou par l'arrivée d'une calèche anglaise qui y amène une famille de curieux; et cependant plusieurs fois dans la journée les cloches du dôme s'ébranlent pour annoncer les offices, mais on n'y vient pas à cause de l'éloignement, et dans l'immensité de la sombre enceinte, les officiants ont l'air d'ombres appartenant comme l'édifice à une autre époque, et qui n'osent élever la voix de peur de troubler dans leur éternel repos les cendres de leurs contemporains.

Une autre fois peut-être je tâcherai de vous donner une idée de ces grands édifices, quoique les détails de cette espèce soient beaucoup plus difficiles à rendre que les grandes lignes de l'impression générale. Aujourd'hui, j'aime mieux achever de vous faire connaître le lieu de mon séjour en vous décrivant rapidement le pays au milieu duquel la ville est assise.

Resserré entre deux chaînes de montagnes, le célèbre val de l'Arno s'élargit tout à coup en approchant de la mer; il rejette au midi et au nord ses barrières qui s'étalent en une enceinte demi-circulaire dont la mer forme le diamètre et l'Arno le rayon; mais l'Arno n'est point absolument perpendiculaire au rivage; il serre de plus près les montagnes qui sont au nord en sorte que Pise à cheval sur l'Arno est presque au pied de ces montagnes au point où elles quittent le fleuve pour s'étendre et laisser place à la vaste plaine dans laquelle s'épanouit le vallon de l'Arno. Cette plaine parfaitement unie serait monotone sans la bordure magnifique qui l'encadre; et Pise située tout près de cette bordure réunit à l'avantage des pays unis, la perspective et le voisinage des montagnes. Ces montagnes laissent apercevoir deux chaînes; la plus voisine est couverte de chênes verts et d'oliviers; la plus éloignée découpée comme les Alpes est comme les Alpes couverte de neige; toutes deux mettent la ville à l'abri des vents du nord et de l'est et font la douceur de son climat. Dans cette magnifique barrière et juste au nord on voit s'ouvrir un vallon qui s'élève en gradins et qui conduit à Lucques. — Je n'attends que mon frère pour monter à cheval et y pénétrer; — c'est une charmante promenade, car Lucques n'est qu'à quatre lieues de Pise et passe pour une ville agréable à voir.

Tel est le nord de la ville; au sud, comme je l'ai dit,

les montagnes s'éloignent beaucoup plus ; elles apparaissent de loin et ne sont pas surmontées d'une seconde chaîne neigeuse. Dans la vaste plaine qui va de Pise à la mer, des routes blanches bordées de platanes, de mûriers couronnés de ceps de vigne rayonnent dans tous les sens ; elles conduisent à Livourne, à Lucques, à l'embouchure de l'Arno, à Florence et je ne sais où encore. Des dérivations de l'Arno sillonnent la même plaine de canaux parfaitement droits qui servent à porter les marchandises et les produits du sol dans toutes les directions ; à moins d'être sur le bord de ces canaux on ne les voit pas ; mais on voit les voiles blanches des bâteaux qui les parcourent et rien n'est plus étrange où plus inexplicable, au premier coup d'œil, que ces voiles qui voyagent dans toutes les directions sur la surface d'une plaine.

Le sol formé d'une terre d'alluvion est très fécond et très soigneusement cultivé ; des forêts le diversifient de loin en loin. Le Grand Duc en possède une à l'embouchure de l'Arno qui est immense et dans laquelle paissent en liberté des troupeaux sauvages et une centaine de chameaux descendant de ceux que les Pisans au temps des Croisades amenèrent de Palestine : voilà l'aspect du pays ; il est riche et agréable.

Je n'ai fait encore aucune connaissance avec la société du pays ; je ne puis donc vous en parler : j'y pénétrerai quand je voudrai. M. Rosellini habite Pise et je sais qu'il désire beaucoup me voir en mémoire du *Globe* ; je trouverai dans tous les professeurs de l'Université des hommes qui m'accueilleront. Un peintre français que j'ai rencontré ici et qui y est depuis trois ans m'a offert de me mener partout ; je ne suis nullement pressé et aime mon isolement. Quant à ce M. Rosini dont M. Guizot vous a parlé, il n'y a point ici de médecin de ce nom, mais bien un professeur de littérature ; je n'ai du reste aucune nouvelle de la lettre de Mme de Castellane.

Je vais bien, je n'ai jamais été mieux qu'au milieu des tribulations du voyage et de la mer quoiqu'il fît un temps très froid ; je continue à me trouver bien ici, mais pas aussi fort; je crois que c'est du mouvement et non du repos qu'il me faut. Caroline est très enrhumée, Charles aussi. Je voudrais vous dire combien nous nous réunissons pour vous embrasser tous et de quel cœur; mais, vous le devinez et les phrases n'exprimeraient qu'à moitié des sentiments augmentés par l'éloignement. Une lettre de vous, bien longue, est ce que nous désirons le plus, mais quand viendra-t-elle? Souvenez-vous de votre promesse et n'oubliez pas le christianisme. Je regrette la session à cause des belles questions de politique extérieure que vous allez discuter. Adieu, adieu; donnez de mes nouvelles à la Faculté et à tous mes amis.

Tout à vous.

Th. Jouffroy.

A Damiron

Pise, 10 janvier 1836.

J'ai reçu hier votre lettre, cher ami, et elle m'a fait d'autant plus de plaisir qu'excepté Joséphine, vous êtes le premier habitant de Paris qui nous ayez donné signe de vie; je vous rends donc les compliments d'exactitude que vous m'adressez et que vous n'aurez pas regrettés, quand vous aurez vu arriver à Dubois la lettre de quatre feuilles qu'il a dû recevoir par Duchâtel. Vous avez pu voir par cette lettre ce que c'est que Pise et quelle est sa position; j'annonçais à Dubois des excursions au dehors après l'arrivée de mon frère; mon frère nous est arrivé le 21 et vous pouvez juger avec quelle joie il a été reçu; et quelle bonne vie nous menons dans une ville où tout est à bon marché, Mme Mourcet gouvernant la cuisine; mais quant aux excursions, nous avons dû les ajourner, à cause de la température, qui n'a pas cessé un moment d'être froide. Depuis quatre jours l'Arno charrie pour la seconde fois; — le thermomètre est descendu la nuit jusqu'à quatre degrés, ce qui n'empêche pas que je ne vous écrive fenêtres ouvertes à dix heures du matin, tant est bien choisie notre exposition. Je ne puis donc rien vous dire ni de Lucques, ni de la Chartreuse, ni des montagnes, et je suis obligé de me rabattre sur la société de Pise avec laquelle j'ai fait connaissance, et sur les personnes distinguées avec lesquelles je suis lié. Je vous dirai donc que je suis allé droit aux hommes les plus remarquables de Pise, MM. Rosellini, Rosini et Regnoli; vous connaissez M. Rosellini, c'est le compagnon de Champollion, et l'espoir de la science hiéroglyphique; il publie, aux frais du Grand Duc, le grand ouvrage des monuments de l'Egypte et de la Nubie qui s'imprime à Pise, et il professe les langues orientales à l'Université dont il est le bibliothécaire et où il fait un cours sur la bible; — c'est un homme de votre âge, savant orientaliste et de plus très animé et très aimable; il a toutes nos idées et si vous causiez avec lui vous vous croiriez au coin du feu chez Dubois; il connaît Paris, l'Académie des inscriptions, le Collège de France, comme vous et moi; il m'a présenté à sa femme, jolie Française, fille de Chérubini qui est venue voir Caroline et où je vais quelquefois le soir; je trouve là Mlle de la Tour, ci-devant institutrice de *Mademoiselle* et maintenant des filles du grand duc de Toscane, jeune femme animée, spirituelle quoiqu'un peu affectée; elle est Génoise de race, mais née à Paris; autour de ces deux personnes toutes françaises, quelques autres femmes italiennes, et quelques hommes choisis; puis un salon qui ferme et un bon feu; c'est une agréable maison. M. Rosini est l'auteur de la *Monaca di Monza* de *Luisa Strozzi* et d'une foule d'ouvrages tant en vers qu'en prose; c'est un des poètes et des prosateurs les plus distingués de l'Italie, il professe la littérature italienne à l'Université où il explique le *Dante*; il a, en quelque sorte refait l'histoire de Guichardini dont il a restitué le texte qui était dans un état déplorable. C'est un gros homme de cinquante-cinq ans, à peu près, Italien jusqu'au bout des ongles, plein de vie, d'esprit, de bonté; il me rappelle Weiss par l'immense quantité d'anecdotes qu'il raconte, interposant l'une dans l'autre, comme M. de Humboldt, mimant ses personnages, tantôt debout, tantôt assis et ne tarissant jamais; il sait la partie anecdotique de l'histoire littéraire de l'Italie et de la France, mieux qu'aucun homme que je connaisse; il cite nos auteurs aussi souvent que l'Arioste ou le Dante; il a vu à Paris et ici toute notre haute société; il parle de la *Staël*, de la *Broglie*, de *Byron*, de *Lamartine*, de tout le monde, et il sait sur tout le monde les choses les plus piquantes. Il a une activité incroyable; il flâne sur le quai une partie de la journée, il fait le soir cinq à six salons, trois leçons par semaine à l'Université; il écrit une demi-douzaine de lettres par jour et trouve encore, on ne sait comment, le temps de composer des poèmes, des tragédies, des romans, des dissertations, des éloges académiques; il est furieux contre les traducteurs français de ses romans qui les ont horriblement défigurés, comme je puis moi-même en juger, car je viens de les lire en italien; il en compose en ce moment un troisième sur l'aventure d'Ugolin; il est un peu du XVIIIe siècle, n'aime pas les romantiques, prise peu la démocratie pure, admire Napoléon et fait sa cour à Caroline qu'il divertit par une foule d'anecdotes sur le tiers et le quart. Il vient nous voir presque tous les jours, en vrai flâneur qu'il est. M. Regnoli est professeur de chirurgie à l'Université, il a trente-cinq ans, il est Romagnol, élève de Dupuytren et le premier chirurgien de l'Italie; c'est un admirable opérateur, hardi, imperturbable, l'œil vif et la main prompte; en arrivant de Paris, jeune encore, l'amour des opérations le fit aller un peu vite à l'hôpital de Pise; il se mit, dit-on, à tailler et à couper d'un bout à l'autre des salles, et comme il soignait peu les suites les opérés mouraient, et l'effroi gagnant les malades, l'hôpital devenait désert; depuis il s'est tempéré, et on vient de toutes les parties de l'Italie se mettre entre ses mains.

Rosellini et Rosini sont bons et aimables comme les toscans. Regnoli a le caractère hardi et décidé des Romagnols; sa femme, Romagnole comme lui, est très jolie, d'une beauté italienne. Elle est aussi venue voir Caroline.

Voilà, mon cher ami, les trois personnes que nous voyons le plus souvent; parmi les trente-trois professeurs de l'Université, il y a d'autres hommes de mérite, mais pas de la distinction de ceux-ci, qui sont au premier rang en Italie, et qui en occuperaient partout un fort élevé. J'ai voulu voir la haute société italienne et M. Rosini m'a présenté chez Mme la comtesse Mastiani, la première maison de Pise pour la fortune et la noblesse; Mme Mastiani est une femme de soixante ans qui a été à la cour de Napoléon depuis le Consulat jusqu'à la fin de l'empire, elle a l'air fine et bonne, le ton de la haute société avec un peu plus d'abandon que nos Françaises; elle adore la mémoire de Joséphine; son salon est absolument comme les nôtres; on prend le thé à dix heures, on joue au whist dans un coin et on cause fort librement de tout. Comme elle a deux cent mille livres de rente elle donne des fêtes magnifiques et plus belles que celles du Grand Duc. M. Rosini m'a présenté en second lieu à Mme Martellini, première dame d'honneur de la Grande Duchesse douairière, et qui a occupé je ne sais quelle place analogue auprès de je ne sais quelle reine de la famille Bonaparte; c'est une femme de quarante-cinq ans, presque Française, plus réservée, mais d'aussi bon ton que Mme Mastiani; son salon est encore plus parisien. Enfin M. Rosellini m'a présenté au Grand Duc, mercredi dernier, jour du premier bal de la cour; nous nous sommes rendus au palais à huit heures et demie, on m'a placé sur un tabouret parmi les personnes qui devaient être présentées ce soir-là; à neuf heures moins un quart, la famille souveraine est arrivée; elle se compose du Grande Duc et de la Grande Duchesse régnante, sœur de la régente d'Espagne, de la Grande Duchesse douairière et de la sœur du Grand Duc. Ces quatre personnes ont fait le tour des personnes rangées sur les tabourets et que le grand chambellan désignait à mesure, et ont causé un moment avec chacune, mais les duchesses ne parlaient qu'aux femmes à moins d'une présentation spéciale. Le Grand Duc, âgé de trente et quelques années, a tout à fait l'air et la tenue allemande, c'est-à-dire beaucoup de laisser-aller, de simplicité et même de négligence dans la mise et les manières; il est fort aimé parce qu'il est bon et populaire; il m'a dit que la Toscane était un bon pays, peuplé de bonnes gens parmi lesquelles il espérait que je me trouverais bien, qu'il était heureux de voir les étrangers venir y chercher le repos, et qu'il ferait de son mieux pour leur en rendre le séjour facile et agréable; je lui ai dit que la douceur de l'administration n'était pas une des moindres causes qui attirait les étrangers en Toscane; il m'a dit que cette administration était loin d'être parfaite, qu'il y avait beaucoup à améliorer, mais que du moins elle était paternelle; il m'a ensuite parlé de la France et de la Chambre, me témoignant l'espérance de voir les orages s'y calmer; je l'ai confirmé dans cette espérance et il m'a quitté en me souhaitant santé et plaisir. Il m'a tout à fait donné l'idée des princes de la maison d'Autriche et des qualités qui les rendent chers à leurs sujets; il a beaucoup dansé, allant inviter les dames comme un simple particulier, et se promenant dans les salles d'un air moitié rêveur, moitié aimable. La Grande Duchesse qui est très jeune et assez belle a beaucoup plus de dignité et de hauteur; on sent en elle d'autres habitudes comme on reconnaît dans ses traits le type de la maison de Bourbon; je ne lui ai pas été présenté, mais je l'ai été à la duchesse douairière qui est la femme d'esprit de cette cour; elle rappelle un peu par sa taille et sa maigreur la reine de France; elle a été fort aimable pour moi et m'a entre autres choses, dit, comme Mme de Broglie, qu'il était mal aux savants d'être députés, que la science valait mieux que la politique, et tout ce qu'on peut dire de juste sur ce thème. Faites part à Dubois pour son instruction de cette opinion de la duchesse douairière de Toscane. Les appartements étaient très simplement ornés, il y avait peu de monde, aux yeux d'un homme accoutumé aux bals des Tuileries; tout au plus cinquante femmes et le double d'hommes; on a beaucoup valsé, toute l'Université y était; mais au grand regret de Rosellini, les professeurs ne dansaient pas; il y avait un bon nombre de Florentines suivant la cour, on m'a présenté à l'une des plus aimables, Mlle Baldelli, appartenant à une grande famille, et qui m'a plu parce qu'elle n'a point du tout le type français, mais tout à fait le type toscan ; elle ressemble au Dante comme une fille de vingt-quatre ans, jolie, peut ressembler au vieux Ghibelin, chantre de l'enfer et des partis politiques ; j'ai rencontré là deux hommes qui m'ont plû : d'une part, le marquis Malaspina, héritier d'un des plus grands noms de l'Italie, qui m'a fait fête et m'a paru très amoureux de la France, de la philosophie et de Paris; de l'autre, le duc de Carigliano, fils aîné du prince Corsini, homme de trente ans, tout à fait au courant de nos idées et parlant de tout, comme un doctrinaire. Il a épousé la fille d'un négociant de Lucques, qui lui a apporté une dot de plusieurs millions en compensation d'un des noms les plus illustres de l'Italie; il m'a présenté à sa femme, grande comme *fifine*, vive, enjouée, et qui n'est pas du tout embarrassée de son titre, et à sa belle-mère, grosse personne qu'on dit spirituelle mais dont l'extérieur rappelle fortement le comptoir de Livourne ; celle-ci tient une des maisons les plus brillantes de Pise ; son palais est une des habitations les plus belles de la Toscane, j'y serai présenté. C'est M. Rosellini qui a été mon chef de file dans cette soirée. M. Rosini n'a pas bougé d'une table de whist où il a joué toute la soirée à un demi paolo la fiche, c'est-à-dire à cinq sous et demi; vous voyez, mon cher ami, que je suis à même de bien voir la société italienne; je me laisse aller aux présentations et aux connaissances, d'abord parce que je trouve les Italiens bons et aimables, et ensuite parce qu'avec les connaissances d'ici je trouverai les portes ouvertes à Florence et à Rome; mais gardez un peu tout ceci pour le petit comité de la rue Saint-Dominique; je ne voudrais pas passer pour trop mondain ailleurs, et même à vous, je n'aurais pas donné tous ces détails de salon, si j'avais eu des choses plus importantes à vous raconter.

Nous nous portons bien, chacun dans la mesure de nos

santés; moi ne reculant pas et attendant les beaux jours pour avancer. Caroline souffrant des reins, mais remise de son rhume; et Léon et Mme Mourcet à merveille; mais Gris-Gris nous efface tous sous ce rapport; — après avoir consacré quinze jours à se remettre des fatigues du voyage et à se former de nouvelles habitudes, il a pris son essor, et on croirait qu'il engraisse d'une livre tous les jours; il gazouille et saute du matin au soir et ne cesse de boire et de manger: nous parlons bien souvent de vous, d'Eugénie, de Dubois, de Cousin et nous vous embrassons en masse du fond du cœur; ne nous oubliez pas et écrivez-nous; j'attends un paquet de Dubois; — j'exhorte Caroline à vous écrire et je crois qu'elle le fera; — elle apprend l'italien et sait déjà les articles; — moi, j'ai déjà lu dix volumes, j'espère que vous recevrez bientôt des nouvelles d'Auguste. Je comprends votre souci de tous les jours, instruisez-nous de ce qui se passe et portez-vous bien. Tout à vous, mon cher ami, du fond du cœur.

Th. Jouffroy.

A Dubois

Pise, 15 février 1836.

Je viens de recevoir presqu'en même temps, mon bien cher ami, votre bonne grosse lettre et le numéro des *Débats* qui m'annonce la chute du ministère; je vous remercie de la lettre à laquelle je répondrai à loisir, et je vous écris à la hâte un mot sur mes affaires qui se trouvent intéressées dans la révocation ministérielle. D'après ce que vous me dites, M. Guizot venait seulement de signer la première des trois ordonnances qui devaient réaliser l'offre qu'il m'avait faite à mon départ et que j'avais acceptée, en sorte qu'il se retire laissant cette affaire imparfaite et cependant commencée. Je voudrais ou qu'elle fût accomplie ou qu'il n'y eût rien de fait par la raison que ce qui était acceptable de moi à lui, ne l'est plus de moi à un autre; je m'exagère peut-être les choses, mais vous concevez qu'un ministre peu bienveillant ou peu discret peut tourner ou laisser tourner à mal une chose fort légitime et fort simple; c'est à quoi je vous prie en grâce de pourvoir sur-le-champ en voyant d'abord M. Guizot pour avoir son avis, si vous le jugez à propos, puis le successeur de M. Guizot que je ne connais pas encore mais qui ne peut être qu'un personnage de votre connaissance et de la mienne. La manière de présenter la chose est très simple: malade et obligé de venir en Italie pour une année, M. Guizot avec une bienveillance dont je lui serai éternellement reconnaissant est venu me proposer de recueillir des renseignements sur l'état de l'instruction publique en Toscane, et m'a offert une indemnité de trois mille francs pour ce travail; c'était à la fois une manière d'aider un membre de l'instruction publique à faire une chose nécessaire à sa santé et un moyen de rendre son absence utile à l'Université: j'ai accepté, mais ce que M. Guizot pouvait juger utile à connaître dans ses plans de réforme de l'instruction publique, son successeur peut très bien n'en pas porter le même jugement, et de ce qu'il y a un commencement d'exécution, il ne s'en suit pas que j'entende engager son successeur à continuer, tout au contraire; la chose me convenait avec M. Guizot parce qu'elle était selon ses idées, elle ne peut me convenir avec son successeur à qui mes renseignements et mes recherches peuvent paraître fort indifférents. Ma pensée est donc que vous expliquiez ainsi la chose au nouveau ministre de l'Instruction publique et que vous lui disiez que je considère, dès ce moment, la convention entre M. Guizot et moi comme non avenue; si la première ordonnance a reçu son exécution, j'entends que les fonds soient rétablis dans la caisse de l'Université. Mon cousin vous les remettra; si M. Guizot par amitié pour moi, avait, avant de quitter le ministère, ordonnancé le tout, la question serait la même et mes intentions aussi. Voilà, mon cher ami, ce qui me semble bien et ce que je vous prie de négocier; je ne veux rien du successeur de M. Guizot, parce que je ne veux pas lui être obligé, et qu'il pourrait toujours me considérer comme tel, forcé qu'il se verrait à me payer un travail qui pourrait ne pas lui sembler ce qu'il semblait à M. Guizot; voilà encore une fois ma pensée; du reste, mon cher ami, je remets tout ceci à votre jugement, agissez juste comme pour vous, consultez M. Guizot si vous le jugez bon; faites en un mot comme vous l'entendrez; mais délivrez-moi de l'inquiétude de voir interpréter mal une chose que vous avez jugé que je pouvais accepter honorablement de M. Guizot.

Si vous étiez malade, car votre lettre m'inquiète, Damiron est là, et même au besoin M. Villemain. Je joins à ma lettre une ligne pour vous autoriser à toucher chez mon cousin les fonds qui seraient nécessaires.

Je ne comprends pas que la Chambre ait renversé une administration qu'elle soutenait, pour une semblable misère; je reconnais là le peu de sens politique d'une partie de la majorité. Je n'ai ni le temps d'écrire à M. Guizot aujourd'hui ni même celui d'affranchir cette lettre, je ne veux pas manquer le *Courrier*. Nous allons bien; il fait beau, et je compte aller bientôt à Florence et à Rome. Ces trois mille francs de moins me gênent, sans m'embarrasser; tout ce que j'attends du nouveau ministre c'est une prolongation de congé pour le reste de la campagne. Nous attendons impatiemment la nouvelle de l'heureuse délivrance de Louise et nous vous embrassons tous du fond du cœur. Veuillez faire dire à Joséphine que nous sommes dans une mortelle inquiétude n'ayant pas reçu de lettre d'elle depuis la fin de décembre. A bientôt une longue lettre; réponse de suite, je vous prie.

Th. Jouffroy.

A Dubois

De Pise (sans date).

Je vous ai déjà remercié de votre lettre, mon cher ami ; je vais aujourd'hui y répondre ou, pour mieux dire, continuer de vous raconter les impressions que je reçois des hommes et des choses dans ce pays. Si j'ai tant tardé, c'est que l'hiver, sans être bien mauvais, m'a cependant forcé d'ajourner les excursions et jusqu'aux promenades un peu longues que je comptais faire aux environs de Pise ; je n'ai toutefois pas perdu mon temps ; je l'ai employé même à mon insu à m'initier à la société italienne et à la connaître ; je commence à en entrevoir l'originalité et le secret et c'est d'elle que je vous parlerai jusqu'à nouvel ordre ; mais auparavant, j'ai besoin de vous dire combien m'ont touché vos pages sur l'histoire de vos idées et combien je désire que vous les continuiez ; il y a tant de rapports entre ce qui nous est arrivé, que vos confessions sont presque les miennes. Partis du même point, nous sommes arrivés par les mêmes courses et à travers les mêmes intermédiaires au même résultat, composé des mêmes doutes et des mêmes convictions. Et cette commune histoire n'est pas seulement la vôtre, elle est aussi celle de notre époque, et le jour où nous l'écrirons, vous en caractères de feu, comme l'exigent votre imagination et votre cœur, moi d'une manière plus précise et plus logique, comme le comporte ma nature philosophique, soyez sûr que nous ferons battre à l'unisson bien des âmes et que nous rallierons à nous bien des esprits ; aussi serait-il bon que, d'une manière ou d'une autre, nous l'écrivissions ; j'ai commencé il y a plusieurs années ; mais ma santé m'a arrêté, et aussi les distractions de la Chambre et de la Sorbonne. — Vous savez que je ne sais pas écrire tous les jours, et quand quelque chose en moi ne veut pas ; il faut que toute ma nature consente : imagination, âme, pensée, santé ;

autrement, rien ne vient qui me satisfasse et, sous ce rapport, je suis encore comme vous; j'attends donc, comme vous avez attendu; je ne pourrais dire combien j'attendrai encore, ni si je n'attendrai pas toujours, mais je sais que j'essaierais vainement de presser les moments; ne pressez pas non plus le vôtre; si le cœur vous en dit, continuez-moi le récit de vos idées et que la poste me l'apporte; sinon, non; mais je désire vivement que ce soit *oui*; il est si bon de recevoir à Pise des lettres comme les vôtres, et je serais si content si je pouvais être l'accoucheur de votre esprit.

Je vous ai dit ou j'ai dit à Damiron, ce qui est la même chose, qu'à mon arrivée ici et après une dizaine de jours donnés au repos, à l'établissement du ménage et à la reconnaissance du terrain, je m'étais laissé aller à voir le monde; rien n'est si aisé à Pise que d'y être introduit quand on est étranger et qu'on occupe un certain rang dans son pays. — Et la saison était favorable, la cour étant en quartiers d'hiver dans la ville et forçant en quelque sorte les principales familles à secouer les habitudes et l'indolence italiennes et à ouvrir leurs maisons; j'ai donc été présenté à la cour d'abord, puis dans les trois principaux salons du lieu, et j'ai pu, durant l'hiver, satisfaire d'autant mieux ma curiosité, que j'ai en MM. Rosini et Rosellini deux excellents commentateurs qui m'ont expliqué les passages difficiles et révélé le dessous des cartes que je ne devine jamais guère de moi-même; j'ajoute que mes deux *Cicerone* se complétaient un peu l'un l'autre, appartenant à deux générations différentes et ne voyant rien du même point de vue. Rosini est un Italien de la meilleure race; il ne trouve rien d'étrange dans son pays et vous l'expose naïvement tel qu'il le sait, c'est-à-dire comme il était de son temps et comme il est encore beaucoup; littérateur flaneur et doué d'une mémoire imperturbable, il est l'homme des anecdotes et n'a rien oublié de ce qui est arrivé à Pise depuis trente ans; il en possède à fond et vous en raconte avec les dates et les moindres détails la chronique scandaleuse passée et présente.

Rosellini, au contraire, est un homme de notre temps, tourné aux idées et aux vues générales; il a le sentiment de ce qu'il y a de mauvais dans la société italienne, mais comme il adore son pays, il se le dissimule un peu à lui-même, répugne à le dire entièrement aux étrangers, et vous le représente encore plus comme il le voudrait et comme il tend à être, que comme il est réellement; du reste, Italiens et Toscans, mes deux guides sont aussi fins et aussi communicatifs l'un que l'autre; le monde est pour eux un livre imprimé en gros caractères, et ils ne se font pas prier pour vous en traduire les endroits les plus intéressants.

6 mars.

Après cette belle préface écrite depuis quinze jours, il m'a pris une de ces langueurs qui rendent toute correspondance impossible et à laquelle Damiron lui-même, si j'en crois sa lettre que j'ai reçue avant-hier, n'échappe pas toujours; il a plu beaucoup, puis il a fait des journées délicieuses; j'ai couru les champs; j'ai fait des moissons de violettes le long des chemins; j'ai passé des heures à écouter dans les bois le gazouillement des rossignols et le sifflement des merles et à me demander s'il fallait autre chose en ce monde pour être heureux, que de vivre, écouter, voir et sentir; ailleurs qu'à Paris, le printemps me fait toujours cet effet, et si Dieu n'avait pas établi quatre saisons, jamais je n'aurais écrit une ligne, ni fait œuvre quelconque de mon esprit. Il y a, non loin de Pise, une forêt immense de pins, de chênes, de hêtres et de bois de toute espèce; elle s'étend tout le long de la mer, sur une longueur que je ne connais pas; elle est coupée de parties marécageuses habitées par des nuées d'oiseaux d'eau; et peuplée de cerfs, de daims, de sangliers qu'on rencontre par troupes; on y voit aussi des troupeaux de chevaux à moitié sauvages qui y paissent à l'aventure et, ce qui est plus singulier, quelques centaines de chameaux, enfants de ceux que les Pisans amenèrent de la Palestine au temps des croisades; cette forêt n'est défigurée par aucune route; on n'y trouve ni allée, ni rond point, ni quoi que ce soit qui sente la civilisation; des chemins tortueux tracés dans la forêt par les chariots des bûcherons, et recouverts d'arbres séculaires, y rappellent seuls l'homme, mais l'homme du village, et non de la ville; ajoutez aussi çà et là, à de grandes distances, des clairières un peu cultivées, et dans ces clairières, des fermes avec des vaches qui paissent autour; et dans ces fermes, la chaudière, les rouleaux de bois et tout l'appareil des fromageries suisses, et vous aurez une idée de cette solitude qui ne ressemble à rien de ce que j'avais vu; c'est là que je suis beaucoup allé ces jours derniers, ou seul, ou avec Léon; je m'y fais conduire en voiture, car c'est à une heure de la ville; puis, arrivé sur la lisière, je laisse là mon cocher et mon équipage et je m'enfonce au hasard dans la forêt et j'en sors quand il plaît à Dieu et à ma fantaisie; à une profondeur d'une lieue, on rencontre la mer, mais on ne la voit qu'en la touchant; c'est une côte basse, et découpée par quelques monticules de sable qui forment des promontoires et des golfes; les arbres viennent jusqu'au bord, dans quelques endroits; mais là, ils sont courts, échevelés, tourmentés; ailleurs, ce sont de hautes herbes, ou des plages de sable, ou d'impraticables marais; en entrant dans la forêt, on n'entend rien, c'est le silence du désert; à mesure qu'on avance, des milliers d'oiseaux bruissent de toutes parts; les bêtes fauves, les chevaux traversent en courant les clairières ou s'arrêtent pour porter sur vous un regard étonné et sauvage; de loin en loin, quelques coups de hache abattant un pin, ou une tête de chameau passant entre deux arbres surprennent l'oreille ou les yeux; mais bientôt un bruit solennel annonce le rivage; la mer gronde entre les arbres et se fait entendre avant de se montrer; involontairement, on se hâte, on arrive, et elle se montre infinie, agitée, déserte, sauf quelques voiles blanches qui viennent de France et vont à Livourne; arrivé là, je ramasse, en rêvant, des coquillages pour Gris-Gris, je me repose, j'imagine, je pense; ou plutôt, je n'imagine ni ne pense, car devant les grands spectacles de la nature l'intelligence fléchit et succombe, et je n'ai jamais compris qu'on fît des vers ou des idées ailleurs que dans sa chambre.

La première fois que nous nous engageâmes, Léon et moi, dans cette forêt inconnue, nous nous égarâmes complètement; confiants comme des montagnards familiers avec le désert et qui s'orientent partout, nous prîmes le premier chemin qui se présenta et nous allâmes devant nous, supposant qu'un peu plus tôt ou un peu plus tard, nous arriverions à la mer; mais bientôt le chemin s'effaça et se perdit dans l'herbe; nous n'en tînmes compte et poursuivîmes dans la direction que nous pensions la bonne; à chaque clairière apparente à travers les arbres, nous nous disions : voilà la mer; mais ce n'était ou qu'un espace vide couvert de hauts genêts, ou qu'un marécage qui nous forçait de faire un détour pour aller en avant; à la fin, après une grande heure de marche, ne trouvant point la côte, nous nous avisâmes que nous étions égarés. Léon prit le vent, faute du soleil qui était caché par les nuages, et craignant de nous engager plus avant, nous suivîmes la direction qui nous sembla devoir nous ramener à la lisière d'où nous étions partis; mais bientôt nous nous trouvâmes cernés de tous côtés par des flaques d'eau qui ne nous laissaient plus apercevoir d'issue; dans ce moment une pluie fine commença à tomber, le ciel, qui était couvert depuis le matin, s'obscurcit, le vent agita le sommet des arbres, et tout sembla nous annoncer, qu'outre le plaisir d'être égarés, nous aurions encore celui d'être mouillés, et combien de temps, nous ne pouvions le présumer, car nous étions d'avis contraire sur la direction à suivre, en sorte qu'il y avait lieu de douter si celle que nous adopterions ne nous enfoncerait pas davantage encore dans la forêt; enfin, je cédai à Léon; avec mon couteau, nous cueillîmes de longs bâtons, au moyen desquels, sautant de touffe d'herbe en touffe d'herbe, nous franchîmes le marais qui nous cernait; mais à peine arrivés en lieu sec, un autre se montrait, et ce ne fut qu'au bout d'une demi-heure que nous parvînmes à sortir de ce labyrinthe de flaques d'eau au milieu duquel nous étions arrivés à pied sec, je ne sais comment; un peu rassurés d'avoir retrouvé un terrain solide, nous n'en demeurions pas moins incertains sur la direction dans laquelle nous cheminions; il se faisait tard, et nous avions beau prêter l'oreille, la hache des bûcherons ne se faisait plus entendre, et les chevaux, les familles de daims et les têtes stupides de chameaux que nous rencontrions ne pouvaient nous donner aucun renseignement; heureusement, la pluie avait cessé et nous pûmes jouir doucement du plaisir d'être égarés, plaisir qui en vaut bien un autre et que nous goûtâmes pendant une heure encore, arpentant le terrain sous le dôme de la forêt ou sous celui du ciel, sans rencontrer une créature humaine; à la fin, nous débouchâmes et l'instinct de Léon avait été si juste, que nous vîmes à un quart de lieue notre voiture qui nous attendait, et notre cocher qui nous croyait perdus; il était temps, car j'étais épuisé de fatigue, n'ayant pas encore retrouvé toutes mes forces: du reste, cette aventure m'en a donné la mesure, car malgré ces quatre heures de marche, je n'ai pas été incommodé; une heure de conversation m'aurait fatigué davantage.

7 mars.

Je m'aperçois, en reprenant ma lettre, que je vous ai fait un récit presqu'aussi long que l'aventure qui en est l'objet, — vous me pardonnerez : quand je serai à Rome, j'aurai des choses plus intéressantes à vous dire, et je ne puis vous donner que ce que j'ai. Je veux aujourd'hui, vous dire quelque chose de la société italienne, puisque je vous l'ai promis en commençant cette lettre; autrement, vous diriez avec le public que je ne sais faire que des préfaces; en quoi le public se trompe; car je ne sais pas même faire des préfaces, ce qui me désole.

Ce qu'on appelle le monde à Pise, se compose exclusivement des familles nobles, des professeurs de l'Université que leurs fonctions ennoblissent, et des étrangers qui ont un habit propre et les mains blanches, et à qui on veut bien ne pas demander d'autre justification de leur naissance. — Ajoutez la cour pendant les deux mois qu'elle passe ici, et vous aurez tout. — Les préjugés nobiliaires ont ici leurs bizarreries comme ailleurs ; — une Médicis s'est mariée à un professeur roturier de l'Université, — elle a dérogé et n'est point reçue à la cour, où son mari vient par sa charge ; — du reste, la noblesse abonde en Italie, — on ne rencontre que princes, marquis, comtes, chevaliers, et cela très souvent sous des habits râpés, et qui accusent la décadence des vieilles races. — J'ai curieusement recherché les débris de la maison des Médicis, et on me les a montrés dans la jeune dame dont je vous ai parlé, et dans une vieille femme au menton pointu, habillée de noir, et qui reçoit l'hospitalité dans une riche famille de la ville. — Voilà ce qui reste du sang du Père de la patrie et de Laurent le Magnifique. — Vous voyez que c'est comme chez nous, et que partout les grandeurs s'effacent et la noblesse souffre. Au premier aspect, la société italienne ressemble aussi comme deux gouttes d'eau à la nôtre ; — ce sont les mêmes apparences, on se met, on danse, on joue, on entre, on sort, on tient un salon ici comme à Paris ; — les figures sourient et mentent ici comme là ; c'est à croire qu'on n'a pas changé de pays ; — mais ces formes semblables recouvrent cependant une réalité assez différente, et le principe de cette différence, le fait du moins qui la contient en grande partie, c'est la condition des femmes, qui n'est pas en Italie ce qu'elle est en France ; vous allez juger par les détails si j'ai raison.

Quand vous arrivez à Pise, et que vous vous informez des mœurs du pays, on ne manque pas de vous dire que Pise est la ville la plus morale de l'Italie ; et ce n'est pas une fable. — Pise, ville de province, ville d'Université, ville déchue, et encore en deuil de son ancienne grandeur, ville sans commerce et où l'on ne passe point, est en Italie, une ville grave, décente, bourgeoise, où la corruption sans voile et les scandales éclatants n'oseraient se montrer ; Pise, comparée à Florence, à Naples, à

Rome, à Venise, à Gênes, à Milan, est comme un couvent, où la vie est simple, réglée, paisible, morale. Et cependant dans cette ville d'ordre et de bonnes mœurs, l'usage du sigisbéisme est général; — il est vrai que quelques jeunes ménages commencent à y échapper; mais ce sont des exceptions qu'on cite, et presque tous ceux qui datent d'un peu loin y sont soumis. — La femme a un ami et le mari une amie; l'ami ne quitte pas la maison, il y vient le matin, il y revient le soir; il en fait les honneurs; le mari n'y est que très rarement, parce qu'il a les mêmes devoirs à remplir chez son voisin; — on cite de ces amitiés qui durent depuis vingt ou trente ans, et on les cite avec éloges. — Les hommes disent sans façon : c'est mon amie; quand ils l'ont perdue, ils en parlent comme on parle chez nous de sa défunte femme, les larmes aux yeux. — Si une femme perd son ami, le mari la plaint et donne des nouvelles de sa santé à ceux qui s'en informent avec intérêt. — Un digne professeur vint me voir l'autre jour, et se mit à pleurer; je lui demandai ce qu'il avait, il me dit: il y a vingt ans que je n'ai mis le pied dans cette maison, et pendant dix ans, j'y suis venu tous les jours. — C'était ici que demeurait mon amie, voici où elle couchait; là, à côté, étaient les enfants; ah! quelle femme c'était! — Comment n'être pas touché d'un tel attachement? — Je lui demandai avec beaucoup de précautions, s'il avait passé à pleurer les vingt années écoulées depuis la perte de son amie. — Le digne homme me laissa voir un si grand étonnement, que je compris de suite l'absurdité de ma question. — Il me fit entendre qu'après de telles pertes, la vie devenait si vide qu'on ne pouvait trop se hâter de chercher des consolations, et j'ai su qu'il en avait trouvé.

La personne la plus distinguée de la ville par sa fortune et sa naissance, n'a qu'une fille, et cette fille est presque idiote; — pour conserver le nom de la maison, et n'en pas disperser l'immense fortune, cette fille a été mariée à son oncle, et le ménage habite le palais de la mère; — mais, selon l'usage, le mari a une amie; cette amie est veuve. — Qu'a fait la mère ? Elle lui a donné un logement dans son palais, afin de conserver à sa fille la société de son mari. — A force d'être réglé et consenti, ce désordre devient l'ordre, et à tout prendre, je crois les Italiens et les Italiennes de Pise beaucoup plus constants qu'on ne l'est dans la portion galante de notre société. On blâme ici l'infidélité en amitié, comme on la blâme en France dans le mariage, et la fidélité y reçoit presque les mêmes éloges. — Un étranger qui viendrait à Pise avec des vues de galanterie, serait plus empêché qu'en France. — Toutes les places sont occupées, et on ne se livre pas aux oiseaux de passage, puisque c'est une union sans avenir. — L'homme surtout est extrêmement tenu dans ces sortes de liaisons ; — son amie le surveille avec vigilance, et ne lui permet dans le monde aucun rapprochement avec d'autres femmes. — La femme est plus libre, puisqu'elle a le droit d'avoir une cour, et cette cour tient l'ami en haleine. — Du reste, la constance est d'autant plus méritoire de part et d'autre, que là, comme dans le mariage, l'amitié remplace bien vite la passion qui dure en Italie moins qu'ailleurs, en sorte qu'on retrouve dans ces quasi-mariages, tous les inconvénients auxquels on a cru échapper en les formant.

Quand on cherche les causes de cette dissolution de la famille passée en usage, on les trouve d'abord et avant tout, dans la mauvaise éducation donnée aux femmes. — Il n'y a pas de nature plus heureusement douée que la nature italienne ; on ne rencontre pas ici une seule personne qui soit bête, et la figure des femmes comme celle des hommes, respire l'intelligence. — Mais ces femmes, créées par la nature, si intelligentes et presque toujours si belles, on les laisse parfaitement ignorantes. — Rien n'est si rare que de trouver en Italie une femme avec qui on puisse échanger une idée. — Le temps, le théâtre, le bal, les cancans de la ville, voilà ce qu'elles savent, et les seuls sujets sur lesquels elles répondent. — Elles sont donc incapables de s'occuper et d'intéresser longtemps leurs maris ; — oisives, elles ne savent qu'une manière de tuer le temps et de remplir la vie, l'amour. — Les hommes, de leur coté, n'ayant point les grandes distractions de la guerre et de la politique, et sauf les savants, n'ayant rien à faire en ce monde, doivent trouver les journées longues, — et comme leurs femmes sont ennuyeuses et incapables de les remplir, il est tout simple qu'ils recourent au même passe-temps, et qu'y recourant, ils ne trouvent pas mauvais que leurs femmes les imitent. — Ajoutez qu'ici on épouse au couvent, et sans se connaître, — en sorte qu'on ne commence pas même par l'amour, et vous comprendrez déjà en partie les causes de ces singulières habitudes qui frappent tous les nouveaux venus dans ce pays. — Ces causes sont si puissantes, et y conduisent si naturellement, que je suis persuadé que l'effet disparaîtrait en peu d'années, si l'éducation des femmes était réformée et si l'Italie devenait libre.

Un autre fait qui concourt avec ces causes à la dissolution de la famille en Italie, c'est le sort que la loi en usage fait aux filles. N'y a-t-il pas de garçon dans une famille, les filles partagent également l'héritage du père, mais il y a-t-il un garçon, les filles si nombreuses qu'elles soient n'emportent toutes ensemble qu'une très faible partie de la succession. La première conséquence d'un tel usage, c'est que presque toujours la femme n'apporte rien ou peu de choses à son mari, et c'est une raison pour celui-ci de ne pas la respecter. Le mari ne considère sa femme que comme un moyen nécessaire pour avoir un héritier; l'héritier fait, il la délaisse et suit librement ses penchants. Une autre conséquence, c'est que dans le sein même de leur famille, les filles sont méprisées par leurs frères. En effet, tandis que ceux-ci gardent le rang de leur père, les filles privées de fortune sont condamnées à descendre et c'est ce qui fait que rien n'est moins rare que de trouver dans la femme d'un marchand ou d'un pauvre professeur, la fille d'un marquis, d'un prince ou d'un comte. Cette destinée des filles est aussi une raison pour les parents de ne donner aucun soin à leur éducation; à quoi bon puisqu'elles sont condamnées à tomber dans une famille inférieure où cette éducation serait peut-être déplacée, et cependant ces pauvres filles emportent de chez elles quoiqu'on fasse, des habitudes d'aisance, de grand monde, de bonne société, d'oisiveté élégante, et la triste prévoyance de leurs parents n'atteint pas même son but.

La femme n'a pas les habitudes de son mari, et c'est une raison de mal vivre et d'aller chacun de son côté. Quel respect voulez-vous d'ailleurs qu'ait cette femme pour une société qui la traite si mal, pour une société qui la prive de sa fortune, qui la livre à un mari qui lui est inférieur, quelle ne connaît pas; pour une société qui la condamne à voir ses enfants méprisés par leurs cousins et appartenant à une autre sphère, à un autre étage de la famille humaine, et à quoi lui servirait de respecter ses devoirs? A vivre dans une profonde solitude, délaissée de tous comme elle l'est de son mari, sans aucune distraction, sans aucun plaisir, sans recueillir même l'honneur de son dévouement dans l'opinion publique. Car tel est le sort des femmes sages en Italie; telle est l'alternative où la constitution de la société les place à dix-huit ans, tant il est vrai que les mauvaises lois ne peuvent porter que de mauvais fruits!

Au premier aspect on croirait que l'Italie est le paradis des femmes. Cette liberté dont elles jouissent, cette tolérance du mari consacrée par l'usage, cette cour assidue de celui qu'elles préfèrent, et ces hommages de tous ceux qui aspirent à le remplacer, semblent lui composer une vie charmante où les fleurs cachent peu d'épines. — Il en est tout autrement, et si l'usage conserve tout cela comme autant de conséquences nécessaires des faits que je vous ai signalés, il conserve également les conséquences nécessaires que tout cela doit produire, et ces conséquences les voici. — La femme n'étant pas destinée à bien vivre avec son mari, et à ne faire qu'un avec lui, celui-ci dès le jour du contrat, organise la communauté en conséquence. Il stipule méticuleusement ce qu'il sera tenu d'accorder à sa femme, comme on fait quand on engage une bonne: elle aura du chocolat à son déjeuner, une table à dîner servie de tant de plats, du vin, tant de robes par an ou telle somme pour sa toilette ; elle aura ou n'aura pas une femme de chambre, cette femme de chambre sera ou ne sera pas tenue de raccommoder les chemises et les bas du mari, etc. Un contrat italien stipule tout cela et mille autres détails, et le contrat fait, le mari tient la bourse, s'occupe des moindres minuties de la dépense, toujours dans la position d'un homme qui a de l'ennui chez soi et qui craint d'être volé et disputant à sa femme et lui chicanant l'exécution un peu plus étroite ou un peu plus large des conditions convenues et rédigées par le notaire. Il n'y a point de scènes de jalousie dans l'intérieur d'un ménage italien ; le mari ne s'attendait pas à la fidélité, il ne l'exige pas, mais il y a tous les jours des scènes mille fois plus dégradantes et plus pénibles, des scènes que nous n'avons qu'avec nos cuisinières, et dans lesquelles le mari étant le plus fort et la femme la plus faible, l'un cherche toujours à effrayer et l'autre à tricher. Mais la femme n'a pas la ressource de la cuisinière qui est de quitter la maison ; que deviendrait-elle, elle n'a point apporté de fortune ; elle serait réduite à la mendicité, aussi le mari peut la battre et la bat impunément et les mœurs consacrent cet usage en compensation de celui de l'infidélité qu'elles admettent. Ainsi le mépris du mari pour la femme, et la haine de la femme pour le mari, voilà ce que recouvrent les apparences gracieuses et galantes du ménage italien ; ce n'est pas tout, la femme méprisée par son mari l'est aussi par ses enfants, car les enfants assistent à ce drame secret de tous les jours, ils voient le mépris du père et ne voient pas ses amours qui sont ailleurs, tandis qu'ils voient les amours de la mère et n'en aperçoivent pas les raisons et l'excuse. L'argent, l'autorité, le bâton, tout est entre les mains du premier, rien entre celles de la seconde ; ils méprisent donc leur mère, et la considèrent de bonne heure comme une étrangère dans la maison, et apprennent dès l'enfance, les garçons, ce qu'ils auront à faire avec leur femme, les filles ce qu'elles auront à craindre de leurs maris. Ainsi la famille est brisée dans tous ses rapports et dans tous ses liens; elle n'existe qu'en apparence en Italie, et tout le monde, mari, femme, enfants, société, y porte la peine du mal qu'il fait. Aucun autre spectacle n'est plus propre à justifier les lois de la providence et de la nature, et à donner une effrayante idée des conséquences auxquelles on s'expose quand on les viole, ou dans la législation ou dans les mœurs.

Les femmes italiennes qui réfléchissent, et plusieurs réfléchissent depuis que la domination française, le commerce des étrangers et les voyages leur ont fait connaître d'autres mœurs, commencent à sentir tout le malheur de la condition qui leur est faite, elles envient le sort des Françaises et des Anglaises, elles détestent les maris italiens. Nous avons une propriétaire qui s'estime heureuse d'avoir marié sa fille à un Anglais, quoiqu'elle l'adore et que sa fille soit à Calcutta; elle est curieuse à entendre sur les ménages de la ville, et ce qu'elle dit, d'autres en conviennent : les Françaises mariées ici à des Italiens, se conduisent bien, et leurs maris s'en trouvent à merveille, et leurs ménages font envie par l'union et la gaîté qui y règnent. Tout tend à une réforme et elle est commencée par les jeunes gens comme toujours. Leur langage offre sous ce rapport un contraste frappant avec celui des hommes de quatre-vingt-dix ans; si les amitiés continuent, on commence à ne plus les afficher et même à les cacher, on convient que le contraire serait mieux. Au commencement du siècle, l'usage subsistait encore ici, que le jeudi saint par extraordinaire les maris allassent à l'Eglise avec leurs femmes; c'était le seul jour de l'année, et le lundi de Pâques pour montrer que la sainte semaine était passée et que les choses reprenaient leur cours, il était de règle que la même démarche se fît dans la compagnie de l'ami. Cet usage est aboli depuis la domination française; en tout la présence du Français a fortement modifié l'Italie, et a laissé les germes de modifications plus grandes encore; je suis persuadé que dans vingt ans, les mœurs que je vous décris seront l'exception; tout me semble l'annoncer.

15 mars.

J'ai encore laissé là mon interminable lettre, pendant huit jours, remettant toujours au lendemain à la clore; je vais enfin vous l'expédier ce soir sous le couvert de Passy. Nous avons appris avec une vive joie l'heureuse délivrance de Louise; j'ai bien compris tout ce que vous avez senti; ces pensées viennent ce jour-là, mais j'espère que l'avenir vaudra mieux que vous ne le faites, et que vous serez conservé longtemps à cet enfant, à sa mère, à vos amis, qui tous ont besoin de vous; je crois qu'il faut absolument, maintenant que nous sommes pères, que nous avisions à mener une vie moins dévorante, et s'il faut pour cela quitter la politique, quittons-la; aussi bien n'offre-t-elle pas de grands charmes par le temps qui court.

J'attends l'accouchement de Caroline qui sera je l'espère heureux; elle se porte à merveille et Gris-Gris encore mieux; il grandit d'un pouce par mois, il croît dans la même proportion en vigueur et en intelligence, mais je m'effraie d'avance du retour avec ces deux enfants, dans une victoria, pendant quinze jours, au mois de juin ! encore serons-nous bien heureux si le choléra ne vient pas nous surprendre et semer d'embarras la traversée de tant d'Etats et de tant de montagnes; s'il ne revient pas au printemps, Léon et moi nous irons à Rome au mois de mai, après les couches, et au retour nous partirons. Le printemps est ici tout à fait décidé, les arbres se couvrent de fleurs et de feuilles ; il fait chaud, et nous faisons tous les jours de très agréables promenades.

Je vous abandonne entièrement la conduite de mon affaire auprès du ministre, arrangez-la comme vous l'entendrez; je vous avais écrit dans le feu d'une première impression et je sens bien que mes scrupules étaient exagérés; je vous fais seulement observer que si l'on attend quelque chose de moi, il faut que vous m'en avertissiez afin que je m'en occupe; il n'y a que peu d'intérêt dans tout ce que je pourrais recueillir sur l'instruction publique en ce pays ; elle y est sans système et chacun s'en mêle et le fait à sa guise. Une chose plus intéressante dont je m'occupe, c'est l'histoire de la philosophie en Italie depuis le commencement du siècle ; quant aux manuscrits des scolastiques français au moyen âge et à leurs correspondances avec les scolastiques italiens, il n'y a rien à Pise, et en feuilletant les catalogues des différentes bibliothèques de Florence, je n'ai rien découvert, jusqu'à présent. Voyez M. Pelet et hâtez-le et écrivez-moi et faites ce que vous jugerez le plus convenable et le plus sûr, je ratifie d'avance.

Je n'ai aucune foi à la durée du ministère qui vient de se former : Thiers est lié par son passé et les trois membres du vieux parti par le leur. Il ne subira point leur joug et ils ne subiront point le sien, et il faudra qu'un jour ou un autre, Thiers ou eux se retirent, et je crois que ce ne sera pas Thiers ; je m'étonne qu'ils n'aient pas prévu cette divergence inévitable, et si Thiers ne l'a pas prévue, je m'en étonne encore davantage ; jusqu'ici ce sont eux qui sont dans une fausse position puisque Thiers a déclaré qu'il maintenait toute la politique passée ; et si Thiers n'avait pas fait ces déclarations, ce serait lui dont la position aurait été fausse ; il a pris le dessus par cette profession de foi, et jusqu'à nouvel ordre ses trois collègues ont l'air d'avoir subi ses opinions et renoncé aux leurs ; encore une fois, je ne doute pas d'une rupture prochaine, et d'une nouvelle crise ; en tout, la meilleure position est celle de M. Guizot. Il n'est pour rien dans la frasque de M. de Broglie ; il a été fidèle à ce dernier, il n'a pas voulu se mettre dans la fausse position d'un ministère métis ; il reste entier sur son banc, avec un passé qui se suffit, et avec la présidence du conseil dans l'avenir, si un avenir lui est réservé. Voilà mon sentiment, mais comme tout ceci est vu de loin, je puis me tromper. En attendant, je crois que nous devons délibérer sur ce que nous ferons aux élections prochaines, car tout ceci pourrait bien amener une dissolution.

Quant à un autre *Globe*, c'est ce que j'aimerais le mieux au monde, si nous n'étions pas si fatigués et si usés ; mais nous avons terriblement besoin de repos, et vous peut-être autant que moi, mon cher ami ; je prends ici des idées paresseuses, j'y deviens amoureux du soleil, de l'herbe et du *farniente*. Et tout cela me rappelle notre ami Janvier qui est à cent lieues de pareils goûts, et son aimable femme qui n'en est pas si loin. Rappelez-moi à leur souvenir et à celui de tous nos amis sans énumération, sauf M. Clément de Mocquencourt. Quant à Damiron je répondrai à sa bien bonne lettre, après avoir repris haleine ; car voici un formidable paquet, un paquet qui surpasse les anciens paquets, et cependant il me semble que je n'ai rien dit, tant ce pays m'apprend de choses que j'ai envie de vous conter. Je suis plongé dans la littérature italienne, j'ai déjà lu de tout ; je vais au spectacle écouter Goldoni, Nota, Giraud, etc. J'entends passablement ; je vais aussi aux leçons des Professeurs de l'Université, et un peu dans le monde ; du reste le monde est au théâtre ; on voyage de loge en loge et on fait vingt visites dans une soirée. Avec son vice profond, la société italienne repose de la nôtre, elle est plus sans façon, plus libre, on n'est pas exposé à y entendre de la métaphysique, pas même du sentiment ; à la seconde visite, les femmes vous tendent la main comme de vieilles connaissances, et leur langage est si gracieux, si net, si aisé à entendre ! on entend les femmes un mois avant les hommes. Me voilà puriste en fait d'accent pour n'avoir entendu d'abord que des Toscans. Les acteurs Lombards de notre troupe me déchirent le tympan.

Mais adieu, Caroline, Gris-Gris, Mme Mourcet s'unissent à moi pour vous embrasser, pour embrasser Louise, *Berthe*, Philibert et Eugénie ; donnez-nous des nouvelles de la nourrice et souvent.

Th. JOUFFROY.

J'ai demandé un nouveau congé à M. Pelet, faites qu'il me l'accorde.

A M. Damiron

Pise, 24 mars 1836.

Voici, mon cher, trois épîtres écrites à la hâte, — je ne sais ce qu'elles pourront produire de bien, — mais du moins ne feront-elles point de mal. — Je suis bien fâché de n'être pas là, et je voudrais bien que Cousin pût faire ajourner l'élection : — je compte assez sur Droz, un peu sur Cousin, moins sur Edwards ; — je ne puis écrire à M. La Romiguière ; il ne me conviendrait pas de paraître lui donner des conseils en pareille matière ; — d'ailleurs il est dans la nature des choses qu'il soit pour Cardhaillac. — Je suis presque mal avec de Gérando, depuis une affaire où il a voulu m'attraper et où c'est lui qui l'a été. — En résumé, je suis convaincu qu'il suivra Cousin, et que c'est Broussais que vous devez travailler, — car n'essayez pas La Romiguière ; je crois que cela serait inutile ; — pour Edwards, s'il est convertissable, ma lettre suffira ; mais, s'il s'est mis dans la tête de n'être pas pour vous, rien n'y pourra ; il est entêté comme un mulet ; — du reste vous avez de grandes chances dans l'Académie avec Cousin, Mignet et Dupin ; mais assurez-vous bien de ce dernier, qui n'est jamais sûr, et surtout faites qu'il vienne, car il a manqué dans des occasions très importantes, et c'est ce qu'il fait toujours quand il est embarrassé ; — votre plus grande chance c'est d'être sans comparaison la plus grande notabilité philosophique hors de l'Académie, comme je le dis à mes chers confrères ; — promettez des mémoires à Comte, qui ne sait comment composer ses volumes, — c'est là son côté tendre.

J'ai été bien content de voir Dubois chargé du rapport sur l'instruction publique : — pour la première fois nous serons rapportés convenablement ; — je le félicite aussi de son grand crédit ; comme vous dites, — ce crédit ne m'étonne pas dans la situation des choses. — J'ai prédit que le vieux parti arrivé au pouvoir suivrait la politique du 13 mars, et qu'il en serait de même de l'opposition dynastique; — il ne reste plus que la moitié de ma prédiction à vérifier, — j'en suis très sincèrement content; — si nous pouvions sortir de nos pitoyables débats intérieurs pour nous occuper de nos grands intérêts matériels et extérieurs, nous serions en quelques années, le plus grand peuple du monde, et si le ministère mixte qui vient d'arriver peut réaliser ou seulement ébaucher ce grand œuvre, ce ministère nous aura rendu un grand service; mais je crains de voir éclater d'un jour à l'autre, dans son sein, l'ancienne diversité qui se trouve entre ses éléments, et jusqu'à présent il fait assez pauvre figure; je crois qu'il vit des inimitiés personnelles qui existent contre les doctrinaires, comme il leur doit sa naissance; et c'est une assez pauvre manière de vivre; — si j'étais là, à coup sûr je l'appuierais, mais je ne crois pas que je comptasse plus qu'ici sur sa durée, — cependant Pise est bien loin pour juger.

La petite Berthe est, j'en suis sûre, une charmante enfant que j'embrasse ainsi que sa mère et son père, en priant de nouveau celui-ci de ménager sa santé. Caroline approche du terme de sa grossesse, plus grosse et plus ronde que jamais. Gris-Gris prospère et gazouille; — moi je souffre un peu depuis le commencement des chaleurs, qui sont déjà vives; — du reste le pays devient superbe et les promenades vont leur train.

Je vous prie de vouloir bien chercher et acheter un roman en deux volumes paru il y a quelques années, et intitulé: *Struensée*; — en outre de passer rue du Dragon au bureau du théâtre européen et d'y acheter toutes les pièces parues des théâtres *Espagnol* et *Danois*; — enfin de remettre tout cela avec la note du prix chez Mme Chérubini pour sa fille Mme Rosellini, qui elle-même le remettra à M. Rosini, — je vous rembourserai à mon retour. Voilà de quoi décharger votre conscience de la crainte de m'accabler de commissions.

Adieu, je vous embrasse et Eugénie de tout cœur.

Th. Jouffroy.

Un mot sur l'Institut : en voyant dans les *Débats* la mort de M. Rœderer, j'ai pensé à vous et prévu toutes les difficultés dont vous me parlez. Je crois M. Droz engagé à Lucas depuis longtemps et engagé par conviction. M. Rœderer mort, moi absent, M. Droz est la section tout entière. — Lucas sera donc proposé selon toute apparence ; suivront la proposition tous ceux que Cousin appelle les niais, savoir Comte, Edwards, etc., etc., — et de plus tous les adversaires de Cousin, comme Broussais, Bignon, Merlin, etc., et *peut-être même* M. La Romiguière. — L'union de Dupin et de Cousin aurait pu seule vous faire passer, — mais ils sont antipathiques l'un à l'autre. Dupin entraîne tout ce qui appartient à la Chambre et tous les jurisconsultes. Je ne vois que Mignet, Naudet, M. Reinhardt et M. de Gérando — qui puissent être pour vous ; — je crois le succès impossible, et je pense que vous ferez bien d'éviter un éclat et d'attendre une vacance dans la section de philosophie. Lucas sera probablement nommé, à moins que Dupin ne pose Tocqueville et que Cousin ne se réunisse à lui. Le mérite de M. Tocqueville aidant, ils pourraient réussir et même tellement désorganiser le parti de Lucas que celui-ci ne garde guère que la voix de M. Droz et d'un ou deux autres. Si je pouvais faire quelque chose en écrivant, j'écrirais ; — mais je suis convaincu que j'y perdrais mon temps et mon papier.

A Damiron

Pise, samedi 23 avril 1836.

Mon cher ami,

Je reçois votre lettre du 13 et je me hâte d'y répondre. — Si, en l'absence de tout autre intérêt, on eût demandé à l'Académie ma translation dans la section de philosophie, j'aurais cru devoir à la section de morale, qui m'a présenté et par laquelle je suis entré, de déclarer que je ne désirais pas la quitter, et que je ne le ferais qu'avec son agrément et pour obéir au vœu de l'Académie. — Assurément, votre intérêt l'exigeant, j'aurais fait volontiers le sacrifice de cette déclaration, et j'aurais de bien bon cœur gardé le silence et laissé l'Académie me mettre où il lui aurait plu. — Mais maintenant que cette déclaration toute nouvelle, et en quelque sorte commandée par la reconnaissance et la politesse, est faite en termes formels, et que, dans le désir de couper court à la combinaison conçue contre vous, je suis allé jusqu'à dire que j'entendais rester fidèle à la section de morale et continuer de lui appartenir, il me semble tout à fait impossible que dans une lettre à notre ami je déclare tout à fait le contraire. — Voyez en effet ce qui en résulterait. M. Droz, croyant, d'après ma lettre, être chargé de faire connaître à l'Académie ma pensée à cet égard, ne manquera pas, si la question s'élève, de lire à l'Académie la déclaration qu'elle contient ; — cette lettre lue, notre ami en tirerait une autre de sa poche et donnerait à l'Académie lecture d'une déclaration contraire. — Vous comprenez le bel effet que feraient ces deux lettres, — l'opinion qu'elles donneraient de moi à l'Académie et la situation désagréable dans laquelle M. Droz serait placé. — Je ne doute pas que votre cause même ne s'en trouvât affaiblie ; car tout cela ressemblerait à de l'intrigue, et, en voyant vos amis dire tour à tour oui et non pour vous faire réussir, on en concevrait une moins bonne opinion de vous, et ceux qui nous accusent d'être une coterie à qui tous les moyens sont bons auraient cause gagnée ; — ce sont ces raisons, si je ne me trompe, qui nous ont fait résister, comme vous me le dites, à l'avis de notre ami sur la possibilité de cette démarche ; elles me semblent décisives contre. — J'ai tourné et retourné de toutes les manières la déclaration que j'aurais dû écrire à Cousin ; dans toutes les formes, je l'ai trouvée impossible ; je suis plus que sûr que vous ne m'en voudrez nullement de m'y refuser ; vous ne me le diriez pas d'avance dans votre lettre, que je n'en douterais pas une minute ; nous ne sommes pas amis depuis vingt ans pour en être encore à nous rencontrer et à nous comprendre dans de pareils sentiments.

Maintenant si vous voulez que je vous dise toute ma pensée sur le plan de notre ami, la voici; je crois que le plan est bon pour l'intérêt de nos opinions philosophiques dans la section. Car si Cardhaillac y entre, M. La Romiguière et lui y auront la majorité; mais je ne le crois pas bon pour votre élection à vous. — Il vaut mieux pour vous livrer bataille sur le terrain de la section de philosophie, que dans celui de la section de morale; ainsi que je le répète dans mes lettres, vous êtes incontestablement au-dessus de tous les concurrents qu'on peut vous opposer en philosophie, et quiconque aura un peu de lumières à l'Académie le sentira. N'est-ce donc rien que cela? Je crois que c'est beaucoup, plaidé par Cousin, qui est si fort quand il a raison, et j'ose ajouter plaidé par moi, dont l'avis en philosophie n'est pas sans quelque poids auprès des personnes à qui j'ai écrit; au contraire, dans la section de morale, vous rencontreriez des adversaires pour lesquels on peut raisonnablement pencher, vu le caractère double de cette section, et dont la cause peut fort bien être soutenue contre vous; j'entends surtout désigner M. de Tocqueville, qui a fait un excellent livre, un livre qui jouit d'une haute estime, un livre dont le mérite est bien plus saisissable aux avocats et aux philanthropes de l'Académie que celui de vos ouvrages. — Et puis voyez le profit: si vous échouez contre Cardhaillac, l'Académie aura tort devant le public; — il lui donnera raison ou du moins ne la blâmera pas si elle vous préfère M. de Tocqueville. — Croyez-vous que l'Académie ne sente pas cela? En définitive, j'aimerais cent fois mieux avoir pour concurrent le premier que le second, et je crois que vous avez beaucoup plus de chances à disputer la place de philosophie que celle de morale. Je m'en tiendrais donc à notre première idée, même quand ma déclaration à M. Droz n'élèverait pas un obstacle très grand au plan nouveau conçu par notre ami; — je dis un obstacle très grand, et non pas un obstacle absolu; — car, en définitive l'Académie me paraît toujours maîtresse de me transporter dans la section de philosophie, si elle le veut ; — j'avais le droit d'exprimer mes désirs ; j'aurais le devoir de me soumettre à ses résolutions.

Je suis charmé des bonnes nouvelles que vous me donnez de Dubois, de Louise, de la petite fille, mais vous ne me dites rien de votre frère ? Ne vous est-il rien arrivé de lui ? Caroline a accouché dans la nuit du 18 au 19 ; elle a fait comme Louise, une petite fille que nous avons baptisée aujourd'hui au célèbre Baptistère de Pise; tout s'est bien passé, et la mère et l'enfant vont bien; — l'une tette ferme et l'autre fournit abondamment. — Nous voilà libres d'aller à Rome, et nous partons lundi ; — nous allons (Léon et moi) par Florence, Arezzo, Perrugia et Terni; nous reviendrons par mer; — le temps est beau. — Le choléra semble se tenir dans les Etats vénitiens et nous promettre de ne pas troubler ce voyage ; — nous resterons une dizaine de jours à Rome, le temps d'entrevoir ; — nous nous arrêterons peu à Florence où nous retournerons avec Caroline; — ma poitrine va bien, — mais elle est encore faible et ne suffirait pas à un cours. — Je vous écrirai ou plutôt à Dubois de Rome, — écrivez-nous à Pise. — Caroline, au besoin, nous transmettra vos lettres, — mais nous serons probablement de retour pour les recevoir. — J'attends un mot de Dubois sur mon affaire; — je conçois ses occupations et lui pardonne bien de ne pas m'écrire.

Adieu, cher bon ami, nous vous embrassons tous et tout ce qui est avec vous, Louise, Eugénie, Dubois, Berthe.

Tout à vous du fond du cœur.

Th. Jouffroy.

A Dubois

Camocia (Toscane) samedi 30 avril 1836.

Mon cher ami,

Je vous écris du champ de bataille de Trasimène où la fortune et non ma volonté me force de passer une journée dans une auberge de village, dans le même défilé où Flaminius se vit tout à coup arrêté par les troupes carthaginoises; j'ai rencontré un autre Annibal qui m'a empêché de passer, et m'a contraint de battre en retraite; cet Annibal avait la forme d'un soldat du Saint-Père. Il était en embuscade entre le lac et la montagne; — il m'a demandé mes passeports, car c'est là que finit la Toscane et que commencent les États Romains. — Notre ministre à Florence s'était chargé de me mettre en règle; je m'en étais rapporté à lui, pensant qu'il savait son métier ; mais il avait oublié tout juste l'important, à savoir le visa de la nonciature apostolique à Florence. L'honnête douanier du pape a été inflexible; toute l'éloquence de mon mauvais italien a été inutile; j'ai été obligé de faire ma retraite, mais elle a été plus heureuse que celle de Flaminius ; les buissons du défilé, que j'observais avec crainte, ne cachaient point d'ennemis jetés sur mes derrières ; j'ai regagné heureusement le pays ouvert et j'ai campé dans l'auberge d'où je vous écris et où j'attends le retour d'un courrier que j'ai expédié à Florence; — l'histoire de ce courrier est caractéristique. — Comme nous revenions l'oreille basse, sous le coup d'une de ces pluies battantes qui interviennent toujours à propos dans les aventures de voyage, pour y mettre la dernière main, un homme, au milieu d'un pauvre village, nous aborde ; — il nous dit qu'il devine ce qui nous est arrivé, que nos passeports manquent du visa voulu, que nous n'avons de ressource que d'envoyer à Florence, et qu'il va sur l'heure y aller si nous voulons ; — remarquez qu'il était huit heures du soir et qu'il pleuvait à verse ; — je réponds que je ne puis me fier ainsi à un inconnu ; que j'ai besoin de consulter le maître de poste de l'auberge où je retourne et qui est encore à une bonne lieue ; — il me répond qu'à cela ne tienne et qu'il va nous suivre dans cette auberge ; — je le prie d'observer que, par un tel temps, la course est longue et que je n'entends m'engager avec lui ; — il me répond que cela lui est égal, qu'une lieue n'est rien, que la pluie ne l'inquiète guère, et que si je ne l'emploie pas, j'en serai quitte pour lui donner (si je veux) la somme de dix sous pour boire un flacon ; — et le voilà qui entre chez lui, prend un manteau et trotte après notre voiture ; — malgré la rapidité de notre course, il était au rendez-vous avant nous. — Le maître de poste me dit que c'est un brave homme, accoutumé à de pareilles affaires et nous parlons de prix. — Il y a d'ici à Florence soixante-deux milles ou vingt et une grandes lieues ; je m'attendais à beaucoup de temps perdu et à beaucoup d'argent : — point du tout, mon homme me dit : « Il est neuf heures, je vais partir de suite, je serai demain avant midi à Florence, je reviendrai toute la nuit et j'arriverai ici de bon matin ; vous n'aurez perdu qu'un seul jour ; — puis, comme ces quarante-deux lieues en moins de trente-six heures me paraissaient impossibles, il m'explique qu'il existe, à l'usage des gens comme lui, une petite poste, en *barroccio* ou charrette, admirable de vitesse et d'économie ; on part avec une de ces charrettes à deux roues et un mauvais bidet ; on va ventre à terre pendant quinze à dix-huit milles ; — puis on frappe à une porte et on en prend une autre ; — si on rencontre une montagne, on la passe à pied, parce que c'est plus prompt, et en retrouvant la plaine, on retrouve un *barroccio*. — L'explication me plaît ; — je demande le prix ; — il me propose avec timidité six écus, c'est-à-dire trente-trois francs ; — l'auditoire se récrie contre l'exagération de la demande ; — je coupe court à la discussion qui va s'élever en acceptant sans calculer la proposition, et en promettant en outre dix sous par heure gagnée sur l'heure fixée; — mon homme saute de joie; j'ai su depuis qu'il aurait, ses dépenses payées, d'un écu et demi à deux écus de reste et qu'avec cela il nourrissait pendant quinze jours sa femme et ses enfants. — Dans un clin d'œil il a trouvé un *barroccio*; il part par une pluie d'enfer au grand galop, et je l'attends demain à huit heures, presque sûr qu'il ne manquera pas à ma confiance ni à sa promesse. — Ceci vous peint l'Italie, et dans l'Italie ce qu'on observe le moins, le peuple. — Sur une terre d'une admirable fertilité, couverte de blé, de vignes, d'oliviers, on voit une race qui vit de rien, et pour qui un écu est une grosse somme. — La rareté de l'argent, l'abondance des subsistances et la sobriété des habitants expliquent le phénomène, mais s'expliquent à leur tour par des causes économiques et politiques plus hautes et que vous devinerez sans que je vous les développe; — aussi bien je ne vous écris point pour vous communiquer des réflexions, mais des impressions et des faits.

Me voilà donc dans mon auberge avec Léon, le lac de Trasimène devant nous et la vieille cité étrusque de Cortone sur la cime d'un rocher, derrière; — quand il n'y aurait que cela en Italie, il faudrait y venir. — Le lac est immense et son extrémité se perd dans les brumes de l'horizon; — trois îles s'élèvent sur sa surface, couvertes de bois et peuplées de maisons blanches; au bord de l'eau, à droite, c'est-à-dire à l'ouest, le cadre des montagnes est à quelque distance et laisse place à une plaine où l'on entrevoit çà et là les tours des églises et des monastères qui décorent et animent d'une pensée sainte tous les paysages de l'Italie. — Au fond, la ceinture, à travers la brume, paraît plus haute et plus escarpée; — mais elle est sublime à gauche. — L'Apennin a son pied dans le lac; il en découpe le bord, et laisse sentir de loin les tragiques défilés où le génie d'Annibal donna la mort à dix mille Romains; nous les parcourrons demain, ces défilés pittoresques; nous apercevons déjà les villages qui les peuplent et qui semblent posés dans l'eau, ou suspendus sur la croupe de la montagne. — Nous sommes comme Tantale, regardant et attendant; mais la vue est si belle que nous nous consolons d'attendre; aussi bien, nous avons derrière nous, à deux pas, la vieille Cortone, posée comme un nid d'aigle sur le sommet d'un rocher : — en grimpant une heure, on y arrive, et nous avons grimpé, nous retournant à chaque pas pour voir croître et s'agrandir derrière nous et le paysage et l'horizon, — pour voir le lac s'étendre, les monts lointains se dévoiler à travers une atmosphère plus pure, et les villes et les villages, et les clochers et les couvents, et les ermitages et les blanches villas entourées de pins, sortir de toutes parts du sein des arbres et étinceler au soleil. — Nous ne plaignions pas notre peine, nous ne la sentions pas; — enfin nous avons pu toucher les vieux murs dont les bases sont cyclopéennes; — ce sont des rochers bruts entassés sans ciment; leur date on l'ignore, les mains qui les formèrent sont inconnues, mais l'œuvre est restée inébranlable, et elle a vu crouler successivement toutes les murailles que les Étrusques, les Romains, les barbares et le moyen âge lui ont fait porter : — on entre dans la ville par une vieille porte romaine, et l'on est saisi de vénération et d'effroi en parcourant ses rues étroites et noircies par le temps; — rien ne peut donner une idée d'une telle ville. — La place était si resserrée qu'on a dû en remplir tout l'espace. — Figurez-vous une population nombreuse craignant le déluge et se réfugiant sur cette cime : — c'est l'histoire de ces villes primitives; — alors l'humanité était barbare; les plaines étaient la proie du premier venu; il n'y avait de sûreté que sur les hauteurs; — on s'y pressait, on s'y enveloppait de murailles, et on regardait par dessus passer au loin les armées et les races errantes. — A Cortone, les maisons semblent se serrer les unes contre les autres; elles sont hautes et sombres; les rues sont des passages obscurs; — il n'y a qu'une place étroite, la place où la cité s'assemblait, mais on n'a pas oublié Dieu; lui seul est à son aise dans cette vieille enceinte; il y a une douzaine d'églises, vénérables, tristes, battues des vents, dominant le précipice et décorées des sombres peintures de pierre de Cortone, du Pérugin et du Bronsino. — L'effet de ces églises, seule consolation de cette population exilée du monde, est inexprimable; mais ce qui touche par-dessus tout, c'est un rocher qui s'élance des cimes de cette ville déjà placée si haut et qui en est comme la citadelle; — un couvent en occupe la pointe; — il y a place pour l'église, le cloître et une petite esplanade entourée de parapets qui couronnent le précipice; — au milieu de cette esplanade, il y a un saint de pierre en habit de moine, la tête et les mains élevées au ciel; — il n'y a point de mauvaise statue en Italie; mais celle-ci est sublime par sa grossièreté même et le lieu où elle est. — Ainsi, pour les pauvres moines du couvent, ce n'est pas assez d'être retirés là entre le ciel et la terre, et de n'entendre même plus le bruit du monde, ils doivent se détacher de ce rocher même et élever plus haut encore leur âme et leurs pensées; — la statue de pierre est là pour les avertir, et il n'y a pas moyen de la considérer sans être remué. — Quand nous sommes descendus de ce lieu, il nous semblait en rentrant dans cette ville, qui nous avait paru si désolée en montant, retrouver le monde et la terre, et cependant nous ne voyions partout dans les rues que çà et là une vieille femme couchée au soleil à l'abri du vent et tendant la main sans rien dire; — les maisons, les vieux palais noirs, les églises, les rares boutiques semblaient inanimées; — le temps de pareilles villes est passé; la plaine est sûre; l'humanité y est descendue et a déserté les sommités; ceux qui les habitent encore sont comme des exilés ou des moines au milieu du mouvement universel: — ne rien faire, prier, se chauffer au soleil et regarder, sur les routes de la plaine, filer les voyageurs en chaises de poste, voilà leur vie. — Il semble qu'ils ne doivent même descendre que le plus rarement possible, tant il est difficile de remonter. — Quant aux autres hommes, ils n'en reçoivent que bien rarement la visite; — le voyageur lui-même s'effraie d'une telle ascension, et se contente de regarder d'en bas ces murailles gigantesques, ces toits entassés, ces flèches hardies allant au ciel; — il rêve un moment et part; mais il a tort; car il fait bon voir ces asiles de la jeune humanité; — il fait bon lire le mouvement des affaires humaines dans la mort de ces lieux jadis si vivants; il fait bon goûter d'une ville qui était déjà antique, il y a deux mille cinquante-quatre ans, quand ses habitants regardaient du haut de ces mêmes murailles la journée de Trasimène; et c'est une grande émotion qu'il faut chercher que celle qu'on ressent en s'appuyant comme eux sur ces parapets, en regardant du côté du défilé, et en rêvant qu'on est au jour de ce tragique combat, et qu'on voit les étendards puniques et romains flotter entre le lac et la montagne, et qu'on entend, comme un son confus le dernier cri de Flaminius expirant; aussi n'avons-nous pas regretté notre course; et notre impression était si forte que nous ne pouvions pas nous figurer qu'il y eût dans ces maisons la société d'une petite ville, des hommes et des femmes faisant l'amour, des avocats, des notaires, des épiciers, des intrigues, des bals, des cancans et des sottises; — il a fallu la rencontre qu'ont faite nos yeux d'une affiche sur un mur pour nous ramener au sentiment de la réalité et dissiper les fantômes de l'Étrurie, d'Annibal et de Trasimène. — Devinez ce qu'annonçait cette affiche au milieu de cette vieille ville déserte? L'histoire des découvertes récentes faites dans la lune par Herschell fils. — Ainsi cette cime oubliée où les hommes ne montent plus, le charlatanisme de notre ami Nicolle y parvient; une fable écrite par lui à New-York, pour dîner chez le restaurateur aux dépens de la crédulité humaine, franchit l'Atlantique, la France et l'Italie et vient se vendre à Cortone; nous avons descendu en riant le sentier escarpé que nous avions gravi avec vénération; cette affiche avait tout détruit; — l'illusion était dissipée,

Perrugia, 1er mai.

Mon courrier ne nous a pas manqué de parole, — au lieu d'arriver à huit heures il est arrivé à cinq, et je lui ai payé avec grand plaisir la prime promise; — nous sommes partis à six heures par une pluie battante qui avait duré toute la nuit; mais en approchant du défilé elle a cessé et bientôt le soleil a paru et a éclairé le lac et les montagnes. — Les barrières papales sont tombées devant la signature du nonce de Florence et nous avons pu longer une belle nappe d'eau durant deux ou trois heures. Tout change d'aspect en passant de la Toscane dans les Etats du pape. — La Toscane est cultivée comme un jardin, les routes y sont unies comme des allées de parc; — il en est autrement la frontière franchie: — les routes deviennent inégales et négligées; des forêts et des landes se mêlent à la culture; les maisons et les hommes ont une figure triste, sale, malheureuse; ces villages si heureusement posés au bord du lac et qui de loin nous semblaient si riants, ne sont que de misérables trous, noirs et dégoûtants; on souffre de les traverser; personne ne vous salue; les rares habitants qui se montrent dans les rues ont l'air oisif — et sombre à la fois. — La nature seule nous consolait — elle est si agreste le long de ce lac, et l'encadre si bien; — tout au bout sur la pointe d'un rocher, on voit une tour ruinée, et au pied, quelques maisons : — cette tour s'appelle Torricella, et c'est là qu'on quitte le bassin de Trasimène pour entrer dans celui de l'antique Ombrie. On franchit la montagne avec des bœufs gris dont les cornes sont d'une longueur extraordinaire, — c'est déjà le bœuf romain, celui qu'on voit dans les bas-reliefs traînant le char des consuls triomphants; — il nous paraissait plaisant d'être traînés en calèche par des bœufs; mais bientôt nous avons compris, à la raideur de la pente, combien leur secours était plus sûr que celui des chevaux; — au sommet de la montagne un spectacle magnifique s'est déployé devant nos yeux

— c'était toute l'Ombrie avec son enceinte de montagnes. — Je n'ai vu nulle part des bassins mieux dessinés qu'en Italie, — c'est le quatrième que nous traversons, — il commence au sommet de Torricella et finit à Spolète; — Pérouse en est la reine, Pérouse assise sur un mamelon, le jeune Tibre à ses pieds, au centre de cette grande plaine; — mais ce n'est que tout à l'heure que nous avons abordé cette souveraine sourcilleuse; — nous avons déjeuné sur la pente de la Torricella au milieu des oliviers, dans un petit bourg appelé la Magione; — c'était dimanche et la fête patronale du pays: — la petite église était pleine de femmes; — les hommes étaient entassés à la porte; — les diverses confréries étaient en uniforme sous leurs bannières; cet uniforme est une longue robe de toile, les uns la portent grise, les autres blanche; — en sortant de l'office, tous ces pénitents se hâtent de l'ôter, et de la plier dans un mouchoir; la métamorphose se fait au milieu de la rue, et ce qui a paru imposant devient comique: au lieu de ces processions de grandes figures grises et blanches qui marchaient gravement sur deux files, vous voyez tout à coup un troupeau de paysans endimanchés mais toujours sales, qui se dispersent bientôt dans toutes les directions, les uns rentrant chez eux, les autres allant au cabaret. — Au milieu on voyait se mêler les jeunes filles et les femmes sortant de l'église, toutes très parées, mais d'une manière outrée: — leurs doigts, leurs cous, leurs têtes, leurs oreilles sont chargés d'ornements de cuivre, — leurs vêtements se composent d'étoffes à couleurs tranchantes; — de loin c'est pittoresque, de près c'est horrible. — Les femmes, au-delà de trente ans, sont affreuses; — les jeunes sont la plupart belles, mais d'une beauté hardie, et qui n'est pas la beauté Toscane; — ce sont des cheveux noirs, des yeux grands et très vifs, des traits déjà romains; — elles vous regardent et se cachent, et ce mouvement de timidité réelle dément l'espèce de provocation que vous avez cru voir dans leurs yeux; — les soldats du pape étaient épars dans cette foule; — ils gardent ce passage élevé; ils sont gras et de bonne mine et paraissaient enchantés de faire des décharges de mousqueterie en l'honneur du saint. — Une petite pluie qui est survenue a coupé court à cette scène qui nous intéressait ; — chacun a pris la fuite, et bientôt les visages disparus de la rue ont reparu aux fenêtres des maisons ; si toutefois on peut appeler maisons ces sales masures et fenêtres les trous sans vitres et fermés de simples volets qui les éclairent ; — nous avons fait comme tout le monde ; nous sommes venus déjeuner à l'auberge de la poste, — auberge bien digne d'un pareil lieu et où cependant nous avons mangé dans une chambre une omelette et des espèces de côtelettes assez bonnes, que nous avons arrosées de petit vin blanc du pays ; — l'hôtesse avait sur elle plus de bijoux qu'une madone ; — elle était assez agréable et fort empressée à nous servir ; — sans l'aventure des passeports nous arrivions, il y a deux jours, coucher chez elle, et en examinant les singuliers lits et les singulières chambres de cet hôtel, nous nous sommes félicités de notre malheur ; — enfin le cheval ayant dîné nous avons quitté ce premier gîte des États romains et à travers une vallée fertile sommes arrivés dans quelques heures au pied de la montagne au sommet de laquelle Pérouse est bâtie ; — des bœufs nous ont hissés jusqu'à la cime où nous voici dans une assez belle auberge d'où je vous écris avant de me coucher.

Cette ville de Pérouse, si belle de loin quand on la voit de la plaine couronner la montagne, nous a pénétrés de tristesse : le mamelon élevé sur lequel elle est assise jette au nord trois rameaux qui donnent à sa cime la forme d'une patte d'oie. La ville la couvre entièrement et se divise en quatre quartiers, celui du centre qui est le plus élevé et d'où partent comme autant de rayons les trois autres qui semblent s'avancer à la découverte du côté de la plaine ; — de sombres monastères et de hautes églises occupent les extrémités de chacun de ces rayons et répondent à la vieille cathédrale placée au centre, et qui est plus haute et plus sombre qu'elles ; — des précipices cultivés séparent ces trois rameaux de la cité et vont en s'élargissant se perdre dans la plaine à mille pieds au moins au-dessous du sol de la ville : c'est une vue magnifique que celle de cette plaine de toute part environnée de montagnes et du côté de l'est bornée par la chaîne centrale de l'Apennin couverte de neige ; mais il avait plu et quoique le soleil eût reparu et brillât au couchant, les frimas de l'Apennin nous envoyaient un vent glacé qui nous pénétrait, les rues étaient inanimées ; le dimanche avait fermé les boutiques ; le peu d'habitants que nous rencontrions étaient enfermés jusqu'aux yeux dans leurs manteaux ; — le reste était caché dans les maisons ; — toutes ces maisons sont hautes et noires ; sauf la rue principale qui est grande et large mais composée d'immenses bâtiments plus sombres les uns que les autres, toutes les autres sont étroites et sales ; — l'herbe croît partout ; — partout ce sont des escaliers à monter ou à descendre ; — nous avons vu des places qui ressemblent à des prés et qui paraissaient étonnées de nous voir passer ; — de grands palais délabrés avec l'écusson de leurs maîtres peint sur bois au-dessus de la porte annoncent dans ces lieux déserts la présence d'une aristocratie ruinée qui y végète dans l'oisiveté sous la surveillance du légat du pape. — Une lettre que nous avions pour un marquis du pays nous a permis d'entrevoir un de ces palais ; — ce sont de longs corridors peints à fresque et tapissés de toiles d'araignées, d'immenses pièces à tapisseries, noires d'années et de négligence ; les portes ne ferment pas, les fenêtres ne s'ouvrent jamais ; les vitres sont colorées par le temps et n'ont pas été renouvelées depuis un demi-siècle ; — à peine y a-t-il une chambre ou deux d'habitables où semble grelotter le maître de la maison. Le fils de ce personnage vint nous visiter le soir à l'hôtel ; il était à la Flèche, à la chute de l'Empire ; il est maintenant avocat dans sa patrie ; toute sa conversation respirait l'horreur du régime papal et le profond ennui de la vie à laquelle ce régime le condamne ; — encore si les couvents étaient beaux, splendides, animés de quelque vie ; — mais ils sont morts comme le reste ; — les moines y végètent, inutiles à eux-mêmes et aux autres; ils sont riches et ne font rien de leurs richesses; ils ne construisent pas comme au moyen âge; ils n'offrent pas aux artistes des cloîtres, des temples à couvrir de peinture, à peupler de tableaux et de statues comme autrefois; — ils ne cherchent pas davantage la gloire des lettres; ils ont oublié la conquête du monde; ce qui reste des plans politiques du Saint-Siège et des ordres religieux est à Rome. — Toute ambition, toute grande pensée est éteinte dans les couvents de province — confesser, dire la messe, épier, tracasser les gens suspects, puis bien boire et bien manger, voilà leur vie; — et comme ils sont les maîtres, la mort qui est en eux se communique au reste de la population. Les nobles vivent de leurs rentes, enfermés dans leurs palais qu'ils n'ont pas même le courage d'entretenir. Les paysans ne travaillent que pour vivre et payer leurs fermages. Le commerce se borne à la consommation locale; — point d'entreprise, point d'amélioration. Partout le *statu quo* engendré par le découragement et qui est une véritable décadence. — Pérouse a l'air d'un immense couvent endormi depuis un siècle et qui se dégrade lentement sous l'action de la pluie et des vents; — je ne sais ce que deviennent les malheureux officiers chargés avec quelques bataillons de garder cette ville; — mais ils ont l'air de mourir d'ennui devant les cafés et sur les remparts; — je ne voudrais pour rien au monde être condamné à vivre un an à Pérouse; — je m'y sens oppressé et Léon qui a les nerfs à l'épreuve n'en peut plus de tristesse; — c'est au point que nous n'avons pu continuer de parcourir la ville; — au bout d'une heure, nous nous sommes sentis si tristes, si pénétrés d'effroi et de mélancolie que nous sommes rentrés, aimant mieux attendre notre souper dans la salle à manger de l'hôtel que dans les rues de cette sombre cité. Riante Toscane, où es-tu, avec tes villes animées, tes campagnes fleuries et tes gais habitants? — et cependant on nous dit que Pérouse est ce qu'il y a de plus vivant dans les États romains.

Foligno, lundi 2 mai.

Nous n'avons fait que vingt milles aujourd'hui, parce la journée a été affreuse et que nous avons dû nous détourner de notre route pour visiter Assise, la patrie de saint François et le berceau de ces ordres mendiants qui ont couvert le monde. Assise est une ville située à mi-côte sur une des pentes de l'Apennin; on la découvre des remparts de Pérouse, dont elle n'est séparée que par une vaste plaine, que nous avons traversée par une pluie épouvantable; la route passe au pied à une distance de deux milles. On la quitte pour y monter auprès d'une immense église dédiée à Notre-Dame-des-Anges. Cette église et le couvent qui en dépend, sont une colonie jetée dans la plaine par le grand monastère d'Assise. Cent cinquante moines y vivent et comme nous passions nous avons entendu leurs voix à travers les sifflements de l'orage. Ils chantaient l'office dans ce magnifique temple qui retentit incessamment de leurs psalmodies. Le vent et la pluie avaient tant de violence que nous avons dû nous réfugier pendant quelques moments dans une ferme délabrée, où nous avions tant bien que mal abrité notre voiture sous un hangar; nous sommes entrés dans la cuisine, sur l'invitation des pauvres habitants de la maison; on a jeté sur le foyer éteint quelques fagots de sarment, et nous nous sommes réchauffés en causant avec nos hôtes; le ménage se composait du père et du fils qui entassaient fagot sur fagot, nous offrant ainsi de bon cœur la seule chose qui pût nous être agréable, et de la mère et de la fille qui filaient. Ces quatre figures prononcées et amaigries allaient bien dans cette pièce enfumée, sans autre fenêtre qu'un trou fermé d'un volet, n'ayant pour plancher que le sol nu et pour ameublement qu'une vieille table et quelques escabeaux; les deux femmes avaient au moins ma taille; je n'en ai jamais vu de si grandes; elles étaient assises sur le parapet d'un escalier de pierre qui débouchait au

milieu de la chambre, et ressemblaient à deux parques
filant les destinées humaines à l'entrée de l'enfer. Mais
ces parques avaient la figure bienveillante, quoique
attristée par la misère. Nous n'avons pu causer beaucoup, parce qu'accoutumé à l'accent et au dialecte toscans je ne saisissais qu'à demi la langue corrompue de
ces pauvres femmes, qui de leur côté ne comprenaient
pas trop mon mauvais italien. Mais je n'oublierai pas ce
moment que le bruit de l'orage et le feu pétillant du
foyer m'ont rendu doux à passer. Ces rouets, cette
chambre pleine de fumée, ces murs décrépis et percés à
jour en plusieurs endroits, et jusqu'à Léon fumant sa
pipe au coin du feu, tout me faisait rêver le Jura ; je
pouvais me croire dans un châlet, attendant pour
reprendre mon chemin, la fin d'une de ces averses si
communes dans ces solitudes élevées. Enfin la pluie
ayant cessé, nous avons pû nous remettre en route, et
les bœufs de notre hôte nous ont fait parcourir à pas
lents la longue spirale qui de la plaine s'élève au sommet de la ville. Cela a duré au moins une heure, tant il
est difficile d'arriver dans une ville papale. Ailleurs
l'auberge se trouverait au plus bas et viendrait en
quelque sorte au devant du voyageur. Ici elle est au plus
haut, et l'on n'y parvient qu'au péril de sa vie, car si
une corde se rompait ou qu'un bœuf lachât pied dans ces
rues perpendiculaires, vous seriez perdu.

Assise résume admirablement l'État romain ; elle est
la ville papale par excellence, la ville papale à sa puissance la plus haute. Pérouse qui nous semblait si déserte
et si sombre est une cité populeuse et pleine de vie en
comparaison d'Assise. En voyant de loin ces maisons
groupées par rangs sur la croupe de la montagne, ces
tours et ces coupoles qui les surmontent, ces hautes
murailles qui les entourent, cette belle route blanche
bordée de grands arbres qui y conduit, et un peu sur la
gauche dans le point le plus occupé de la pente, soutenu
en l'air sur un triple rang d'arcades, l'immense et
magnifique couvent de Saint-François, vous rêvez une
ville chérie du ciel, où les hommes se sont retirés à la

suite des saints pour jouir du spectacle de la plaine du haut de leurs jardins et de leurs balcons, et passer une vie tranquille loin de la poussière de la route et des agitations du monde. Quel désenchantement quand vous avez passé la porte! pendant une longue demi-heure vous vous élevez de rue en rue, sans rencontrer personne, sans apercevoir même aux fenêtres un visage qui vous regarde passer, sans entendre un seul bruit que celui de votre voiture et l'horloge qui frappe les heures; il était midi quand nous gravissions cette ville muette, le soleil brillait dans les rues mouillées; à cette heure la plus vivante de la journée, dans ce moment qui suit l'orage et où l'on vient à sortir de chez soi, nos yeux cherchaient en vain une boutique, une porte ouverte, un homme. De la porte qui est au plus bas de la ville à la place qui est au plus haut, sauf un moine debout sur le seuil du couvent, nous n'avons vu personne; enfin aux approches de la place, quelques sales boutiques se sont montrées et sur la place même nous avons aperçu dans un coin nous regardant passer avec étonnement cinq ou six hommes déguenillés; nous cherchions l'auberge, et nous y sommes enfin arrivés. Il fallait voir la surprise et l'embarras de l'hôtesse; elle nous a franchement avoué que ne voyant personne elle n'avait absolument rien dans sa maison, mais qu'il serait possible de trouver dans la ville des œufs et du mouton; nous lui avons demandé si cela serait long, et elle nous a engagés à aller visiter le couvent, nous assurant qu'à notre retour, c'est-à-dire dans une ou deux heures, tout serait prêt. Nous avons dû nous résigner et nous avons redescendu en silence les mêmes rues que nous venions de gravir. Comment en effet parler dans une ville où tout se tait et qui semble habitée par les morts? il nous semblait surprenant que les rues aient des noms que nous lisions sur les murs, et nous ne savions pour qui s'ébranlaient de temps en temps les cloches des églises. L'aspect des maisons confirme l'idée de solitude qu'inspire le silence des rues; elles sont si dégradées qu'on les croirait abandonnées depuis longtemps; le seul signe de la présence des hommes qu'on rencontre, ce sont de distance en distance d'horribles impostes au-dessus desquels vous lisez le mot *immondizzajo* et où chacun vient jeter les ordures de sa maison; elles y restent et infectent l'air en même temps qu'elles blessent les yeux. Une chose dont l'aspect nous a consolés dans cette promenade mélancolique, c'est le portique d'un ancien temple de Diane derrière lequel on a bâti une église. Ce portique parfaitement conservé est composé de colonnes cannelées d'ordre corinthien, d'une rare élégance; c'est comme un sourire que la riante antiquité vous envoie à travers les masures de cette triste ville; il fait rêver aux temps à jamais passés où sur un même point autour du temple de la Diane s'élevaient de fraîches et riches habitations en harmonie avec sa noble architecture. Que de révolutions entre ce portique d'autrefois et cette cité d'aujourd'hui! toute l'histoire de l'Italie, les empereurs, les barbares, le moyen âge, les moines; il y a de quoi penser un siècle! Nous avons été reçus au couvent par un frère qui sous le nom de sacristain est chargé d'en faire les honneurs aux étrangers : malgré la robe, ces cicérones ne sont pas moins avides que les autres, et ils reçoivent sans façon l'argent qu'on leur donne. C'est vraiment une grande chose que ce monastère et il laisse une profonde impression. Du pied de la montagne s'élèvent l'une sur l'autre trois rangées d'arcades en brique qui forment l'esplanade artificielle sur laquelle il est bâti, en sorte qu'il a sa base dans la plaine bien qu'il soit de niveau avec la partie basse de la ville. Cette construction gigantesque laisse place dans son sein à trois églises posées l'une sur l'autre, et au-dessous à trois immenses galeries qui dominent à différentes hauteurs le riche bassin de l'Ombrie. C'est dans ces galeries que les moines se promènent en priant, en rêvant, avec une admirable vue sous les yeux. Ils y sont à l'abri de la pluie et peuvent y penser de longues heures, regardant de loin le monde qu'ils ont quitté, humant l'air et le soleil, et dans un silence que semble craindre de troubler par le moindre bruit la ville muette qui repose à côté. Je ne voudrais pas vivre dans Assise ; je passerais des mois dans le couvent, à cause de ces galeries ; en les parcourant j'aurais voulu être seul et je maudissais le bavardage du frère qui nous accompagnait. Cette grande plaine semée de villages et de forêts et dominée au couchant par les clochers de Pérouse, ce beau cadre de montagnes, ce ciel clair sur nos têtes mais orageux au loin ; çà et là une écharpe de pluie tombant d'un nuage sur quelques points de la vallée ; à mes pieds, dans le même silence que nous, cet autre monastère de Sainte-Marie-des-Anges, puis cette route déserte tracée par Flaminius, et courant de Florence à Rome, tout cela formait un ensemble sublime, plein de grandeur et de tristesse et que j'aurais voulu contempler à mon aise ; mais la triple église était là et le frère était pressé de nous la montrer et ne se souciait guère de mes impressions ; il nous a fallu laisser la nature pour pénétrer dans les profondeurs de cette œuvre du moyen âge, bâtie sur le tombeau d'un saint. Le temple intérieur n'est qu'un sombre caveau de marbre à plusieurs compartiments, creusés en partie dans le pied de la montagne ; il entoure la base du rocher sur lequel saint François fut enterré ; ce rocher dont le sommet est dans la seconde église a été dégagé de tous côtés et réduit à une colonne entourée de grilles dorées et d'autels où se célèbrent des messes à la lumière des lampes qui y brûlent incessamment. Une foule de saints personnages de l'ordre, des cardinaux, des évêques, des grands de la terre, sont venus chercher l'éternel repos sous ces voûtes vénérées et on voit çà et là les tombeaux qui contiennent leurs corps. Beaucoup de ces corps ont formé des reliques honorées dans les différentes parties de l'Europe et du monde ; mais au pied du tombeau de saint François la gloire des saints ordinaires s'efface, et les personnages canonisés ne sont plus là que les humbles satellites de l'homme que le Sauveur honora de ses stigmates et dont le bras soutint la chaire ébranlée de saint Pierre. Un escalier en spirale conduit de cette église souterraine à l'église intermédiaire qui présente un tout autre caractère. C'est déjà une église car elle en a la forme, c'est-à-dire trois nefs avec un chœur au fond et des chapelles tout autour, mais elle garde encore par l'écrasement et le peu de hauteur de ses voûtes quelque chose du souterrain, et on sent qu'elle ne s'élève pas loin dans l'air, mais qu'elle porte un autre temple sous le poids duquel elle gémit et que supportent à peine ses énormes piliers écrasés. Rien ne peut rendre l'impression que cause ce temple bas et vaste, où la lumière des lampes est obligée de venir en aide à celle du jour. Au milieu est le tombeau de saint François, recouvert d'un autel à quatre faces et surmonté d'un baldaquin qui ressemble à un drap mortuaire. Le Saint-Sacrement était exposé au sommet de la pyramide, et des milliers de cierges brûlaient des quatre côtés et faisaient étinceler l'or et les pierres précieuses dont la chape du saint est enrichie; des moines, des paysans, quelques femmes étaient prosternés sur la pierre à différentes distances; nous osions à peine nous avancer et il a fallu que notre guide nous y encourageât; cependant nous n'avons admiré que de loin ce sanctuaire éblouissant dont la sombre enceinte du temple redoublait l'éclat; mais nous nous en sommes dédommagés en parcourant les nefs latérales et les nombreuses chapelles qu'elles renferment. Tous les plus grands artistes de l'Italie à partir de l'époque où les arts se réveillèrent se sont fait une gloire de la couvrir de leurs peintures. Ces peintures portent le cachet de la foi qui animait les artistes, comme le lieu où elles sont placées atteste leur désintéressement; en effet le temple est si obscur qu'on ne les voit qu'à peine et l'humidité les a en partie effacées, mais ce qu'on en distingue est admirable d'expression et de naïveté. Toutes ces vierges, tous ces apôtres, tous ces martyrs, tous ces moines, répandus comme des fantômes sur ces sombres murs et y remplissant depuis des siècles leurs rôles dans des actions inconnues, respirent une sainteté qui n'est pas de ce monde, ce que nous en voyions nous pénétrait d'émotion; de temps en temps je demandais à notre guide le sujet de ces grandes pages à demi effacées, mais il l'ignorait; il semble que le demi-jour qui les éclaire n'ait jamais permis de le savoir, et que les artistes qui ont peint ces scènes en aient seuls connu le sens et l'aient emporté dans le tombeau. Ce n'est pas sans peine que nous nous sommes arrachés au charme qui nous retenait dans ce temple mystique, pour achever notre rapide visite. Un escalier sombre et court nous a conduits dans l'église supérieure et nous avons été comme éblouis de la lumière qui l'inonde ; jamais contraste ne fut plus habilement ménagé ; autant l'église intermédiaire est lourde, basse, écrasée, autant celle-ci est svelte, haute, élégante. La première est un grand tombeau à moitié enseveli dans la montagne ; celle-ci est un temple qui nage dans l'air et dans la lumière, qui ouvre de larges fenêtres aux rayons du soleil, et qui semble se réjouir et achever les chants de triomphe et de fête ; au lieu des sombres peintures qui couvrent les murs de celle-là et qui absorbent le peu de jour qui y pénètre, ce ne sont ici que de légères arabesques qui courent et montent avec les colonnes et les voûtes et qui en rendent le jet et la courbure plus éclairés et plus gracieux ; il semble que ces murs et ces colonnes ne pourraient porter autre chose ; aussi n'y voit-on aucun tableau que sur les autels, et on sent que partout ailleurs ils iraient mal. Je ne sais si je me trompe, mais cette église, qui est bien du moyen âge, me semble un souvenir de l'Orient, elle rappelle l'architecture arabe et semble l'ouvrage des génies ; c'est l'église des jours de joie comme l'autre est celle des jours de douleur ; l'humanité de saint François est en bas, sa sainteté est au milieu, sa gloire et son triomphe sont ici ; il y est sur le grand autel, entouré d'anges qui le reçoivent dans l'atmosphère, illuminée du ciel, et ce tableau rit comme le temple et appelle la lumière ; le chœur derrière l'autel est charmant, les stalles des pères y reluisent en demi-cercle ; elles sont assez nombreuses pour asseoir un concile, et au milieu est un trône où s'assied le pape quand il vient visiter le saint couvent. L'impression causée par ce troisième temple étant gaie est bientôt épuisée ; au bout de cinq minutes nous l'avons quitté pour parcourir le couvent qui porte dans son intérieur toutes les marques de la pauvreté chrétienne. Réfectoire, corridors, cellules, tout y est nu et grossier : les magnificences sont pour Dieu et saint François. Dans une cellule dont la porte entr'ouverte nous a engagés à en franchir le seuil nous avons trouvé un frère jeune encore, beau, triste, qui étudiait et qui s'est levé pour nous montrer de la main son grabat et les quatre murs de sa chambre ; il avait devant sa table sur un rayon une trentaine d'in-folio ; c'était peut-être un homme de génie, il en avait la simplicité et la noblesse. L'ordre a produit de grands hommes sans compter les cardinaux, les papes et les saints ; toutes ces célébrités diverses ont leur portrait dans le corridor destiné aux étrangers et où on trouve aisément une modeste hospitalité ; j'aurais assez de dispositions à en goûter pendant une quinzaine de jours et si je revois l'Italie sans Léon, il est possible que je revienne là jouir de la solitude et de la belle vue de l'Ombrie une semaine ou deux. Aujourd'hui le déjeuner de notre hôtesse de Foligno nous attendait et j'ai dit adieu au saint couvent comme si je ne devais jamais le revoir ; c'est en effet ce qu'il y a de plus probable et ce qui rend tristes les voyages lointains ; à chaque pas en avant on voit pour la dernière fois. Quoi qu'il arrive, je ne regretterai pas un moment de n'avoir déjeûné qu'une fois à la *locanda* d'Assise. On n'imagine pas un repas plus sale dans une chambre plus désolée. Aussi la faim apaisée, nous sommes-nous hâtés de nous remettre en route et de descendre vers Foligno où nous venons d'arriver par la plus belle pluie du monde et où j'ai profité de ce beau temps qui m'empêche de sortir pour vous écrire. Je ne puis rien vous dire de cette troisième ville papale, sinon qu'elle est habitée, ce que je ne saurais affirmer d'Assise. On voit même assez de mouvement dans les rues et un certain nombre de maisons propres ; notre auberge est très passable et on m'y a offert du feu ; j'ai bien vite accepté et il est là qui me réchauffe, car l'Apennin central est à deux pas et couvert de neige tombée cette nuit, et il fait très froid ; je ne m'attendais guère à une telle température au mois de mai dans la belle Italie et si je ne vous écrivais pas, je mourrais de tristesse.

Terni, mardi, 3 mai.

Nous avons voyagé toute la matinée, l'Apennin à notre gauche et ses sommets couverts de neige tout près de nous. Cette neige tombée hier et pendant la nuit attristait un peu la route charmante que nous suivions ; — cette route court le long de la base de l'Apennin, laissant à droite la riche et large vallée où coule le Clitumne ; — rien n'est frais et champêtre comme cette vallée : — ce sont de grands herbages comme en Normandie, environnés de haies et d'arbres et arrosés par les eaux claires du ruisseau chanté par Virgile ; — on ne peut rien voir de plus limpide que ces eaux qui nous ont rappelé les beaux vers du poète ; tout change en ce monde, sauf la nature ; — elle est immortelle ; — les consuls ne sont plus, les dieux s'en sont allés et les grands bœufs du Clitumne qui traînaient le char des uns et qui arrosaient de leur sang les autels des autres sont encore là, paissant dans les mêmes prairies et s'abreuvant des mêmes eaux ; — nous les admirions en passant et j'avais toutes les Géorgiques dans l'esprit et pendant que roulait la voiture je rêvais les temps qui ne sont plus et j'oubliais le nôtre. Au bout de deux ou trois heures nous avons trouvé sur la route un petit temple qu'on appelle encore le temple de Clitumne ; il était en effet dédié au dieu du ruisseau et les siècles l'ont épargné ; il est à droite de la route, sur un petit monticule regardant la vallée féconde ; — au pied du monticule coule le ruisseau dans les eaux duquel il se mire ; — la source est tout près ; — il était huit heures du matin, le ciel était pur, la prairie humide de la pluie de la nuit ; — çà et là dans les arbres fumaient les cheminées des maisons éparses, et l'Apennin projetait de longues ombres sur le côté de la vallée que nous suivions, tandis que le côté opposé resplendissait sous les rayons du soleil de mai, nous avons eu là une heure délicieuse, une de ces heures qui laissent une impression ineffaçable : — tout ce paysage était si frais et ce petit temple lui donnait une couleur si poétique, — ce n'est qu'un oratoire, — mais le dieu d'un ruisseau n'exigeait pas davantage, — du reste il est fait comme s'il était grand ; — il a, comme ceux de Jupiter, son fronton triangulaire soutenu par des colonnes corinthiennes ; — nous avons voulu pénétrer dans l'intérieur, on nous l'a ouvert, et nous y avons trouvé la Vierge et l'enfant Jésus, souriant à la vallée qui est maintenant sous leur protection ; — on nous a montré la pierre où les victimes étaient immolées ; — elle sert de marche-pied au petit autel de la mère de Dieu et le prêtre officiant s'y agenouille. Le Dieu païen n'a pas à se plaindre, il est remplacé par une divinité douce et humble comme lui, et qui comme lui vit bien dans les champs, au bord des ruisseaux limpides, parmi les arbres en fleurs et les chaumières des paysans ; — nous avons confondu sans effort ces deux divinités dans nos adieux et nous avons continué notre route vers Spolète où nous sommes arrivés à dix heures.

Comme toutes les autres cités papales, cette ville où vint échouer Annibal après la journée de Trasimène est bâtie sur une pente escarpée ; — nous l'avons parcourue après déjeuner, et nous l'avons trouvée un peu plus animée que Pérouse et Assise ; — les rues sont au-dessus les unes des autres comme les étages d'une maison et à toutes les marches on trouve des esplanades d'où la vue s'étend sur la plaine ; — la cathédrale est presque au sommet et forme l'un des côtés d'une grande place couverte d'herbe où nous nous sommes promenés en contemplant pour la dernière fois l'Ombrie que nous allions quitter.

Plus haut et sur la cime même s'élève une vieille forteresse ruinée qui a soutenu bien des sièges, pendant le moyen âge ; — quand on y est, la vue plonge du côté opposé à la ville dans une petite vallée étroite à travers laquelle un pont est jeté ; il aboutit à une pente escarpée qu'on appelle la montagne des Hermites : — en effet, elle est peuplée d'anachorètes qui y mènent la vie des Pères du désert, mais ce désert fait envie et n'a rien qui rappelle la sauvage stérilité de la Thébaïde. Les plus jolies décorations de l'opéra ne sont pas plus riantes ; — toute la côte est tapissée de chênes verts, de pins, et d'arbustes ; de frais sentiers couverts d'un sable fin serpentent à travers ; çà et là, à toutes les hauteurs, à demi cachées dans le feuillage sont les maisonnettes des hermites ; les unes de mousse et de chaume, les autres blanches ; il y en a bien une cinquantaine, sans compter les oratoires et les chapelles ; des sources d'eaux vives jaillissent partout et descendent en murmurant dans un torrent rapide qui gronde au pied de la montagne et la rafraîchit ; — de presque tous les points de la pente on aperçoit à travers les vieux arbres qui la recouvrent son courant fougueux et la poussière de ses flots brisés. La ville est tout près, mais on ne la voit ni ne l'entend ; cachée sur le revers de la colline opposée, elle ne montre aux saints hermites que sa vieille forteresse en ruine qui semble abandonnée depuis des siècles et cependant c'est elle qui les nourrit ; car de temps en temps on voit un âne conduit par un frère se dessiner sur le pont, et se diriger vers la montagne avec une double besace bien garnie ; cette solitude est ravissante, elle donne l'envie de laisser le monde et de se consacrer à Dieu. — Chaque frère y est libre dans sa maisonnette, — il peut l'arranger comme il lui plaît et l'embellir ; les arbres, la source, le sentier sont à lui ; il peut y prier, y dormir, y rêver aux heures qu'il veut et comme il convient à sa fantaisie ; et cependant il n'est pas seul ; il sent tout autour de lui, cachées dans les arbres, d'autres cellules habitées par ses frères, et de frais sentiers l'invitent à les visiter et puis la Vierge est partout sous les ombrages, avec son sourire et son enfant. — Si le sentier passe sous un vieux chêne, elle y est ; s'il recouvre une source vive, elle y est ; s'il traverse une petite esplanade d'où la vue soit belle, elle y est ; tantôt en plâtre, tantôt en pierre, le plus souvent peinte au fond d'un oratoire, toujours gracieuse et douce comme dans le temple de Clitumne ; toujours invitant à prier et à aimer, — il semble que ces pieux habitants de cette montagne aient reçu quelque chose de sa mansuétude ; — tous ceux que j'ai rencontrés avaient la figure douce et heureuse: en fait, une telle vie dans un tel lieu doit apaiser l'âme, et, si elle ne l'endort pas, l'élever. C'est le couvent moins ses inconvénients ; c'est la vie commune et la vie solitaire tout ensemble dans ce que chacune a de bon ; le cœur y trouve les avantages de la liberté et de la règle ; il peut battre à son aise loin de tous les yeux dans la solitude de chaque cellule et des beaux arbres qui l'ombragent, puis se rallier à d'autres cœurs, à des cœurs amis, quand la cloche de la chapelle sonne le matin et le soir et invite tous les frères à la prière ; car au plus haut de la montagne il y a une chapelle, qui est comme la maison commune de ce village d'hermites, — elle est simple et spacieuse, ouverte à la lumière et à l'air ; de vieux arbres l'entourent sans la cacher ; elle domine l'étroite vallée, et du côté du levant une grande forêt qui va se perdre dans l'Apennin. De là on voit les clochers de Spolète et toute l'Ombrie. Elle est dédiée à notre Dame des Hermites et c'est le lieu de réunion des frères que la cloche y appelle avant le lever et après le coucher du soleil : ceux dont l'âge a appesanti les pas ont le privilège d'habiter les cellules les plus voisines de cette cime ; ceux qui ont atteint le milieu de la vie demeurent à mi-côte et les jeunes sont en bas au bord du torrent : ainsi cette montagne est un symbole de la vie ; on la monte avec les ans, et à mesure qu'on s'élève, on approche du ciel, la vue s'étend, et on laisse la terre et le monde où les vieillards finissent par ne plus descendre. J'ai vu le père et le doyen de cette sainte colonie : il habite sur le seuil même du temple, où sa cellule est adossée à un vieux pin ; nous le trouvâmes assis à la porte, tout courbé par l'âge, son chapelet à la main ; — il était seul et priait, et sa prière semblait descendre par tous les sentiers de la montagne et se répandre comme une rosée sur les cellules et les têtes de ses frères ; — il souleva son front chauve au bruit de nos pas, nous salua de la main et rentra dans sa prière interrompue : — j'aurais voulu demeurer là jusqu'au soir, pour voir au son de la cloche toute cette solitude s'animer et les hermites monter par tous les sentiers ; — mais l'heure du départ nous appelait et nous quittâmes avec regret la montagne pour regagner Spolète où notre conducteur s'impatientait à nous attendre.

Ainsi que je vous l'ai dit, c'est à Spolète que finit la grande vallée de Pérouse; elle est fermée là par un bras de l'Apennin qui la sépare de la vallée de Terni et que nous avons franchi cette après-midi : le col où passe la route s'appelle la *somma* et à l'aide des bœufs nous l'avons atteint en deux heures de marche, en remontant le cours du torrent qui baigne la montagne des hermites; deux autres heures nous ont conduits dans les bosquets d'oliviers qui entourent Terni; tout cela et les deux gorges qui y aboutissent m'ont rappelé ce qu'il y a de plus escarpé dans le Jura, — mais il n'y a rien dans le Jura d'aussi sauvage ; — un orage de tonnerre et de grêle qui nous a accueillis au sommet a redoublé pour nous l'effet de ces lieux dont nous avons joui en véritables montagnards : ce sont des gorges et des bois à perte de vue, sans clairières et sans habitations visibles. La route serpente dans ces solitudes, aussi déserte qu'elles et semble appeler les brigands; quelques pâtres sifflent avec les merles dans ces lieux sauvages, gardant des troupeaux de chèvres blanches; ils ont l'air de vivre de noisettes tant ils sont maigres et secs; mais leurs chèvres sont magnifiques, l'Apennin leur offre à profusion ce qu'elles aiment, des arbustes et des plantes parfumées ; l'odeur de ces bois est toute autre que celle des nôtres; elle est méridionale c'est-à-dire infiniment plus aromatique; en fermant les yeux on se croirait dans la boutique d'un herboriste. Ce sont aussi d'autres teintes, plus vives et plus brunes : la nature en Italie est comme la langue, elle a plus d'accent que dans le Nord; couleurs, formes, parfums, tout y est énergique et prononcé, — le sol même y semble autrement coupé, — les vallées sont des ravins, les ruisseaux des torrents, les collines des crêtes âpres et effilées; cette terre semble avoir été déchirée plutôt que labourée. Un peintre en a eu le sentiment, c'est Salvator Rosa; ses paysages la reproduisent bien et c'est pourquoi j'y trouvais de l'idéal avant d'avoir vu.

Arrivés de bonne heure à Terni qui est une jolie ville dans une vallée délicieuse, nous avons voulu en voyageurs consciencieux visiter la cascade. Une chaise de poste nous y a conduits selon l'usage; la cascade nous a peu frappés quoique belle, parce que nous avions parcouru les Alpes, mais le chemin qui y conduit est admirable : c'est d'abord jusqu'au pied de la montagne une épaisse forêt d'oliviers, puis une pente assez douce jusqu'à un village perché sur un monticule. Là on prend des bœufs qui vous hissent par un chemin très raide jusqu'à une route en rocaille taillée dans le roc vif; cette route hardie qui n'est pas encore achevée domine toute la plaine et la gorge étroite où se précipite le Velino. Le soleil couchant embrasait la vallée et les sommets des Apennins. La gorge retentissante était dans l'ombre; nous sommes arrivés au canal étroit où le torrent roule avant de se précipiter, puis au rocher même d'où il s'élance : ce canal est l'œuvre des Romains, qui ont ouvert ce passage aux eaux qui couvraient la vallée supérieure; — il est droit comme tout ce qui est de main d'homme, et les eaux y sont entraînées avec une force qui effraie : on juge mal de la chute de ce point, c'est du pied qu'il faudrait la voir, mais c'est là qu'on conduit les voyageurs pour leur faire payer plus cher les frais d'une plus longue course; j'y ai trouvé un homme qui a bâti une chaumière sur le sentier, afin de faire payer le passage sur son terrain, et un autre qui de cette chaumière marche devant vous jusqu'à la cascade pour vous montrer à prix d'argent un chemin parfaitement tracé; ajoutez que nous avions été accompagnés de Terni, malgré nous, par un cicérone, et figurez-vous ces trois hommes acharnés à parler, à expliquer, et tendant la main pour vous mettre à contribution. Grâce à ces harpies on ne jouit de rien : elles infestent les plus beaux lieux de l'Italie; un mot, une parole ferme suffit pour les mettre en fuite. En général, les Italiens fléchissent devant qui parle haut, ils ont l'habitude de plier et d'obéir et ne savent point résister; la ruse est leur voie de prédilection et on dirait d'instinct; ils ont plus de plaisir à tromper qu'à gagner; c'est le moyen qui leur plaît plus que le résultat. Les Suisses n'aiment que l'argent; ce que les Italiens aiment ce n'est pas l'argent mais l'adresse qu'ils déploient à vous le prendre. En vingt circonstances je les ai vus sacrifier un moyen loyal et direct de gagner cinq francs au bonheur de vous dérober dix sous par une voie détournée; ils sont ainsi faits et cela explique Machiavel et l'histoire de l'Italie pendant le moyen âge.

Civita Castellana, mercredi 4 mai.

Ce matin nous avons quitté Terni à cinq heures par le plus beau temps du monde; une brume d'été couvrait la vallée et voilait à demi le ciel, les champs et les monts lointains; elle s'est dissipée peu à peu comme une fumée qui s'élève et que le vent emporte par flocons; alors le paysage est devenu éblouissant; chaque fleur des prairies, chaque feuille des arbres portait sa goutte de rosée et étincelait au soleil. Le cercle des montagnes découpait le ciel et nous enfermait dans un lac de verdure, à l'une des extrémités duquel semblait dormir encore Terni, que nous venions de quitter, tandis qu'à l'autre, déjà éveillée et debout, Narni, où nous allions, resplendissait sur le sommet d'une colline; la belle route que nous suivions était vivante comme la nature; il y avait foire à Narni, et les charrettes matinales de la vallée s'y rendaient en foule, portant les paysannes endimanchées; les piétons suivaient, causant et chantant; l'air était frais et léger; la rosée humectait légèrement la route; la vallée souriait comme nous à ce commencement d'un beau jour; tous nos sens étaient contents; nous nous sentions joyeux et dispos, et nous allions à Rome.

Il faut garder le souvenir de ces heureux moments

qu'on trouve en voyage, et c'est pourquoi je me plais à vous les retracer.

On monte à Narni par un chemin sinueux, ombragé de grands arbres ; la position de la ville est admirable ; c'est une crête effilée qui domine, au levant, toute la vallée de Terni et, au couchant, une gorge étroite au fond de laquelle gronde un torrent ; le point le plus élevé de la crête est occupé par un château, la ville serpente sur le reste. Ce n'est qu'une rue longue et étroite que la route coupe perpendiculairement ; une foule pressée la remplissait à travers laquelle notre voiture s'ouvrait lentement un passage ; la foule est si rare dans les villes du pape que nous étions heureux de nous voir ainsi entourés ; depuis la Magione, nous n'avions rencontré que des villes désertes, et la foire de Narni nous a paru charmante ; — mais la solitude était à deux pas et nous n'avons pas tardé à y rentrer en sortant de la ville ; la route court quelque temps le long de la gorge que Narni domine au couchant, — cette gorge est profonde, étroite et sauvage.

A Damiron

Besançon, 23 août 1839.

Caroline et moi avons été atterrés du funeste coup qui vous a frappé, mon cher ami ; — nous savions votre excellent frère malade, mais nous ne le croyions pas en danger. — Notre douleur a été profonde et l'est encore de vous savoir si malheureux. — Je suis depuis huit jours sans avoir le courage de vous répondre, — que dire à une telle affliction qui ne soit faible et impuissant ? — A votre sœur la consolation ne peut venir que de vous, à vous que du fond de votre âme et de votre pensée ; heureusement vous êtes aussi ferme que sensible, et vous avez des croyances, des espérances, des idées à la hauteur d'un pareil malheur ; si la sympathie vive, entière, profonde de vos amis peut vous être douce et vous aider, croyez que vous avez la nôtre ; — nous pensons à vous vingt fois le jour, et nous voudrions vous avoir pour vous soutenir de plus près. — La vie est bien dure à porter quand elle se sème de pareilles épreuves; — vous les avez épuisées; vous les subirez jusqu'au bout avec courage.

Je suis à Besançon depuis deux jours; — je retourne aux Pontets lundi ou mardi; — donnez-moi là de vos nouvelles, nous avons besoin d'en recevoir.

Adieu, cher ami, je sens que les malheurs attachent. Tout à vous plus encore que jamais du fond du cœur. Nos tendres amitiés à votre sœur.

Th. Jouffroy.

FIN

TABLE DES MATIÈRES

			Pages
I.	— A Damiron.	— 30 août 1816	79
II.	— —	— 4 octobre 1816	83
III.	— —	— 19 novembre 1816	90
IV.	— —	— 22 janvier 1817	96
V.	— —	— 29 —	101
VI.	— —	— 31 —	102
VII.	— —	— 27 février 1817	111
VIII.	— —	— 4 mars 1817	112
IX.	— —	— 23 —	120
X.	— —	— 26 avril 1817	127
XI.	— —	— 25 mai 1817	139
XII.	— —	— 22 juin 1817	147
XIII.	— —	— 1817	157
XIV.	— —	— 2 août 1817	160
XV.	— A Perreau.	— 28 octobre 1817	165
XVI.	— A Damiron.	— 10 novembre 1817	167
XVII.	— A Perreau.	— 16 —	169
XVIII.	— A Damiron.	— 5 décembre 1817	169
XIX.	— A Perreau.	— 28 —	176
XX.	— A Damiron.	— 24 janvier 1818	177
XXI.	— A Perreau.	— 25 mars 1818	191
XXII.	— —	— Mars 1818	192
XXIII.	— A Damiron.	— 12 avril 1818	194
XXIV.	— A Perreau.	— 26 avril 1818	206
XXV.	— A Damiron.	— 17 juin 1818	208
XXVI.	— —	— 11 juillet 1818	211
XXVII.	— —	— 8 août 1818	212
XXVIII.	— —	— 24 novembre 1818	223
XXIX.	— —	— 5 janvier 1819	227
XXX.	— A Dubois.	— 9 janvier 1819	232
XXXI.	— A Damiron.	— 19 —	236
XXXII.	— —	— 27 février 1819	240
XXXIII.	— A Dubois.	— 13 mars 1819	248
XXXIV.	— A Damiron.	— 15 mars 1819	251
XXXV.	— A Dubois.	— 21 —	253
XXXVI.	— A Perreau.	— 7 avril 1819	255

			Pages
XXXVII.	— A Damiron.	— 7 mai 1819	259
XXXVIII.	— A Damiron.	— 3 juin 1819	264
XXXIX	— A Dubois.	— 10 juillet 1819	276
L.	— A Damiron.	— 17 novembre 1819	281
XLI.	— ***	— 19 janvier 1820	284
XLII.	— ***	— 20 —	287
XLIII.	— A Damiron.	— 26 février 1820	289
XLIV.	—	— 1820	291
XLV.	—	— 1ᵉʳ mai 1820	294
XLVI.	—	— 13 juillet 1820	294
XLVII.	— A Dubois.	— 14 août 1820	297
XLVIII.	— A Béchet.	— 31 octobre 1820	307
XLIX	— A Damiron.	— 25 novembre 1820	309
L.	— A Damiron.	— 3 décembre 1820	312
LI.	—	— 1ᵉʳ janvier 1821	313
LII.	—	— 9 octobre 1821	318
LIII	— de Dubois à Jouffroy		319
LIV.	— A Dubois.	— 17 février 1822	321
LV.	—	— 26 mars 1822	324
LVI.	—	— 9 avril 1822	326
LVII.	— A Dubois.	— 30 mai 1822	326
LVIII.	— A Boucley.	— 18 juillet 1822	332
LIX.	— A Dubois.	— 22 août 1822	335
LX.	— A Damiron.	— 22 —	336
LXI.	— A Dubois.	— 10 septembre 1822	338
LXII.	—	— 17 juillet 1824	344
LXIII.	—	— 16 août 1824	346
LXIV.	—	— 1824	348
LXV.	—	— 21 juin 1827	349
LXVI.	— A Damiron.	— 19 août 1829	352
LXVII.	— A Augustin Thierry, 1832		354
LXVIII.	— A Dubois.	— 6 décembre 1835	356
LXIX.	— A Damiron.	— 13 décembre 1835	358
LXX.	— A Dubois.	— 18 décembre 1835	359
LXXI.	— A Damiron.	— 10 janvier 1836	366
LXXII.	— A Dubois.	— 15 février 1836	372
LXXIII.	—	— 1836	375
LXXIV.	— A Damiron.	— 24 mars 1836	391
LXXV.	— A Damiron.	— 23 avril 1836	393
LXXVI.	— A Dubois.	— 30 avril 1836	397
LXXVII.	— A Damiron.	— 23 août 1839	423

Tours. — Imp. DESLIS FRÈRES, 6, rue Gambetta.

www.ingramcontent.com/pod-product-compliance
Lightning Source LLC
Chambersburg PA
CBHW050915230426
43666CB00010B/2185